21世纪工商管理特色教材

项目投融资决策

DECISION-MAKING OF PROJECT
INVESTMENT AND FINANCING

周 颖 孙秀峰 ⊙ 主编

清华大学出版社

北京

内 容 简 介

本书以项目管理知识体系为依据,全面介绍项目投融资决策中涉及的主要理论和方法,注重理论与实际相结合,力求做到通俗易懂。主要内容包括项目投资与价值创造、投资决策、不确定性分析与风险分析、项目融资方案的相关分析、项目评价,以及针对具体行业的项目分析评价。书中特别关注近年来我国基础设施建设、房地产、公共事业项目和中外合资项目的投融资决策实践,其中有许多内容是创新性的实践成果,较好地体现了对项目投融资决策研究领域的前瞻性、内容的新颖性和方法的实用性。为了便于读者自学,各章末有本章小结,并在每篇末配备相关案例供读者练习。

本书可作为 MBA 教材,也可供经济、金融、管理人员及其他相关人员参考阅读。

图书在版编目(CIP)数据

项目投融资决策 / 周颖,孙秀峰主编. —北京:清华大学出版社,2010.6(2024.2重印)
(21 世纪工商管理特色教材)
ISBN 978-7-302-22613-0

Ⅰ.①项…　Ⅱ.①周…②孙…　Ⅲ.①基本建设项目—投资—高等学校—教材 ②基本建设项目—融资—高等学校—教材　Ⅳ.①F830.55

中国版本图书馆 CIP 数据核字(2010)第 081732 号

责任编辑:刘志彬
责任校对:宋玉莲
责任印制:宋　林

出版发行:清华大学出版社
　　　　网　　　址:https://www.tup.com.cn,https://www.wqxuetang.com
　　　　地　　　址:北京清华大学学研大厦 A 座　　　　　邮　　编:100084
　　　　社 总 机:010-83470000　　　　　　　　　　　邮　　购:010-62786544
　　　　投稿与读者服务:010-62776969,c-service@tup.tsinghua.edu.cn
　　　　质 量 反 馈:010-62772015,zhiliang@tup.tsinghua.edu.cn
印 装 者:北京鑫海金澳胶印有限公司
经　　销:全国新华书店
开　　本:185mm×260mm　　　　印　　张:27.75　　　　字　　数:633 千字
版　　次:2010 年 6 月第 1 版　　　　　　　　　　　印　　次:2024 年 2 月第 13 次印刷
定　　价:70.00 元

产品编号:035349-03

在管理教育和人才培养的各种制度中，工商管理硕士（MBA）制度是一项行之有效、富有成果的制度，它培养的是高质量的、处于领导地位的职业工商管理人才。工商管理硕士教育传授的是面对实战的管理知识和管理经验，而不是侧重理论研究；注重复合型、综合型人才培养，重视能力培养。在发达国家其已经成为培养高级企业管理人才的主要方式。

我国正式开始引进工商管理硕士学位制度始于 1984 年。但是早在 1980 年，按照 1979 年邓小平同志访美期间向当时的美国总统卡特提出由美方派遣管理教育专家来华培训我国企业管理干部的要求，中国和美国两国政府成立了坐落在大连理工大学的"中国工业科技管理大连培训中心"。在开始的几年内，办起了学制为 8 个月的厂长经理讲习班，其教学内容是按照 MBA 教育的框架"具体而微"地设计的，并开设了 MBA 教育中所有的核心课程。这种培训教育曾被认为是"袖珍型 MBA"，这可以说是 MBA 理念引入我国的开始。

1984 年开始，根据中美两国有关合作进行高级管理人员的第二个五年的协议，由中国的大连理工大学与美国布法罗纽约州立大学合作开办三年制的 MBA 班，这是对我国兴办 MBA 教育的一次试点。与此同时，培训中心将美国教授在大连讲学的记录整理出版了一套现代企业管理系列教材，原来共 9 种，后来扩展为 13 种，这套教材由企业管理出版社出版，发行超过百万册，填补了当时缺乏面向实际应用类型教材的空白，也为后来的 MBA 教材建设奠定了一个基础。

我国从 1991 年开始，正式开办 MBA 专业学位教育。在经过 10 多年的实践和摸索之后，中国的 MBA 教育已经进入一个新的发展时期，目前中国拥有 MBA 招生和培养资格的院校已经有 100 余所。这种专业学位的设置使我国的学位制度更趋完善，推动了我国高级专门人才培养的多样化，使学位制度进一步适应科学技术事业和经济建设发展的需要。MBA 教育需要适合面对实战的管理知识和管理经验的教材。从 1998 年开始，作为培训中心依托单位的大连理工大学管理学院，就开始在原来培训班的系列教材的基础上，吸收近期国内外管理理论和实践的发展成果，结合自己的教学经验，组织编写了 MBA 系列教材 18 种，由大连理工大学出版社出版，共印刷发行了 40 余万册，被许多院校的 MBA 教学和干部培训选用，受到广大读者的欢迎。2005 年，又出版了新的教材系列。

进入 21 世纪以来，国外的管理思想、理论与方法又有了发展。随着我国改革开放步伐的加快和经济建设的进展，在我们的管理实践中，在吸收消化国外先进管理的理论、方法的同时，针对我国在转型期的具体情况，探索具有中国特色的管理思想、方法，也得到很多的成果。目前我们已经可以像我国已故的哲学大师冯友兰教授所说的，从"跟着讲"发展到开始"接着讲"了。因此在管理教育中编写具有中国特色的教材，既有必要性，又有可能性。在 MBA 专业教育方面，我国在多年实践的基础上，也积累了许多经验。特别是由于 MBA 与学术型管理学硕士的培养目标、教学内容与方式有所不同，我国的各院校都注意在教学中引入了案例教学、角色扮演、模拟练习等新型教学活动，这样在我国自编的教材中就有可能选入符合国情的具体内容。

大连理工大学管理学院在从 20 世纪 80 年代就开始进行 MBA 试点以及近 20 年来进行 MBA 学位教育的基础上，决定重新编写一轮新的教材，总结过去的教学与培训经验，吸收国外的最新理论成就，使教材上升一个新的台阶。本次的教材系列包括"管理学"、"财务管理"、"技术管理"、"战略管理"、"管理决策方法"、"管理信息系统"、"营销管理"、"运营管理"、"企业法律环境"、"创业与企业成长"、"投资风险管理"、"项目管理"、"商业伦理"、"会计学"、"现代物流管理"、"项目投融资决策"、"企业知识管理"、"企业社会责任管理"、"创新与变革管理"、"企业文化"、"电子商务"、"人力资源管理"、"组织行为学"、"公司治理"、"管理经济学"、"管理沟通"共 26 种，涵盖了 MBA 基础课程、专业课程与部分新学科的内容，本轮教材的组织和撰写具有覆盖面广、关注到新的管理思想和方法、充分利用了自编案例等特点，反映了 MBA 教育的新进展。希望这个教材系列能为我国 MBA 教材添砖加瓦，为 MBA 教育作出应有的贡献。同时也希望这些教材能成为其他专业学位教育和各类管理干部培训的选用教材和参考资料，以及创业人士的有益读物。

衷心盼望采用这些教材的老师和学员在使用过程中对教材的不足之处多提宝贵意见，以便在下一轮修订过程中加以改进。让我们共同努力，把我国的 MBA 教育提高到一个新水平。

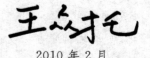

2010 年 2 月

项目投融资决策课程是以预测为前提，以投资效果为目的，通过有效利用各种市场融资手段筹集资金，从技术上、经济上、管理上对项目进行全面综合的分析研究。它是法律、财务管理、技术经济学和投资学等多学科的有机融合；一方面它综合了多个相关专业课程的基本原理，另一方面它与企业和项目的具体实践紧密结合，具有学科综合性和实际应用性的特点。项目投融资决策的理论和方法在现实中应用广泛，有效的投融资决策可以使企业或项目的资产得以增长，也可以利用别人的资金开展自己的业务。在中国，自改革开放以来，投融资活动始终是拉动经济与社会快速发展的重要动因。

本书以中国项目管理知识体系为依据，是在认真研究我国项目决策的程序、评估理论和方法的产生背景、完善过程的基础上完成的，并特别注重以项目投融资决策的实践来提出和回答问题。同时，考虑了不同项目投融资决策的特点，特别是近年来我国基础设施建设、房地产、公共事业项目和中外合资项目的投融资决策实践，其中很重要的是，有许多内容是创新性的实践成果，较好地体现了对项目投融资决策研究领域的前瞻性、内容的新颖性和方法的实用性。

本书共分五篇（共计二十章），其中第一章至第六章由孙秀峰负责撰写，第七章至第二十章由周颖负责撰写。书中前三篇（第一章至第十三章）较为全面地介绍和讨论了项目投融资过程中涉及的管理与决策问题。第一篇为价值创造（第一章至第二章），阐述了价值创造在投融资决策中的地位、价值创造的来源以及价值表现等相关问题；第二篇为投资决策（第三章至第六章），介绍了项目投资决策理论与方法及其应用；第三篇为融资方案（第七章至第十三章），分析了融资方案设计的步骤、程序、影响因素、具体方案及其在此基础上的方案比较；第四篇为项目评价（第十四章至第十七章），深入浅出地介绍了项目评价理论与评价方法体系；第五篇为项目举例（第十八章至第二十章），从实务应用的角度研究如何进行项目投融资，并结合案例分析加以说明。

在本书编写的过程中,大连理工大学管理学院的武慧硕、方索琴、艾辉、张满飞、翁继林、李硕、徐继伟等参与了部分工作,特此对他们表示感谢。限于水平和时间关系,也由于项目投融资决策课程的政策和实践性质,其内容更新变化较快,本书难免存在不足之处,恳请学界同仁和广大读者予以批评指正。

目 录

第三篇　项目融资决策

第四篇　项目评价

第五篇　项目投融资实务与应用

第　一　篇

导　论

第一章
项目与价值创造

2009年10月，历时近两年的微软-雅虎收购案以"微软 & 雅虎"的结果取得了突破。微软与雅虎正式宣布，在互联网搜索业务方面已经达成全面、深入的合作协议。该事件的积极意义，是以共同体的形式超越了一个公司兼并另一个公司的传统形式，对未来IT产业领域具有示范效应。微软和雅虎的结合可以为双方的股东创造最大的价值，并且给互联网用户带来更好的服务和价值。收购之后组成的新公司将成为全球领先的高科技公司，在显示广告和搜索广告方面具备较强实力。微软公司表示，两家公司合并之后，每年可以节省10亿美元的开支。此外，微软也将为挽留雅虎公司的工程师、管理人员和员工采取良好的措施。微软和雅虎合并之后，将成为一家更具效率的公司。两家公司可以在四大领域产生协同作用：用户规模扩大产生经济效应，为广告客户增加价值；合并后的工程师团队可以加速创新；通过削减冗余支出可以提升运营效率；增强视频和移动等新兴用户体验方面的创新能力。微软认为，上述四个领域每年可产生至少10亿美元的增效。

上述微软收购雅虎的例子中，微软是通过收购的方式达到了企业增值的目的。在企业价值增长的过程中，企业可以通过融资、投资、股利分配这三类决策，达到增值的效用。融资决策可增加企业的账面价值，但代价是：或者增大企业债务和财务风险，或者降低企业财务杠杆和赢利比率。股利分配决策通过合理的股利分配方案或信息，来改善市场对企业的期望，从而提升企业的市场价值，但并不能改变企业的真实价值。与前两者相比，投资决策的本质就是追求企业价值增长，并以正向收益为目标。因而，企业投资决策备受企业投资者和管理者关注。本章将从投资的角度介绍项目投资与企业增值的关系，以及企业价值增长的过程与途径。

学习目标

通过对本章的学习，能够解决以下问题：

1. 什么是企业价值？
2. 企业价值有哪几种表现形式？
3. 投资项目创造企业价值的过程是什么？
4. 现金流量管理与企业价值的关系是什么？
5. 正确评估企业价值有哪些意义？

第一节 创造企业价值的项目投资

一、企业价值的概念及相关理论

（一）什么是企业价值

理论界给企业价值下的定义是：企业预期自由现金流量以其加权平均资本成本为贴现率折现的现值。企业价值与企业的财务决策密切相关，体现了企业资金的时间价值、风险及持续发展能力。

在企业管理实践中，企业遵循价值规律，通过以价值为核心的经营管理，在平衡所有与企业利益相关者（包括股东、债权人、管理者、普通员工、社会、政府等）之间的获益期望的基础上，凭借资金的净流入，扩大自身的资源拥有量、市场竞争力和投资收益能力等属性，最终在市场上形成自身交易价格，即企业价值。显然，企业的价值越高，企业的获益能力、抗风险能力、竞争力和投资者吸引力就越高。因而，企业追求价值增长是其自身的一种本能与需要。

（二）企业价值的表现形式

1. 企业市场价值

企业本身也是一种商品，因而具有交易的可能，而交易价格即为企业在交易时刻的市场价格，它是买卖双方竞价后产生的双方都能接受的价格。对股份全部流通的上市公司而言，其市场价值就是企业在股票市场上的市值。

企业市场价值与企业价值的关系表现为以下几方面：

（1）企业价值决定企业的股票价值。企业的整体价值由其股权资本价值和债务价值两部分组成。对企业而言，其所有者决定了企业的控制权归属，因而其拥有股票自然产生了权利上面的溢价。而债权人除了拥有追讨债务的权利之外，对企业的经营无发言权，因而在利率风险和违约风险较小的情况下，企业的债务价值一般并不会产生溢价，仅当债务合同中含有股权需求时才会产生溢价，如企业发行的可转换债券等。由此看来，企业经营获益及其未来收益能力所形成的企业价值主要会影响到企业的股票价值变化。

（2）股票价值决定股票价格。股票价值是投资者对企业价值的一种预期。然而在证券市场上，投资者的预期并不一致，具体反映为其交易股票价格的差异与波动。市场的有效性是决定投资者对企业价值预期存在差异的根本原因。仅当市场为强有效的情况下，投资者才会掌握企业完全信息，并对企业未来收益的预期与对企业实际情况的理解完全相同，从而以与股票价值相等的价格买卖股票。而在其他市场有效程度下，投资者之间则会产生博弈行为，进而形成股价波动。同时，股票价格是股东财富的体现。

（3）股票价值仅是企业价值的一种暂时表现。它反映了企业所有者权益资本及其控制、决策权的总和。当债务结构发生变化时，企业的股票价值波动会出现与企业价值不相符合的情况。

企业价值决定股票价值，而股票价值决定股票价格，所以，企业价值决定了企业的股票价格,即企业市场价值。这意味着企业价值存在一种市场估价的定位。对管理者而言,是否为企业创造了价值,从企业的市场价值是否增加就可获得判断。

2. 结业清算价值

企业价值包括企业现有资源的价值和未来持续经营获益的折现价值。这种企业价值与企业在结业清算时的价值完全不同。比较而言,企业价值是动态的,而企业结业清算时的价值是静态的。

企业价值与结业清算价值之间的关系如下:

(1)企业价值是动态的。根据企业价值的定义,企业价值构成中未来净收益的折现价值是动态不确定的。这种不确定存在两种可能性:一是收益能力不确定;二是企业持续经营期不确定。前者决定了折现率是否合理,后者决定了折现期是否正确。只有收益能力超出了折现率,经营期不小于折现期,企业在未来经营中才可能存在价值创造的可能性;反之,企业折现价值就为负值,从而产生企业价值小于企业现有资源价值总和的局面。这对企业来说是灾难性的。

(2)结业清算价值是静态的。企业结业清算价值一般是指企业失去持续经营能力、破产或被收购情况下的价值。这时的企业已经不能创造持续的收益,不能满足各利益方所要求的基本回报。一般而言,它就是固定资产等企业有形资产和专利等无形资产之和,而不存在未来经营的折现值。

由以上的对比看,企业价值比静态的结业清算价值更有意义。

3. 企业账面价值

企业账面价值通常是指企业资产负债表中的资产总和。会计报表数据的真正缺点,不是没有采纳现实价格,而是在于没有关注未来。账面价值是稳态的,这一特征与企业资产获得的过程有关。固定的资产购置和使用过程决定了它自身使用价值的变化,与企业管理能力和获益能力关系不大,而流动资金又基本上是客观的,不存在价值波动,仅无形资产在定价方面存在一些变化。因而,账面价值以交易价格为基础,体现了企业拥有资源的价值之和。一般情况下,账面资产小于企业价值,仅当企业无法持续经营或即将破产时,企业的账面价值才近似等于企业结业清算价值,而高于企业价值。

对于企业价值的描述,还有很多,但理论和实践中最常见的是以上三种形式。在实践中,投资者和管理者会出于自身需求而选择使用。尽管实用中人们常使用这些企业价值的外在表现形式来完成生产投资预测和估算,但其本质上仍然以企业真实核心价值为基础。

二、企业价值增长的动因

企业价值关系到企业内部和外部诸多个体的利益。只有创造价值,才能分享价值、获得收益。因而,各利益体对企业价值增长的需求,促使企业必须以创造价值为目标经营。其中,最为值得注意的是各利益体对企业价值增长的追求动机差异。它折射出了企业经营中的各种复杂财务关系,进而产生了许多有趣且值得探究的财务管理研究课题。下面我们将逐一展开论述。

（一）投资者需求

一切投资都是以获得某种形式的收益为目标的行为。因而，投资者放弃对自身拥有资源的使用机会，而把资本转借给企业运用也是一种追逐利益的行为。简而言之，投资者为了获得一种更有效的收益方式而对企业投资，企业也必须以满足投资者收益需求而经营。

企业的投资者主要分两种：债权人和股东。当投资者（股东和债权人）为企业提供资金时，他们就获得了某种权利或权力。债权人拥有债务索要权，他们要求其投入企业的债务本金与利息能够按时足额回收。当企业不能支付利息或拒绝债务契约时，债权人有权利要求法律保护，从而获取企业担保品或要求重组企业。这种生存压力迫使企业必须努力经营创造利润，以满足债务融资时允诺的条件。而股东凭借手中的股票参与公司重大事务决策，诸如董事会选举、对董事和管理层提出诉讼等。其资本注入企业无法直接回收现金，而只能通过出售股票获得买卖差价收益，或以股利方式获得收益。而这两种方式都是以企业能够持续经营和获益为基础的。因而，股东从其自身利益角度出发，要求企业必须好好发展，凭借企业资产增加、市场开拓、信誉上升、稳定收益等信息来增加企业市场价值，从而为其回收资本提供机会。如果企业价值无法增长，则股东会"用脚投票"，一走了之。

另外，所有投资者，不管是股东还是债权人，都有获得公司某些经营决策信息的权利。这是他们保全自身利益的一种必然需求。因为外部投资者的许多其他权利的行使必须要有此类信息。例如，如果没有会计信息数据，债权人就不能知道其债务契约是否会被违约。所有企业的非控股股东和投资者，无论他们是大股东还是小股东，无论他们是股东还是债权人，他们的权利都需要得到保护。例如，分散的少数股东要求在企业支付股利和发行新证券时，拥有和控股股东一样的权利。重要的股东，但不是控股股东，其投票权应得到考虑和尊重。债权人（甚至大债权人）在企业破产时必须能获得和清算担保品，或有重组企业的权利。外部投资者如果没有能力实施其权利，他们就可能终止投资，从而阻碍储蓄向投资的转化，进一步影响企业的发展和国家的经济增长。

投资者对企业价值创造的需求是苛刻且严厉的。一旦投资者需求无法得到满足，则企业只能以破产或被收购作为结局。

例如，当年摩托罗拉公司的"铱星计划"载体——铱星公司。以摩托罗拉公司为主的10余家公司共同投资构建了铱星公司，用于向太空发射66颗通信卫星，提供对地面卫星手机的点对点零滞后通信服务。当摩托罗拉公司费尽千辛万苦终于在1998年11月1日正式将铱星系统投入使用时，命运却和摩托罗拉公司开了一个很大的玩笑，传统的手机已经完全占领了市场。由于无法形成稳定的客户群，铱星公司亏损巨大，连借款利息都偿还不起。铱星公司为"铱星计划"投入了50亿美元，但这个耗资巨大建立起来的通信网只有5.5万用户，而据一些分析家估计，该公司要实现赢利平衡至少需要65万用户。要建立一个忠诚的用户基础，所费的时间远远超过铱星公司的估计和许诺。在投资无法得到预期收益、铱星公司运作成本高昂的局面下，投资者摩托罗拉公司不得不将曾一度辉煌的铱星公司申请破产保护，终止了铱星服务，并将之放到自由市场上出售。最终，在没有新投资者接手的情况下,铱星公司花费 3 000~5 000 万美元将所有的卫星投放至较低的轨道焚毁,公司也最终关闭。

(二)市场因素

市场因素对企业追求价值创造活动具有双重效果。

1. 市场是企业价值创造的受益者

尽管企业发展的真正目标是创造价值,但是其发展目标应该是多元化的,例如,利润的增长、社会责任、税收和环保等。因为企业追求最大限度价值增长的行为必将促进企业劳动生产率的提高,从而带来企业产品国际竞争力的提高、就业市场的繁荣以及社会生活水准的普遍提高。

2. 市场推动着企业追求价值创造

企业能够创造价值,意味着它具备能够增加企业价值的核心竞争力。而恰恰是市场对企业生存能力的考验,直接导致了企业永不停息地追求价值增长。"优胜劣汰,适者生存"的市场竞争法则会逐渐将投资者和社会资本由落后的、缺乏价值创造能力的企业转移到那些价值创造能力强、经营稳健的企业。于是,在市场竞争中成功的企业,都使股东、当地政府、消费者以及员工获得了利益,而那些技术设备落后、负债重、经营难以为继的企业由于其对整个社会和市场的负面影响而遭到淘汰。

核心能力(core competence)理论是美国经济管理学家 C. K. 普拉霍莱德和 G. 哈默在他们的经典论文"公司的核心能力"中首次提出来的,它是企业拥有的独特的、能为消费者带来特殊效用、使企业在某一市场上长期具有竞争优势的内在能力资源,是公司所具有的竞争优势和区别于竞争对手的知识体系,是公司在发展过程中建立与发展起来的一种知识与资产互补的体系,是公司竞争能力的基础。放眼《财富》500 强,几乎无一不在技术诀窍、创新能力、管理模式、市场网络、品牌形象和顾客服务等方面具有独特的专长。可以说,其特长构成的核心竞争力保证了它们得以在市场竞争中存续下来。

"市场才是考验企业价值的舞台"。在市场中,企业实体价值包括产品、设备、服务等,无形价值包括企业的商标、专利、技术、声誉、顾客忠诚度等。市场通过其内部存在的各种利益体逐利需求作用,使企业的市场价值发生波动。这种波动,一方面来源于企业经营决策信息的冲击,例如,企业预发股利、公布收购计划、设计股票增发方案等,引发证券投资者的买卖行为,从而使股价上涨或下跌;另一方面企业通过项目投资与经营,获得高于资本成本的额外收益而增加了企业财富,如企业新建生产线、实施收购行为等实践举动。对比而言,后者是企业价值的计算依据,也是企业市场价值波动的参考标准。市场通过投资者自发的定价行为,确定企业市场价值。尽管与企业实际价值有所偏失,但其定价结果对企业经营者与所有者的影响是巨大而且直接的。

(三)管理者因素

管理者对企业价值创造的积极性来源于其对自身收益最大化的追求。企业通过聘用合同的契约方式,将企业价值与管理者的绩效联系起来。在合同中,或许诺管理者薪酬与企业利润增长挂钩,或以期权的方式将管理者薪酬与企业未来价值联系起来,再或者以股票薪酬的方式将管理者变为企业投资者之一,以上诸多方式的核心即是将企业价值与管理者价值联系起来,使管理者意识到自身价值必须通过企业价值的增长而增长,进而产生工作热情与动力。

在管理者因素中,值得关注的要点有两个,即权力与责任。

1. 权力

所谓权力就是选择行动的能力,通过这种选择可以对整个组织或组织的某一部分产生影响。从财务的角度来看,权力表现为对企业融资、投资、股利分配等诸多财务活动中的可行方案进行选择,其选择的结果将决定企业的价值。那么这种权力来自于哪里呢?对此,学者们认为,一个人之所以有权力是因为他掌握了某项资产的所有权。所有权就是一个人权力的源泉。企业要存在就需要一种"黏合剂",这种"黏合剂"就是实物资产。正是由于实物资产的作用,才把无形资产、人力资产等紧紧地结合在一起,没有实物资产企业就不会存在,因此,权力来源于对资产的所有权。当所有权拥有者将资产的管理委托给他人时,受委托者便拥有了对资产使用、投资、收益税前分配等权力,这种权力即为经营权。很明显,企业股东是企业资产所有权的拥有者,而管理者一般不具备所有权,仅是具有经营权,于是在契约关系中,合同将企业的所有权与经营权相分离。

所有权力与经营权力是不同的。一个人拥有所有权力并不意味着他就有经营权力。把权力分为所有权和经营权不但可以使我们更好地理解股东和管理者之间的权力关系问题,而且还有助于我们对企业内部的权力配置进行分类。之所以会出现这种权力的划分,是因为股东和管理者所掌握的信息不同,就是说,两者处于信息不对称状态。不对称的信息可以帮助管理者避开股东的监管。这会产生两种截然不同的效果:一是管理者在股东不明确信息的情况下投资高风险的项目,加大了企业经营风险;二是管理者借此回避了股东中保守势力对其积极经营的干扰,保持了企业价值顺利增长。

2. 责任

由于管理者并不一定愿意成为企业的固定投资者,因而其不会在意企业价值在未来长期的发展情况。于是,"当一天和尚撞一天钟",即便是被授以企业股票或期权,管理者的获益期望也仅是在比企业生命期更短的时间内获得收益。因而,管理者对企业发展的责任便有了时间限制。一般而言,管理者会将其责任期与其合同聘期相重叠,聘期结束即意味着责任消除。这种关系会致使管理者对企业价值增长的关注和努力只维持一个较短的时间段。一旦聘期后期出现高风险高收益的投资项目时,管理者会依据其聘期与风险期的关系来进行决策,而不是考虑企业生命期内的项目风险危机,这是对企业价值增长的一种致命伤害。

细析权力与责任的讨论过程可以发现,管理者在行为的选择上主要受到了时间的限制。例如,股东长期拥有资产的支配使用权,而管理者仅是在一段时间内拥有资产的支配使用权。股东对企业资本的投入责任是长期的,而管理者对资本使用有效性的责任却是短期的。于是,在此局面下,管理者行为的目标必然是在其责任期和权力期内将企业价值增长率保持在一个较高的水平,并谋求利润极大化。这种动因对企业是有利有弊的,逐利行为会产生高风险,因而,企业所有者必须在契约中对管理者责任期与权力期进行不对称配置,即保证管理者在权力期结束后,仍然担负一定的责任,借此来控制管理者在推动企业价值高速增长中的不利因素。

（四）员工因素

企业价值创造的重要动因之一是人力资本及其所有者——企业员工，而不在于物质资本的增值，物质资本的增值不过是企业价值创造能力结果的表现而已（这一点与经济附加值倡导者所坚信的相反）。当赋予人力资本所有者参与企业价值分配的权利时，员工的工作热情就会激发出来，从而驱动企业价值不断增长。一般的企业价值增长——经济附加值只考虑物质资本的必要回报这一价值创造的结果，而没有关注人力资本在价值创造中的作用及其投入的效率，显然存在片面性，不可能真正反映企业的价值创造能力。企业创造的价值必须超过所有资本（包括物质资本与人力资本）的必要价值回报，分享收益的薪酬制度能够激发员工的最大价值创造激情。

三、投资项目创造企业价值的过程

（一）投资项目创造价值的原理

投资项目创造企业价值的基本原理是：企业所有者运用筹措的资金，合理配置和利用各类资产来获取超出项目资产成本——最低可接受收益率的额外收益。

从过程看，企业需要经历筹措资金、安排生产、稳健经营、销售回收资金的一个持续过程，企业持续能力的高低决定了企业持续融资的能力。而随着市场和企业营业规模的扩大，企业发展所需的资产规模需求也相应扩大。于是，企业陷入了融资、投资、收益分配的周而复始的循环过程。从企业长期的成长性看，企业价值增值的过程也就是企业在经营过程中不断创造新净增现金流的过程。现金流的循环过程始终贯穿于企业的营运过程，企业的价值增值意味着企业的现金流在循环过程中增值。

（二）投资项目创造企业价值的重要前提

1. 明确企业价值创造的核心特征

不同类型的企业其价值来源与持续、管理重点和模式是有差异的，因而，在企业分析投资项目时，必须首先认识到其自身价值的核心特征，然后围绕其核心特征制定投资与经营战略，否则，仅采用大一统的管理理念和战略路径对企业项目投资肯定是有害的。就像通用模式、戴尔模式大家都觉得好，可是真要模仿，只会亦步亦趋，最后落得个邯郸学步、失其故行的结果。

事实上，企业的价值特征差异表现在企业所处行业、其经营基础与思考方式等方面。例如，中国石油、腾讯公司、英特尔公司等三类公司在行业上存在差异。中国石油的企业价值依赖于石油能源，但企业价值的获取更大程度上取决于决策的资源倾向和价值的资源决定。而腾讯公司的企业价值则依赖于客户群的稳定，价值增长取决于其对客户的迎合与服务，从而间接获得广告收入。英特尔公司的价值则体现在其CPU等硬件技术创新和行业规范制定方面，它的价值创造取决于其不间断的技术创新，如CPU由单核朝双核、四核、八核等方向发展。此外，对比可口可乐公司与星巴克公司的经营，亦可体现企业价值创造的经营基础和思考方式的差别。同属于饮料行业,可口可乐成功的根源并非什么配比秘方,而是迎合、引导客户的能力,使得消费可口可乐成为一种文化。星巴克的咖啡被人誉为"宗教咖啡","我不是在星巴克,就是在去星巴克的路上"一语道破了顾客对星巴克的忠诚。星巴克注重客户体验是企业赢得客户忠诚、获得高额利润的秘密。

2. 遵守增强企业"核心竞争力"的项目投资目标

核心竞争力通常被描述为"独一无二"、"与众不同"、"难以模仿"的竞争优势。但是真正构成这种核心能力的知识体系主要体现在四个方面:①公司员工的知识和技能;②公司的技术开发和创新能力;③公司的管理和生产经营能力;④公司创造品牌和运用品牌的能力。这四个方面共同反映了公司的基本素质和发展潜力。

只有认清楚企业价值创造的核心特征之后,企业才有可能制订项目投资计划,构造自身的核心竞争力,实现企业价值创造。对于某一个具体公司来说,要培育和树立能够使其保持市场竞争优势的"核心竞争力"绝非易事,甚至可以说,不管是局外人还是局中人,要准确地把握住某个公司的"核心竞争力"也都不是一件容易的事情。许多本来极具发展潜力的公司,往往就是因为没有及时地把握机会培育自己的核心竞争力,或者说一直迷茫于究竟什么是核心竞争力而错失发展良机。事实上,只有建立在基本队伍、技能、客户群、业务领域基础上的赢利能力或者至少是维持能力才是企业生存的根本。无论有多少资金投入,没有稳定的员工队伍和客户群,没有突出的技能和基本的业务领域,一切包装和所谓的"雄心壮志"都只能是海市蜃楼而已,20世纪末期的网络公司浪潮的潮起潮落清晰地反映了这一点。

企业的核心能力与企业现时拥有的资源、过去的经验和这些经验的积累等有关,也与企业长期从事一个专业领域有关。如英特尔公司的CPU研发技术是它的核心专长,也成为其竞争力的重要支撑。在项目投资过程中培养公司的核心专长,可从以下几个方面着手:

第一,集中企业资源从事专业化经营与项目投资,逐步形成自己在经营管理、技术、产品、销售、服务等诸多方面与同行的差异。

第二,寻找自己价值的核心特征,并在项目投资目标中体现,这是发现和增强企业核心竞争力的前提。

第三,从竞争对手和市场空缺中寻找项目投资机会,建立自己的比较优势,并构建支撑这种优势的潜在核心能力。

第四,核心竞争力成长在良好的土壤之中,所以要建立良好的公司治理环境。

在了解企业价值创造的核心特征并以提升企业核心竞争力为目标的前提下,企业制定项目投资计划才能创造出未来持续的和健康的现金流,进而保证企业价值增长的方向性和有效性。

3. 项目投资创造企业价值的基础

1) 资产是企业价值创造的基础

从表象上看,企业成功完成一项项目投资并实现自身规模与价值的增长归功于企业现金流的净增加。那么,我们是否可以将企业现金流管理视为企业价值创造的基础呢?这个观点显然是值得商榷的。

企业投资项目造成了其现金的流动,但企业赢利所依赖的却是其自身拥有的资产。根据形态不同,企业资产一般可分为有形资产、金融资产和无形资产。在项目投资过程中,企业资产的形态始终处于动态转化状态。其特征表现为:①资金和资本转化为各类资产;②资产被应用而生成新的资金和价值。在项目投资过程中,项目通过有形资产中的产品生产与销售完成资金和资本回流,并凭借经营中形成的无形资产保证企业未来的收益和价值增长。各类资产每一次循环均可能生成新增净现金流,即为企业创造的新价值。由此可见,资产在企业价值创造过程中具有举足轻重的作用。正是有形资产、无形资产等的存在,才保证了项目投资过程中的价值创造。因而,应确认企业资产是企业投资项目创造价值的基础。

2) 无形资产对企业价值创造的独特效用

严格地讲,无形资产(intangibles)是会计学的定义,经济学界和管理学界则往往称其为知识资产(knowledge assets)或智力资本(intellectual capital),它泛指各种非物质形态的未来收益要求权。对企业各项资产的运用和配置,多数是以企业投资项目的方式完成的。

在项目投资过程中,无形资产是围绕创新、组织和人才这三个连接点形成,并在企业价值创造过程中发挥作用的。市场实践数据表明,相对于企业市场价值的增长而言,企业有形资产投资和研发投资的增长相对较慢。如果再考虑在企业或公司发放的现金红利,公司市场价值的增长更是远远超过有形资产投资和研发投资的增长。上述不平衡现象说明,除了有形资产投资和研发投资之外,企业在其他无形资产(主要是组织资本和人力资本)上的投资在价值创造中发挥着越来越大的作用。

无形资产是企业价值创造的关键与宝贵的财富。有形资产的表现相当于商品,只能得到与资本成本相近的回报,对企业价值的创造贡献有限。这一结论与企业较高的研发投资回报率形成鲜明的对比,它表明通过外包方式来减少项目对有形资产的依赖性,是企业理性和明智的选择。而通过项目经营逐渐形成的商业信息、客户信息、专利、品牌等无形资产则代表了企业未来经营和获益的能力和持续性,其价值往往占据了企业价值中的重要比例。于是,管理者们认识到:通过投资项目构造无形资产是获得高收益、创造更多价值的有效途径。例如,企业在信息技术(IT)方面的投资可以看成是其所进行的组织资本的投资,因为 IT 的应用会带来企业组织结构和行为的显著变化,进而导致新的商业过程和新的市场策略的出现。众所周知,电器零售商国美电器的主要资产不是销售店面和硬件,而是围绕信息系统所形成的无形的商业流程,其拥有的关于消费者、供应商和商业知识等数据的价值是用于存储上述信息的磁盘成本的好多倍。同样,Ebay、淘宝等网站的计算机硬件基础也只是其资产的很小一部分,而由此形成的商业模式和支持该模式的商业过程才是公司最主要的财富。这充分说明了无形资产在企业价值创造方面的作用。

4. 决定项目创造企业价值的因素

项目可大可小,可内生也可外联,形式多种多样。为保证企业能够成功实现价值创造目标,企业管理者和投资者必须清楚地认识到如下几项项目投资要素的重要性。

1) 项目计划

企业管理者在经营中发现投资需求,在综合考虑自身资产情况、负债能力、发展能力及未来市场变化等相关信息的基础上,对项目的投资过程进行设计,其方案目标必须是企业未来持续经营净现金流为正,即企业价值现值能够获得增加。

2）项目投资回报率

项目投资取得的报酬与总投资的比率必须符合企业所有者的利益期望值。这种期望值含有两方面的内容:一是能够弥补股东等投资者的资本收益期望,即成本需求;二是能够获得额外收益,即利润盈余。仅能满足第一项期望的项目投资计划是一个无价值增长的持续经营计划;只有两个期望值全部得到满足,项目的投资才是值得进行和完成的。

例如,A 公司的股东等投资者的资本收益期望值为 20%,目前有一个可待投资的项目,该公司面临着如下三种情况:

（1）项目投资 10 000 万元,税后利润 2 000 万元。

（2）项目投资 15 000 万元,税后利润 2 850 万元。

（3）项目投资 8 000 万元,税后利润 1 800 万元。

分析发现,方案一的项目投资收益率为 20%,与股东期望值相同,而未实现额外收入盈余,企业价值未得到增长;方案二的项目投资收益率为 19%,低于股东期望,因而也未实现额外收入盈余,在投资者资本需求必须得到满足的要求下,企业价值将会缩减;方案三的项目投资收益率为 22.5%,高于投资者的资本收益期望值,同时还为企业创造出了 200 万元的额外收益,企业价值获得了增长。由此可见,项目投资回报率决定了企业投资项目促使价值增长的速度。

3）项目投资的资金筹集

对企业而言,可以自由使用的资金仅是流动资金,在满足日常生产需求之余,企业的流动资金所剩无几。当面临好的投资机会时,企业的资金筹集便成为头等难题。银行借款、发行债券、增发股票、融资租赁等各种资金筹集方式可供企业选择,但企业自身的财务状况、信用水平、项目收益情况等信息决定了其融资方案的制定和筹资成本大小。低成本融资的效果是增大企业项目赢利空间,从而创造更多的额外收入盈余——企业价值。

4）投资风险

项目投资风险会改变企业价值。任何投资都有风险,只不过风险大小不同而已。为了使企业价值最大化,要在每股盈余与风险大小之间进行比较,选择风险小、投资报酬率大的项目。在风险受到预警和控制的情况下,完成项目投资可实现企业价值增长;而无视风险发生概率和可能性,则会降低企业价值。

5）资本结构

资本结构是指项目投资资金中的股东权益与负债的比例关系。资本结构对企业价值增值产生影响,通过影响每股收益和财务风险来影响企业价值。资本结构会影响报酬率和风险。一般情况下,当投资报酬率高于负债成本率,企业可以通过借债而提高企业获利能力,但是同时也增加了预期风险,导致企业支付紧张,容易引起破产。

6）创新性

项目的创新性对其收益的幅度和持续性具有决定性影响。其创造的企业价值表现得更为依赖创新。如 CPU 一度由英特尔主导,X86 的每一次换代都给英特尔带来了大幅利润的增长。

财务关系、资金使用控制等因素在项目投资过程中也需要给予适当重视。在实践中，企业凭借着连续不断的项目投资来完成资源的配置与运用，在资金与资本的循环过程中创造投资者回报和额外收益，最终完成企业价值创造的使命。

值得注意的是，此处所说的项目并非单指新的投资项目。任何企业的经营行为都可以成为一个具有独立目标的项目，其差异仅在于项目资金的循环过程和项目收益的形式等。

第二节　现金流量管理与企业价值

一、现金流量管理与企业价值的关系

由企业价值的定义可知，企业价值与企业自由现金流量正相关，也就是说，在同等条件下，企业的自由现金流量越大，它的价值也就越大。企业价值指标是国际上各行业领先企业所普遍采用的业绩考评指标，而自由现金流量正是企业价值的最重要变量。企业价值和自由现金流量因其本身具有的客观属性，正在越来越广泛的领域替代传统的利润、收入等考评指标，并成为计算企业价值的重要参数，亦成为现代企业广为关注的课题。

"现金流是企业价值创造的源泉"这一观点主要由以下几个理论支撑。

（一）现金流决定价值创造的数量

众所周知，现金流是企业生产经营活动的第一要素。企业只有持有足够的现金，才能从市场上取得生产资料和劳动力，为价值创造提供必要的生产要素。因此，获得足够多的现金流是企业生产经营过程的第一推动力。在市场经济中，企业一旦创立并开始运作，就必须拥有足够的现金来购买原材料、辅助材料、机器设备、支付工资及其他费用。货币是企业组织生产经营活动的基本前提。

但是，企业只有通过销售产品获得现金，才能实现价值的创造。虽然价值创造的过程发生在生产过程中，但生产过程中创造的价值能否实现还要看生产的产品能否满足市场的需要，是否有消费者购买。当然，销售过程也是一个创造价值的过程，它的正常开展也需要相应的现金流。由此可见，企业的价值创造过程离不开现金流，否则就会发生中断。

（二）现金流反映企业的赢利质量，决定企业的市场价值

现金流比利润更能说明企业的收益质量。根据权责发生制确定的利润指标在反映企业的收益方面确实容易导致一定的"水分"，而现金流指标恰恰弥补了权责发生制在这方面的不足，它关注现金流指标，甩掉利润指标的"水分"，剔除了企业可能发生坏账的因素，使投资者、债权人等更能充分地、全面地认识到企业的财务状况。因此，观察企业经营活动中现金流的情况，可以较好地评估企业的赢利质量，确定企业真实的价值创造能力。另外，实证研究表明，企业股票的市场价格与企业现金流的相关性较强。

（三）现金流状况决定企业的生存能力，而企业生存是其价值创造之基础

现金流比利润更能表明企业的偿债能力，现实中的案例以及 20 世纪末的金融危机和

2008 年由美国次贷危机引起的全球金融危机,使人们对"现金为王"的道理有了更加深刻的感悟。反映偿债能力的传统指标通常有资产负债率、流动比率、速动比率等,而现金流指标在反映企业偿债能力方面具有独特的功能,比传统的指标更加具有先进性和科学性。例如,经营活动中的净现金流量与全部债务的比率则比资产负债率更能反映企业偿付全部债务的能力,现金性流动资产与筹资性流动负债的比率则比流动比率更能反映企业短期偿债能力。因此,从偿债能力指标角度看,毫无疑问,现金流量指标比利润指标更加具有说服力。总之,现金流指标反映了企业的偿债能力,偿债能力决定企业的生存能力,而生存是企业创造价值的基础。

二、以现金流量为基础的企业价值评估方法

"现金流量"是指各期的预期现金流量。不同资产的未来现金流量表现形式不同,债券的现金流量是利息和本金,投资项目的现金流量是项目引起的增量现金流量。在价值评估中可供选择的企业现金流量有三种:股利现金流量、股权现金流量和实体现金流量。依据现金流量的不同种类,企业估价模型也分实体自由现金流量折现模型、股权现金流量折现模型、经济利润模型和税前现金流量模型。

(一)实体自由现金流量折现模型

实体自由现金流量是企业全部现金流入扣除成本费用和必要的投资后的剩余部分,它是企业在一定时期内可以提供给所有投资人(包括股权投资人和债权投资人)的税后现金流量。该种模型的基本思想是现金折现值原则,也就是任何资产的价值是其产生的未来现金流量的现值。

实体自由现金流量模型的基本形式是

实体价值 ＝预测现金流量现值＋后续期现值

$$= \sum_{t=1}^{T} \frac{\text{FCF}_t}{(1+\text{WACC})^t} + \frac{\text{FCF}_{T+1}}{(\text{WACC}-g)} \cdot (P/F, \text{WACC}, T) \qquad (1-1)$$

股权价值 ＝实体价值－债务价值 $\qquad (1-2)$

债务价值 $= \sum_{t=1}^{n} \frac{\text{偿还债务现金流量}_t}{(1+\text{等风险债务成本})^t} \qquad (1-3)$

上述公式中,FCF_t 为企业项目预测期内第 t 年的实体自由现金流;FCF_{T+1} 为明确的预测期后第一年中自由现金流量正常水平;WACC 的加权平均的资金成本率;g 为自由现金流量预测期增长率恒值;$(P/F, \text{WACC}, T)$ 为折现系数,折现率等于加权平均资本成本率,时间为预测期 T 年。

实体自由现金流折现模型的计算过程分为如下四个步骤。

1. 预测绩效与自由现金净流量

预测绩效与自由现金净流量包括:计算扣除调整后的营业净利润与投资成本;计算价值驱动因素;分析企业财务状况;了解企业的战略地位及产品的市场占有率;制定绩效前景;预测个别详列科目;检验总体预测的合理性和真实性。应该说,将企业经过审计的现金流量表分别进行明细科目的细化分析,结合企业经营的历史、现状和预测分析所得出

的企业预计现金流量表,应该具有相当强的科学性和准确性,以此为基础计算出的自由现金净流量的可信程度是很高的。

2. 估测折现率

估测折现率包括:权益性资金成本估算;负债性资金成本估算;确定目标市场价值权数;估计不同行业的企业的报酬率随整个上市公司平均报酬率变动的"β系数",或根据机会成本要求最低资金利润率,从而合理选定折现率。

在实体自由现金流折现模型中,关键的折现率选取可遵循以下原则:

(1)企业的实体价值是预期企业实体现金流量的现值,计算现值的折现率是企业的加权平均资本成本。

(2)企业债务的价值等于预期债权人现金流量的现值,计算现值的折现率,要能反映其现金流量风险。

3. 估测连续价值

估测连续价值包括选择预测期限、估计参数、连续价值折现。连续价值可用自由现金流量恒值增长公式法或价值驱动因素公式法测算。

(1)自由现金流量恒值增长公式法。

$$连续价值 = FCF_{t+1}/(WACC - g) \tag{1-4}$$

式中,FCF_{T+1}为明确的预测期后第一年中自由现金流量正常水平;WACC为加权平均的资金成本率;g为自由现金流量预测期增长率恒值。

(2)价格驱动因素公式法。

$$连续价值 = NOPLAT_{T+1}(1 - g/ROIC)/(WACC - g) \tag{1-5}$$

式中,$NOPLAT_{T+1}$为明确的预测期后第一年中扣除调整税后的净利润的正常水平;ROIC为新投资净额的预期报酬率。

4. 企业价值评估结果计算及解释

【例1-1】 ABC公司的预计现金流量表如表1-1所示,假设ABC公司的加权平均资本成本是12%,用它折现实体现金流量可以得出企业实体价值,扣除债务价值后可以得出股权价值。有关计算过程见表1-2。

$$预测期现金流量现值 = \sum 各期现金流量现值 = 58.10(万元)$$

$$后续期终值 = 现金流量 t+1/(资本成本 - 现金流量增长率)$$
$$= 32.17 \times (1 + 5\%)/(12\% - 5\%) = 482.55(万元)$$

$$后续期现值 = 后续期终值 \times 折现系数$$
$$= 482.55 \times 0.5674 = 273.80(万元)$$

$$企业实体价值 = 预测期现金流量现值 + 后续期现值$$
$$= 58.10 + 273.80 = 331.90(万元)$$

$$股权价值 = 实体价值 - 债务价值 = 331.90 - 96 = 235.90(万元)$$

估计债务价值的标准方法是折现现金流量法,最简单的方法是账面价值法。本例采用账面价值法。

另外,值得指出的是,与股息折现模型或股权自由现金流量折现模型不同,实体自由现金流量模型评估的不是股权的价值,而是公司的价值。不过,从公司的价值中减去未清偿债务的市场价值就可以得到股权的价值。因此,这种方法可以看成是评估股权价值的另一种方法。那么,现在就出现了两个问题:为什么要评估公司的价值而不直接评估股权的价值?用评估公司价值的方法得到的股权价值与前面章节所介绍的股权价值评估方法所得到的股权价值会一致吗?

表 1-1　ABC 公司的预计现金流量表　　　　　　　　　　万元

项　　目	基期	2001 年	2002 年	2003 年	2004 年	2005 年	2006 年
税后经营利润	36.96	41.40	45.53	49.18	52.13	54.73	57.47
加:折旧与摊销	24.00	26.88	29.57	31.93	33.85	35.54	37.32
=经营现金毛流量	60.96	68.28	75.10	81.11	85.98	90.28	94.79
减:经营营运资本增加		14.40	13.44	11.83	9.58	8.46	8.89
=经营现金净流量		53.88	61.66	69.28	76.40	81.81	85.90
减:净经营长期资产增加		24.00	22.40	19.71	15.97	14.10	14.81
折旧与摊销		26.88	29.57	31.93	33.85	35.54	37.32
=实体现金流量		3.00	9.69	17.64	26.58	32.177	33.78
融资流动:							
税后利息费用		4.77	5.24	5.66	6.00	6.30	6.62
一短期借款增加		7.68	7.17	6.31	5.11	4.51	4.74
一长期借款增加		3.84	3.58	3.15	2.55	2.26	2.37
＋金融资产增加							
=债务融资净流量		−6.75	−5.51	−3.80	−1.66	−0.47	−0.49
＋股利分配		9.75	15.20	21.44	28.24	32.64	34.27
一股权资本发行		0.00	0.00	0.00	0.00	0.00	0.00
=股权融资流量		9.75	15.20	21.44	28.24	32.64	34.27
融资流量合计		3.00	9.69	17.64	26.58	32.17	33.78

表 1-2　ABC 公司的实体现金流量折现

项　　目	基期	2001 年	2002 年	2003 年	2004 年	2005 年
实体现金流量/万元		3.00	9.69	17.64	26.58	32.17
平均资本成本/%		12.00	12.00	12.00	12.00	12.00
折现系数(12%)		0.892 9	0.797 2	0.711 8	0.635 5	0.567 4
预测期现金流量现值/万元	58.10	2.67	7.73	12.55	16.89	18.25
后续期增长率/%						5.00
期末现金流量现值/万元	273.80					482.55

项　　目	基期	2001 年	2002 年	2003 年	2004 年	2005 年
总价值/万元	331.90					
债务价值/万元	96.00					
股权价值/万元	235.90					

使用公司价值评估方法的好处在于,因为实体自由现金流量是一种债前现金流量,因此不需要单独考虑与债务相关的现金流量,而在估计股权自由现金流量时则不得不考虑这些现金流量。随着时间的推移,预期杠杆比率会发生很大的变化,这种方法将节省大量的工作量。然而,公司价值评估方法需要债务比率和利息率等有关信息,并且需要估计加权平均资本成本。

(二)股权现金流量折现模型

股权现金流量模型的基本形式是

$$股权价值 = \sum_{t=1}^{\infty} \frac{股权现金流量_t}{(1+股权资本成本)^t} \tag{1-6}$$

股权现金流量是一定时期内企业可以提供给股权投资人的现金流量,它等于企业实体现金流量扣除对债权人支付后剩余的部分。有多少股权现金流量会作为股利分配给股东,取决于企业的筹资和股利分配政策。股权资本成本是与股权现金流量相匹配的等风险投资的机会成本。

在下列情形下,用公司价值评估方法得到的股权价值与用股权价值评估方法所得到的股权价值将会完全一致。

(1)两种方法关于增长的假设相一致。这不是说在两种方法中所用的增长率完全一样,但需要根据杠杆作用的影响,对收入的增长率进行调整。在计算终点价值时尤其需要这种调整,这时,实体自由现金流量方法和股权自由现金流量方法都需要确定一个稳定的增长率。

(2)正确确定债权的价值。在实体自由现金流量方法中,股权价值是从公司价值中减去债务的市场价值得到的,如果公司债务的价值估计过高,那么从实体自由现金流量模型评估方法中得到的股权价值就会比从股权价值评估方法中得到的价值要低。如果公司的债务被低估了,则股权价值就会较高。

【例 1-2】 设 ABC 公司的股权资本成本是 15.034 6%,用它折现股权现金流量,可以得到企业股权的价值。有关计算过程如表 1-3 所示。

表 1-3　ABC 公司的股权现金流量折现

项　　目	基期	2001 年	2002 年	2003 年	2004 年	2005 年
股权现金流量/万元		9.75	15.20	21.44	28.24	32.64
股权成本/%		15.034 6	15.034 6	15.034 6	15.034 6	15.034 6
折现系数		0.869 3	0.755 7	0.656 9	0.571 1	0.496 4

续表

项　　目	基期	2001 年	2002 年	2003 年	2004 年	2005 年
预测期现金流量现值/万元	66.38	8.47	11.49	14.08	16.13	16.20
（后续期现金流量增长率）/%						5
＋残值现值/万元	169.52					341.49
＝股权价值/万元	235.90					
＋债务价值/万元	96.00					
＝公司价值/万元	331.90					

（三）经济利润模型

经济利润是指从超过投资者要求的报酬率中得来的价值，也称经济增加值。经济利润的相对概念是会计利润。经济利润是由经济学家提出的利润概念。虽然经济学家的利润也是收入减去成本后的差额，但是经济收入不同于会计收入，经济成本不同于会计成本，因此经济利润也不同于会计利润。两者的主要区别在于经济利润扣除了股权资本费用，而不仅仅是债务费用；会计利润仅扣除债务利息，而没有扣除股权资本成本。

经济利润模型的表达公式如下：

经济利润 ＝投资资本×（投资资本报酬率－加权平均资本成本）

　　　　＝投资资本×投资资本报酬率－投资资本×加权平均资本成本

　　　　＝息前税后利润－资本费用

　　　　＝投资资本＋预计经济利润的现值　　　　　　　　　　　　　　　（1-7）

这种经济利润模型的基本思想是：如果每年的经济利润正好等于加权平均资本成本，那么预计现金流量的折现值正好等于投资资本，企业的价值没有增加，也没有减少，仍然等于投资资本。

经济利润模型应用的步骤如下。

1．确定经济收入

经济收入是指期末和期初同样富有的前提下，企业在一定时期内的最大花费。这里的收入是按财产法计量的，如果没有任何花费则期末财产的市值超过期初财产市值的部分就是本期的收入。

本期收入＝期末财产－期初财产

例如，一个企业年初有资产 600 万元，在年末升值为 800 万元，本年销售收入 400 万元，经济学家认为该企业的全年总收入为 600 万元，其中包括 200 万元的净资产增值。然而，会计师则认为该企业的全年总收入是 400 万元，200 万元的资产升值不能算收入，理由是它还没有通过销售而实现，缺乏记录为收入的客观证据。会计师认为，只有你把已经升值的资产出售，得到 800 万元，然后用 800 万元再将它们购回，他才会承认资产的 200 万元增值收入实现了，企业的年收入就是 600 万元了。这种虚假交易可以改变收入的做法，不仅和经济理论相矛盾，也很难被非专业人士理解和使用。许多企业正是利用会计学的这一缺点操纵利润的。

2. 计算经济成本

经济成本不仅包括会计上实际支付的成本,而且还包括机会成本。例如,股东投入企业的资本也是有成本的,是本期成本的一部分,在计算利润时应当扣除。这样做的理由是:股东投入的资本是生产经营不可缺少的条件之一,并且这笔钱也不是没有代价的。股东要求回报的正当性不亚于债权人的利息要求和雇员的工资要求。

3. 经济利润

计算经济利润的一种最简单的办法,是用息前税后营业利润减去企业的全部资本费用。复杂的方法是逐项调整会计收入使之变为经济收入,同时逐项调整会计成本使之变为经济成本,然后计算经济利润。斯特恩-斯图尔特公司设计了非常具体的经济增加值计算程序以及向经理分配奖金的模型,被许多著名的公司所采用。按照最简单的经济利润计算办法,经济利润与会计利润的区别是它扣除了全部资本的费用,而会计利润仅仅扣除了债务利息。

【例 1-3】 甲企业的期初投资资本为 2 000 万元,期初投资资本回报率(税后经营利润/投资资本)为 10%,加权平均资本成本为 9%,则该企业的经济利润是多少?

【解】

(1) 使用利润与费用差计算:

$$经济利润 = 税后经营利润 - 全部资本费用$$
$$= 2\,000 \times 10\% - (2\,000 \times 9\%)$$
$$= 200 - 180 = 20(万元)$$

(2) 使用投资资本回报率与资本成本之差乘以投资资本计算:

$$经济利润 = 期初投资资本 \times (期初投资资本回报率 - 加权平均资本成本)$$
$$= 2\,000 \times (10\% - 9\%) = 20(万元)$$

(四)税前现金流量模型

该模型按照税前自由现金流量为参数进行评估,为企业价值评估提供了新的思路。该模型的缺点在于不同的所得税税率可能会对企业价值产生影响,同时企业采取不同的避税政策也会对企业评估价值产生影响。

该模型的计算公式如下:

$$企业价值 = \sum_{t=1}^{\infty} \frac{税前自由现金流量_t}{(1 + 税前折现率)^t} \tag{1-8}$$

式中,税前自由现金流量 = 税后自由现金流量/(1 - 税率);税前折现率 = 税后折现率/(1 - 税率)。

三、正确评估企业价值的意义

企业价值评估,是指注册资产评估师对评估基准日特定目的下企业整体价值、股东全部权益价值或部分权益价值进行分析、估算、发表专业意见并撰写报告书的行为和过程,简称为价值评估。其目的是分析和衡量企业(或者企业内部的一个经营单位、分支机构)

的公平市场价值并提供有关信息,以帮助投资人和管理当局改善决策。

可以从以下三点来诠释企业价值评估的含义。

(一) 价值评估是一种经济"评估"方法

"评估"是一种定量分析,但它并不是完全客观和科学的。"评估"一词不同于"计算"。一方面它使用许多定量分析模型,具有一定的科学性和客观性;另一方面它又使用许多主观估计的数据,带有一定的主观估计性质。价值评估既然带有主观估计的成分,其结论必然会存在一定误差,不可能绝对正确。在进行评估时,由于认识能力和成本的限制,人们不可能获得完全的信息,总要对未来作出某些假设,从而导致结论的不确定性。因此,即使评估进行得非常认真,合理的误差也是不可避免的。评估的质量与评估人员的经验、责任心、投入的时间和精力等因素有关。评估不是随便找几个数据带入模型的计算工作,模型只是一种工具,并非模型越复杂评估结果就越好,价值评估要通过符合逻辑的分析来完成。

(二) 价值评估提供的信息

企业价值评估提供的信息不仅仅是企业价值一个数字,还包括评估过程中产生的大量信息。因此,不要过分关注最终结果而忽视评估过程中产生的其他信息。

价值评估提供的是有关"公平市场价值"的信息。价值评估不否认市场的有效性,但是不承认市场的完善性。在完善的市场中,企业只能取得投资者要求的风险调整后收益,若市场价值与内在价值相等,价值评估就没有什么实际意义。在这种情况下,企业无法为股东创造价值。股东价值的增加,只能利用市场的不完善才能实现。价值评估认为市场只在一定程度上有效,即并非完全有效。价值评估正是利用市场的缺陷寻找被低估的资产。当评估价值与市场价格相差悬殊时必须十分慎重,评估人必须令人信服地说明评估值比市场价格更好的原因。

企业价值受企业状况和市场状况的影响,随时都会发生变化。价值评估依赖的企业信息和市场信息也在不断流动,新信息的出现随时可能改变评估的结论。因此,企业价值评估提供的结论具有很强的时效性。

(三) 价值评估的目的

价值评估的目的是帮助投资人和企业管理当局改善决策。它的主要用途表现在以下三个方面。

1. 价值评估可以用于投资分析

价值评估是基础分析的核心内容。投资人信奉不同的投资理念,有的人相信技术分析,有的人相信基础分析。相信基础分析的人认为企业价值与财务数据之间存在函数关系,这种关系在一定时间内是稳定的,证券价格与价值的偏离经过一段时间的调整会向价值回归。他们据此原理寻找并且购进被市场低估的证券或企业,以期获得高于市场平均报酬率的收益。

2. 价值评估可以用于战略分析

战略是指一整套的决策和行动方式,包括刻意安排的有计划的战略和非计划的突发应变战略。战略管理是指涉及企业目标和方向、带有长期性、关系企业全局的重大决策和管理。战略管理可以分为战略分析、战略选择和战略实施。战略分析是指使用定价模型清晰地说明经营设想和发现这些设想可能创造的价值,目的是评价企业目前和今后增加股东财富的关键因素是什么。价值评估在战略分析中起核心作用。例如,收购属于战略决策,收购企业要估计目标企业的合理价格,在决定收购价格时要对合并前后的价值变动进行评估,以判断收购能否增加股东财富,以及依靠什么来增加股东财富。

3. 价值评估可以用于以价值为基础的管理

如果把企业的目标设定为增加股东财富,而股东财富就是企业的价值,那么,企业决策是否正确的根本标志是能否增加企业价值。不了解一项决策对企业价值的影响,就无法对决策进行评估。从这种意义上说,价值评估是改进企业一切重大决策的手段。为了搞清楚财务决策对企业价值的影响,需要清晰描述财务决策、企业战略和企业价值之间的关系。在此基础上实行以价值为基础的管理,依据价值最大化原则制定和执行经营计划,通过度量价值增加来监控经营业绩并确定相应的报酬。

四、实现企业价值最大化的途径

(一)实现企业价值最大化的常规途径

要实现企业价值最大化,首要条件是明确企业价值评估所使用的方法。关于企业价值的计量模式目前有很多种,其中股票市价法和贴现现金流量法最为流行。前者是以发达成熟的证券市场为前提的,对于我国目前还很不规范成熟的证券市场来说,其应用还相当困难。至于贴现现金流量法计量模式上一节已经介绍了四种。随着现金流量概念逐步为人们所熟悉,人们对该模式有了较深刻的理解。下面我们以实体自由现金流量模型为逻辑起点,尝试分析实现企业价值最大化的常规途径。

依据实体自由现金流折现模型公式(1-1)的结构可知,企业价值与企业预期收益(FCF_t)成正比,而与企业所承担的风险(资本成本率 WACC)大小成反比,并且企业价值随着企业持续经营时间(T)的增大而增大。该模式既考虑了风险(WACC)与收益(FCF_t)的均衡问题,又考虑了资金时间价值(T)问题,因此,该模式更符合"企业价值最大化"这一理财目标的计算要求。

从企业价值的贴现现金流量法计量模式中,我们还可以知道,企业价值是由企业第 t 年获得的现金流量(FCF_t)、每年所获现金流量进行贴现时所用的贴现率($i = WACC$)和企业取得现金流量的持续时间($n = T$)三个因子决定的。由此我们便可得出实现企业价值最大化的三大常规途径,即资金成本最小化、现金流量最大化和持续发展能力最大化。

1. 资本成本最小化

资本成本是一种机会成本,是指公司可以从现有资产获得的,符合投资人期望的最小收益率。它也称为最低可接受的收益率、投资项目的取舍收益率。在数量上它等于各项资本来源的成本加权计算的平均数。

资本成本是财务管理的一个非常重要的概念。首先,公司要达到股东财富最大化,必须使所有投入最小化,其中包括资本成本的最小化,因此,正确计算和合理降低资本成本是制定筹资决策的基础;其次,公司的投资决策必须建立在资本成本的基础上,任何投资项目的投资收益率必须高于资本成本。

在市场经济环境中,多方面因素的综合作用决定着企业资本成本的高低,其中主要的有总体经济环境、证券市场条件、企业内部的经营和融资状况和项目融资规模。

总体经济环境决定了整个经济中资本的供给和需求,以及预期通货膨胀的水平。总体经济环境变化的影响,反映在无风险报酬率上。显然,如果整个社会经济中的资金需求和供给发生变动,或者通货膨胀水平发生变化,投资者也会相应地改变其所要求的收益率。具体来说,如果货币需求增加,而供给没有相应增加,投资人便会提高其投资收益率,企业的资本成本就会上升;反之,则会降低其要求的投资收益率,使资本成本下降。如果预期通货膨胀水平上升,货币购买力下降,投资者也会提出更高的收益率来补偿预期的投资损失,导致企业资本成本上升。

证券市场条件影响证券投资的风险。证券市场条件包括证券的市场流动难易程度和价格波动程度。如果某种证券的市场流动性不好,投资者想买进或卖出证券相对困难,变现风险加大,投资者所要求的收益率就会提高;或者虽然存在对某证券的需求,但其价格波动较大,投资的风险大,投资者所要求的收益率也会提高。

企业内部的经营和融资状况,指经营风险和财务风险的大小。经营风险是企业投资决策的结果,表现在资产收益率的变动上;财务风险是企业筹资决策的结果,表现在普通股收益率的变动上。如果企业的经营风险和财务风险大,投资者便会有较高的收益率要求。

项目融资规模是影响企业资本成本的另一个因素。企业的融资规模大,则资本成本较高。比如,企业发行的证券金额很大,资金筹集费和资金占用费都会上升,而且证券发行规模的增大还会降低其发行价格,由此也会增加企业的资本成本。

财务管理的目标在于追求公司价值的最大化或股价最大化。然而只有在风险不变的情况下,每股收益的增长才会直接导致股价的上升,实际上经常是随着每股收益的增长,风险也会加大。如果每股收益的增长不足以补偿风险增加所需的报酬,尽管每股收益增加,股价仍然会下降。所以,公司的最佳资本结构应当是可使公司的总价值最高,而不一定是每股收益最大的资本结构。同时,在公司总价值最大的资本结构下,公司的资本成本也是最低的。

因为企业价值(V_o)与每年所获现金流量进行贴现时所用的贴现率(i)成反比,降低贴现率(i)能增加企业价值(V_o),所以资金成本最小化将促进企业价值最大化。贴现率(i)通常用加权平均资金成本(K_w)来表示,而企业的加权平均资金成本为

$$K_w(i) = K_s + K_b \tag{1-9}$$

由式(1-9)可知,加权平均资金成本是由股权成本(K_s)、负债成本(K_b)和资本结构三个因素决定的。因此,要实现资金成本最小化,关键是从以下两个方面来进行:

(1) 优化资本结构。优化资本结构的实质就是寻求加权平均资金成本最低。企业可通过确定现有资本结构条件下的资金成本,再计算投资项目资本结构变化范围内的资金成

本变化情况,实现以资金成本最小化为目标来选择适宜的项目资本结构。通过式(1-9)的计算来比较现有资本结构和预计可选方案情形下资金成本的变化情况,进行资本结构的优化,进而实现资金成本的最小化,最终达到企业价值的最大化。

(2)降低负债成本和股权成本。由式(1-9)可知,K_s和K_b的减小会直接引起K_w的减小。因此,努力降低负债成本和股权成本,对实现资金成本最小化和最终达到企业价值最大化具有重要意义。

2. 现金流量最大化

从上述企业价值的计量方法可以看出,现金流量特别是现金净流量对企业价值有着重要的影响,即现金净流量数额越大,企业价值就越大。为了提高公式中的CF_t因子来达到增加企业价值V_0的目的,我们可以通过提高企业收益水平、合理投资,以及利润分配政策最优化等手段来实现。

(1)提高收益水平,增加企业收入。增加企业生产经营性收入的主要途径是扩大销售量,增加营业利润率,这也是企业的基本职能。在其他条件相同的情况下,企业销售的商品增加,就可以增加销售收入,提高企业收益水平。因此,企业要想获得更多的收益,就必须千方百计地扩大商品、产品销售,增加主营业务利润,降低企业成本费用。在现代市场经济条件下,企业的成本控制不能再局限于传统的主要针对生产领域的成本控制,而应从战略、多视角、多方位的角度来寻求降低成本费用的途径和方法,努力进行成本费用的挖潜工作。这是因为成本费用的降低会从另一方面提高企业的收益水平。

(2)合理投资。投资活动是企业生存与发展的一个重要途径。企业对投资方案的评价和分析,其依据主要是投资的现金流量。由于现金流量的计算避免了一些人为因素的干扰,因此具有一定的客观性,而且体现投资资金投入和回收的时间性,并能全面体现投资的经济效率。对于企业投资来说,无论是企业的一般项目投资还是证券投资,无论是营运资金投资还是固定资产投资,现金流量都是投资决策的重要指标,也是进行投资决策的重要依据。但同时,进行正确的投资决策,选择最优的投资方案,它所带来的直接结果就是增大现金流量,使企业保持良好的运行状态,减少企业因发生偿债危机或支付困难而产生的风险,从而使企业资金能高效地运转,产生最大效益,进而实现企业价值的增长。

(3)利润分配政策最优化。由股利政策理论可知,在完全有效资本市场中,股利政策不会影响公司价值。然而,在不完全的资本市场中,股利政策将直接影响公司价值,而且股利政策成为公司财务经理人员面临的一个重要财务政策,尤其是对于我国这样一个发育不成熟、不完全的资本市场环境来讲,公司股利分配政策与公司价值高度相关。因而要设计最优股利分配政策,实现企业价值最大。

3. 持续发展能力最大化

由式(1-1)可知,随着企业存续期n的增大,企业价值V_0也会增大。因此,努力实现企业持续发展能力最大化,也是实现企业价值最大化的一个重要途径。从企业财务管理角度出发,持续发展能力最大化具体体现在以下几个方面:

(1)市场竞争能力。一般认为,企业的营业额、市场占有率、技术水平对客户需求的实现程度等因素共同形成的综合竞争能力是决定企业成败的关键。而在这三者中,市场占有率是决定市场竞争力的最重要因素,因而也是持续发展能力最大化的首要内容。

（2）抵御风险能力。风险总是贯穿于财务活动的全过程。不同的筹资、投资和分配活动的风险是不相同的，相应地取得的收益或遭受的损失也是不同的。一般而言，企业要追求赢利能力的提高，就必须承担风险。如果不肯承担风险，企业将失去不断发展与进步的基本条件。企业理财的艺术就在于使风险性、赢利性这二者得到最佳统一，从而达到资源配置的最优化，即在承担既定风险的条件下，争取收益最大化；或在收益一定的情况下，实现风险最小化。可见，只有达到这两种状态，企业价值才可能达到最大化。

（3）偿债能力。偿债能力与企业的持续发展能力密切相关，凡是偿债能力强的企业，一般都具有良好的发展势头。但是，如果企业不能积极主动地把偿债能力转化为行为，及时足额地偿还债务，就会失去债权人的支持和配合，这也会对企业的持续发展能力造成不利的影响。同时，当我们把偿债能力作为持续发展能力最大化的支持因素时，还必须注重与此相关的企业信用水平及财务形象的有机结合，这样才能促使企业的持续发展能力达到最大化。

（4）获利增值能力。获利增值能力是衡量和评估企业持续发展能力大小的又一重要因素。这是因为赢利是市场经济条件下企业生存和发展的基础，也是开展企业财务管理工作的基本目的。

（5）资产管理能力。资产管理能力是用来衡量企业资源使用效率的。一般情况下，资产管理能力越强，表明企业的经营状况良好，并处于正常的发展状态；反之，企业很难持续、稳定、健康地发展。

（二）实现企业价值最大化的超常规途径

1. 并购

企业之间的兼并收购（简称并购，M&A）是 20 世纪 70 年代以来企业价值快速增长的主要方式，其主要体现在：一是使企业现有资产规模在很短的时间里迅速增加，缩短了企业资产建设、扩建和改造的周期；二是在很短的时间里迅速改善企业的灵活性和环境适应性，使企业在很短的时间里突破自有资产和技能专用性的束缚，迅速掌握所缺乏的核心技能和专有知识。并购在企业价值增长中的作用无可替代，它是企业在短时间内突破资产约束极限、扩大经营范围、调整核心业务、实现超速增长的捷径。

Haspeslagh 和 Jemison 在 1990 年指出，并购公司在进行整合时至少要考虑以下两条原则：一是战略依存的需要；二是组织自治的需要。显而易见，并购的主要目的和中心任务就是要使得合并后的两个企业能够创造更大的价值财富。

关于并购如何产生价值，具体有四种类型：

（1）资源共享。价值产生于合并企业的运营生产阶段。

（2）功能传输。价值产生于人员、资讯、知识、技能从一个企业向另一个企业传递的过程中。

（3）管理传输。价值通过管理层管理能力、协调能力以及控制力的提升而被创造出来。

（4）协同效益。价值创造得益于整合后的企业平衡现金资源的能力、强大的借贷能力、购买能力以及市场控制能力。

在这四种类型中,协同效益是企业价值增长的核心。从净增现金流量的角度,可对并购协同效益来源进行细分:

(1) 收入上升。联合企业比两个单一企业会产生更多的收入,增加的收入可能来源于营销利得、战略受益和市场全力。

例如,在美国钢铁公司和麦拉森石油公司的兼并协议中,罗列了股东们将从兼并中得到的好处:①美国钢铁公司认为其兼并为其提供了进入能源行业的机会,可以得到所得税返还、提高效率,以及增加现金在两个企业之间的流动;②麦拉森公司的股东将获得股价的溢价。

再如,宝洁公司最初收购查明造纸(Charmin Paper Company),以此作为"滩头堡",使宝洁公司开发出一系列的纸产品——一次性婴儿纸尿布、纸巾、卫生巾和浴室纸巾等。

(2) 成本下降。兼并使联合企业的效率高于两个单一企业的效率,从而使生产和管理成本降低。

(3) 实现规模效应。通过并购,扩大企业资产、技术、产品、市场等规模,实现纵向一体化经济效益,使上下游产品、资源、客户、信息等资源之间互补,更好地利用不同企业的资源,并淘汰无效的管理层。

(4) 税负利得。税负利得主要表现在:兼并亏损企业来避税;提高举债能力来避税,提高财务弹性,扩大融资;使用多余的现金,使企业的可支配资金增加。

【例 1-4】 宝洁公司主要生产、销售肥皂与化妆品,成功开发出多种畅销产品,并准备进入国外药品市场以实现多元化。而夏皮罗公司是生产感冒糖浆的著名厂家,在去年更换董事长后,公司财务状况混乱,现金流量下降15%,公司股价低迷。宝洁公司的财务人员发现夏皮罗公司是一个理想的收购目标,认为并购企业的现金流量大于单一企业的现金流量。其计算得出的现金流量来源于三个方面。

(1) 税负利得:利用夏皮罗公司的亏损,可以减少纳税支出 100 万元,折现率为 5%,净现值为 2 000 万元。

(2) 经营效率:可以利用夏皮罗公司的生产设备生产肥皂等产品,以缓解宝洁公司满负荷运转的压力。每年可以增加 150 万元的税后现金流量,折现率为 15%,净现值为 1 000 万元。

(3) 战略相适应:把夏皮罗公司治疗背痛的配方融入宝洁产品配方,可以生产新型的皮肤护理用品。每年可以增加现金流量 300 万元,折现率为 20%,净现值为 1 500 万元,增加企业价值 4 500 万元。

如果并购行为发生,并实现了财务预测的结果,则可以说宝洁公司收购夏皮罗公司的行为是成功的,其价值获得了增长。

2. 设计有效的企业治理机制

简而言之,企业治理机制是研究企业制度安排的问题。狭义地讲,企业治理机制是对企业经营和绩效进行监督与控制的一套制度安排,它是为了解决公司中存在的委托-代理关系而设计的;广义地讲,它还应当包括企业的组织方式、控制机制、财务机制、法律制度、企业文化等,不仅讨论企业与所有者之间的关系,而且讨论企业与所有利益相关者之间的关系。通常我们认为,企业的治理机制是否完善,主要考虑以下几方面:①经理选聘机制与上岗竞争激励；②收益分配激励制度；③企业所面临的市场竞争环境；④企业是否透明廉洁,资金供给是否充分；⑤企业是否是一个完善的市场主体；⑥财务机制是否完善。

当然,只有理想的企业才具备上述各项条件,在现实生活中,不太可能存在这样的企业。我们的目标是要尽力完善上述几个方面的机制,努力与这种理想的企业靠近,从而提高企业的效率。我们知道,企业效率最终体现在企业价值最大化之上。也就是说,通过完善企业的治理机制,直接达到提高企业效率的目的,间接实现企业价值最大化的目标。

本章小结

企业价值是企业预期自由现金流量以其加权平均资本成本为贴现率折现的现值。企业价值与企业的财务决策密切相关,体现了企业资金的时间价值、风险以及持续发展能力。企业价值存在市场价值、结业清算价值、账面价值等多种形式。从企业长期的成长性来看,企业通过在经营中不断完成项目投资来新增净现金流,最终实现企业价值增长的目标。

企业价值与企业自由现金流量正相关。现金流决定了企业价值创造的数量,反映了企业的赢利质量,决定了企业的市场价值和生存能力。基于现金流分析的企业价值评估方法主要有实体自由现金流量折现模型、股权现金流量折现模型、经济利润模型、税前现金流量模型等多种。

实现企业价值最大化的途径如下：

(1) 常规途径,资本成本最小化、现金流量最大化、持续发展能力最大化；

(2) 超常规途径,并购、设计有效的企业治理机制。

关键词

企业价值　现金流量　项目投资　价值最大化　企业价值增值动因

第二章 项目与项目投资决策概述

河南省焦作市某乳品公司已拥有全自动液态奶灌装生产线 120 条,日产各种奶制品 800 多吨,是河南省奶制品加工行业的领军企业。该公司拟再投资建设保健饮料怀菊花茶饮料生产线。

怀菊花是焦作一带的传统植物,具有清咽解毒、治疗咽喉肿痛等功效,是一种多功能、多用途的保健性植物,更是集药用、食用于一体的重要经济植物和生物医学科学研究的好材料,市场开发价值独特。用怀菊花制成的茶及茶饮料系列产品是一种重要的功能保健型饮料,对人类健康有重要的医疗和保健作用。随着生活水平的不断提高,人们的医疗保健观念也发生了明显的变化,由过去的以治疗为主转变为以预防为主,由以购买药品为主转向以购买保健品为主。这就为怀菊花的开发利用开辟了广阔的领域和发展空间。

公司投资项目决策组通过考察国内外一流饮料企业,结合企业实际,提出了投资项目的两种投资方案:方案一,在该市工业开发区内建设一条年产 10 万吨的怀菊花茶饮料生产线;方案二,在该市工业开发区内建设年产 5 万吨的茶饮料生产线和 5 万吨乳饮料生产线。

由该企业投资方案的选择问题可以联系到在企业投资中,将面临选择投资项目并决定企业投资项目的可行性问题。本章结合企业投资项目中遇到的问题,将从项目、项目投资、项目投资决策等几个方面系统地介绍企业的投资决策问题。

学习目标

通过对本章的学习,能够解决以下问题:

1. 什么是项目?
2. 项目有哪些特征和属性?
3. 项目投资有哪些程序?
4. 项目投资决策包含哪些基本要素?
5. 项目投资决策有什么意义?

第一节 项目的理论界定

在论述项目投资决策之前,首先应在明确投资含义的基础上,对项目本身作出清晰的界定。项目的潜在、产生、可行性分析、执行与管理等行为直接影响了企业持续经营效果,是企业实现价值最大化的关键。目前国外关于项目概念和特征的认识，还处在不断完善之中，尚未形成统一的、权威的定义。在社会上通用的一些权威性的工具书和词典等资料中，项目仅被简单地从单词字义上作了解释，而未从管理理论和应用角度作出展开。值得借鉴的是，目前项目管理已成为一个专业性较强的科研方向，由此产生了对项目的管理学理论解释。

在详细阐述之前，请先凭借经验判断下面五种情况，哪种可称为项目：①微软公司收购雅虎公司；②修建大连市地铁；③抓捕恐怖分子；④建立完整的经济学理论体系；⑤培养孩子成为社会的栋梁之才。

以上五种情况经常会见到或被人提及，但哪个能被称为项目呢？其实，这个答案需要在明确项目的概念及其特征之后才能给出。

一、项目的含义

项目是什么？人们常用"时间"、"资源（或缺乏资源）"、"有收益的工作计划和活动"、"某种工作努力"、"交付物或者产品"、"综合工程"、"有组织性的活动"；以及"资金运用"等来给它下定义。实际上，人们都认识到了一点共性，即项目首先是一种有计划的活动，其次它需要相关的资源来实现，再次要有时间限制，最终它要实现一个目标或效用。对这些实践特征的认识与探索，逐渐吸引人们开辟出了项目管理理论及相关领域。

项目有广义与狭义之分。广义的项目泛指在一定的约束条件（如资源、技术、资金、时间、空间、政策、法规等）下，投资主体为获得未来预期目标，将货币资本或实物资本投入营利性或非营利性的事业中。在社会经济活动中，在不同的场合下，项目又有不同的含义。如在生产经营领域，有企业经营战略规划项目、新产品开发项目、技术引进项目、设备更新项目等；在流通领域，有以物资流通为内容的销售网络项目；在建设领域，有以投资建设活动为内容的工程建设项目；在科研领域，有以研究开发为内容的新技术、高技术研究开发项目、中试项目；在军事领域，有各种军事项目等。项目通常既包括上述有形的项目，也包括无形的项目，如社会制度的改进、政策的调整和管理人员培训等。美国专家约翰·宾（John Ben）指出，"项目是要在一定时间里，在预定范围内需要达到预定质量水平的一项一次性任务"。所以，项目是指按限定时间、预算和质量标准完成的一次性任务。

而在境外，美国项目管理协会（The Official Project Management Institute USA）和世界银行等均给出了自己认知范围内的项目定义。例如，美国项目管理协会在其《项目管理知识体系》（*Project Body of Knowledge*）文献中提出，"项目是可以按照明确的起点和目标进行监督的任务。现实中多数项目目标的完成都有明确的资源约束"。这个概念对项目特征作出了三点界定：项目应有明确的目标；项目应有明确的起点；项目应有明确的资源约束。综合而言，项目是一种独特的工作努力，即遵照某种规范及应用标准去导入或生产某种新产品或某项新服务。这种工作努力应在限定的时间、成本费用、人力资源及资财等项目参数内完成。因而，此处将项目定义为"为创建某一独特产品、服务或成果而使用有限的资源，组织适当的人员，在一定时间内通过策划、执行、管理等活动进行的一次性努力"。这里的资源指完成项目所需要的人、财、物；时间指项目有明确的开始和结束时间；客户指提供资金、确定需求并拥有项目成果的组织或个人；目标则是满足要求的产品和服务,并且有时它们是不可见的。

二、项目的特征及属性

现实中,项目的种类繁多,难以有效分类。例如,按项目涉及的资源规模,可分为大项目与小项目;依据项目的执行机构行业差异,又可将项目分为建设项目、农业项目、航运项目等;依据项目实现目标的性质,又可分为公益项目、获益项目,等等。虽然项目的分类与命名存在众多分歧,但从各个项目生命周期中的实际表现,不难总结出如下的项目特征与共性。

(一) 临时性

临时性是指每一个项目都有一个明确的起止时间。在项目建立的机会出现时,组织者通过讨论与考察,在具备可行性的条件下,项目获得立项并执行。当项目执行的回报或效果低于临界值时,即项目存在的空间与条件已不再具备,项目负责机构将视情况决定终止项目。例如,黑白电视机生产线项目。当电视机刚开始在中国普及时,黑白电视机的市场需求巨大,中国境内黑白电视机生产项目纷纷上马,市场品牌繁多,供需两旺。然而,随着显像技术革新和电视节目的丰富,绚丽多彩的彩色电视机逐渐取代了黑白电视机在人们心目中的地位,市场需求下降、利润下滑等不利条件滋生,最终致使黑白电视机项目彻底消亡。

值得注意的是,临时性并不意味着项目历时短,有些项目历时数年,如三峡工程、核电站建设、新型航天器设计等。然而,不管什么情况,项目的历时总是有限的,项目不是一项持续不断的工作。此外,资源的严格限制要求项目必须在一定的时间内完成,在项目可行性研究及相关合同文件中,对项目的目标、起止时间、调整多少等都作过严格周密的计算、分析和规定。项目管理工作应严格按照执行。对建设项目的解决进度、投资方向、投资规模都要年有计划,季有安排,使项目严格按计划进行。

(二) 独特性

"龙生九子,各不相同",实践中没有完全一样的项目。项目的独特性在各个领域表现得都非常突出。例如,在企业信息管理系统领域,全球知名的系统厂商 SAP 不仅向客户提供 ERP 产品,更重要的是,根据客户要求提供不同的解决方案。即使有现成的解决方案,厂商也需要根据客户的特殊要求进行一定的客户个性化设计,因此每个项目都有区别。

项目的独特性对实际管理的指导意义重大。市场上相似类型的项目执行过程并不能成为另一个具体项目的模板。这是因为,存在于不同时间段的项目,其内外部环境存在差异,而同时建立、同时进行的同类项目也必然存在着资源与地域的差异。尤其是在考虑到项目参与者的能力、动机、经验等差异因素,可以确切地认为,每个项目都是一个独立存在的个体,相似项目只能参考、而不能照搬经验。因而,考虑到项目的独特性特征,实践中有必要在项目开始前通过合同(或等同文件)明确地描述或定义项目建设的目标(可能是产品、服务、形象等)是什么。如果刚开始没有定义清楚,或未达成一致,那么最终交付产品或服务时将很容易发生纠纷,造成不必要的商誉和名誉损失。因此在某种程度上说,在考虑项目独特性基础上签订合约的同时,已经基本上决定了项目的成败。

(三) 一次性

所有的项目都是一次性的。当项目目标已经实现,以及由于项目目标明显无法实现或者由于项目需求已经不复存在而终止项目时,就意味着项目的结束。即使同一个项目周期性地一次又一次重复建设,例如,汽车装配生产线的重复作业。每一台相同型号的汽车均由相同的部件组装而成,尽管车间在不间断地装配生产出一台台外观相同、性能相似的汽车产品,但考虑到装配工人的技能、原材料的性能等因素,每台车的真实性能、寿命、事故率必然存在差异。另外,现在和未来的市场需求又导致相同汽车生产项目收益的波动变化。

在此处需注意的是,项目的一次性主要取决于项目实现目标的标准或条件。因而,项目一般都有自己的执行计划、阶段性考核标准、终止条件及退出计划。同时,每一个项目都会在时间、成本和质量等方面受到约束,这些限制在项目管理中有时候被称为项目成功的三约束。考虑到时间、成本和质量三个因素的目标在项目进行中经常存在冲突,因而项目负责人需在三者之间进行权衡以保证项目的成功。

(四) 复杂性

由于项目的产品或服务是否满足设计需求是不可知的,因而在综合了项目的临时性和独特性后,在项目前期只能粗略地进行项目定义,随着项目的进行,才能逐渐完善和精确。这意味着在项目执行过程中一定会进行多次修改,产生很多变更。因此,在项目执行过程中要注意对变更的控制,特别要确保在演化过程中,在确保现有工作范围不改变的情况下,维持和控制项目的进度与成本,并根据约束条件,完成对项目临时性的控制。

项目的复杂性也告诉管理者:很多项目可能会脱离原有的时间计划、资源计划,但不会脱离项目执行约束条件的控制范围,即会因为失控而被终止。这是因为,项目计划实际上是基于对未来的估计和假设进行的预测,而项目执行过程与实际情况难免会有差异,还会遇到各种始料未及的"风险"和"意外",使项目不能完全按计划执行。因此,在项目管理中要使制订的计划切实可行,并为可能遇到的困难和问题作出预案,具体问题具体分析。

此外,一些项目管理文献也为项目归纳出了项目的不确定性、资源使用的竞争性,以及循序渐进性等特征。但我们认为,项目的主体特征应为以上四点。实际上,无论如何定义项目的特征,其核心均是围绕着项目从建立至完成过程中的问题进行分析。很少有项目最终能够完完全全地按照预定的时间、成本和质量要求完成的。随着项目执行时间的推进,项目发起人、项目组成员或其他的项目关系人对项目会有不同的看法,在项目阶段、时间、成本、质量等方面产生分歧。例如,某公司的高层领导认为,某项目组是不是应该在时间、成本和质量目标不变的情况下,完成更大效益的项目产品范围? 为了成功地完成项目计划,项目经理、项目组和发起人必须进行充分的协调和谈判,这是项目管理的重要任务。同样,项目中的其他一些要素也起着重要的作用,需给予适当重视。

在已知了项目的含义与特征之后,我们对前面提出的五种情况进行判断。首先,情况③"抓捕恐怖分子"是一项持续期未知的工作,不满足项目临时性和一次性特征,因而不是项目。其次,情况④"建立完整的经济学理论体系"和情况⑤"培养孩子成为社会的栋 梁之才"满足了独特性、一次性和复杂性三项特征,但是何时能够完成这项工作?完成的标准又是什么?这两个问题是无法回答的,没有确切的起止时间和约束标准,因而情况⑤不满足临时性特性,所以它们不是项目。与此对比,情况①和情况②均满足了项目的四项特征,因而是项目。

三、项目的分类

项目种类繁多,为了适应科学管理的需要,应从不同角度对项目进行分类。

(一)按其性质不同划分

按项目性质不同,可将其分为新建项目、扩建项目、改建项目、迁建项目和恢复项目。

1. 新建项目

新建项目是指从无到有,"平地起家"新开始的项目,或原有的规模很小,经过投资建设后新增加的固定资产价值超过原来固定资产价值 3 倍以上的,也可以算为新建项目。

2. 扩建项目

扩建项目是指在现有的规模基础上,为扩大生产能力或工程效益而增建的项目。如企业为扩大原有产品的生产能力,增建的主要生产车间及独立的生产线等。

3. 改建项目

改建项目是指投资者为了提高产品质量、加速技术进步、增加产品的花色品种、促进产品升级换代、降低消耗和成本等,采用新技术、新工艺、新材料等对现有设施、工艺条件进行设备更新或技术改造的项目。

4. 迁建项目

迁建项目是指由于各种原因经有关部门批准将原有设置迁到其他地点建设的项目。

5. 恢复项目

恢复项目是指因自然灾害、战争等原因,使原有固定资产全部或部分报废又投资恢复建设的项目。

(二)按投资使用方向和投资主体的活动范围不同划分

按项目投资使用方向和投资主体的活动范围不同,可将其分为竞争性项目、基础性项目和公益性项目。

1. 竞争性项目

竞争性项目主要是指投资收益水平比较高、市场调节比较灵敏、具有市场竞争能力的行业部门的相关项目,如加工业、建筑业、商业、房地产业、咨询业及金融保险业等。竞争性投资项目的投资主体主要是企业和个人,由企业或个人自主决策,自担风险,通过市场筹资、建设和经营。

2. 基础性项目

基础性项目主要是指具有一定自然垄断性、建设周期长、投资量大而收益水平较低的基础产业和基础设施项目,如农林水利业、能源业、交通、邮电、通信业及城市公用设施等。

其投资主体包括政府和企业,其投资筹措方式是政策性与经营性投资相结合。

3. 公益性项目

公益性项目是指那些非营利性和具有社会效益性的项目,如教育、文化、卫生、体育、环保、广播电视等设施,以及政府、社会团体、国防设施等。这类项目中大多数不形成经济效益,这也决定了其投融资应由政府承担,即由政府运用财政性资金采用无偿和追加拨款的方式进行投资建设。

(三) 按建设规模不同划分

按项目建设规模不同,可将其分为大型项目、中型项目和小型项目。其划分标准,可以以国家颁发的《大中小型建设项目划分标准》为依据。

(四) 按投资建设的用途不同划分

按项目投资建设的用途不同,可将其分为生产性建设项目、非生产性建设项目。

1. 生产性建设项目

生产性建设项目指用于物质产品生产的建设项目。如加工业项目、运输项目、农田水利项目、能源产业项目等。

2. 非生产性建设项目

非生产性建设项目指满足人们物质文化生活需要的项目。如商业项目,咨询业项目,金融、保险业等项目。

(五) 按项目资金来源不同划分

按项目资金来源不同,可将其分为国家预算拨款项目、国家拨改贷项目、银行贷款项目、企业联合投资项目、企业自筹项目、利用外资项目和外资项目等。

四、项目的生命周期

(一) 项目生命周期的概念

任何事情都不能脱离时间和空间的限制,项目也不例外。实践经验表明,一个项目在完成的过程中,项目管理者会依次执行初始项目筛选、立项计划、财务预算规划、制订资源配置方案、规定监管约束条件、项目执行、项目阶段性监察、项目结项验收、项目总结等运作行为,并根据这些运作行为的特征,将每个项目从开始到结束划分成若干个阶段,以便有效地进行管理控制。

1976 年阿奇博尔德(Archibald)提出了项目生命周期(project life cycle)的相关概念。其理论内涵为:①项目生命周期是指项目从起始点到终结点的时间历程;②项目从开始到结束要经历若干个特定阶段,前一阶段的产品是下一阶段的输入,对前一阶段进行评审后,经批准进入下一阶段;③人员、技能、组织等因素对项目阶段产生影响;④项目生命周期包括所有阶段。阿奇博尔德的概念定义得到了理论界与实践界的广泛认可。

项目划分成若干个阶段,与实施该项目组织的日常运作联系起来。这些项目阶段合在一起称为项目生命周期。

事实上,通过整理项目生命周期阶段的划分标准,有助于降低项目复杂性对其管理者的干扰,使管理行为更为有序。

(二)项目生命周期各阶段的特征

一般而言,项目生命期被划分为定义、设计、实现和关闭等四个基本阶段。各阶段在时间与资源上的情况,大致如图 2-1 所示。

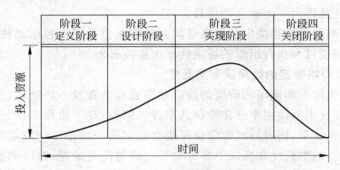

图 2-1　项目生命周期各阶段时间与资源情况

项目周期中的四个阶段分别反映了项目执行过程中所解决的问题和工作内容。其特征如下:

定义阶段——完成什么产品、服务、效果。这里将涉及市场需求分析、项目效益评测等工作。

设计阶段——做什么,如何做。这里将实现对项目时间、所需资源、项目成本等具体问题的规划、测算。

实现阶段——正确地做。资源将在这个阶段消耗,并转移价值。

关闭阶段——移交成品、服务等。在完成计划或超过约束条件的情况下,结束项目活动,释放其占用的资源。

以上对项目进行过程的阶段性划分,一方面体现了有的放矢的管理思想,另一方面也为项目的监控与审核提供了可能。

在实践中,项目生命周期中的各阶段存在如下明显的特征:

(1)每个项目阶段都以一个或数个可交付成果的完成为标志,可交付成果是某种有形的、可验证的工作成果。

(2)项目阶段的结束通常以对完成的工作与可交付成果的审查为标志,目的是确定是否验收,是否仍然需要增加工作,或者是否考虑结束这一阶段。

(3)阶段末审查往往被称为阶段放行口(phase exit)、阶段关卡(stage gates)或验收站(kill points)。

值得指出的是,项目生命周期并不严格地被划分为以上四个阶段。尽管许多项目生命周期由于包含类似的工作任务而具有类似的阶段名称,但很少含有完全相同的情况,大多数项目被划分为 4～5 个阶段,但也有一些项目会被划分为九个甚至更多的阶段,甚至在同一应用领域中对项目阶段的划分都可能存在差异。无论一个项目被划分为多少阶段，上面提到的项目阶段性特征都是共有的。

（三）项目生命周期的特点

1. 项目生命周期确定了项目的开端和结束

当企业意识到机遇出现时，它会立刻设立小组进行一次可行性研究，以便决定是否应该就此设立一个项目。对项目生命周期的设定会明确这次可行性研究是否应该作为项目的第一个阶段，还是作为一个独立的项目。

项目生命周期的设定也决定了在项目结束时应该包括或不包括那些过渡措施，通过这种方式，可以将项目和执行组织的连续性操作连接起来。

2. 项目生命周期确定的阶段具有重叠性

大多数项目生命周期确定的阶段的前后顺序通常会涉及一些技术、资源的转移或转让，因而在资源和技术的使用中存在阶段共享性。同时，在下阶段工作开始前，通常需要验收现阶段的工作成果，同时后继阶段也可能会在它前一阶段工作成果通过验收之前就开始了。这种阶段的重叠性在实践中非常常见。值得注意的是，阶段的重叠性要在风险可控范围之内，不应因此而影响了各阶段的考核标准和验收条件。

3. 项目生命周期中对资源的利用具有先增加、后递减的波浪形特征

如图 2-1 所示，在大多数项目生命周期内，人力投入和费用开始时低，随之增高，在项目接近收尾时迅速下降。这是因为对成本和工作人员的需求最初比较少，在向后发展过程中需求越来越多，当项目要结束时则会剧烈地减少。

4. 项目的成功率随着项目进行而逐渐增加

在项目开始时，成功的概率是最低的，而风险和不确定性是最高的；随着项目逐步地向前发展，成功的可能性也越来越高。在项目起始阶段，项目涉及人员的能力对项目产品的最终特征和最终成本的影响力是最大的，随着项目的进行，这种影响力逐渐削弱了。这主要是由于随着项目的逐步发展，投入的成本在不断增加，而出现的错误也不断得以纠正。

5. 更正项目计划的代价随着项目的进行而与日俱增

在项目建立的前期阶段，项目涉及的技术、资金、人员以及环境便已基本确定，后期为了确保绩效而不断改进、更新的行为所产生的代价则存在递增性。即项目完成的比例越高，则修正项目计划所付出的代价就越高。

6. 项目内的子项目也可以有明显的项目生命周期

项目内的子项目可能也会有清晰的生命周期。比如，一家公司准备投资一项钢管制造项目。最初，公司组织了一个小组对该项目的产品特点、规格、市场需求、运输和储存条件等进行设计与可行性研究。当项目可行性确定之后，公司正式组织人力、物力、资金等投资进行项目建设。整体来看，该项钢管制造项目本身拥有定义、设计、执行和关闭等阶段。但就其初期的定义阶段看，独立的可行性研究工作也同样存在工作目标、资源配置、时间限制等项目特征，因而也可视为一个独立的项目。

此外，要注意区分项目的生命周期和产品的生命周期。比如，一个已经完成的项目将一种新型的台式计算机投放到市场,而这只是产品生命周期中的一个阶段而已。

五、项目的意义

任何一个项目都是在特定的环境下进行的具有特定目标的临时性、一次性的活动。项目是一个特殊的将被完成的有限任务,它是在一定时间内,满足一系列特定目标的多项相关工作的总称。企业启动项目就是在特定的环境中为了达到特定的目标而组织的活动。项目对社会、对企业、对个人的意义都是非常重要的,所以项目管理被视为未来20年的黄金职业也不无道理。

第一,项目是解决社会供需矛盾的主要手段。需求与供给的矛盾是社会与经济发展的动力,而解决这一矛盾的策略之一是扩大需求,如商家促销、政府鼓励个人贷款消费、鼓励社会投资、加大政府投资等都属于扩大需求,这类策略是我国目前为促进社会发展而采取的主要策略;另一策略就是改善供给,改善供给需要企业不断推陈出新,推出个性化服务和产品,降低产品价格,提高产品功能,而这类策略的采用,就要求政府和企业不断启动、完成新项目来实现,这也向项目管理者提出了新的要求和挑战。

第二,项目是知识转化为生产力的重要途径,是知识经济的一个主要业务手段。知识经济可以理解为把知识转化为效益的经济。知识产生新的创意,形成新的科研成果,新的科研成果需要通过一个项目的启动、策划、实施、经营才能最终转变为财富。否则,知识永远是躺在书本上的白纸黑字。因此,从知识到效益的转化要依赖于项目来实现,企业买专利、搞预言,最终都需要通过项目实现为利润。

第三,项目是实现企业发展战略的载体。企业的使命、企业的愿景、企业的战略目标,都需要通过一个又一个成功的项目来具体实现。成功的项目不仅能够实现企业的发展目标和利润、扩大企业的规模,而且能强化企业的品牌效应,锻炼企业的研发团队,留住企业的有用人才。

第四,项目是项目经理社会价值的体现。大部分工程技术人员的人生是由一个个项目堆积而成的,技术人员和项目管理人员的价值只能透过项目的成果来反映。参与有重大影响的项目本身就是工程技术和项目管理人员莫大的荣誉。

第二节　项目投资概述

一、项目投资的概念

项目投资是项目投资总额和项目投资结构的总称。项目投资总额是指从项目可行性研究开始,直至项目竣工验收合格所要支出的全部费用。项目投资结构是指投资用于固定资产、流动资金及其他费用方面的分配比例。

依据现行财税制度,项目投资总额主要包括固定资产投资、流动资金投资、固定资产投资方向调节税和建设期利息四个方面。

（一）固定资产投资

固定资产投资是指用于建造和购置固定资产的那部分预付资金。固定资产是生产过程中用来影响和改变劳动对象的劳动手段，它构成了企业生产的物质基础。固定资产投资是由工程费用、工程建设其他费用和预备费用组成的，其中主要部分将形成可供长期使用并能保持其原有实物形态的资产，即固定资产。固定资产在使用过程中随着磨损把自身的价值逐渐转移到产品成本中去。

（二）流动资金投资

流动资金投资是指项目在投产前预先支付的和在投产后的生产及流通中周转使用的资金，包括生产领域资金和流通领域资金两部分。生产领域流动资金是指原材料、燃料等在制品、各种备件的货币表现。其实物形态消耗于一个生产周期中，因而其价值将全部转入产品中去。生产领域的流动资金包括储备资金和生产资金；流通领域的资金包括成品资金、结算资金和货币资金。流动资金是经营已建项目所必需的资金。

（三）固定资产投资方向调节税

固定资产投资方向调节税是为体现国家的产业政策而对进行固定资产投资的单位（外商投资企业除外）和个人设置的税种。固定资产投资方向调节税是项目投资总额中不可缺少的重要组成部分。按新会计制度规定，它是固定资产价值的组成部分。

（四）建设期利息

建设期利息要计入项目投资总额，以年计息，以年付息。项目建设期长期借款利息应计入固定资产原值。

二、项目投资的特点

项目投资是一种以特定建设项目为对象，直接与新建项目或更新改造项目有关的长期投资行为。与其他形式的投资相比，项目投资具有投资内容独特（每个项目都至少涉及一项固定资产投资）、投资金额大、影响时间长（至少1年或一个营业周期以上）、变现能力差、投资风险大，以及对企业收益影响大等特点。

（一）投资内容独特

项目自身的独特性，决定了每个项目都与其他项目存在差异。在选择项目进行投资时，项目自身的资源配置、实施方案、实现目标及退出条件等细节是密不对外的，而且每个项目投资都力求新颖、独特，否则难以获得预期收益。因而，许多项目投资虽然看上去相似，但往往在关键细节上存在差异。例如，房地产行业中的商品房开发项目投资，众多形色各异的楼盘、不同的定价方案、千奇百怪的销售策略都生动形象地描绘了项目的独特性。

（二）投资金额大

对一个阶段性区分明显且存在复杂性的项目进行投资，这直接决定了投资活动的规模。与此相比，资金需求小的项目必然无法产生大量的回报现金流。

（三）影响时间长

将大量资金用于实现一个项目计划，这等于已做好了在项目持续期内逐步回收资金的准备。同时，按照投资回报的一般性规律可知，资金的使用与回报应成正比，因而对项目投资而言，其高额资金的运用也必然伴随着对项目影响力和影响时间的苛刻要求。

（四）变现能力差

对项目而言，项目投资过程伴随着资源的投入与回收。项目资源在项目的早、中期阶段投入巨大，收益主要发生在实现阶段的后半段至项目关闭之前的时间里。即使在实现期，项目也往往需要大量的资源投入。由此可见，项目投资在完成投资目标之前，其资源的变现能力必然很差。

（五）投资风险大

项目的独特性、复杂性与一次性决定了项目投资的风险较大。项目组在项目获得收益回报之前就投入了大量资金，然而本项目与其他项目的差异性导致项目的成功概率并不明显。项目的投资风险在项目开始阶段最大，并随着项目结束日的临近而逐渐减小。

（六）对企业的收益影响大

项目投资金额大且投资回收期长等特点对企业经营而言是一种不利的因素。因而，吸引企业作出项目投资计划的动因必然是丰厚的收益回报或未来潜在的发展机会。可想而知，一个风险大、占用资金量大、回收期长、收益小的投资行为根本就不存在吸引力。

三、项目投资的程序

项目投资作为企业决策的重要组成部分，其制定和实施需要经过一个组织化的过程。这样，不仅有利于作出正确决策，而且有利于项目的监督、控制和评价。作为一个完整的决策过程，项目投资一般应包括以下步骤。

（一）提出投资项目

企业中各个部门、各个级别的管理人员都可以提出新的投资项目。通常，企业的高层领导提出的大都属于战略性投资项目，其方案由生产、市场、财务等各方面专家组成的专门小组拟定；中层或基层人员主要提出战术性投资项目，其方案由主管部门组织人员编写。

（二）评估投资项目

企业对投资项目进行评估的主要步骤有：

（1）估计项目期望未来现金流量，这类似于估计所购股票的未来股利收入和最终的卖价。

（2）评估项目风险，根据风险的大小确定对期望未来现金流量进行折现时的必要报酬率。

（3）估计项目期望未来现金流量的现值。

（4）确定项目的成本，运用各种投资决策评估指标，将各项投资按可行性顺序进行排队。

（5）写出评估报告，呈递有关部门批准。

（三）对投资项目进行决策

对投资项目进行评估后，公司决策当局要作出决策。一般来讲，投资额较小的项目，中层经理就有决策权；投资金额较大的项目一般由经理决策；无论由谁作出决策，都会产生以下几种可能：

（1）作出接受该投资项目的决策。

（2）作出拒绝该投资项目的决策。

（3）返回给项目提出部门，重新进行调查研究之后，再进入决策程序。

（四）全面启动、运作投资项目

首先要制订项目投资计划，其次要积极地筹措资金，以便顺利实施投资方案。

（五）投资项目的再评估

在投资项目的执行过程中，应注意发现新问题，总结新经验。一旦出现原决策方案未预计到的重大变化而导致原决策方案的科学性和合理性丧失，就应立即进行追踪决策，以确保该投资项目对公司未来发展的有利性。

四、项目计算期的构成

项目计算期，是指投资项目从投资建设开始到最终清理结束整个过程的全部时间，包括建设期和运营期（具体又包括试产期和达产期）。

建设期，是指项目资金正式投入开始到项目建成投产为止所需要的时间，建设期的第一年初称为建设起点（记作第 0 年），建设期的最后一年末称为投产日（记作第 s 年）。在实践中，通常应参照项目建设的合理工期或项目的建设进度计划确定建设期。项目计算期的最后一年年末称为终结点（记作第 n 年），假定项目最终报废或清理均发生在终结点（但更新改造除外），从投产日到终结点之间的时间间隔称为运营期，又包括试产期和达产期（完全达到设计生产能力）两个阶段。试产期是指项目投入生产，但生产能力尚未完全达到设计能力时的过渡阶段。达产期是指生产运营达到设计预期水平后的时间。运营期一般应根据项目主要设备的经济使用寿命期确定。

项目计算期(n)、建设期(s)和运营期(p)之间存在以下关系：

$$项目计算期(n)＝建设期(s)＋运营期(p)$$

第三节　项目投资决策概述

一、项目投资决策的概念

（一）什么是决策

所谓决策，就是管理者对需要处理的事情作出策略上的决定。在决策过程中，决策人或机构往往要依据自身所具备的资源、条件和存在的不足，并充分考虑预测周围环境及条件发生变化对自己的影响等，从中选择一种对自己最有利的行动，并按此执行，这就是决策。

更理论一点的定义是：决策是人们为实现预期的目标，运用一定的科学理论、方法和手段，通过一定的程序，对若干个具有可行性的行动方案进行研究论证，从中选出最满意的方案的过程。决策是一些行为的出发点，其所制定的资源投入方案、执行规范标准及相关的约束条件，对行为的结果——期望目标具有决定性作用。

（二）如何定义投资决策

所谓投资决策是指投资者为了实现其预期的投资目标，运用一定的科学理论、方法和手段，对若干个潜在投资方案的可行性、投资效益等特征进行研究论证与比较分析，基于效果最大化等投资决策原则，从中选出最满意的投资方案的过程。

投资决策在实践应用中广泛存在，可分为宏观投资决策与微观投资决策两大类。个人购房、家庭理财、企业上马新项目等的投资决策属于微观投资决策范畴；而国家动用资源扶持产业发展等投资决策则属于宏观投资决策范畴。

（三）项目投资决策的定义及其特点

项目投资决策是指在项目投资活动中，为了实现预期的投资目标，在占有大量信息的基础上，运用一定的科学理论、方法和手段，通过一定的程序，对若干个具有可行性的项目投资方案进行研究论证，从中选出最满意的投资方案的过程。即对拟建工程投资项目的必要性和可行性进行技术经济论证，对不同的项目投资方案进行比较选择，并作出判断和决定的过程。

正确的项目投资决策不仅取决于决策者个人的素质、知识、能力、经验以及审时度势和多谋善断的能力，而且与认识和掌握决策的理论知识、基本内容和类型，以及与应用科学决策的理论方法有着密切的关系。

构成一个项目投资决策问题，必须具备以下几项基本条件：①有明确的项目投资决策的目标，即要求解决什么问题。确定目标是决策的基础，决策目标应明确具体，并且可以是定量描述的。②有两个或两个以上可供选择和比较的决策方案。一个决策问题往往存在多种实施方案,决策的过程也就是方案的评估和比较过程。③有评估方案优劣的标准。决策方案的优劣必须有客观的评估标准,并且这些标准应当尽可能地采用量化标准。④有真实反映客观实际的数据资料。客观准确的原始数据资料与科学正确的决策方法一起构成了科学决策的两个方面,二者缺一不可。

项目投资决策的特点:

（1）投资决策具有针对性。项目投资决策要有明确的项目和建设目标,否则无所谓投资决策,达不到投资目标的项目投资决策就是失策。

（2）投资决策具有现实性。投资决策是项目投资行动实施的基础。项目开展需要占用的资源、人员、时间等因素均对企业经营实践具有现实影响。因而项目投资决策需慎重、符合实际情况,并重视"决策—执行—再决策—再执行"反复循环的投资经营管理过程。

（3）投资决策具有择优性。项目投资决策与项目方案优选是并存的。投资决策中必须提供实现项目投资目标的几个可行方案,合理的选择就是优选。优选方案不一定是最优方案,但它应是诸多可行投资方案中最令人满意的投资方案。

（4）投资决策具有风险性。项目投资决策是在投资之前,对项目进程、资源消耗、投资回报、环境状况等的一种预测分析过程。然而在实践中将出现各种可预测或不可预测的变化,这种投资环境的变化将给项目投资实践带来不可预计的风险与苦难。对于偶然与客观发生的风险是无法避免的,因而需要管理者在制定决策的过程中设法认识风险的规律,并对风险作出评估,从而控制并降低风险。

二、项目投资决策的基本要素

按决策的理论体系,一个决策系统可由四个基本要素组成,项目投资决策也不例外。它由以下四个要素组成。

（一）决策者

项目投资决策者也是项目投资的主体,是具有资金或财源和投资决策权的法人。

（二）决策目标

项目投资决策的目标就是在项目开发经营过程中,在投资风险尽可能小的前提下,以最少的投入得到最大的产出。

（三）决策变量

决策变量是指决策者可能采取的各种行动方案,各种方案可以由决策者自己决定。这种变量是可以人为地进行调控的因素。

（四）状态变量

状态变量是指项目决策者所面临的各种自然状态。许多状态包含着各种不确定性因素。项目投资者必须对项目开发过程中可能出现的不确定性因素加深了解,并利用科学的分析方法,分析不确定因素变化对项目投资可能带来的风险,这样才能确保项目投资的顺利进行。

在项目投资过程中,要求项目决策者认真仔细地分析存在的各种变量,把决策思路建立在可靠的数据资料及准确分析的基础上,避免盲目决策和主观臆断,保证项目投资决策目标的顺利实现。

三、项目投资决策的类型

根据项目投资决策的不同目标和不同性质,可将项目投资决策划分为不同的类型。

(一)按决策问题出现次数的多少划分

按决策问题出现次数的多少,可将决策分为程序化决策和非程序化决策两种。

1. 程序化决策

程序化决策是指决策过程中的每一步都有规范化的固定程序,这些程序可以重复地使用以解决同类问题,如规定的奖惩制度等。

2. 非程序化决策

非程序化决策是指问题涉及面广,偶发性或首次出现的,没有固定程序可遵循,只能在问题提出之后进行特殊处理的决策,如新产品的开发、新市场的开拓等。

(二)按决策使用的分析方法不同划分

按决策使用的分析方法不同,可将其分为定性决策和定量决策两种。

1. 定性决策

定性决策主要是决策者运用社会科学原理,根据个人的经验和判断力从决策对象的本质属性研究入手,掌握事物的内在联系及其运动规律。这种决策不依靠大量的数学运算,而是直接利用专家的经验、智慧和创造力作出。

2. 定量决策

定量决策是把决策问题的目标和因素用数学关系式表示出来,即建立数学模型,然后通过计算或推导,求得决策结果。凡可以用数据来表示决策条件的决策,应当尽量用定量决策方法来辅助决策者的决策。这样可以提高领导者的管理水平,做到心中有"数",避免一般化领导。但定量决策不能取代决策者的智慧和创造力,而事实上,很多决策问题也难以用数据描述。所以,定量决策与定性决策应当相互补充,相互结合,才可以使决策更加符合实际。

(三)按决策掌握的情报资料、信息的性质不同划分

按决策掌握的情报资料、信息的性质不同,可将其分为确定型决策、不确定型决策、风险型决策和竞争型决策四种。

1. 确定型决策

确定型决策,又叫肯定型决策。是指只有一种肯定性的主观要求与客观条件,但却有多种可供选择方案的决策。即对未来各种事件或变化趋势能作出明确决断的决策。

一般情况下,决策方案中有待实现的条件是确定的,这类决策问题为确定型决策问题。

2. 不确定型决策

不确定型决策,又称非确定型决策,这类决策存在着不可控因素。一个方案可能出现几种不同的结果。由于没有可供参考的统计资料和可供借鉴的历史经验,决策人对未来可能发生的变化不能作出预期的决策,完全要凭借决策人的主观推断、冒险精神和机遇来应付事件的发生。

3. 风险型决策

风险型决策,又称概率型决策。这种决策事件的未来自然状态和变化趋势是随机的,一般从历史资料中可以获得一个客观概率,并由此计算出事件发生的期望值。一般情况下,若决策方案中有待实现的条件只能作出概率的估计,但不知未来一定出现哪一状态,在这种情况下,根据随机的状态作出的决策往往要冒一定的风险,此类决策为风险型决策。作为风险型决策,一般应具备以下条件:第一,要有一个(组)明确的决策目标;第二,要有两个以上可供选择的方案;第三,实现方案有两个或两个以上的未来状态(自然状态);第四,未来状态出现的概率可以预先估算出来;第五,不同方案在不同状态下的预期结果可以估算出来。

4. 竞争型决策

竞争型决策是指竞争对手存在的决策。在这种情况下,由于起作用的客观条件不是一般的自然状态,而是与自己同样运用智谋的竞争对手,因此,决策者以击败竞争对手为处理解决这类决策问题的基本出发点和原则,具体运用对策论方法解决。

了解决策的分类,对决策者很有好处,它可以使决策者更好地理解自己决策问题的性质、作用和地位,可以帮助决策者选择相应的决策方法和技术,从而提高经营决策水平。

四、项目投资决策的工作程序

按照国家规定,大中型项目投资决策程序,主要分如下四大步骤。

(一) 投资机会研究与项目初选

投资机会研究与项目初选要按照抓住机遇、慎重决策、加快发展的思路。机会研究又可分为一般投资机会研究和企业投资项目机会研究两种。

一般投资机会研究,通常由国家机关和上级主管部门进行。其目的是提供投资的方向性建议,包括地域性投资机会,如西部大开发、高新技术开发区等;还有主管部门的投资机会,如本行业发展规划中所提供的投资项目;最后还有资源利用性的投资机会,如矿藏资源、水力资源、农业资源开发等投资机会。先经过一般投资机会研究,然后再进行具体项目的投资机会研究。

对企业或个人投资者而言,投资机会研究就是通过市场需求与供给调查,为企业选择最有利于获得利润的投资领域和投资方向,寻找最有市场发展前景的投资机会。

机会研究的主要内容是:投资项目选择;投资的资金条件、自然资源条件和社会地理条件;项目在国民经济中的地位和对产业结构、生产力布局的影响;拟建项目产品在国内外市场上的需求量、竞争力及替代进口产品的可能性；项目的财务收益和国民经济效益的大致估算预测等。

（二）提出项目建议书

由投资主体的企业或行业管理部门提出项目建议书，根据国家计委规定，项目建议书的主要内容有：

（1）建设项目提出的必要性和依据。有引进国外技术和进口设备的，还要说明国内外技术差距以及引进的理由。

（2）产品方案、拟建规模、建设地点初步设想。

（3）资源情况、建设条件、协作关系，引进国别、厂商情况初步分析。

（4）投资估算和资金筹措设想。

（5）项目的进度安排。

（6）经济效果和社会效益初步估算。

（三）技术部门的可行性研究

根据项目建议书和委托书，委托有资质的工程咨询公司或设计单位进行项目的可行性研究。

（四）项目评估

项目业主、银行贷款单位、外商投资商、环保等有关部门进行项目评估，作为投资决策的依据。项目评估，也就是项目评价，它包括技术评估、经济评估和社会评估三方面。项目评估主要由项目业主、项目主管部门或主要投资方（如外商）以及贷款银行或专门评估机构，在项目可行性研究的基础上，从项目技术工艺、企业财务、国民经济和社会效益的角度，对拟建项目进行全面的经济技术论证和评审，为投资者作出是否投资和贷款的正确决策。

五、项目投资决策的可行性分析

可行性分析是为提高投资的有效性、避免盲目性、减少投资风险而设计的一套科学、系统的投资管理制度和风险防御机制，是投资决策的核心内容。根据决策理论，项目投资的决策过程可分为发现机会、确定目标、分析论证、优选方案、实施方案和跟踪决策等六个阶段。借鉴国际项目投资的可行性研究模式，可以将决策分析的程序按阶段和内容分为投资机会研究阶段、初步可行性研究阶段、详细可行性研究阶段和评价阶段。

（一）投资机会研究阶段

投资机会研究阶段的主要任务是对投资提出立项提议，在投资市场中选择最有利的投资机会，或开拓新的投资市场，创造新的投资机会。这个时期研究的重点是：根据企业自身拥有的资源状况，以及资源配置能力和企业发展目标，提出企业投资的设想。投资决策者对于机会的选择，通常是在掌握和占有大量资讯的前提下，进行项目机会的判断和分析。投资资讯分为两部分：一部分称为资源信息，是有关企业内外部投资环境、经营状况、资源占有条件和配置能力的现状及发展趋势的信息；另一部分称为动因信息，即企业发展的问题与机会的对比。投资机会研究一般比较粗略，主要是通过对项目投资预期收益的分析，提出一个或若干个备选项目，通过对机会成本和机会收益的分析，进行最初的投资机会的筛选和鉴别。投资机会研究的时间大约在 2 个月以内（大中型项目），研究的成本费用约占总投资的 0.1%～1%。投资机会研究可细分为一般机会研究和具体项目机会研究。

1. 一般机会研究

一般机会研究是对某地域、行业或部门的潜在的市场机会进行分析和识别。这种识别通常包括对潜在机会市场转化为现实市场的可能性和概率的分析、投资机会生成的环境和诱因分析、投资的机会成本和机会收益的分析、现有市场和相关市场的竞争强度及未来发展趋势的分析，以及市场进入壁垒和难度系数的分析等。一般机会研究可分为地区机会研究、产业机会研究和以资源相关联产业部门的资源为基础的机会研究。

2. 具体项目机会研究

具体项目机会研究是在一般机会研究的基础上，对某一特定的具体项目的投资机会进行分析。分析所涉及的内容包括：该项目投资机会存在的背景和环境支持的分析；国家目前的投资政策和管理方式对该项目投资选择的自由度的影响；项目的技术支持能力和预期发展前景；项目进入和退出的成本分析等。这种分析旨在为项目的优化决策提供思考的路径和参数依据。

（二）初步可行性研究阶段

初步可行性研究也称为预可行性研究。当机会研究不能提供较为充分的决策分析的数据或资料时，就需要在可行性研究之前再设计一个程序，即初步可行性研究。初步可行性研究的主要任务是：分析机会研究的结论的客观性和可靠性；确定可行性研究的具体内容；提出可行性研究中重要的专项研究的方向和内容；对可行性研究的技术支持和环境条件给予说明。初步可行性研究的时间一般为 4～6 个月，所需费用为总投资额的 0.25%～1.25%。

（三）详细可行性研究阶段

详细可行性研究又称为最终可行性研究，简称为可行性研究，是投资决策的基础和依据。可行性研究的内容随行业的不同而有所差别。就一般工业项目而言，可行性研究可涉及八个方面的内容：项目提出的背景及立项的必要性；市场分析和拟建项目的规模；项目设计方案；环境保护和劳动安全；企业组织与劳动定员；投资估算与资金筹措；经济效益和社会效益的评价；可行性研究分析的结论与建议。这八个方面的研究内容与总论共同构成了项目投资可行性研究报告。

（四）项目的评价阶段

可行性分析是指项目决策的论证过程，分析的结论是否正确，提出的预期目标能否实现,都要依赖于实践的检验。因此,项目评价阶段的任务,就是要通过对可行性研究方案的评价,对项目的整体性进行评价检验。由于投资决策是一个依赖于时空变量和环境变量的复杂的动态过程,因此对于项目的实施要建立即时跟踪系统,以便随时发现问题,进行调整,或在证明决策有重大失误时,能够即时终止,以避免更大的损失。

可行性研究是投资决策的基础。通过可行性研究,可以为项目投资决策提供大量的数据、资料及有关政策和法律信息,而对可行性研究成果的检验,则要通过投资决策的效果来体现。从这个意义上讲,可行性研究既成为投资决策的基础和先导,又成为投资决策程序中的重要组成部分。

六、项目投资决策的意义

简而言之,项目投资决策的意义包括以下几点。

(一) 有利于规避企业发展中的风险

好的项目投资决策可以有效地释放因资源占用而对企业其他经营造成的不良影响,并可借助项目的实施帮助企业实现其发展战略。这对于企业稳健经营、控制风险具有积极意义。

(二) 有利于控制企业项目投资中的风险

科学的投资决策能够考虑到项目投资过程中可能出现的风险情况,并制定相应的防控措施。这一点在进行项目方案择优选择的过程中反映得最为明显。

(三) 有利于避免资源无效占用与浪费

对企业而言,资源是否充足关系到其生命力与市场竞争力。一个项目投资将长时间占用大量的企业资源,其中投资可行性与预期绩效是投资决策考虑的重中之重。如果决策失误,在市场条件恶化趋势出现时,项目投资所占用的大量企业资源将难以及时回收,企业的生存风险将因可用资源不足而被激化。此外,一个占用大量资源而效益极差的项目投资活动也会增加企业不必要的机会成本。

(四) 有利于提升企业的价值与竞争力

每个投资项目都是有预期目标的。对企业而言,价值最大化是其经营的根本目标,因而好的投资决策即是有助于提升企业价值的一种策略。同时,企业选择项目进行投资往往是为了追求项目的独特性或高收益性,并期望借此提升企业的竞争力。

(五) 为项目投资实践工作提供参考和约束

一项投资活动涉及人、物、钱、环境等多方面因素。好的项目投资决策可对这些因素作出分析与应对措施。这对项目的实施者而言,既是一种执行参考,也是一种约束。

七、在市场经济条件下,企业如何使投资决策更科学、更正确

我国投资体制改革后,国家除重大建设项目外,取消了投资项目审批制度,投资决策权下放给企业。"谁投资、谁决策、谁收益",投资风险全部由企业自己承担。由于国内外市场经济竞争激烈,市场环境千变万化,投资决策失误常常难以避免,这往往给企业带来重大损失。因此,企业必须充分了解国家产业发展政策,了解国内外市场情况和本行业发展趋势,了解本企业和竞争对手的实力和营销情况,进行综合分析判断,作出科学的、审慎的决策,减少投资决策失误。

(一)占有充分有效的信息资源,进行充分的市场调研,是科学决策的重要基础

市场信息主要从以下三个方面获取:①企业本身要有市场信息收集、调研和分析部门,时刻掌握市场动态,分析发展趋向;②利用电子网络、报刊、电视、广播等媒体收集全球信息;③有关部门和行业协会应将本行业宏观经济发展战略和国际行业发展动态,主动及时地向企业提供,发布投资指南,为企业做好服务工作。

(二)科学和民主的决策机制是避免盲目投资的重要保障

过去的重复投资或盲目投资与行政干预、个别领导干部的主观意志拍板决策有很大关系。今后各级政府应转变职能,由政府干预转变为为企业服务。企业在作出重大投资决策时,要按照科学和民主的原则,谨慎决策,要经过领导班子集体研究讨论,必要时要经过董事会、股东会或职工代表大会讨论。重大的投资项目要请社会咨询机构提出可行性研究意见,经过有关专家论证,使决策科学化、民主化,减少投资决策失误。

(三)综合分析投资效益和投资风险,是获得最佳投资的必然选择

对于新上市、经济效益高的项目,要尽快决策,快速上马,尽早占领市场,莫失投资良机;对于重复建设项目,要充分考虑经营风险,分析竞争对手的技术能力、管理能力和市场营销能力,要与竞争对手比技术含量、比速度、比产品功能、比营销策略,把投资风险降到最低限度。

(四)科技创新是企业投资和发展的源泉

当今世界已进入科技迅猛发展的新经济时代,商品经济要求是优胜劣汰。企业要十分重视新产品的开发,把科技成果尽快转化为现实的生产力。谁使产品尽早投入市场,谁就是竞争的优胜者。

企业应实现科、工、贸一体化,也可与科研机构联合攻关。

(五)政府部门的支持和服务,是促进投资增长的重要力量

政府公职人员要增强为企业服务的观念,简化企业准入手续,降低准入的条件,放宽企业特别是民营企业的经营范围,打破垄断,形成万马奔腾的局面;加快行业协会职能转化,要使其真正成为企业投资指南,主动提供行业信息,成为企业的参谋部。对高科技项

目和农业开发项目,给予必要的税收优惠。

📂 本章小结

项目泛指在一定的约束条件(如资源、技术、资金、时间、空间、政策、法规等)下,投资主体为获得未来预期目标,将货币资本或实物资本投入到营利性或非营利性的企业中。项目具有临时性、独特性、一次性和复杂性的特征。

项目生命周期划分为定义、设计、实现和关闭等四个基本阶段。

项目投资是项目投资总额和项目投资结构的总称。项目投资总额是指从项目可行性研究开始,直至项目竣工验收合格所要支出的全部费用。项目投资结构是指投资用于固定资产、流动资金及其他费用方面的分配比例。

项目投资决策是指在项目投资活动中,为了实现预期的投资目标,在占有大量信息的基础上,运用一定的科学理论、方法和手段,通过一定的程序,对若干个具有可行性的项目投资方案进行研究论证,从中选出最满意的投资方案的过程。

项目投资决策分析的程序按阶段和内容分为投资机会研究阶段、初步可行性研究阶段、详细可行性研究阶段和项目的评价阶段。

关键词

项目　项目生命周期　项目投资　项目投资的程序　项目投资决策
项目投资决策的可行性

案例一　项目投资决策

九洲公司微波炉生产线项目投资决策案例

九洲公司是生产微波炉的中型企业,该公司生产的微波炉质量优良,价格合理,近几年来一直供不应求。为了扩大生产能力,该公司准备新建一条生产线。王明是该公司投资部的工作人员,主要负责投资的具体工作。该公司财务总监要求王明收集建设新生产线的相关资料,写出投资项目的财务评价报告,以供公司领导决策参考。

王明经过半个月的调研,得出以下有关资料:该生产线的初始投资为57.5万元,分两年投入。第一年初投入40万元,第二年初投入17.5万元。第二年可完成建设并正式投产。投产后,每年可生产微波炉1 000台,每台销售价格为800元,每年可获得销售收入80万元。投资项目预计可使用5年,5年后的残值可忽略不计。在投资项目经营期内,需垫支流动资金15万元,这笔资金在项目结束时可如数收回。该项目生产的产品年总成本的构成情况如下:

原材料	40万元
工资费用	8万元
管理费(不含折旧)	7万元
折旧费	10.5万元

王明又对本公司的各种资金来源进行了分析研究,得出该公司加权平均资金成本为10%。该公司所得税税率为40%。

李强根据以上资料,计算出该投资项目的营业现金净流量、现金净流量及净现值(表2-1～表2-3),并把这些数据资料提供给公司高层领导参加的投资决策会议。

表2-1　投资项目的营业现金净流量计算表　　　　　　　　　　　　　　　元

项　　目	第一年	第二年	第三年	第四年	第五年
销售收入	800 000	800 000	800 000	800 000	800 000
付现成本	550 000	550 000	550 000	550 000	550 000
其中:原材料	400 000	400 000	400 000	400 000	400 000
工资	80 000	80 000	80 000	80 000	80 000
管理费	70 000	70 000	70 000	70 000	70 000
折旧费	105 000	105 000	105 000	105 000	105 000
税前利润	145 000	145 000	145 000	145 000	145 000
所得税	58 000	58 000	58 000	58 000	58 000
税后利润	87 000	87 000	87 000	87 000	87 000
现金净流量	192 000	192 000	192 000	192 000	192 000

表 2-2　投资项目的现金净流量计算表　　　　　　　　　　　　元

项　　　目	第0年	第1年	第2年	第3年	第4年	第5年	第6年
初始投资	−400 000	−175 000					
流动资金垫支		−150 000					
营业现金净流量			192 000	192 000	192 000	192000	192 000
流动资金回收							150 000
现金净流量合计	−400 000	−325 000	192 000	192 000	192 000	192000	342 000

表 2-3　投资项目净现值计算表

年份	现金净流量/元	10%的现值系数	现值/元
0	−400 000	1.000	−400 000
1	−325 000	0.909	−295 425
2	192 000	0.826	158 892
3	192 000	0.751	144 192
4	192 000	0.683	131 136
5	192 000	0.621	119 232
6	342 000	0.564	192 888
合计			50 915

在公司领导会议上,王明对他提供的有关数据作了必要说明。他认为,建设新生产线有50 915元净现值,因此这个项目是可行的。

公司领导会议对王明提供的资料进行了研究分析,认为王明在收集资料方面作了很大的努力,计算方法正确,但却忽略了物价变动的问题,这使得王明提供的信息失去了客观性和准确性。

公司财务总监认为,在项目投资和使用期间,通货膨胀率大约为6%。他要求有关负责人认真研究通货膨胀对投资项目各有关方面的影响。

生产部经理认为,由于物价变动的影响,原材料费用每年将增加10%,工资费用也将每年增加8%。财务部经理认为,扣除折旧后的管理费每年将增加4%,折旧费每年仍为10.5万元。销售部经理认为,产品销售价格预计每年可增加8%。

公司领导会议决定,要求王明根据以上各部门的意见,重新计算投资项目的现金流量和净现值,提交下次会议讨论。

案例讨论:

根据该公司领导会议的决定,请你帮助王明重新计算各投资项目的现金净流量和净现值,并判断该投资项目是否可行。

第 二 篇

项 目 投 资 决 策

第三章

投资估算

巨人集团,曾经是一个红遍全国的知名企业,成立不到两年就成为销售额近 4 亿元、利税近 5 000 万元、员工达 2 000 多人的大型企业,然而却历经不到 4 年就泡沫式地破裂了。1993 年,史玉柱开始建立巨人大厦。从最初的计划建设 18 层到最后的 70 层,预算也从 2 亿元增加到 12 亿元。然而,史玉柱在建设项目过程中并没有对建设资金作出一个合理的估算,也没有结合自有资金考虑建设资金是否充足的问题。大厦从 1994 年 2 月动工到 1996 年 7 月,史玉柱从未申请过一分钱银行贷款,到最后资金枯竭,巨人大厦成了三层烂尾楼,从此,巨人集团的神话也告一段落。

巨人大厦建设失败,其中一个原因就是:大厦在决定建设 70 层之前,并没有对大厦的建设成本作出合理预算,也没有结合自身筹资及融资能力判断建设巨人大厦项目的可行性。

在企业投资建设项目前,会涉及很多建设项目投资估算的问题,本章将介绍一些投资估算的方法和步骤。

学习目标

通过对本章的学习,能够解决以下问题:

1. 投资估算包含哪些内容?
2. 投资估算有什么要求?
3. 建设投资估算包含哪些步骤?
4. 建设期利息估算应注意哪些问题?
5. 流动资金估算包括哪些方法?

第一节 概 述

投资估算是指在对项目的建设规模、产品方案、工艺技术及设备方案、工程方案及项目实施进度等进行研究并基本确定的基础上,估算项目所需资金总额(包括建设投资和流动资金),并测算建设期分年资金使用计划。投资估算是拟建项目编制项目建议书和可行性研究报告的重要组成部分,是项目决策的重要依据之一。

一、投资估算的内容

从费用构成来看,投资估算的内容应包括该项目从筹建、设计、施工,直至竣工投产所需的全部费用,分为建设投资(或称固定资产投资)和流动资金两部分。在投资估算中,尤其需要关注以下两部分内容。

(一)项目总投资

项目投资中比较引人注目的是项目总投资。从直观意义上看,项目总投资是指投资主体为获取预期收益,在选定的工程项目上投入所需全部资金及其经济行为。具体而言,根据项目投资构成的内容来看,项目总投资亦可认为是从项目筹建开始到项目全部建成投产为止,全过程中所发生的各类费用的总和。

实践中,项目总投资的构成类型也因项目类型而异。以工程项目为例,在生产性工程项目中,总投资包括固定资产投资和流动资产投资两部分;而在非生产性工程项目中,总投资只有固定资产投资,不含流动资产投资。图 3-1 显示了工程项目投资估算的构成,表3-1 显示了建筑行业项目总投资组成的结构。

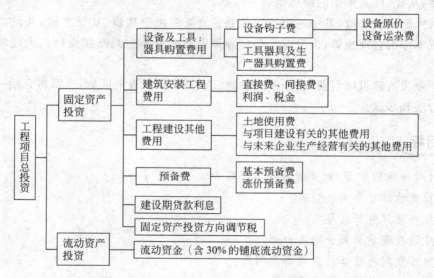

图 3-1　中国现行工程项目总投资构成示意图

(二)项目总投资的计算基本公式

在项目投资中,对总投资金额的计算存在基本的共识,即将为保证项目建设和投资活动正常进行而发生的各项资金投入量相加,其中包括项目的固定资产投资及伴随着固定资产投资而发生的流动资产方面的投资额。这一点与前面的图 3-1 和表 3-1 所展示的意思相同。

表 3-1　建筑行业项目总投资组成的结构

可研阶段	费　用　组　成				初设阶段
建设项目估算总投资	建设投资	固定资产费用投资		建筑工程费	第一部分工程费用
				设备购置费	
				安装工程费	
			固定资产其他费用	建设管理费	第二部分工程建设其他费用
				可行性研究费	
				研究试验费	
				勘察设计费	
				环境影响评价费	
				劳动安全卫生评价费	
				场地准备及临时设施费	
				引进技术和引进设备其他费	
				工程保险费	
				联合试运转费	
				特殊设备安全监督检验费	
				市政公用设施建设及绿化费	
		无形资产费用		建设用地费	
				专利及专有技术使用费	
		其他资产费用		生产准备及开办费	
		预备费		基本预备费	第三部分预备费
				价差预备费	
	建设期利息				第四部分专项费用
	流动资金(项目报批总投资和概算总投资中只列铺底流动资金)				
	固定资产投资方向调节税(暂停征收)				

因而,归纳后的项目总投资的基本计算公式如下:

(1) 不包括建设期投资贷款利息的总投资公式为

$$项目总投资 = 固定资产投资 + 流动资金 \qquad (3-1)$$

(2) 包含建设期投资贷款利息的总投资公式为

$$项目总投资 = 固定资产投资 + 固定资产投资借款建设期利息 + 流动资金 \qquad (3-2)$$

式(3-1)和式(3-2)计算得到的项目总投资指标各有用途,前者可用于不考虑资金成本动态变化情况下的项目投资评价分析,即静态分析;后者考虑了投资成本动态变化的真实过程,其计算出的总投资大于前者,对项目投资的资金占用情况反映得更为准确科学,因而可视为动态分析投资的基本算式。

二、投资估算的要求

(一) 投资估算的内容要求

项目投资估算的最终目标是实现期望回报,因此,估算人或机构在作投资估算时,必须严格满足项目投资估算书的撰写规范与内容要求。这就要求估算人与估算机构首先要确切了解投资项目的内容与回报要求,其次要合理划分投资估算的执行阶段,并制定精度要求。前者是一切项目投资估算活动的基础,它决定了项目建设的方向是否正确;后者则在前者基础上,对项目实施过程进行了解剖析,逐步逐段地依据建设进度进行项目投资情况估算,在满足精度要求的基础上,预测项目投资的可行性与收益性。

对比上面两项工作,投资者更为关注后者,即对项目投资估算的阶段划分与精度要求的制定。中国与国外关于项目投资估算的阶段划分与精度要求分别如表 3-2、表 3-3所示。

表 3-2　中国项目投资估算的阶段划分与精度要求

阶 段 划 分		精 度 要 求
第一阶段	项目规划阶段	允许误差大于±30%
第二阶段	项目建议书阶段	误差要求控制在±30%以内
第三阶段	初步可行性研究阶段	误差要求控制在±20%以内
第四阶段	详细可行性研究阶段	误差要求控制在±10%以内

表 3-3　国外项目投资估算的阶段划分与精度要求

阶 段 划 分		备 注	允 许 误 差
第一阶段	投资设想时期	又称为毛估阶段或比照估算	大于±30%
第二阶段	投资机会研究时期	又称为粗估阶段或因素估算	控制在±30%以内
第三阶段	初步可行性研究时期	又可称为初步估算阶段或认可估算	控制在±20%以内
第四阶段	详细可行性研究时期	又可称为确定估算或控制估算	控制在±10%以内
第五阶段	工程设计阶段	又称为详细估算或投标估算	控制在±5%以内

项目投资建议书中,要求投资估算的结果数据应满足一定的精度要求,这是项目投资估算内容要求的重点。投资估算在具体数额上允许存在一定的误差,但必须达到以下要求:

(1) 估算的范围应与项目投资方案所涉及的范围、所确定的各项工程内容相一致。

(2) 估算的工程内容和费用构成齐全,计算合理,实事求是,不搞虚假数字,不提高或降低估算标准,不重复计算或者漏项少算,为决策提供客观的、真实的依据。

(3) 估算应做到方法科学、基础资料完整、依据充分。

(4) 估算选用的标准与具体项目之间存在标准或者条件上的差异时,应进行必要的换算或者调整。

（5）估算的准确度应能满足投资项目决策不同阶段的要求，在投资机会研究阶段，误差率应在±30％以内；在初步可行性研究阶段，误差率应在±20％以内；在可行性研究项目评估阶段，误差率应在±10％以内。

（二）投资估算深度要求

投资决策过程，是一个由浅入深、不断深化的过程，依次分为若干工作阶段，不同阶段决策的深度也不相同。投资估算是依据现有的资料和一定的估算方法对建设项目的投资数额进行的估计。由于在投资决策过程中，各个工作阶段所具备的条件、掌握的资料和工程技术文件不同，因而投资估算的准确程度也不相同。随着阶段的不断发展，调查研究的不断深入，掌握的资料越来越丰富，工程技术文件越来越完善，投资估算也逐步准确，其所起的作用也越来越重要。在对项目投资方案进行抉择时，项目投资可行性报告中的投资估算部分应能够具备足够深度。

在可行性研究阶段的建设方案中，项目投资估算设计应满足以下深度要求：

（1）各主要条件和数据应有文件或意向书作为依据。

（2）各层次建设方案设计经比选后提出倾向性意见。

（3）满足投资估算误差不超过±10％的要求。

（4）最终使项目决策分析与评价的结论能满足投资决策控制准确度的要求。

三、投资估算的依据与作用

（一）投资估算的依据与基础资料

投资估算是一项重要且烦琐的工作，其主要发生在项目生命周期的第一阶段。其结果将作为项目建议书和可行性报告的重要支撑材料，对项目投资决策的制定具有举足轻重的作用。为了避免估算失误，实践中能用于项目投资估算的依据和基础材料的选取办法一般都存在严格的行业界定。当然，在不同的行业内部，项目投资估算中所遵循的估算依据和材料会存在差异。

一般而言，在项目投资估算工作中涉及的估算依据与基础资料包括以下几个方面：

（1）项目的主体工程、辅助工程及项目生命周期内各阶段工程的建设内容及工程量。

（2）专门机构发布的同类项目建设工程造价及费用构成、估算指标、计算方法，以及其他有关估算工程造价的文件。

（3）由专门机构发布的工程建设其他费用计算办法和费用标准，以及由政府部门发布的物价指数。

（4）已建同类工程项目的投资档案资料。

（5）影响建设工程投资的动态因素，如利率、汇率、税率等。

（6）部门或行业制定的投资估算办法和估算指标。

（7）拟建项目所需设备、材料的市场价格。

（二）投资估算的作用

投资估算是工程项目建设前期从投资决策直至初步设计之前的重要工作环节，是项目建议书、可行性研究报告的重要组成部分,是保证投资决策正确的关键环节,也是实施全过程工程造价管理的"龙头",其准确与否直接影响到项目的决策、工程规模,以及投资经济效果,并影响到工程建设能否顺利进行。对任何一个拟建项目,都要通过全面的技术经济论证后,才能决定其是否正式立项。在拟建项目的全面论证过程中,除考虑技术上能否可行外,还要考虑经济上的合理性,而建设项目的投资估算在拟建项目前期各阶段工作中,作为论证拟建项目的重要经济文件,有着极其重要的作用。具体可归纳为以下几点:

(1) 项目建议书阶段的投资估算,是多方案比选、优化设计、合理确定项目投资的基础,是项目主管部门审批项目建议书的依据之一,并对项目的规划、规模的确定起参考作用,它从经济上判断项目是否应列入投资计划。

(2) 项目可行性研究阶段的投资估算,是项目投资决策的重要依据,是正确评价建筑项目投资的合理性、分析投资效益、为项目决策提供依据的基础。当可行性研究报告被批准之后,其投资估算额就将作为建设项目投资的最高限额,不得随意突破。

(3) 项目投资估算对工程设计概算起控制作用。它为设计提供了经济依据和投资限额,设计概算不得突破批准的投资估算额。投资估算一经确定,即成为限额设计的依据,用以对各专业设计实行投资切块分配,作为控制和指导设计的尺度或标准。

(4) 项目投资估算是进行工程设计招标、优选设计方案的依据。

(5) 项目投资估算可作为项目资金筹措及制定建设贷款计划的依据,建设单位可根据批准的投资估算额进行资金筹措,向银行申请贷款。

(6) 投资估算是进行项目经济评价的基础。估算中涉及的项目投资成本、设备造价、资源配置、投资期长短、外部影响因素变化等估算指标在提供决策参考的同时,也可作为投资绩效评价的指标,从而提高投资项目对比、择优选择的准确度。

四、投资估算阶段的划分

投资估算贯穿于整个建筑项目投资决策过程之中,投资决策过程可划分为项目的投资机会研究或项目建议书阶段、初步可行性研究阶段及详细可行性研究阶段。因此,投资估算工作也相应地分为三个阶段。不同阶段所具备的条件和掌握的资料不同,对投资估算的要求也各不相同,因而投资估算的准确程度在不同阶段也有所不同,每个阶段投资估算所起的作用也不同。

但是,随着阶段的不断推进,调查研究不断深入,掌握的资料越来越丰富,投资估算将逐步准确,其所起的作用也越来越重要。

(一) 投资机会研究或项目建议书阶段的投资估算

这一阶段主要是选择有利的投资机会,明确投资方向,提出概略的项目投资建议,并编制项目建议书。该阶段工作比较粗略,投资额的估计一般是通过与已建类似项目的对比得来的,因而投资估算的误差率在 $\pm 30\%$。

这一阶段的投资估算作为相关管理部门审批项目建议书、初步选择投资项目的主要依据之一,对初步可行性研究及与其相应的投资估算起指导作用。

（二）初步可行性研究阶段的投资估算

这一阶段主要是在投资机会研究结论的基础上，进一步弄清项目的投资规模、原材料来源、工艺技术、厂址、组织机构和建设进度等情况后，进行经济效益评价，判断项目的可行性，作出初步投资评价。该阶段是介于项目建议书和详细可行性研究之间的中间阶段，其投资估算的误差率一般要求控制在±20％。

这一阶段的投资估算是决定进行详细可行性研究的依据之一，同时也是确定哪些关键问题需要进行辅助性专题研究的依据之一。在这个阶段中可对项目是否真正可行作出初步的决定。

（三）详细可行性研究阶段的投资估算

详细可行性研究阶段也称为最终可行性研究阶段，主要是进行全面、详细、深入的技术经济分析论证，评价选择拟建项目的最佳投资方案，对项目的可行性提出结论性意见。该阶段研究内容详尽，投资估算的误差率应控制在±10％以内。

这一阶段的投资估算是进行详尽经济评价、决定项目可行性、选择最佳投资方案的主要依据，也是编制设计文件、控制初步设计及概算的主要依据。

每一工程在不同的建设阶段，由于条件不同，对估算准确度的要求也就有所不同，人们不可能超越客观条件，把建筑项目投资估算编制得与最终实际投资完全一致。但可以肯定的是，如果能充分掌握市场变化信息，并全面加以分析，那么投资估算的准确性就能提高。一般来说，建设阶段愈接近后期，可掌握因素愈多，投资估算也就愈接近于实际投资。在设计前期，由于诸多因素的不确定性，所编投资估算偏离实际投资较远是在所难免的。

五、投资估算的编制

（一）投资估算编制的原则

投资估算是拟建项目前期可行性研究的一个重要内容，是经济效益评价的基础，是项目决策的重要依据。投资估算质量如何，将决定着拟建项目能否纳入建设计划的前途"命运"。因此，在编制投资估算时应符合下列原则：

（1）实事求是的原则。从实际出发，深入地开展调查研究，掌握第一手资料，绝不能弄虚作假。

（2）合理利用资源、效益最高的原则。在市场经济环境中，利用有限的资源，尽可能满足需要。

（3）尽量做到快、准的原则。一般投资估算误差都比较大。通过艰苦细致的工作，加强研究，积累资料，尽量又快、又准地拿出项目的投资估算。

（4）适应高科技发展的原则。从编制投资估算的角度出发，在资料收集，信息储存、处理、使用以及编制方法的选择和编制过程中应逐步实现计算机化、网络化。

（二）投资估算编制的程序

不同类型的工程项目选用不同的投资估算编制方法，不同的投资估算编制方法有不同的投资估算编制程序。现从工程项目费用组成的角度考虑，介绍一般较为常用的投资估算编制程序：

（1）熟悉工程项目的特点、组成、内容和规模等。

（2）收集有关资料、数据和估算指标等。

（3）选择相应的投资估算编制方法。

（4）估算工程项目各单位工程的建筑面积及工程量。

（5）进行单项工程的投资估算编制。

（6）进行附属工程的投资估算编制。

（7）进行工程建设其他费用的投资估算编制。

（8）进行预备费用的投资估算编制。

（9）计算固定资产投资方向调节税。

（10）计算贷款利息。

（11）汇总工程项目投资估算总额。

（12）检查、调整不适当的费用，确定工程项目的投资估算总额。

（13）估算工程项目主要材料和设备需用量。

第二节　建设投资估算

建设投资的估算采用何种方法取决于要求达到的精确度，而精确度又由项目前期研究以及资料数据的可靠性决定。因此，投资项目可以根据前期研究，采用详简不同、深度不同的估算方法。常用的估算方法有生产能力指数法、资金周转率法、比例估算法和综合指标投资估算法。

一、建设投资简单估算

（一）单位生产能力投资估算法

单位生产能力投资估算法是指根据同类项目单位生产能力所耗费的固定资产投资额来估算拟建项目固定资产投资额的一种方法。生产能力是指拟建项目建成后每天达到的产量，单位生产能力投资是指每单位的设计生产能力所需要的建设投资。

一般来讲，生产能力越强，所需投资额越大，二者的关系用公式表示为

$$P = P_0 \cdot N \cdot r \qquad (3-3)$$

式中，P 为拟建设项目投资额；P_0 为同类企业单位生产能力投资额；N 为拟建项目生产能力；r 为价格调整指数。

值得注意的是，单位生产能力投资也称为单位生产能力工程造价，是项目投资额与项目设计生产能力的比值，也就是新增单位生产能力所需的投资。单位生产能力投资越少，

从劳动消耗角度看投资效益越好。

该方法的特点是：它将同类项目的固定资产投资额与其生产能力的关系简单地视为线性关系，与实际情况的差距较大。运用该方法时，应当注意拟建项目与同类项目的可比性，尽量减少误差。

（二）生产能力指数法

生产能力指数法是估算生产装置投资的常用方法。这种方法是根据已建成的、性质类似的建设项目或装置的投资额和生产能力，以及拟建项目或装置的生产能力估算投资额。生产能力指数法主要应用于拟建装置或项目与用来参考的已知装置或项目的规模不同的场合。

这种方法起源于国外对化工厂投资的统计分析。据统计，生产能力不同的两个装置，它们的初始投资与两个装置生产能力之比的指数幂成正比。其计算公式为

$$C_2 = C_1 \cdot \left[\frac{x_2}{x_1} \right]^n \times C_f \tag{3-4}$$

式中，C_2 为拟建项目或装置的投资额；C_1 为已建同类型项目或装置的投资额；x_2 为拟建项目的生产能力；x_1 为已建同类型项目的生产能力；C_f 为价格调整系数；n 为生产能力指数。

该方法中，生产能力指数 n 是一个关键因素。不同行业、性质、工艺流程、建设水平、生产率水平的项目，应取不同的指数值。选取 n 值的原则是：若拟建项目或装置与类似项目或装置的规模差不大，生产规模比值为 $0.5\sim2$，则指数 n 的取值近似为 1；若拟建项目或装置与类似项目或装置的规模差距在 50 倍之内，且拟建工程项目规模的扩大仅靠增大设备规格来达到时，则 n 取值为 $0.6\sim0.7$；若是靠增加相同规格设备的数量来达到时，n 取值 $0.8\sim0.9$。

另外，拟建项目生产能力与已建同类项目生产能力的比值应有一定的限制范围，一般这一比值不能超过 50 倍，而在 10 倍以内效果较好。生产能力指数法多用于估算生产装置投资。

生产能力指数法的特点是：生产能力指数法与单位生产能力估算法相比精确度略高，其误差可控制在 $\pm20\%$ 以内，尽管估价误差仍较大，但有它独特的好处：首先，这种估价方法不需要详细的工程设计资料，只知道工艺流程及规模就可以；其次，对于总承包工程而言，可作为估价的旁证，在总承包工程报价时，承包商大都采用这种方法估价。

【例 3-1】 已知建设年产 30 万吨乙烯装置的投资额为 50 000 万元，现有一年产 70 万吨乙烯的装置，工程条件与上述装置类似。试估算该装置的投资额（生产能力指数 $n=0.6$，$C_f=1.2$）。

【解答】 根据式（3-4），则有

拟建项目的投资额＝50 000×(70÷30)^{0.6}×1.2＝99 755.6（万元）

（三）比例估算法

比例估算法分为以下三种。

1. 分项比例估算法

分项比例估算法是将项目的固定资产投资分为设备投资、建筑物与构筑物投资和其他投资三部分,先估算出设备的投资额,然后再按一定比例估算出建筑物与构筑物的投资及其他投资,最后将三部分投资加在一起。

1) 设备投资估算

设备投资估算按其出厂价格加上运杂费、安装费等,其估算公式如下:

$$K_1 = \sum_{i=1}^{n} Q_i \cdot P_i \cdot (1 + L_i) \tag{3-5}$$

式中,K_1 为设备的投资估算值;Q_i 为第 i 种设备所需数量;P_i 为第 i 种设备的出厂价格;L_i 为同类项目同类设备的运输、安装费系数;n 为所需设备的种数。

2) 建筑物与构筑物投资估算

$$K_2 = K_1 \cdot L_b \tag{3-6}$$

式中,K_2 为建筑物与构筑物的投资估算值;L_b 为同类项目中建筑物与构筑物投资占设备投资的比例,露天工程取 $0.1 \sim 0.2$,室内工程取 $0.6 \sim 1.0$。

3) 其他投资估算

$$K_3 = K_1 \cdot L_w \tag{3-7}$$

式中,K_3 为其他投资的估算值;L_w 为同类项目其他投资占设备投资的比例。

项目固定资产投资总额的估算值 K 为

$$K = (K_1 + K_2 + K_3) \cdot (1 + S) \tag{3-8}$$

式中,S 为考虑不可预见因素而设定的费用系数,一般为 $10\% \sim 15\%$。

2. 投资总额比例估算法

以拟建项目或装置的设备费为基数,根据已建成的同类项目的建筑安装工程费和其他费用等占设备价值的百分比,求出相应的建筑安装工程及其他有关费用,其总和即为拟建项目或装置的投资额。其计算公式为

$$C = E(1 + f_1 \cdot P_1 + f_2 \cdot P_2 + f_3 \cdot P_3) + I \tag{3-9}$$

式中,C 为拟建项目的建设投资额;E 为根据设备清单按现行价格计算的设备费(包括运杂费)的总和;P_1、P_2、P_3 为已建成项目中的建筑、安装及其他工程费用分别占设备费的百分比;f_1、f_2、f_3 为由于时间因素引起的定额、价格、费用标准等变化的综合调整系数;I 为拟建项目的其他费用。

这种方法适用于设备投资占比例较大的项目。

3. 同类比例估算法

以拟建项目中主要的、投资比重较大的工艺设备的投资(含运杂费,也可含安装费)为基数,根据同类型已建类似项目的统计资料,计算出拟建项目各专业工程费占工艺设备的比例,求出各专业投资,加和得工程费用,再加上其他费用,求得拟建项目的建设投资。

(四) 系数估算法

系数估算法主要有朗格系数法、设备及厂房系数法和主要车间系数法。

1. 朗格系数法

朗格系数法是以设备费为基础,乘以适当系数来推算项目的建设费用。这种方法比较简单,但没有考虑设备规格、材质的差异,所以精确度不高。

$$D = C(1 + \sum K_i)(1 + \sum K_c) = C \times K_L \tag{3-10}$$

式中,K_L 为朗格系数;D 为总建设费用;C 为主要设备费用;K 为项目费用的估算系数。

应用朗格系数法进行工程项目或装置估价的精确度不是很高,其原因如下:

(1) 装置规模大小发生变化的影响。

(2) 不同地区自然地理条件的影响。

(3) 不同地区经济地理条件的影响。

(4) 不同地区气候条件的影响。

(5) 主要设备材质发生变化时,设备费用变化较大而安装费变化不大所产生的影响。

尽管如此,由于朗格系数法是以设备费为计算基础,而设备费在一项工程中所占的比重对于石油、石化、化工工程而言为 45%～55%,几乎占一半左右,同时一项工程中每台设备所含有的管道、电气、自控仪表、绝热、油漆、建筑等,都有一定的规律。所以,只要对各种不同类型工程的朗格系数掌握得准确,估算精确度仍可较高。朗格系数法估算误差为 10%～15%。

2. 设备及厂房系数法

这种方法主要是在进行厂房设备投资建设时用得比较多。一个项目,工艺设备投资和厂房土建投资之和占了整个项目投资的绝大部分。如果设计方案已确定生产工艺,初步选定了工艺设备并进行了工艺布置,这就有了工艺设备的重量级厂房的高度和面积,那么,工艺设备投资和厂房土建的投资就可以分别估算出来;其他专业,与设备关系较大的按设备系数计算,与厂房土建关系较大的则以厂房土建投资系数计算,两类投资加起来就得出整个项目的投资。这种方法在预可行性阶段使用是比较合适的。

总的来看,系数估算法比较简单,但没有考虑设备规格、材质的差异,所以精确度不高。

3. 主要车间系数法

对于生产性项目,在设计中若仅考虑了主要生产车间的产品方案和生产规模,可先采用合适的方法计算出主要车间的投资,然后利用已建类似项目的投资比例计算出辅助设施等占主要生产车间投资的系数,估算出建设总投资。

(五) 综合指标投资估算法

综合指标投资估算法又称概算指标法,是指依据国家有关规定,国家或行业、地方的定额、指标和取费标准以及设备和主材价格等,从工程费用中的单项工程入手来估算初始投资。投资估算指标是各地建设主管部门编制和颁发的,一般以元/米、元/米^2、元/米^3、元/吨、元/千瓦等形式表示。根据这些投资估算指标,乘以相应的长度(米)、面积(米^2)、体积(米^3)、质量(吨)、容量(千瓦)等,就可以求出拟建项目相应的土建工程、给排水工程、电气照明工程、采暖通风工程、变配电工程等单位工程的投资估算额。

采用这种方法,还需要相关专业提供较为详细的资料,有一定的估算深度,其精确度相对较高。其估算要点有以下几个方面。

1. 设备和工器具购置费估算

这是指分别估算各单项工程的设备和工器具购置费,需要主要设备的数量、出厂价格和相关运杂费资料。一般运杂费可按设备价格的百分比估算,主要设备以外的零星设备费可按占主要设备费的比例估算,工器具购置费一般也按占主要设备费的比例估算。

2. 安装工程费估算

在可行性研究阶段,安装工程费一般可以按照设备费的比例估算。该比例需要通过经验判定,并结合该装置的具体情况确定;也可按设备吨位乘以吨安装费指标,或安装实物量乘以相应的安装费指标估算;条件成熟的,还可按概算法估算。

3. 建筑工程费估算

建筑工程费的估算一般按单位综合指标法,即用工程量乘以相应的单位综合指标估算。在实际工作中,要根据国家有关规定、投资主管部门或地区颁布的估算指标,结合工程的具体情况编制。若套用的指标与具体工程之间的标准或条件有差异时,应加以必要的换算或调整。使用的指标应密切结合每个单位工程的特点,能正确反映其设计参数,切勿盲目地单纯套用一种指标。

(1)单位面积综合指标估算法。在单项工程的投资估算中,投资包括土建、给排水、采暖、空调、电气、动力管道等所需费用,这些费用可以汇总成单位面积造价。单项工程的投资估算计算式如下:

单项工程投资额=建筑面积×单位面积造价×价格浮动指数±结构和建筑部分的价差

(2)单元指标估算法。该法在实际工作中使用较多,现分工业建筑项目和民用建筑项目两种情况,分别给出估算法。

工业建筑项目单元指标估算法:

项目投资额=单元指标×生产能力×物价浮动指数

民用建筑项目单元指标估算法:

项目投资额=单元指标×民用建筑功能×物价浮动指数

单元指标是每个估算单位的投资额。例如,啤酒厂单位生产能力投资指标、饭店单位客房投资指标、冷库单位储藏量投资指标、医院每个床位投资指标等。

采用这种方法估算建设投资时,要注意以下两方面的问题:一方面要注意所使用的估算指标若与拟建工程的标准或条件有差异时,应加以必要的换算或调整;另一方面要注意所使用的估算指标及单位,应符合拟建工程的特点,能反映其设计参数,切勿盲目乱用估算指标。另外,投资估算应在某一特定的时间内进行,一般是以开工前一年为基准年,并以这一年的单位价格作为计算依据,否则就会影响建设投资估算的准确性。

(六)资金周转率法

这种方法是用资金周转率来推测投资额的一种简单方法。

当资金周转率为已知时,则

$$C = (Q \times P)/T \tag{3-11}$$

式中,C 为拟建项目总投资;Q 为产品年产量;P 为产品单价;T 为资金周转率(T=年销售总额/总投资)。

计算步骤:①根据已建相似项目的有关数据估算出资金周转率;②根据拟建项目预计的产品年产量及单价确定拟建项目的投资额。

该方法概念简单明了,方便易行但误差较大,不同性质的工厂或生产不同产品的车间,资金周转率都不同,要提高投资估算的精确度,必须做好相关的基础工作。

二、建设投资分类估算法

建设投资由建筑工程费、设备及工器具购置费、安装工程费、工程建设其他费用、基本预备费、涨价预备费和建设期利息七部分构成。

(一)建筑工程费的估算

建筑工程费估算一般可采用以下三种方法。

1. 单位建筑工程投资估算法

单位建筑工程投资估算法是以单位建筑工程量投资乘以建筑工程总量来估算建筑工程投资费用的方法。

2. 单位实物工程量投资估算法

单位实物工程量投资估算法是以单位实物工程量的投资乘以实物工程总量来计算建筑工程投资费用的方法。

3. 概率指标投资估算法

在估算建筑工程费时,对于没有上述估算指标,或者建筑工程费占建设投资比例较大的项目,可采用概率指标投资估算法。

(二)设备及工器具购置费的估算

设备及工器具购置费估算包括设备购置费、工器具购置费、现场自制非标准设备费、生产用家具购置费和相应的运杂费。设备购置费应按国内设备和进口设备分别估算,工器具购置费一般按占设备费的比例计取。

1. 国内设备购置费的估算

1)国产标准设备原价

国产标准设备原价一般指的是设备制造厂的交货价,即出厂价。设备的出厂价分两种情况:①带有备件的出厂价;②不带备件的出厂价。在计算设备原价时,应按带备件的出厂价计算,如设备由设备公司成套供应,则应以订货合同为设备原价。

2)国产非标准设备原价

非标准设备原价有多种估价方法,如成本计算估价法、系数设备插入估价法、分部组合估价法、定额估价法等。按成本计算估价法,国产非标准设备的原价由以下各项组成。

(1)材料费。其计算公式为

$$材料费=材料净重×(1+加工损耗系数)×每吨材料综合价$$

(2)加工费。包括生产工人工资和工资附加费、燃料动力费、设备折旧费、车间经费等。其计算公式为

加工费＝设备总重量（吨）×设备每吨加工费

（3）辅助材料费，包括焊条、焊丝、氧气、员气、氮气、油漆、电石等。其计算公式为

辅助材料费＝设备总重量×辅助材料费指标

（4）专用工具费，按（1）～（3）项之和乘以一定百分比计算。

（5）废品损失费，按（1）～（4）项之和乘以一定百分比计算。

（6）外购配套件费，按设备设计图纸所列的外购配套件的名称、型号、规格、数量、重量，根据相应的价格加运杂费计算。

（7）包装费，按以上（1）～（6）项之和乘以一定百分比计算。

（8）利润，可按（1）～（6）项之和乘以一定利润率计算。

（9）税金，主要指增值税。其计算公式为

增值税＝当期销项税额－进项税额

当期销项税额＝销售额×适用增值税税率

（10）非标准设备设计费。按国家规定的设计费收费标准计算。

因此，单台非标准设备原价为

单台非标准设备原价＝{[（材料费＋加工费＋辅助材料费）×（1＋专用工具费率）

×（1＋废品损失费率）＋外购配套件费]×（1＋包装费率）

－外购配套件费}×（1＋利润率）

＋增值税＋非标准设备设计费＋外购配套件费

3）国内设备购置费

国内设备购置费为设备原价加运杂费。

设备运杂费（运输费、装卸费、供销手续费和仓库保管费等）一般按运杂费率和设备出厂价的百分比计算。

设备运杂费＝设备原价×运杂费率

2. 进口设备购置费估算

设备购置费（到岸价）的计算公式为

进口设备购置费＝进口设备货价＋进口从属费用＋国内运杂费

进口从属费用＝国际运费＋运输保险费＋进口关税＋增值税＋外贸手续费

＋银行财务费＋海关监管手续费

1）进口设备的货价

进口设备货价通过向有关生产厂商询价、报价、订货合同价计算。

2）进口从属费用

（1）国际运费，即从装运港（站）到达我国抵达港（站）的运费。其计算公式为

国际运费＝离岸价（FOB）×运费率

或

国际运费＝单位运价×运量

式中，运费率或单位运价参照有关部门或进出口公司的规定执行。

（2）运输保险费，其计算公式为

运输保险费＝（离岸价＋国际运费）×国外保险费率

式中,保险费率按照保险公司规定的进口货物保险费率计算。

（3）进口关税,其计算公式为

$$进口关税＝（进口设备离岸价＋国际运费＋运输保险费）×进口关税税率$$

式中,进口关税税率按我国海关总署发布的进口关税税率计算。

（4）增值税,其计算公式为

$$增值税额＝组成计税价格×增值税税率$$

$$组成计税价格＝关税完税价格＋进口关税＋消费税$$

式中,增值税税率根据规定的税率计算,目前进口设备适用税率为17%。

（5）外贸手续费,其计算公式为

$$外贸手续费＝［进口设备离岸价（FOB）＋国际运费＋运输保险费］×外贸手续费率$$

式中,外贸手续费率按国家对外贸易经济合作部规定的外贸手续费率计算,一般取1.5%。

（6）银行财务费,一般指中国银行手续费。其计算公式为

$$银行财务费＝进口设备离岸价（FOB）×银行财务费率$$

式中,银行财务费率目前为0.4%～0.5%。

（7）海关监管手续费,对全额征收关税的货物不收海关监管手续费。其计算公式为

$$海关监管手续费＝进口设备到岸价×海关监管手续费率$$

式中,海关监管手续费率按目前有关规定一般取0.3%。

（8）国内运杂费。国内运杂费通常由下列各项构成:①运费和装卸费;②包装费;③设备供销部门的手续费;④采购与仓库保管费。

设备运杂费按设备原价乘以设备运杂费率计算,设备运杂费率按各部门及省、市等的规定计取。

3. 工具、器具及生产用家具购置费的估算

工具、器具及生产用家具购置费是指新建或扩建项目初步设计规定的、保证初期正常生产必须购置的、没有达到固定资产标准的设备、仪器、工卡模具、器具、生产用家具和备品备件等的购置费用。一般以设备购置费为计算基数,按照部门或行业规定的工具、器具及生产用家具费率计算。其计算公式为

$$工具、器具及生产用家具购置费＝设备购置率×定额费率$$

现场自制非标准设备,由材料费、人工费和管理费组成,按其占设备总费用估算。

（三）安装工程费的估算

安装工程费通常按行业有关安装工程定额、取费标准和指标估算投资,具体计算可按安装费率、每吨设备安装费或者每单位安装实物工程量的费用估算,即

$$安装工程费＝设备原价×安装费率$$

$$安装工程费＝设备吨位×每吨安装费$$

$$安装工程费＝安装工程实物量×安装费用指标$$

（四）工程建设其他费用的估算

按其内容大体可分为三类：与土地使用有关的费用、与工程建设有关的其他费用、与未来企业生产经营有关的其他费用。

1. 与土地使用有关的费用

（1）土地征用及迁移补偿费。是指工程建设项目通过划拨的方式取得无限制的土地使用权，依据《中华人民共和国土地管理法》等规定所支付的费用。具体内容包括：①土地补偿费；②安置补助费；③地上附着物和青苗补偿费。

（2）土地使用权出让金。是指建设单位为取得有限制的土地使用权，依照《中华人民共和国城镇国有土地使用权出让和转让暂行条例》，向国家支付的土地使用费。

2. 与工程建设有关的其他费用

（1）建设单位管理费。是指建设项目从立项至竣工验收、交付使用，这一建设全过程的管理所需费用，包括建设单位经费和建设单位开办费。

其计算公式为

$$建设单位管理费＝工程费用×建设单位管理费率$$

$$工程费用＝建筑安装工程费用×设备工器具购置费用$$

（2）勘察设计费。包括编制项目建议书、可行性研究报告、投资估算及为编制所需文件进行的勘察、设计、研究试验等所需费用，以及在规定的范围内由建设单位自行完成的勘察、设计工作所需费用。建设项目总投资估算额 500 万元及以上的工程勘察和工程设计收费实行政府指导价；建设项目总投资估算额 500 万元以下的工程勘察和工程设计收费实行市场调节价。实行政府指导价的工程勘察和工程设计收费，其基准价根据《工程勘察收费标准》或者《工程设计收费标准》计算，实行市场调节价的工程勘察和工程设计收费，由发包人和勘察人、设计人协商确定收费额。

（3）研究试验费。主要指为本建设项目提供或验收设计参数、数据、资料等进行必要的研究试验以及设计规定在施工中必须进行试验、验证和支付国内专利、技术成果一次性使用费所需的费用。

（4）建设单位临时设施费。是指建设期间建设单位所需临时设施的搭建、维修、摊销费用或租赁费。临时设施主要包括临时宿舍、文化福利及公用事业房屋与建筑物、仓库、办公室、加工厂，以及规定范围内的道路、水、电、管线等临时设施和小型临时设施。新建项目一般按建筑安装工程费用的 1‰ 计取，改、扩建项目按建筑安装工程费用的 0.6‰ 计取。

（5）工程建设监理费。是指建设单位委托工程监理单位对工程实施监理工作所需费用。其取费有以下两种方法：①参照国家物价局、建设部《关于发布工程建设监理费有关规定的通知》（[1992]价费字 479 号），按所监理工程概预算的百分比计收；②按参与监理工作的人员工日计取监理费。对于不宜按以上两项办法收费的，由建设单位和监理单位按商定的其他方法，以上述两项规定的建设监理收费标准为指导性价格，具体的收费标准由建设单位和监职单位在规定的幅度内协商确定。对于中外合资、合作、外商独资的建设工程，工程建设监理费由双方参照国际标准协商确定。

（6）引进技术和进口设备其他费用。包括出国人员费用、国外工程技术人员来华费用、技术引进费、分期或延期付款利息、担保费及进口设备检验鉴定费。

3. 与未来企业生产经营有关的其他费用

（1）联合试运转费。是指新建企业或新增加生产工艺过程的扩建企业在竣工验收前，按照设计规定的工程质量标准，进行整个车间的负荷或无负荷联合试运转发生的费用支出大于试运转收入的亏损部分。

（2）生产准备费。是指新建企业或新增生产能力的企业，为保证竣工交付使用进行必要的生产准备所发生的费用，包括生产人员培训费，生产单位提前进厂参加施工、设备安装、调试等，以及熟悉工艺流程及设备性能等人员的工资、福利、差旅交通等费用。生产准备费一般根据需要培训和提前进厂人员的人数及培训时间按生产准备费指标计算。

（3）办公及生活家具购置费。是指为保证新建、改建、扩建项目初期正常生产、使用和管理所必须购置的办公和生活家具、用具的费用，一般按设计定员人数乘以综合指标计算。

工程建设其他费用的具体科目及取费标准处在变动之中，应根据各级政府物价部门的有关规定并结合项目的具体情况确定。

（五）基本预备费

基本预备费以建筑工程费、设备及工器具购置费、安装工程费及工程建设其他费用之和为基数，按行业主管部门规定的基本预备费率计算。

（六）涨价预备费

涨价预备费是对建设工期较长的项目，在建设期内价格上涨可能引起投资增加而预备的费用，亦称为价格变动不可预见费。涨价预备费以建筑工程费、设备及工器具购置费、安装工程费之和作为计算基数。

（七）建设期利息

建设期利息是项目在建设期内因使用外部资金而支付的利息。建设投资借款的资金来源渠道不同，其建设期利息的估算方法也不同。估算公式为

每年应计利息＝（年初借款本息累计＋本年借款支用款×1/2）×年利率

三、估算步骤

在建设投资分类估算时，将按照以下步骤完成：

（1）分别估算建筑工程费、设备购置费和安装工程费。

（2）得出分装置工程费用，再加总得出项目建设所需的工程费用。

（3）估算工程建设其他费用。

（4）估算基本预备费。

（5）估算涨价预备费。

（6）加总求得建设投资。

第三节　建设期利息估算

在项目投资估算中,项目建设期的资金利息计算是项目投资成本估算的一个关键环节。

一、建设期利息估算概念

建设期利息是指筹措债务资金时在建设期内发生,并按规定允许在投产后计入固定资产原值的利息,即资本化利息。简而言之,利息即投资建设项目在建设期间内应偿还的全部借款利息,是资金的融资成本。建设期利息包括银行借款和其他债务资金的利息,以及其他融资费用。其他融资费用是指某些债务融资中发生的手续费、承诺费、管理费、信贷保险费等融资费用,一般情况下,应将其单独计算并计入建设期利息;在项目前期研究的初期阶段,也可作粗略估算并计入建设投资;对于不涉及国外贷款的项目,在可行性研究阶段,也可作粗略估算并计入建设投资。

估算建设期利息时,需要根据项目的投资生命周期、投资阶段性及时间跨度等属性,先建立项目建设分年计划。之后,在计划基础上,列出各年投资额(明确其中的外汇和人民币),设定初步融资方案,并对采用债务融资的项目估算其建设期利息。

二、建设期利息估算的前提条件

由上面的论述可以总结归纳出建设期利息估算所需要的前提条件。

(一)建设投资估算及其分年投资计划

确认整个项目投资的总资金需求,可以估算出项目生命周期内的总利息成本值。同时,在对项目建设期进行分段分析的基础上,可以整理出不同阶段资金的需求量、回收量及流动资金充足情况。于是,可以得出在满足整个项目投资需求的情况下,项目建设期内需要的短期资金和长期资金的比例关系,进而对资金的机会成本和利息作出更准确的估测。

(二)确定项目资本金(注册资本)数额及其分年投入计划

该条件帮助估算机构了解项目投资中的外部资金需求量及需求年份,从而在估算中可以根据借款发生年份来估计利率情况,并凭借项目建设期内的负债率来设计其破产风险程度和风险概率下的借款人回报要求——借款利息。

(三)确定项目债务资金的筹措方式及债务资金成本率

根据项目建设方的财力状况和债务市场现状,对项目投资方可以采用的债务资金筹集方式进行判断,并根据其自身的偿债能力和债务市场的风险回报率等要求,来预测项目债务资金的利息成本。

在以上三个条件具备的情况下,估算机构即可对项目建设期内所占用和借来的资金利息进行较为准确的估算,从而降低误差。

三、投资估算应注意的问题

合营项目投资估算始终贯穿一条基本原则,即根据合营项目的建设、生产所要达到的目的,实事求是地估算投资需要额。但是,由于客观存在的人的因素、物的因素的影响,投资估算不足是项目评估普遍存在的一个突出问题。

(一)投资估算不足的主要表现

投资估算不足的主要表现为:
(1)只估算主要工程项目投资,漏算辅助、配套工程投资。
(2)只估算设备的货价、运杂费以及有关的从属费。
(3)开办费的取费标准使用不当。
(4)漏算开办费。
(5)少算或多算建筑工程量。

(二)克服投资估算不足的基本方法

克服投资估算不足的基本方法有:
(1)熟悉合营项目工程,详细了解生产工艺,掌握合营项目单项和单位工程数量。
(2)掌握合营项目所需的生产设备数量,了解设备从属费的内容和取费标准。
(3)分析项目应开支的各项费用,掌握费用的计算方法,正确使用费率标准。

四、建设期利息的估算方法

(一)借款利率的确定理论

项目建设期利息估算与一般的贷款利息计算相似,原理上都是按照借款金额使用期内的成本率(即利率)与借款金额相乘计算得出的。因而,在计算中需注意的关键即是利率的确定方法和真实性。下面是与利率相关的几个重要概念。

1. 名义利率与实际利率

所谓名义利率,是央行或其他提供资金借贷的机构所公布的未调整通货膨胀因素的利率,即利息(报酬)的货币额与本金的货币额的比率。而实际利率则是指物价水平不变,从而使货币购买力不变条件下的利息率。

例如,银行3年期贷款的利率为6%,而同期通胀率为3%,若客户按照6%的利率水平向银行借入资金,则其借款利率与名义利率相同,均为6%,那么客户在3年间保持自身赢利能力不变的情况下,获得的收入是拥有通货膨胀补水的,即其每年收入金额都会多出3%,于是它的还债能力就相对增加了。在不严格计算的情况下,这相当于客户只是以不足3%(6%-3%)的实际利率获得了贷款。

因此,扣除通胀成分后的实际利率对建设期利息估算更具有实际意义,一般银行不会使用名义利率直接放贷，它们都会考虑通胀情况。

2. 单利与复利

单利和复利都是计息的方式，单利与复利的区别在于利息是否参与计息。在单利计算方法下，在到期时段内利息不参与计息；复利计算中，利息按照约定的计息周期参与计息，二者的计算公式也有所不同，分别为下面两式：

$$I = C \cdot i \cdot n \qquad\qquad (3\text{-}12)$$

$$I = C \cdot (1+i)^n - C \qquad\qquad (3\text{-}13)$$

式中，I 为借款利息；C 为借款总金额；i 为借款利率；n 为借款年数。

例如，一项存款为单利，年利率为 3.50%，数额为 10 000 元，如果选择存两年，那么两年后应得的利息为

$$10\,000 \times 3.5\% \times 2 = 700(元)$$

如果该项存款为按年计复利，那么两年后应得的存款利息为

$$10\,000 \times (1+3.5\%)^2 - 10\,000 = 712.25(元)$$

由上例可知，在相同借款总额和相同利率下，复利需要耗费项目建设方更多的成本。

3. 一年内的计息次数

每年的计息次数对年借款利率的影响是：每年计息次数越多，则年实际利息率越高，借款成本越大。根据计息次数计算的实际利率公式如下式所示：

$$i' = \left(1 + \frac{i}{n}\right)^n - 1 \qquad\qquad (3\text{-}14)$$

式中，i 为名义年利率；n 为年计息次数；i' 为实际利率。

例如，有一笔借款，银行要求企业按照每个季度返还一次利息，在年利率为 6% 的情况下，季度利率为 1.5%（6% ÷ 4），按照式(3-14)计算可知，实际利率为

$$i' = (1+1.5\%)^4 - 1 = 6.136\% > 6\%$$

对与计息次数有关的影响，项目建设方应该根据自身的情况合理选择。例如，项目建设方的流动资金充足，且不希望因年底一次付息而影响了建设进度，所以可以选择多次付息。正常情况下，借款方应尽量避免出现多次计息的情况。

（二）借款额在建设期内的利息估算方法

此项计算需考虑借款发生的时间特征，是年初还是在年内均衡发生。这决定了贷款偿还时因时间差异而导致的利息起伏。

当借款发生在建设期各年年初时，对建设期利息按照下式估算：

$$Q = \sum_{i=1}^{n} \left[(P_{t-1} + A_t) \times i \right] \qquad\qquad (3\text{-}15)$$

式中，Q 为建设期利息；P_{t-1} 为建设期第 $t-1$ 年年末借款本息累计，可按单利或复利计算；A_t 为建设期第 t 年借款额；i 为借款年利率；t 为年份。

当借款均匀发生在建设期各年年内时，对建设期利息按照式(3-16)估算：

$$Q = \sum_{i=1}^{n} \left[\left(P_{t-1} + \frac{A_t}{2} \right) \times i \right] \qquad (3-16)$$

式(3-16)中的变量定义与式(3-15)相同。

【例3-2】 某新建项目,建设期为4年,第一年借款2 000万元,第二年借款3 000万元,第三年借款3 000万元,第四年借款2 000万元,各年借款均在年内均衡发生,年利率为7%,每年计息一次,建设期内不支付利息,试计算该项目的建设期利息。

【解答】

第一年借款利息:$Q_1 = (P_{1-1} + A_1/2) \times i = 2\,000/2 \times 7\% = 70$(万元)

第二年借款利息:$Q_2 = (P_{2-1} + A_2/2) \times i = (2\,000 + 70 + 3\,000/2) \times 7\% = 249.9$(万元)

第三年借款利息:$Q_3 = (P_{3-1} + A_3/2) \times i = (2\,000 + 70 + 3\,000 + 249.9 + 3\,000/2) \times 7\% = 477.4$(万元)

第四年借款利息:$Q_4 = (P_{4-1} + A_4/2) \times i = (2\,000 + 70 + 3\,000 + 249.9 + 3\,000 + 477.4 + 2\,000/2) \times 7\% = 685.8$(万元)

该项目的建设期利息为

$$Q = Q_1 + Q_2 + Q_3 + Q_4 = 70 + 249.9 + 477.4 + 685.8 = 1\,483.1(万元)$$

在建设项目决策阶段,一般采用借款额在各年年内均衡发生的建设期利息计算公式估算建设期利息。根据项目实际情况,也可采用借款额在各年年初发生的建设期利息计算公式估算建设期利息。

有多种借款资金来源、每笔借款的年利率各不相同的项目,既可分别计算每笔借款的利息,也可先计算出各笔借款加权平均的年利率,并以此年利率计算全部借款的利息。

第四节　流动资金估算

流动资金指的是为维持正常的生产经营活动,用于购买劳动对象、支付工资及其他生产经营费用所必不可少的周转资金,又称"营运资金"、"周转资金"。它用于购置原材料、燃料等,形成生产储备,然后投入生产中,经过加工制成成品,再经过销售收回。伴随固定资产投资而发生的流动资金是工程投资项目前期工作中总投资估算的重要组成部分,流动资金的合理估算与及时、足额筹措是使固定资产发挥作用的保障。尽管不同的项目关联方从不同角度对流动资金有不同态度,但项目的顺利运转是各方共同关心和期望的,各方应该协调一致,共同促成项目的运作。在项目投资估算中,通常使用扩大指数估算法和分项详细估算法来进行流动资金估算。一般个别情况或者小型项目可采用扩大指标法,而多数的流动资金估算均可采用分项详细估算法。

一、扩大指数估算法

扩大指数估算法是一种简化的流动资金估算方法,一般可参照同类企业流动资金占销售收入、经营成本的比例,或者单位产量占用流动资金的数额估算。虽然扩大指数估算法简便易行,但准确度不高,一般适用于项目建议书阶段的流动资金估算。

扩大指数估算法的计算公式为

　　　　流动资金＝年营业收入额×营业收入资金率

　　　　流动资金＝年经营成本×经营成本资金率

　　　　流动资金＝年产量×单位产量占用流动资金额

由上述公式可知,扩大指数估算法过于依赖同类企业或项目的参考指数。对于项目独特性的特征反应不及时,很容易产生巨大的偏差。流动资金估算偏差将直接产生机会成本,这种致命的缺点限制了扩大估算指数法的应用范围。

二、分项详细估算法

分项详细估算法是指对流动资金构成的各项流动资产和流动负债分别进行估算。在可行性研究中,为简化起见,仅对存货、现金、应收账款、预付账款和应付账款五项内容进行估算。

在流动资金估算中,应按照如下的步骤计算。

(一)各项流动资产和流动负债最低周转次数的确定

先计算存货、现金、应收账款和应付账款的年周转次数,以便于之后分项估算各项流动资产和流动负债所占用的资金额。

周转次数的计算公式为

　　　　周转次数＝360/最低周转天数

存货、现金、应收账款和应付账款的最低周转天数,参照类似企业的平均周转天数并结合项目特点确定,或按部门(行业)规定计算。

(二)各项流动资产和流动负债的估算

1. 存货估算

存货是企业为销售或耗用而储备的各种货物,主要有原材料、辅助材料、燃料、低值易耗品、修理用备件、包装物、在产品、自制半成品和产成品等。为简化计算,仅考虑外购原材料占用资金、外购燃料、在产品和产成品,并分项进行计算。其计算公式为

　　　　存货＝外购原材料＋外购燃料＋在产品＋产成品

　　　　外购原材料占用资金＝年外购原材料总成本/原材料周转次数

　　　　外购燃料＝年外购燃料/按种类分项周转次数

　　　　在产品＝(年外购原材料＋年外购燃料＋年工资及福利费＋年修理费

　　　　　　　　＋年其他制造费用)/在产品周转次数

　　　　产成品＝年经营成本/产成品周转次数

2. 应收账款估算

应收账款是指企业已对外销售商品、提供劳务但尚未收回的资金,包括很多科目,一般只计算应收销售款。其计算公式为

　　　　应收账款＝年销售收入/应收账款周转次数

3. 现金需要量估算

项目流动资金中的现金是指货币资金，即企业生产运营活动中停留于货币形态的那一部分资金，包括企业库存现金和银行存款。其计算公式为

现金需要量＝(年工资及福利费＋年其他费用)/现金周转次数

年其他费用＝制造费用＋管理费用＋销售费用

4. 流动负债估算

流动负债是指在1年或超过1年的一个营业周期内，需要偿还的各种债务。一般流动负债的估算只考虑应付账款一项。其计算公式为

应付账款＝(年外购原材料＋年外购燃料)/应付账款周转次数

根据流动资金各项估算结果，汇总编制流动资金估算表。

（三）流动资金估算

在确定了各项流动资产和流动负债之后，最终根据下列计算公式进行流动资金估算：

流动资金＝流动资产－流动负债

流动资产＝应收账款＋预付账款＋存货＋现金

流动负债＝应付账款＋预收账款

流动资金本年增加额＝本年流动资金－上年流动资金

三、流动资金估算应注意的问题

(1) 在采用分项详细估算法时，应根据项目的实际情况分别确定现金、应收账款、存货和应付账款的最低周转天数，并考虑一定的保险系数。因为最低周转天数减少，将增加周转次数，从而减少流动资金需用量，因此，必须切合实际地选用最低周转天数。对于存货中的外购原材料和外购燃料，要分品种和来源，考虑运输方式和运输距离，以及占用流动资金的比例大小等因素。

(2) 在不同生产负荷下的流动资金，应按不同生产负荷所需的各项费用金额，分别按引述的计算公式进行估算，而不能直接按照100％生产负荷下的流动资金乘以生产负荷求得。

(3) 流动资金属于长期性(永久性)流动资产，流动资金的筹措可通过长期负债和资本金(一般要求占30％)的方式解决。流动资金一般要求在投产前一年开始筹措，为简化计算，可规定在投产的第一年开始按生产负荷安排流动资金需用量。其借款部分按全年计算利息，流动资金利息应计入生产期间财务费用，项目计算期末收回全部流动资金(不含利息)。

【例3-3】 某资源综合利用项目正常生产年份的经营成本数据如表3-4所示。根据该项目的实际情况确定其各项流动资产和流动负债的最低周转天数为：应收账款、应付账款均为30天；存货中各项原材料平均为45天，在产品为4天，产成品为15天；现金为15天；该项目不涉及预付账款和预收账款。试估算该项目正常生产年份所需的流动资金。

表 3-4　某资源综合项目正常生产年份的经营成本数据

序号	成 本 项 目	正常生产年份的金额/万元
	经营成本(含进项税额)	17 170
1	外购原材料费(含进项税额)	13 098
2	外购动力费(含进项税额)	2 023
3	工资及福利费	323
4	修理费	386
5	其他费用	1 340
	其中：其他制造费用	386
	其他营业费用	470
	其他管理费用	484

【解答】　第一步，计算各分项的年周转次数：

应收账款＝360/30＝12(次)

外购原材料＝360/8＝45(次)

在产品＝360/4＝90(次)

产成品＝360/15＝24(次)

现金＝360/15＝24(次)

应付账款＝360/30＝12(次)

第二步，分项估算占用资金额：

应收账款＝17 170/12＝1 430.8(万元)

外购原材料＝13 098/8＝1 637.3(万元)

在产品＝(13 098＋2 023＋323＋386＋386)/90＝180.2(万元)

产成品＝(17 170－470)/24＝695.8(万元)

存货＝1 637.3＋180.2＋695.8＝2 513.3(万元)

现金＝(323＋1 340)/24＝69.3(万元)

流动资产＝1 430.8＋2 513.3＋69.3＝4 013.4(万元)

应付账款(即流动负债)＝(13 098＋2 023)/12＝1 260.1(万元)

该项目所需的流动资金＝4 013.4－1 260.1＝2 753.3(万元)

本章小结

投资估算是指在对项目的建设规模、产品方案、工艺技术及设备方案、工程方案及项目实施进度等进行研究并基本确定的基础上，估算项目所需资金总额(包括建设投资和流动资金)，并测算建设期分年资金使用计划。

常用的建设项目估算方法有生产能力指数法、资金周转率法、比例估算法、综合指标投资估算法。

建设投资由建筑工程费、设备及工器具购置费、安装工程费、工程建设其他费用、基本预备费、涨价预备费和建设期利息七部分构成。

　　建设期利息是指筹措债务资金时在建设期内发生,并按规定允许在投产后计入固定资产原值的利息,即资本化利息。

　　流动资金指的是为维持正常生产经营活动,用于购买劳动对象、支付工资及其他生产经营费用所必不可少的周转资金,又称"营运资金"、"周转资金"。

关键词

　　投资估算　项目总投资　建设投资　建设期利息　流动资金

第四章

项目投资决策方法

2007 年年初,中国移动以 4.6 亿美元成功收购巴基斯坦第五大移动运营商 Paktel,成立 CMPak。2008～2009 年,中国移动在巴基斯坦总投资高达 16.6 亿美元。根据中国移动的计划,在 2009 年年底前中国移动将再投资 5 亿美元,在巴基斯坦的基站数将增至 9 000 个。中国移动的此次投资不仅用于网络覆盖服务区域,还有部分投资用于销售系统及品牌的提升。中国移动目前是巴基斯坦唯一一家外资运营商,据当地媒体分析,在 6 家运营商中,只有排名前三的运营商才有可能赢利,这也是中国移动屡次巨资扩容的重要原因。截至 2009 年 7 月,中国移动在巴基斯坦的市场占有率已经增加 2.5 个百分点,但是与前四位的运营商依然差距过大,仍未能进入主流。虽然目前中国移动在巴基斯坦的投资赢利状况仍不明朗,但随着 5 亿美元投资的跟进,中国移动将会随着用户数的增加而提高现金流入量,但巨额投资在未来是否能够收回并赢利,还依赖于未来巴基斯坦电信市场的发展状况,以及中国移动是否能够挤入巴基斯坦电信运营的前三强。

在中国移动投资巴基斯坦移动的项目中,涉及对未来现金流的估计与投资总额比较问题,以及分析投资项目的可行性。通常,在对企业项目投资评价进行分析时使用的指标一般有两大类:一类是贴现指标,即用现金净流量评价项目时考虑资金时间价值的因素来进行贴现计算的评价指标,主要包括动态投资回收期、净现值、现值指数、内含报酬率等;另一类是非贴现的指标,即在用现金净流量评价项目时不考虑资金时间价值因素的指标,如静态投资回收期、投资收益率等指标。

学习目标

通过对本章的学习,能够解决以下问题:

1. 项目投资评价包括哪些方法?
2. 静态经济效果评价的常用方法有哪些?
3. 动态经济效果评价的常用方法有哪些?
4. 什么是基准折现率?
5. 基准折现率与其他项目收益率相比有哪些不同?

第一节　静态经济效果评价方法

静态经济效果评价方法主要根据其使用的评价指标不同而进行区分,其常见的有静态投资回收期法、投资收益率法、累计现金流量图法等。

一、静态投资回收期法

投资者一般都十分关心投资的回收速度,为了减少投资风险,都希望越早收回投资越好。于是,资金回收的时间跨度就成了一项重要的指标,即被称为投资回收期。投资回收期就是通过资金回流累加来回收最初的投资资金的时间年限。

投资回收期分为静态投资回收期和动态投资回收期。静态投资回收期是指在不考虑资金时间价值的条件下,以项目的净收益回收其全部投资所需要的时间。动态投资回收期则是把投资项目各年的净现金流量按基准收益率折成现值之后,再来推算投资回收期,这就是它与静态投资回收期的根本区别。两种投资回收期都是以项目建设开始的年份算起,致使动态回收期更为确切地将开始时间定义在项目开始年份的初始点。

静态投资回收期的计算公式为

$$P_q = t + \left(A - \sum_{i=1}^{t} K_i\right) / K_{t+1} \tag{4-1}$$

式中,P_q 为项目的静态投资回收期;A 为项目总的投资金额;K_i 为第 i 年的项目净收益;t 为投资的第 t 年,其特征为项目开始建设至第 t 年年底,项目累计的年净收益之和小于项目总投资 A,而第 $t+1$ 年的项目净收益值大于项目总投资与已累计净收益之差。

若项目的年净收益(即净现金流量)均相同,均为 K,则在项目总投资为 A 的情况下,式(4-1)可简化为 $P_q = A/K$。

使用该方法评价项目投资方案是否值得选择的标准为:①将计算出的静态投资回收期与投资方可接受的基准回收期相比较,剔除时间超过基准回收期要求的项目投资方案;②在资金回收期符合原则的项目投资方案中,优先选择投资回收期小的投资方案。

【例 4-1】　设折现率为 10%,有三个投资方案。有关数据如表 4-1 所示。

表 4-1　例 4-1 投资方案　　　　　　　　　　　　元

年份	A 方案		B 方案		C 方案	
	净收益	现金净流量	净收益	现金净流量	净收益	现金净流量
0		(20 000)		(9 000)		(12 000)
1	1 800	11 800	(1 800)	1 200	600	4 600
2	3 240	13 240	3 000	6 000	600	4 600
3			3 000	6 000	600	4 600
合计	5 040	5 040	4 200	4 200	1 800	1 800

根据例 4-1 的资料可知,A 方案和 B 方案的回收期分别为 1.62 年和 2.30 年,计算过

程见表 4-2。

表 4-2　例 4-1 投资方案回收额 元

回收	A 方案			B 方案		
	现金流量	回收额	未回收额	现金流量	回收额	未回收额
原始投资	(20 000)			(9 000)		
现金流入						
第一年	11 800	11 800	8 200	1 200	1 200	7 800
第二年	13 240	8 200	0	6 000	6 000	1 800
第三年				6 000	1 800	0
回收期	1＋(8 200/13 240)＝1.62(年)			2＋(1 800/6 000)＝2.30(年)		

B 方案：回收期＝2＋(1 800÷6 000)＝2.30(年)

在应用中,投资回收期法存在如下比较鲜明的优点与不足:

(1)优点是,投资回收期指标容易理解、计算简便,回收期在一定程度上反映了资本的周转速度。很明显,具有快速资本周转能力的项目,其回收期越短,风险越小,累计赢利越多。这对于那些技术上更新快,或资金相当短缺,或未来的情况很难预测而投资者又特别关心资金补偿之类的项目投资方案的分析是特别有用的。

(2)缺点是,投资回收期没有全面地考虑投资方案整个生命期内的现金流量,即忽略了对发生在投资回收期之后的净收益、追加投资等活动的考虑。仅关注资本回收的效果,而不估计回收之后项目发展、存续、获益等能力,这不利于衡量项目投资方案对项目目标实现的能力,也无法反映整个投资生命期内的经济效果。

考虑到投资回收期法存在以上的优缺点,仅使用投资回收期作为方案选择和项目排队的评价准则是不可靠的,它只能作为辅助评价指标,在作项目评估时,往往还需要运用一些更为专业的资金预算法与之结合应用。

二、投资收益率法

投资收益率又称为投资利润率,记作 ROE。它是指投资收益(税后)占投资成本的比率,反映了投资方案赢利程度。其计算公式为

$$\text{ROE} = \frac{R}{I} \times 100\% = \frac{S-C-D-T}{I} \times 100\% \qquad (4\text{-}2)$$

式中,R 为年利润总额;I 为项目总投资额;S 为年销售收入;C 为年经营成本;D 为年折旧额;T 为年销售税金。

投资收益率反映项目投资的收益能力。在决策中,当该比率明显低于公司净资产收益率时,说明其对外投资是不利于公司账面价值提升的,应改善对外投资结构和投资项目;而当该比率高于一般企业净资产收益率时,说明项目投资收益能力较好,投资方案可以接受;而当该比率远高于一般企业净资产收益率时,则可能存在操纵利润的嫌疑,应进一步分析各项收益的合理性。

在使用该方法进行决策时，需注意以下几个问题：

（1）当投资收益率低时，项目投资方案并不一定是不可接受的。有些时候低收益率的项目可能存在社会福利性质或隐形的社会效应。例如，房地产企业投资建设中小学校的校舍时，其收益率极低，但却可为企业带来正面的社会形象和地方政府的优待，这些是企业无形的价值增长。

（2）当投资收益率过高时，项目投资方案并不一定可以接受。高收益一般意味着高风险，一个收益率过高的项目会吸引较多的投资者参与和重复建设。在"羊群效应"的情况下，一个在预算方案中存在高收益率的项目，很可能在实施中会出现与预期完全相反的效果。

（3）一个高投资收益率的项目可能并不如一个低收益率的项目值得投资。例如，在项目均不可重复建设的情况下，一个 3 年期的总投资为 1 000 万元的项目年投资收益率为 15%，而一个 3 年期的总投资为 200 万元的项目年收益率为 30%，企业的日常经营收益率为 12%。对待这两个方案，管理者很可能会选择前者。因为在收益率均高于企业日常水平的条件下，虽然第一个项目收益率仅为第二个的一半，但是第一个项目能获得的 3 年收益累计（450 万元）比第二个项目（180 万元）多出 270 万元。

与投资回收期法的应用情况相同，投资收益率法在应用中也无法完全独立使用。

三、累计现金流量图法

累计现金流量图法实际上是投资回收期法的一种图解法。把现金流量作为时间的函数，用一个二维的图形表示，叫做现金流量图。运用现金流量图，就可以全面、形象、直观地表达出设备工程形成过程中经济系统的资金运动状态。

首先，需要了解一下现金流量的概念。在项目生命周期中存在着复杂的资金运动，这种不断运动的资金流就称为现金流量。资金由外部进入企业的过程称为现金流入，而流出的过程则称为现金流出。现金流入用 CI 表示，现金流出用 CO 表示，同一时点现金流入与现金流出的差额叫做净现金流量，用 NCF 表示。

其次，需要了解一下如何作出现金流量图。现金流量图的作法如下：

（1）横轴表示时间轴，将横轴分为 n 等份，注意第 $n-1$ 期终点和第 n 期的始点是重合的，每一等分代表一个时间单位，可以是年、半年、季、月或天。

（2）与横轴垂直向下的箭头代表现金流出，与横轴垂直向上的箭头代表现金流入，箭头的长短与金额的大小成比例。

（3）代表现金流量的箭头与时间轴的交点即表示该现金流量发生的时间。

由此可知，要正确绘制现金流量图，必须把握好现金流量的三要素，即现金流量的大小、方向和时间点。在累计项目流量图中，流入流出的箭头代表着从项目开始建设至该时间点为止累计的项目现金流量大小。如果该箭头为零，则表示项目的总投资在该点已全部回收完毕。

最后，通过使用现金流量图来判断企业项目投资平衡点，即投资总金额被完全回收的时间点。图 4-1 为累计现金流量图的示意图。

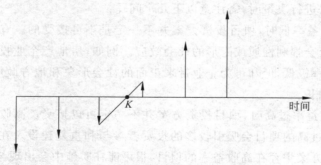

图 4-1　累计现金流量图的示意图

　　观察图 4-1 可知,在该项目的第三年内,某个时期项目累计的现金净流量为零,即达到了项目投资的平衡点(K)。

第二节　动态经济效果评价方法

　　动态经济效果评价不仅考虑了资金的时间价值,而且考虑了项目在整个生命周期内的全部经济数据,因此比静态经济效果评价更全面、更科学。

　　在动态经济效果评价中,最基本的经济学概念是货币时间价值、折现率、现值与净现值、内含报酬率等。已知的动态经济效果评价方法均是在以上概念基础上设计得到的。

一、动态投资回收期法

　　动态投资回收期的概念前面在静态投资回收期中已经介绍过,动态投资回收期的决策标准、优点与不足也均与静态投资回收期相同,故这里不再赘述。

　　同前所述,投资者都十分关心投资的回收速度,为了减少投资风险,都希望能尽早收回投资,而静态投资回收期中没有考虑货币时间价值的问题,即将现在投资的资金与未来某个时间获得的资金进行直接比较,忽视了现有资金的自然增值问题。于是,动态投资回收期增加了对资金的时间价值的考虑,将未来的每笔收益都用折现率进行折现,然后计算投资回收期。按静态分析计算的投资回收期较短,决策者可能认为经济效果尚可以接受。但若考虑时间因素,用折现法计算出的动态投资回收期,要比用传统方法计算出的静态投资回收期长些,该方案未必能被接受。

　　对静态投资回收期进行修正而得到的动态投资回收期计算公式为

$$P'_q = t\left(A - \sum_{i=1}^{t} K'_i\right)\Big/ K'_{t+1} \tag{4-3}$$

式中,P'_q 为项目的动态投资回收期;A 为项目总的投资金额;K'_i 为第 i 年项目净收益的现值;t 为投资的第 t 年,其特征为项目开始建设至第 t 年年底,项目各年净收益的现值之和小于项目总投资 A,而第 $t+1$ 年的项目净收益现值大于项目总投资与已累计净收益现值之差。

　　例如,某项目初期投资额为 2 000 万元,从第一年年末开始每年净收益为 480 万元。若基准收益率为 10%,并已知($P/A,10\%,6$)=4.355 3,则该项目的动态投资回收期计算过程如下：

$$(P/A,10\%,5) = (P/A,10\%,6)/(10\%) = 3.790\,8，则$$

第五年年末的累计净现金流量 $= 480 \times 3.790\,8 - 2\,000 = -180.416$

第六年年末的累计净现金流量 $= 480 \times 4.355\,3 - 2\,000 = 90.544$

动态投资回收期 $= 6 - 1 + 180.416/(180.416 + 90.544) = 5.67$

二、净年值法与净年值率法

（一）净年值法

净年值是指按给定的折现率，通过等值换算将项目投资方案计算期内各个不同时点的净现金流量分摊到计算期内各年的等额年值，其英文为 net annual value，常缩写为NAV。其计算公式如下：

$$NAV = NPV \cdot (A/P,i,n) \tag{4-4}$$

式中，NAV 为净年值；NPV 为净现值；$(A/P,i,n)$ 为年金系数，其中 A 为年金，P 为现值，i 为折现率，n 为投资年数。

观察式(4-4)可以发现，净年值实际上就是将一个投资项目生命周期内的各个时期净现金流量折现，求得整个项目净现值之后，再将项目净现值使用年金化系数转变为一个等值普通年金序列。

净年值法就是通过净年值来判断项目是否可行。在应用中，净年值法的判别准则为：①对独立项目方案而言，若 NAV≥0，则项目在经济效果上可以接受，否则项目在经济效果上不可接受；②在多项目投资方案比选时，净年值越大且非负的方案越优（净年值最大准则）。

值得指出的是，从计算原理上看，NAV 与 NPV 的评价是等效的，因为年金系数$(A/P,i,n)$是非负数。与净现值所不同的是，净年值给出的信息是生命周期内每年的等额超额收益。在处理不同生命周期项目方案比选等问题时，净年值法要比净现值法更为实用和简便。另外，在使用中，NAV 法与 NPV 法相同，均倾向于将投资额大和生命周期长的方案视为最优。这一点有时会产生决策偏差。

【例 4-2】 设折现率为 10%，有三个投资方案。有关数据如表 4-3 所示。

表 4-3　三个投资方案　　　　　　　　　　　　　　　　　　　　　　元

年份	A 方案		B 方案		C 方案	
	净收益	现金净流量	净收益	现金净流量	净收益	现金净流量
0		(20 000)		(9 000)		(12 000)
1	1 800	11 800	(1 800)	1 200	600	4 600
2	3 240	13 240	3 000	6 000	600	4 600
3			3 000	6 000	600	4 600
合计	5 040	5 040	4 200	4 200	1 800	1 800

净现值（A）＝（11 800×0.909 1＋13 240×0.826 4）－20 000
　　　　　＝21 669－20 000＝1 669（元）

净现值（B）＝（1 200×0.909 1＋6 000×0.826 4＋6 000×0.751 3）－9 000
　　　　　＝10 557－9 000＝1 557（元）

净现值（C）＝4 600×2.487－12 000＝11 440－12 000＝－560（元）

A、B两个方案投资的净现值为正数，说明这两个方案的报酬率超过10%。如果企业的资金成本率或要求的投资报酬率是10%，这两个方案都是有利的，因而是可以接受的。C方案净现值为负数，说明该方案的报酬率达不到10%，因而应予放弃。而A方案和B方案相比，A方案更好些。

净现值法所依据的原理是：假设预计的现金流入在年末肯定可以实现，并把原始投资看成是按预定折现率借入的。当净现值为正数时，偿还本息后该项目仍有剩余的收益；当净现值为零时，偿还本息后将一无所获；当净现值为负数时，该项目收益不足以偿还本息。这一原理可以通过A、C两个方案的还本付息表来说明，见表4-4和表4-5。

表4-4　A方案还本付息表　　　　　　　　　　　　　　　　　　　　元

年份	年初债款	年息10%	年末债款	偿还现金	借款余额
1	20 000	2 000	22 000	11 800	10 200
2	10 200	1 020	11 220	13 240	2 020

表4-5　C方案还本付息表　　　　　　　　　　　　　　　　　　　　元

年份	年初债款	年息10%	年末债款	偿还现金	借款余额
1	12 000	1 200	13 200	4 600	8 600
2	8 600	860	9 460	4 600	4 860
3	4 860	486	5 346	4 600	746

A方案在第二年年末还清本息后，尚有2 020元剩余，折合成现值为1 669元（2 020×0.826 4），该数字为该方案的净现值。C方案在第三年年末没能还清本息，尚欠746元，折合成现值为560元（746×0.751 3），该数字为C方案的净现值。可见，净现值的经济意义是投资方案的折现后净收益。

净现值法具有广泛的适用性，在理论上也比其他方法更完善。净现值法应用的主要问题是如何确定折现率，一种办法是根据资金成本来确定，另一种办法是根据企业要求的最低资金利润率来确定。前一种办法，由于计算资本成本比较困难，故限制了其应用范围；后一种办法根据资金的机会成本，即一般情况下可以获得的报酬来确定，比较容易解决。

（二）净年值率法

为了克服净年值（NAV）法有利于投资额大和生命周期长的方案的两个偏差，决策者建立了类似净现值率的动态决策指标——净年值率（net annual value，NAVR）。其计算

公式为

$$NAVR = \frac{NAV}{C} \tag{4-5}$$

式中,NAVR 为净年值率;NAV 为净年值;C 为项目投资总额的现值。

NAVR 反映了项目单位投资现值获得的净年值。它表示单位投资除获得符合设定折现率要求的年净收益外,还可获得的超额净收益。亦可将其理解为单位原始投资的净现值所创造的净现值。净年值率法适用于有资金约束条件下多个方案的排队和优选。

但是,净年值率法也存在一个明显的不足:它的经济效益表达很不直观,常常使项目投资者或是经营者感到困惑,因此指标缺乏说服力,一般不用于单个方案的评价。即使用于多个方案的比较评价时,也只是作为辅助指标来考虑。

三、现值指数法

这种方法使用现值指数作为评价方案的指标。所谓现值指数,是指未来现金流入现值与现金流出现值的比率,亦称现值比率、获利指数、折现后收益-成本比率等。

计算现值指数的公式为

$$现值指数 = \sum_{k=0}^{n} \frac{I_k}{(1+i)^k} \div \sum_{k=0}^{n} \frac{O_k}{(1+i)^k} \tag{4-6}$$

根据表 4-1 中的资料,三个方案的现值指数如下:

现值指数(A) = 21 669 ÷ 20 000 = 1.08

现值指数(B) = 10 557 ÷ 9 000 = 1.17

现值指数(C) = 11 440 ÷ 12 000 = 0.95

A、B 两项投资机会的现值指数大于1,说明其收益超过成本,即投资报酬率超过预定的折现率;C 项投资机会的现值指数小于1,说明其报酬率没有达到预定的折现率;如果现值指数为1,说明折现后现金流入等于现金流出,投资的报酬率与预定的折现率相同。

现值指数法的主要优点是,可以进行独立投资机会获利能力的比较。在例 4-1 中,A 方案的净现值是 1 669 元,B 方案的净现值是 1 557 元。如果这两个方案之间是互斥的,当然 A 方案较好。如果两者是独立的,哪一个应优先给予考虑,可以根据现值指数来选择。B 方案现值指数为 1.17,大于 A 方案的 1.08,所以 B 优于 A。现值指数可以看成是原始投资可望获得的现值净收益,因此,可以作为评价方案的一个指标。它是一个相对数指标,反映投资的效率;而净现值指标是绝对数指标,反映投资的效益。

四、内含报酬率法

内含报酬率法是根据方案本身内含报酬率来评价方案优劣的一种方法。所谓内含报酬率,是指能够使未来现金流入量现值等于未来现金流出量现值的折现率,或者说是使投资方案净现值为零的折现率。

净现值法和现值指数法虽然考虑了时间价值,可以说明投资方案高于或低于某一特定的投资报酬率,但没有揭示方案本身可以达到的具体的报酬率是多少。而内含报酬率是根据方案的现金流量计算的,是方案本身的投资报酬率。

内含报酬率的计算,通常需要运用"逐步测试法"。首先估计一个折现率,用它来计算方案的净现值。如果净现值为正数,说明方案本身的报酬率超过估计的折现率,应提高折现率后进一步测试;如果净现值为负数,说明方案本身的报酬率低于估计的折现率,应降低折现率后进一步测试。经过多次测试,寻找出使净现值接近于零的折现率,即为方案本身的内含报酬率。

根据例 4-1 中的资料,已知 A 方案的净现值为正数,说明它的投资报酬率大于 10%,因此,应提高折现率进一步测试。假设以 18% 为折现率进行测试,其结果净现值为 -499 元。下一步降低到 16% 重新测试,结果净现值为 9 元,已接近于零,可以认为 A 方案的内含报酬率是 16%。测试过程见表 4-6。B 方案用 18% 作为折现率测试,净现值为 -22 元,接近于零,可认为其内含报酬率为 18%,测试过程见表 4-7。

如果对测试结果的精确度不满意,可以使用内插法来改善。

$$内含报酬率(A) = 16\% + 2\% \times 9/(9+499) = 16.04\%$$
$$内含报酬率(B) = 16\% + 2\% \times 338/(22+338) = 17.88\%$$

表 4-6　A 方案内含报酬率的测试

元

年份	现金净流量	贴现率＝18%		贴现率＝16%	
		贴现系数	现值	贴现系数	现值
0	(20 000)	1	(20 000)	1	(20 000)
1	11 800	0.847	9 995	0.862	10 172
2	13 240	0.718	9 506	0.743	9 837
净现值			(499)		9

表 4-7　B 方案内含报酬率的测试

元

年份	现金净流量	贴现率＝18%		贴现率＝16%	
		贴现系数	现值	贴现系数	现值
0	(9 000)	1	(9 000)	1	(9 000)
1	1 200	0.847	1 016	0.862	1 034
2	6 000	0.718	4 308	0.743	4 458
3	6 000	0.609	3 654	0.641	3 846
净现值			(22)		338

C 方案各期现金流入量相等,符合年金形式,内含报酬率可直接利用年金现值表来确定,不需要进行逐步测试。

设现金流入的现值与原始投资相等:

原始投资 = 每年现金流入量 × 年金现值系数

$$12\,000 = 4\,600 \times (p/A, i, 3)$$
$$(p/A, i, 3) = 2.609$$

查阅"年金现值系数表"，寻找 $n=3$ 时系数 2.609 所指的利率。查表结果显示，与 2.609 接近的现值系数 2.624 和 2.577 分别指向 7％和 8％。用内插法确定 C 方案的内含报酬率为 7.32％。

$$内含报酬率(C)=7％+[7％+1％×(2.624-2.609)/(2.624-2.577)]$$
$$=7％+0.32％=7.32％$$

在计算出各方案的内含报酬率以后，可以根据企业的资本成本或要求的最低投资报酬率对方案进行取舍。假设资本成本是 10％，那么 A、B 两个方案都可以接受，而 C 方案则应该放弃。

内含报酬率是方案本身的收益能力，反映其内在的获利水平。如果以内含报酬率作为贷款利率，通过借款来投资本项目，那么还本付息后将一无所获。这一原理可以通过 C 方案的数据来证明，见表 4-8。

表 4-8　C 方案还本付息表　　　　　　　　　　　　　　　　　　元

年份	年初借款	利率＝7.32％	年末借款	偿还现金	借款余额
1	12 000	878	12 878	4 600	8 278
2	8 278	607	8 885	4 600	4 285
3	4 285	314	4 599	4 600	—1

内含报酬率法和现值指数法有相似之处，都是根据相对比率来评价方案，而不像净现值法那样使用绝对数来评价方案。在评价方案时要注意到，比率高的方案绝对数不一定大；反之也一样。这种不同类似于利润率与利润额的不同。A 方案的净现值大，是靠投资 20 000 元获得的；B 方案的净现值小，是靠投资 9 000 元获得的。如果这两个方案是互相排斥的，也就是说，只能选择其中一个，那么选择 A 有利。A 方案尽管投资较大，但是在分析时已考虑到承担该项投资的应付利息。如果这两个方案是相互独立的，也就是说，采纳 A 方案时不排斥同时采纳 B 方案，那就很难根据净现值来排定优先次序。而内含报酬率法可以解决这个问题，应优先安排内含报酬率较高的 B 方案，如有足够的资金，可以再安排 A 方案。

内含报酬率法与现值指数法也有区别。在计算内含报酬率时不必事先选择折现率，根据内含报酬率就可以排定独立投资的优先次序，只是最后需要一个切合实际的资本成本或最低报酬率来判定方案是否可行。现值指数法需要一个适合的折现率，以便将现金流量折为现值，折现率的高低将会影响方案的优先次序。

第三节　基准折现率的确定理论

一、投资基准折现率的概念及意义

折现率是指将未来有限期的预期收益折算成现值的比率。基准折现率则是折现率的基准，在实际应用中，一般是指投资者从事投资活动可接受的投资收益率的下限临界值。

基准折现率在投资理论中是一个很重要的概念。当需要从财务角度评价一个项目的经济效果时,决策者常常将项目的预计内部收益率(IRR)、折现率等来与基准折现率进行比较,判断项目是否可以达到预期目标。基准折现率是经济评价过程中一个非常重要的参数,但实践中大多都是采用给定的标准取值。从一个国家整体国民经济的角度,部分国家的政府定出了一个社会折现率,往往成为投资者决策的重要参考。

折现率不是利率,也不是贴现率,它反映了项目的一种期望收益率,在项目财务评价中,主要具有以下四个重要意义。

(一)折现率是项目财务评价工作的基础

先看一个例子,当某企业进行项目投资时,各项资金来源的不同导致了企业对投资项目的最低的总的要求报酬率,即加权平均资本成本率。在企业选择投资项目时,必须满足收益不小于成本支出的原则,因而项目的预期收益率应不小于其加权资本成本率。在此种情况下,加权平均资本成本率即成为项目投资回报率的参考标准,即项目的投资基准折现率。

上例反映了企业对项目收益率的最低要求。实践中,使用项目平均资本成本率作为折现率,来对未来项目的每个时期的资金净流量进行折现计算,可获取项目的净现值NPV,当 NPV 不小于零时,项目可以接受。这就是著名的经济效果评价的净现值法。同样,内含报酬率法、动态投资回收期法等凡是需要使用到折现率的动态经济效果评价方法均需要首先确定折现率。因而,将折现率视为项目财务评价与经济效果评价的基础并不为过。

(二)折现率反映了项目的收益情况,而不局限于成本率

折现作为一个时间优先的概念,认为将来的收益或利益低于现在同样的收益或利益,并且随着收益时间向将来推迟的程度而有系统地降低价值。同时,折现作为一个算术过程,是把一个特定比率应用于一个预期的现金流,从而得出当前的价值。从企业估价的角度来讲,折现率是企业各类收益索偿权持有人要求报酬率的加权平均数,也就是加权平均资本成本。从折现率本身来说,它是一种特定条件下的收益率,说明资产取得该项收益的收益率水平。投资者对投资收益的期望以及对投资风险的态度,都将综合地反映在折现率的确定上,净现值会由于折现率的高低不同而使其内在价值出现巨大差异。

从理论上讲,折现率不是利率,它并不一定反映货币的自然增值速度。但在应用中,折现率可能大于、等于或小于利率。这个现象产生的根本原因在于折现率反映的是项目的一种收益情况,即折现率是项目的(预期)收益率。

利率一般是指以社会信用为基础的资金借贷成本率。货币存入银行形成了存款利率,它反映了社会对货币随时间增值的速度,由于含有通货膨胀和银行违约风险等因素,它也可被视为社会平均投资回报率。而货币从银行贷出形成了贷款利率,它反映了银行对贷出资金的预期收益率,由于包含了通货膨胀、企业违约风险、市场不确定风险等因素,它一般高于社会平均投资回报率而低于企业的投资回报率。

由上述关于利率的分析可知,利率一般是围绕着借贷关系而发生的,而折现率是企业

自身资金获利的一种比率,也相当于一种企业自身的收益率,是企业自身管理的报酬,没有外部利益关系者存在。当项目是一种公益性的社会投资项目时,投资者对项目的回报预期是改善社会生活环境,而非自身经济收益,此时折现率可能低于利率;而在非公益性的投资项目中,投资者追求利润的本性会促使项目投资获得高于社会平均收益率的折现率,否则投资者们将会放弃投资项目,转而投资无风险国债或定期存款。

(三)选择合适的折现率有助于提升项目投资吸引力

投资是有风险的,而所有的投资者都是讨厌风险的。按照投资学理论,对于风险厌恶者而言,如果有两个收益水平相同的投资项目,他会选择风险最小的项目;如果有两个风险水平相同的投资项目,他会选择收益水平最高的那个项目。风险厌恶者不是不肯承担风险,而是会为其所承担的风险提出足够补偿的报酬率水平,即所谓的风险越大,报酬率越高。就整个市场而言,由于投资者众多,且各自的风险厌恶程度不同,因而对同一个投资项目会出现水平不一的要求报酬率。在这种情况下,在相似项目竞争投资时,提高项目折现率即意味着项目能在相同风险下提供更高的投资回报率,这无疑是一种诱惑。

(四)折现率反映了项目投资的风险

但值得注意的是,项目折现率是一种相对值,折现率高很可能会导致净现值下降,只有在未来净现金流增加的基础上,提升折现率才会对净现值造成很大影响。归根结底,折现率的高低取决于企业现金流量风险的高低。具体而言,企业的经营风险与财务风险越大,投资者的要求报酬率就会越高,如要求提高利率水平等,最终的结果便是折现率的提高。

不同性质的投资者,其各自不同的要求报酬率共同构成了企业对投资项目的最低的总的要求报酬率,即加权平均资本成本。企业选择投资项目,必须以加权平均资本成本为折现率计算项目的净现值。财务估价的直接目的是确定持续经营过程中的企业价值,按照折现现金流量理论,决定企业价值的是企业的自由现金流量,折现率应是能够反映企业所有融资来源成本、涵盖企业所有收益索偿权持有人的报酬率要求的一个企业综合资本成本。加权平均资本成本正是这样的折现率。

二、折现率的选取原则及确定方法

(一)折现率的选取原则

在投资决策中,基于估价主体、估价的条件和目的、被投资资产特殊性、外部不断转变的环境等各种现实因素的不同,在折现率形态的选择上也必然有所不同。为使评估结果更加符合使用者的需要,达到真实和可靠,投资决策中折现率的选取一般应符合以下五条原则。

1. 科学性原则

科学性是指折现率的计算方法必须科学,有一定的理论依据,能够科学、准确、客观地反映评估对象的真实价值,折现率的选取应在科学计算的基础上合理选用。

2. 实用性原则

实用性是指折现率的计算和选取要切合实际,具有较好的操作性,能为人们所接受并自觉地在评估实践中加以利用。

3. 最低下限原则

"无风险报酬率和通货膨胀附加率"是资金使用效率的最低要求。如果折现率小于该比率,则投资者宁愿购买国债或储蓄,也不会冒风险进行得不偿失的投资。所以,这是选择的最低下限。

4. 与收益相匹配原则

折现率要与企业的预期收益相匹配。例如,如果预期收益中只考虑了系统风险因素的影响,那么在折现率中则只能选择"市场平均利润率";相反,如果预期收益中没有考虑风险因素,那么折现率中也不应反映。

5. 根据实际情况确定原则

在投资项目评价中没有固定的折现率,适用的折现率要根据评估主体的要求以及具体情况来确定。不同地区、不同行业适用不同的折现率,不同的时期也会适用不同的折现率。

（二）折现率的选取与计算方法

资金用于投资是为了获得超出资金成本的那部分收益。因此,折现率就是投资者对该投资机会预期受益水平的衡量标准。实际上,折现率高度概括了资金时间价值、通货膨胀、风险报酬、系统风险、投资报酬增值等多方面信息。经过各个年份的高次幂计算,将未来时间段内的项目收益性折回现值,以回避潜在投资风险和损失。因而,其选取与计算必然以投资资金的成本及投资者收益预期为基础。

在实践中,项目投资决策使用的折现率形式主要有以下六种。

1. 无风险报酬率和通货膨胀附加率

这种折现率是对投资者投资资金收益的最低保障。无风险报酬率一般可以认为是资金时间价值的一种代表,也是资金使用中的最低成本率。通货膨胀附加率即通货膨胀率,是货币发行部分与实际需要的货币量之比,用以反映通货膨胀、货币贬值的程度。无风险报酬率在加上通货膨胀率补水之后,这种折现率基本上就等于社会无风险投资的资金收益率,在计算中可以用同期的国债利率代替。使用这种折现率的项目一般为非营利性的公益项目,如政府投资修建公路、花园、图书馆等项目。

2. 市场平均利润率

市场平均利润率是指在第一种形态的基础上,累加系统风险报酬率。它所反映的是在相同或相似的宏观市场环境中,所有经济主体的平均获利水平。由于其具有高度概括性,因此并不反映每一具体项目的特殊风险,只能反映整体宏观收益水平。对投资者而言,他们选择此类项目只是期望保证其资金收益率不比社会上大多数人差。在计算中,往往使用统计方法计算市场平均收益率,或者利用社会公开信息来计算。

3. 行业平均利润率

行业平均利润率是指为体现投资项目自身的行业特点和特殊风险,使用项目所在行业的整体投资利润率作为折现率。这种折现率应包括社会无风险报酬率、通货膨胀附加率、本行业承受的风险报酬率。

4. 企业综合资本成本率

所谓企业综合资本成本率，是指以某种筹资方式筹措的资本占资本总额的比重为权重，对各种筹资方式的个别资本成本率进行加权平均所得到的资本成本率，亦称加权平均成本率或全部资本成本率。前三种方法虽然比较简便，但从实务角度看，均与项目自身的融资特点关系并不密切。无论在实务还是在理论中，折现率使用最多的是企业综合资本成本率。这是因为，企业综合资本成本率反映了企业使用投资资金所必须补偿给企业投资者的成本水平。对企业而言，项目建设的最低收益要求应该是盈亏平衡，即项目全部收益恰好可以补偿投资者获益需求、社会税负要求和企业自身经营的费用要求。

企业综合资本成本率的计算方法有两种：一是账面价值法，即以各类资本的账面价值为基础，计算各类资本占总资本的比重，并以此为权数计算全部资本的综合资本成本；二是市场价格法，即以各类资本的市场价格为基础计算各类资本的市场价格占总资本市价的比重，并以此为权数计算全部资本的综合资本成本。

5. 企业要求的必要报酬率

该种形式是针对特定投资项目的最具体、最现实的折现率选择方案。从数值上看，这种折现率一般高于前面四种折现率。它包括了当前市场平均利润率以及针对某一投资项目的非系统风险报酬率，既弥补了投资者的资金成本价格，又满足了投资者和项目拥有者追求超额利润以达到资本增值的要求。计算中，企业必要回报率以企业综合资本成本率为基础，再确定其他特殊风险报酬率作为补充。

6. 使用投资报酬率法计算项目折现率

这是一种基于投资理论的折现率计算方法。投资理论认为，项目投资者冒风险进行投资，投资风险越大，其要求的投资报酬率就应该越高。除了被认为没有风险的国家公债或国库券的投资外，其他各种投资的投资报酬率一般是货币时间价值（利率）与风险投资价值（风险报酬率）之和。于是得到

$$投资报酬率 = 利率 + 风险报酬率 \qquad (4\text{-}7)$$

投资风险报酬率具有不易计量的特征，可以利用概率论的数学方法，按未来年度预期收益的平均偏离程度进行估量。

对风险报酬率的计算依循如下步骤：

首先，确定投资项目未来的各种预计收益（用 x_i 表示）及其可能出现的概率（用 P_i 表示），并计算出未来收益的"预期价值"（用 EV 表示）。

$$EV = \sum x_i p_i \qquad (4\text{-}8)$$

之后，计算"标准离差"（用 σ 表示）与"标准离差率"（用 R 表示）。

$$R = \sqrt{\sigma^2 \cdot p_i} = \sqrt{\sum (x_i - EV)^2 \cdot p_i} \qquad (4\text{-}9)$$

然后，确定"风险系数"（用 F 表示），一般应根据该行业全体投资者对风险反感的态度来确定，通常是风险程度的函数。

最后，导入风险系数，计算该项投资方案预期的投资风险价值。

$$RP_r = F \cdot R \qquad (4\text{-}10)$$

$$RP = EV \times \frac{RP_r}{i + RP_r} \qquad (4\text{-}11)$$

式中,RP_r 为风险报酬率;RP 为风险报酬金额;EV、R、F 等均与前面定义相同。

从理论角度看,以风险报酬率法计算项目折现率更为科学,但其中对各种收益情况的概率预测则是一种不确定的因素,它会影响标准离差乃至最后的报酬率计算结果出现误差,因此在实用中需谨慎。

此外,在对折现率的理论研究中,还提到过基于资本资产定价模型的风险收益率模型(如 CAPM、Ibbotson 扩展法、套利定价等)、基于因素分析和经验判断的方法(如扩展累计模型等)。

尽管已有的折现率确定方法中存在较多理论先进、计量科学的模型,但从实用性角度看,本节论述的前五种折现率确定方法还是最为简便且应用广泛的。

三、基础折现率与其他项目投资收益率的比较

在进行项目经济评价时,投资决策者需要对项目投资的收益率进行判断,从而确定项目在财务、经济上是否可行。判断的标准通常包括财务折现率、基准折现率和社会折现率三种,这三种折现率均是在应用前面提到的折现率计算方法的基础上获得的。

(一)其他项目投资标准收益率的概念

财务折现率是指在财务分析中企业进行财务决策时所使用的折现率,也称为私人折现率。财务折现率基于项目的期望和赢利目标。

社会折现率是指基于全社会的角度,对政策、公共投资项目或其他相关方面进行费用-效益分析的适用(或参考)折现率。社会折现率适用于我国目前对建设投资项目的经济评价和决策,也适用于进行公共政策和其他公共决策方面的分析,如可用于国家有关经济、卫生、福利政策制定、公共项目评价决策的参考标准。

(二)不同投资标准折现率的应用比较

1. 社会折现率与财务折现率

就折现率本身而言,如对将来的收益、费用的现金流进行折现,社会折现率与财务折现率并没有任何不同。社会折现率与财务折现率的不同之处在于,对公共投资项目和政策评价使用的社会折现率是从全社会的角度和期望出发的,而不是基于个别企业的期望和赢利目标。目前,不同的经济学流派对社会折现率与财务折现率两者的差异存在不同的看法和较大的争论,有人认为二者可以统一,也有人认为二者有很大不同,但至少对于一点的认识是统一的,即社会折现率是基于全社会的角度对政策或者其他相关方面进行经济/费用-效益分析的适用折现率。

2. 社会折现率与项目基准折现率

一方面,对于不会对社会、经济产生重大且长远影响的项目而言,一般情况下不需要进行经济分析,只需进行财务分析。此时,项目的基准折现率是从企业(或投资者)投资计

划整体优化的角度来确定的,它反映了使企业全部投资净收益最大化的投资决策的收益率(或投资者对资金时间价值的估计),因此不同于从全社会整体角度考虑的社会折现率。另一方面,对于公共投资类的项目,这一类项目的实施会对社会产生一定的影响,按照国家的规定需要进行经济分析,所以一般情况下采用社会折现率参数进行评价,此时的项目基准折现率取社会折现率。然而,对于特定的公共投资项目,项目基准折现率也可以不同于社会折现率。根据我国的规定,取项目基准折现率不同于社会折现率的前提必须是:项目风险显著高于一般公共投资项目的平均风险;或投资项目资金主要不是来自于政府公共财政资金;或存在其他充分适当的理由(必须加以指明和说明)。

四、资本成本的计算

资本成本是一种机会成本,是指公司可以从现有资产获得的、符合投资人期望的最小收益率,也称为最低可接受的收益率和投资项目的取舍收益率,在数量上它等于各项资本来源的成本加权计算的平均数。

一个企业如果信用记录良好,它可以直接向银行举债,这时企业的负债成本就直接等于银行的利息率。但如果企业的规模足够大,它也可以直接通过发行债券进行融资。当企业持续发展到一定程度,就可以通过资本市场发行股票进行权益融资。而社会上多种多样的融资渠道,为项目资金筹集提供了便利,同时也提出了要求。这些要求即转化为投资者对项目融资方的投资回报条件,进而形成了企业不同来源资金的资本成本率。根据资金所有权是否转移的特点,项目融入资金可分为债务资金和权益资金。债务资金需要最后返还给投资者本金,而权益资金则不需要返还本金,两者的资本成本计算中还存在税赋影响差异。

(一)单个资金来源渠道下的资本成本的确定

1. 项目资金中的债务资金成本计算

债务资金主要分为长期借款和长期债券。

1)长期借款的资本成本

长期借款属于债务的一种,债务资本成本具有的特点为:资本成本的具体表现形式是利息、利息率一般保持不变,利息属于税前扣除项目,债务本息需要按期偿还。

A. 不考虑货币时间价值

不考虑货币时间价值的长期借款资金成本的计算公式为

$$K_L = \frac{R_L(1-T)}{1-f_L} = \frac{I_L(1-T)}{L(1-f_L)} \tag{4-12}$$

式中,K_L 为长期借款资本成本;R_L 为长期借款利率;I_L 为长期借款利息;f_L 为长期借款筹资费用率;T 为所得税税率;L 为借款本金。

例如,某企业取得 5 年期长期借款 1 000 万元,年利率 10%,每年年末付息一次,到期一次还本,筹资成本率为 1%,企业所得税税率为 30%。

该企业长期借款资本成本为

$$K_t = \frac{1\,000 \times 10\% \times (1 - 30\%)}{1\,000 \times (1 - 1\%)} = 7.07\%$$

B. 考虑货币时间价值

在考虑货币时间价值时，长期借款资本成本的计算公式为

$$L(1 - f_L) = \sum_{t=1}^{n} \frac{I_t}{(1 + K)^t} + \frac{P}{(1 + K)^n} \qquad (4\text{-}13)$$

$$K_L = K \cdot (1 - T) \qquad (4\text{-}14)$$

式中，P 为第 n 年应偿还的本金，等于借款金额 L；K 为所得税前的长期借款资本成本；K_L 为税后的长期借款资本成本；I_t 为第 t 年的借款利息；其他变量符号定义与式(4-12)相同。

式(4-13)中，等号左边是借款的实际现金流入，等号右边为借款引起的未来现金流出的现值总额，由各年利息支出的年金现值之和加上到期偿还本金的复利现值得出。

按照这种办法，实际上是将长期借款的资本成本看做是使这一借款的现金流入现值等于其现金流出现值的贴现率。运用时，先通过第一个公式，采用内插法求解借款的税前资本成本，再通过第二个公式将借款的税前资本成本调整为税后的资本成本。

例如，某企业取得 5 年期长期借款 200 万元，年利率为 10%，每年年末付息一次，到期一次还本，筹资成本率为 1%，企业所得税税率为 30%。考虑资金时间价值，该项借款的资本成本计算如下。

第一步，计算税前借款资本成本：

$$L(1 - f_l) = \sum_{t=1}^{5} \frac{I_t}{(1 + k)^t} + \frac{P}{(1 + k)^n}$$

$$200 \times (1 - 1\%) = \sum_{t=1}^{5} \frac{200 \times 10\%}{(1 + k)^t} + \frac{200}{(1 + k)^5}$$

查表得出：

若 $k = 10\%$，5 年期的年金现值系数为 3.791；若 $k = 10\%$，5 年期的复利现值系数为 0.621，则

净现值 $= 200 \times 10\% \times 3.791 + 200 \times 0.621 - 200 \times (1 - 1\%) = 2.02 > 0$

应该提高 k，为 12%。

得出：

$$200 \times 10\% \times 3.605 + 200 \times 0.567 - 200 \times (1 - 1\%) = -12.50$$

用内差法的计算公式：

$$10\% + \frac{2.02 - 0}{2.02 - (-12.50)} \times (12\% - 10\%) = 10.28\%$$

第二步，计算税后借款资本成本：

$$k_l = k(1 - T) = 10.28\% \times (1 - 30\%) = 7.20\%$$

2) 长期债券的资本成本

长期债券的资本成本主要是指债券利息和筹资费。由于债券利息计入税前成本费用，因此其可以起到抵税的作用。同样需要注意是否考虑货币时间价值的问题。

A. 不考虑货币时间价值

在不考虑货币的时间价值时,债券成本计算公式为

$$K_B = \frac{I_B(1-T)}{B(1-f_B)} = \frac{P_B \cdot R_B(1-T)}{B(1-f_B)} \qquad (4\text{-}15)$$

式中,K_B 为长期债券的资本成本率;P_B 为长期债券的券面总价值;R_B 为长期债券的券面利率;I_B 为长期债券的券面利息;f_B 为长期债券的筹资费用率;T 为所得税税率;B 为长期债券的筹资总金额。

值得注意的是,债券的筹资总金额并不一定等于债券的券面总金额。这是因为,在考虑市场对债券认可度的情况下,债券发行存在折价、溢价和平价发行三种形式。因而其筹资总金额也对应地可能小于、大于或等于券面总金额。这是长期债券筹资成本率计算与长期借款的重要区别。

例如,某公司平价发行总面额为 1 000 万元的 10 年期债券,票面利率 10%,发行费用率为 10%,公司所得税税率为 30%。该债券的成本为

$$K_B = \frac{I_B(1-T)}{B(1-f_B)} = \frac{1\,000 \times 10\% \times (1-30\%)}{1\,000 \times (1-10\%)} = 7.78\%$$

若该公司溢价发行面额为 1 000 万元的 10 年期债券,票面利率为 12%,发行费用率为 5%,发行价格为 1 200 万元,公司所得税税率为 33%。该债券成本为

$$K_B = \frac{1\,000 \times 12\% \times (1-33\%)}{1\,200 \times (1-5\%)} = 7.05\%$$

若该公司折价发行面额为 1 000 万元,10 年期债券,票面利率为 12%,发行费用率为 5%,发行价格为 800 万元,公司所得税税率为 33%。该债券的成本为

$$K_B = \frac{1\,000 \times 12\% \times (1-33\%)}{800 \times (1-5\%)} = 10.58\%$$

B. 考虑货币时间价值

在考虑货币的时间价值时,债券成本计算公式为

$$B(1-f_B) = \sum_{t=1}^{n} \frac{I_{Bt}}{(1+K)^t} + \frac{P}{(1+K)^n} \qquad (4\text{-}16)$$

$$K_B = K \cdot (1-T) \qquad (4\text{-}17)$$

式中,n 为债券的发行年数;K_B 为长期债券的资本成本率;R_B 为长期债券的券面利率;I_B 为长期债券的券面利息;f_B 为长期债券的筹资费用率;T 为所得税税率;P 为长期债券的券面总金额;B 为长期债券的筹资总金额。

对比式(4-13)和式(4-16)可以发现,在考虑货币时间价值的情况下,长期借款的应还本金等于其借款金额,而债券筹资则由于市场发行的原因,存在筹资金额不等于其券面总金额的情况。

2. 权益资金的个别资本成本率计算

权益资金主要依靠发行普通股、发行优先股及留存收益等方式筹集。各种方式的资本成本率计算也存在着显著的差异。

1) 普通股资本成本

由于普通股的股利是不固定的,即未来现金流出是不确定的,因此很难准确地估计出普通股的资本成本。常用的普通股资本成本估计的方法有股利折现模型法、资本资产定价模型法和债券投资报酬率加股票投资风险报酬率。

A. 股利折现模型法

股利折现模型法就是按照资本成本的基本概念来计算普通股资本成本,即将企业发行股票所收到的资金净额现值与预计未来资金流出现值相等的贴现率作为普通股资本成本。其中,预计未来资金流出包括支付的股利和回收股票所支付的现金。因为一般情况下企业不得回购已发行的股票,所以运用股利折现模型法计算普通股资本成本时只考虑股利支付。

因为普通股按股利支付方式的不同,可以分为零成长股票、固定成长股票和非固定成长股票等,相应的资本成本计算方法也有所不同。

(1) 零成长股票。是指各年支付的股利相等,股利的增长率为0。根据其估价模型可以得到其资本成本计算公式为

$$k_s = \frac{D_s}{P_s \times (1 - f_s)} \tag{4-18}$$

式中,D_s 为普通股股利;P_s 为普通股筹资总额;f_s 为普通股筹资费用率。

(2) 固定成长股票。是指每年的股利按固定的比例 g 增长。根据其估价模型得到的股票资本成本计算公式为

$$k_s = \frac{D_0 \cdot (1 + g)}{P_s \cdot (1 - f_s)} + g \tag{4-19}$$

式中,g 为固定增长率;D_0 为第一年年初支付的股利;其他变量与式(4-18)相同。

例如,某公司普通股每股发行价 100 元,筹资费用率为 5%,预计下期每股股利 12 元,以后每年的股利增长率为 2%,该公司的普通股成本为

$$K = \frac{12}{100 \times (1 - 5\%)} + 2\% = 14.63\%$$

(3) 非固定成长股。有些股票的股利增长率是从高于正常水平的增长率转为一个被认为正常水平的增长率,如高科技企业的股票,这种股票称为非固定成长股票。这种股票资本成本的计算不像固定成长股票和零成长股票那样有一个简单的公式,而是要通过解高次方程来计算。

$$P_s(1 - f_s) = \sum_{t=1}^{n_1} \frac{D_0(1 + g_1)^t}{(1 + K_s)^t} + \sum_{t=n_1+1}^{n_2} \frac{D_{n_1}(1 + g_2)^{t-n_1}}{(1 + K_s)^t}$$
$$+ \cdots + \sum_{t=n_m+1}^{\infty} \frac{D_{n_m}(1 + g_2)^{t-n_m}}{(1 + K_s)^t} \tag{4-20}$$

式中,D_i 为第 i 年的股息;n_j 为存在稳定股息增长率的年份;g_j 为在第 n_j 阶段内的稳定股息增长率;D_s 为普通股股利;P_s 为普通股筹资总额;f_s 为普通股筹资费用率。

求出其中的 K_s,就是该股票的资本成本。

B. 资本资产定价模型法

在市场均衡的条件下,投资者要求的报酬率与筹资者的资本成本是相等的,因此可以按照确定普通股预期报酬率的方法来计算普通股的资本成本。资本资产定价模型法是计算普通股预期报酬率的基本方法,即

$$K_s = R_f + \beta_s(R_m - R_f) \tag{4-21}$$

式中,R_f 为无风险报酬率;β_s 为该股股票的 β 系数,反映该股票相对于平均风险股票的变动指标,即公司风险与市场风险的相关度,如果 β 系数为 2,说明公司风险程度是市场平

均风险的 2 倍,市场收益率上升 1‰,该公司上升 2‰;R_m 为平均风险股票必要报酬率,即最低风险报酬率。

这种方法使用的关键是确定 β 系数和市场平均收益率。

例如,市场无风险报酬率为 10%,平均风险股票必要报酬率为 14%,某公司普通股 β 值为 1.2。则

$$K_s = 10\% + 1.2 \times (14\% - 10\%) = 14.8\%$$

C. 债券投资报酬率加股票投资风险报酬率

普通股必须提供给股东比同一公司的债券持有人更高的期望收益率,因为股东承担了更多的风险。因此,可以在长期债券利率的基础上加上股票的风险溢价来计算普通股资本成本。计算方法为

$$\text{普通股资本成本} = \text{长期债券收益率} + \text{风险溢价} \tag{4-22}$$

由于在此要计算的是股票的资本成本,而股利是税后支付,没有抵税作用,因此是长期债券收益率而不是债券资本成本构成了普通股成本的基础。风险溢价可以根据历史数据进行估计。在美国,股票相对于债券的风险溢价为 4%～6%。由于长期债券收益率能较准确地计算出来,在此基础上加上普通股风险溢价作为普通股资本成本的估计值还是有一定科学性的,而且计算比较简单。

2) 优先股资本成本

优先股是一种类似永续债券的股票。它需要在税后利润中定期分得固定股息,但其本金不要求归还。优先股的筹资成本包括两部分:筹资费用和预定的股利。计算中使用如下公式确定:

$$K_p = \frac{D_p}{P_p \times (1 - f_p)} \tag{4-23}$$

式中,K_p 为优先股资本成本率;D_p 为优先股预定股利;P_p 为优先股筹资额;f_p 为优先股筹资费用率。

3) 留存收益的资本成本

留存收益是由公司税后净利润构成的。从表面上看,如果公司使用留存收益似乎没有什么成本,其实不然,留存收益资本成本是一种机会成本。留存收益属于股东对企业的追加投资,股东放弃一定的现金股利,意味着将来可获得更多的股利,即要求与直接购买同一公司股票的股东取得同样的收益。也就是说,公司留存收益的报酬率至少等于股东将股利进行再投资所能获得的收益率。因此,企业使用这部分资金的最低成本应该与普通股资本成本相同,唯一的差别就在于留存收益没有筹资费用。

(二)多种资金来源方式下折现率的确定

由于受多种因素的制约,企业不可能只使用某种单一的筹资方式,往往需要通过多种方式筹集所需资本。为进行筹资决策,就要计算确定企业全部长期资金的总成本——加权平均资本成本。加权平均资本成本一般是以各种资本占全部资本的比重为权数,对个别资本成本进行加权平均确定的。其计算公式为

$$K_w = \sum_{j=1}^{n} K_j W_j \tag{4-24}$$

式中，K_w 为加权平均资本成本；K_j 为第 j 种个别资本成本；W_j 为第 j 种个别资本占全部资本的比重（权数）。

例如，某企业账面反映的资本共为 500 万元，其中借款 100 万元，应付长期债券 50 万元，普通股 250 万元，保留盈余 100 万元；其成本比例分别为 6.7%、9.17%、11.26% 和 11%，则该企业的加权平均资本成本为：

$$6.7\% \times (100/500) + 9.17\% \times (50/500) + 11.26\% \times (250/500)$$
$$+ 11\% \times (100/500) = 10.09\%$$

上述计算中的个别资本占全部资本的比重是按账面价值确定的，其资料容易取得。但当资本的账面价值与市场价值差别较大时，如股票、债券的市场价格发生较大变动，计算结果则会与实际有较大的差距，从而贻误筹资决策。为了克服这一缺陷，个别资本占全部资本比重的确定还可以按市场价值或目标价值确定，分别称为市场价值权数和目标价值权数。

市场价值权数是指债券、股票以市场价格确定权数。这样计算的加权平均资本成本能反映企业目前的实际情况。同时，为弥补证券市场价格变动频繁所带来的不便，也可选用平均价格。

目标价值权数是指债券、股票以未来预计的目标市场价值确定权数。这种权数能体现期望的资本结构，而不是像账面价值权数和市场价值权数那样只反映过去和现在的资本结构，所以按目标价值权数计算的加权平均资本成本更适用于企业筹措新资金。然而，企业很难客观合理地确定证券的目标价值，从而使这种方法不易推广。

📁 本章小结

项目投资评价分析时使用的指标一般有两大类：一类是贴现指标，即用现金净流量评价项目时考虑资金时间价值的因素来进行贴现计算的评价指标；另一类是非贴现的指标，即在用现金净流量评价项目时不考虑资金时间价值因素的指标。

静态经济效果评价常见的方法有静态投资回收期法、投资收益率法、累计现金流量图法等。

动态经济效果评价常见的方法有动态投资回收期法、净年值法、净年值率法、现值指数法和内含报酬率法。

基准折现率是指投资者从事投资活动可接受的投资收益率的下限临界值。

资本成本是一种机会成本，是指公司可以从现有资产获得的、符合投资人期望的最小收益率。

关键词

项目投资评价　静态投资回收期　投资收益率　净年值　动态投资回收期
现值指数法　内含报酬率法　基准折现率　资本成本

第五章 项目投资方案的决策分析

在所有项目投资方案中,有些项目投资方案可以与其他方案共存,有的则无法共存。于是,所有项目方案被分为两类:一类是互斥方案,即互相关联、互相排斥的方案,只能选择其中之一;另一类是独立方案,又称单一方案,是指与其他投资方案完全互相独立、互不排斥的一个或一组方案。例如,国内某汽车制造商准备改建其汽车生产线,此时它面临着两个新型汽车生产线建设项目以供决策,而这两个项目均具备可行性。但该制造商的建设资金不足以同时建设这两个项目,或者可供该制造商改建的制造车间只有一个,或者该制造商的技术工人不足,或者该制造商没有足够的营销网络来推销过多的新车型。在以上任何一种情况下,这两个可行的投资项目便只能选一个,即它们之间是互斥的。然而,一旦该制造商具备足够的资金、生产基地、技术人员和销售网络来应对投资,那么这两个建设项目就可以作为独立方案同时进行。

由此可知,对于项目投资方案的抉择与判断需要考虑多方面因素。出于教学目的,本书仅从项目投资的经济性角度给出分析的方法和思路。

学习目标

通过对本章的学习,能够解决以下问题:

1. 什么是互斥方案?
2. 互斥方案的比选包含哪些方面?
3. 什么是硬约束和软约束?
4. 无约束条件和有约束条件的独立方案怎么进行方案选择?
5. 对项目群进行投资优化组合时应遵循什么原则?

第一节 互斥型项目投资方案的决策分析

所谓互斥方案,是指同一项目的几个方案可以彼此相互代替,选择了其中一个方案,就意味着自动排斥其他方案。方案比较是寻求最优决策的必要手段,是项目经济评价的重要内容。在项目可行性研究过程中,各项主要经济和技术决策都要根据实际情况提出各种可能方案进行比选,计算各方案的经济效益,并结合其他因素详细论证、比较,选择最优方案。方案比选应注意在某些情况下使用不同指标导致相反结论的可能性。因此,应根据方案的实际情况(计算期是否相同、资金有无约束条件及效益是否相同等)选用适当的比较方法和指标。

一、寿命相等的互斥方案比选

寿命相等是指互斥项目方案的生命周期相同。在这种状况下,可视不同情况和具体条件分别选用差额投资内部收益率法、净现值法、年值法或净现值率法。效益相同或效益基本相同但难以估算的方案进行比较时,为简化计算,可采用最小费用法(包括费用现值比较法和年费用比较法)。在对多个互斥方案进行分析时,必须在前面所述分析方法的基础上,进行增量分析,也就是对增量投资大的方案与投资小的方案的投资差额所产生的增额效益进行分析。增量分析法也是一种在实践中广泛应用的方法。

(一)增量分析法的原理

在项目投资决策分析中,经常遇到对互斥方案进行经济效果评价的问题。其目的在于确定在多个备选互斥方案中,哪个方案经济效果最好。目前最常用的评价方法是增量分析法。该方法认为,对投资额不等的互斥方案进行经济效果评价选优,实质是判断其增量投资的经济合理性,即投资大的方案相对于投资小的方案多投入的资金能否带来满意的增量收益。若增量投资能够带来满意的增量收益,则投资额大的方案优于投资额小的方案;若增量投资不能带来满意的增量收益,则投资额小的方案优于投资额大的方案。

增量分析法是互斥方案分析过程的基本方法。一般而言,增加投资会增加收益,但所增加的收益是否会在经济上合算,投资额的不断增加是否会带来效益的不断增加,这些问题是方案分析中必须解决的问题。

在增量分析法中,一般可用绝对数指标(如净现值、净年值、回收期)和相对数指标(如内部收益率)相结合来判断衡量方案经济效果的高低。同时,为了更全面、更准确地反映所选方案经济效果的实际状况,还要分别考察各个方案本身的经济效果,即进行各方案绝对的经济效果评价,得出各方案是否达到经济效果水平的最低要求(即与基准收益率或项目收益目标相比较),若不能达到,则该方案便被放弃。然后再考察达到最低经济效果要求的各方案中哪个方案相对最优,即进行相对经济效果检验。

简而言之,增量分析法的分析判断过程为:①先进行两方案绝对经济效果指标的计算;②再进行两方案相对经济效果指标计算;③作出决策判断。

应该明确的是,对投资项目的好坏判断应该从其自身的经济性如何来考虑。因此,投资方案间的优劣比较,应是方案自身各经济指标之间的比较。用增量投资回收期指标判断,只是一种理想化的简化,即假使投资大的方案可以被拆成投资小的方案与增额投资方案,并认为在设定投资小的部分经济性相同的条件下,只需要考察增额部分的经济性即可。但所谓增额部分的经济性是否可行,以及如何进行判断,是值得讨论的问题。

(二)增量分析法及其使用的评价指标

根据反映增量经济效果的指标的不同,增量分析法可细分为静态分析法(差额投资收益率法、差额投资回收期法)和动态分析法(差额净现值法、差额净年值法、差额投资内部收益率法等）。由于资金时间价值是客观存在且不容忽视的,动态经济效果评价方法对互斥方案的评价更为客观、科学,因此,在实际工作中,主要应用差额净现值法和差额投资内部收益率法评比互斥方案,其中由差额净现值导出了普遍遵循的净现值最大准则、净年值最大准则、差额投资内部收益率原则。净现值最大准则用于寿命期相同的互斥方案评比,净年值最大准则用于寿命期不同的互斥方案比选。

1. 差额投资回收期法

差额投资回收期法是指将一个投资方案比另一个投资方案多投资的部分与由此带来的收益变化额进行比较,借助于标准投资回收期以决定方案之间相对优劣的判断方法。其主导思想是考察两个项目投资方案的投资额之差(即所谓的"增额投资")的经济效益的好坏。如果增额投资部分判断可行,则值得在较小投资方案的基础上增加此部分投资,即投资大的方案较优;否则就不值得增加投资,即投资小的方案较优。

在计算中,差额投资回收期法在不计利息的条件下,用投资额大的方案比投资额小的方案所节约的经营成本,来计算回收期差额投资所需的期限。简单地说,就是两方案的投资差额比上两方案的年经营差额,算出来的是投资差额的回收期。其计算表达式为

$$T = \frac{K_2 - K_1}{P_2 - P_1} \tag{5-1}$$

当两个项目投资方案收入相等,即 $R_2 = R_1$ 时,式(5-1)也可转化为

$$T = \frac{K_2 - K_1}{C_2 - C_1} \tag{5-2}$$

式中,K_1、K_2 为方案1、方案2的总投资额;P_1、P_2 为方案1、方案2的年净收益额;R_1、R_2 为方案1、方案2的年总收入额;C_1、C_2 为方案1、方案2的年总成本额。

且式(5-1)和式(5-2)的隐含条件是:$K_2 > K_1$,$P_2 > P_1$,$C_2 > C_l$。

设 T_0 是作为判断的标准投资回收期,则此方法的判断准则是:

当 $T \leqslant T_0$ 时,方案2(投资大者)优于方案1(投资小者),因为增量投资回收得快;当 $T \geqslant T_0$ 时,方案1优于方案2,因为增量投资回收比基准回收期还要慢,当然不能多投资。

增量投资回收期法的应用前提是各方案满足可比要求。当比较方案年产量不同时,以单位产品的投资费用和经营费用来计算增量投资回收期,也就是每个费用均除以相关的产量,再行计算。特别是当有多个方案进行比较选优时,首先要将其排序,以投资总额从小到大排列,再两两比较选优。最后增量投资回收期法只能用来衡量方案之间的相对经济性,不能反映方案自身的经济效益。

2. 差额净现值法

差额净现值法就是通过比较多个项目之间的净现值差额来择优选取。差额净现值就是投资大的方案相对于投资小的方案的逐年增量净收益按基准收益率折算成现值的代数和,记为 ΔNPV($\Delta net\ present\ value$)。假设 A、B 两个互斥方案,A 的投资大,则

$$\begin{aligned}
\Delta NPV_{A-B} &= \sum \left[(CI_A - CO_A)_t - (CI_B - CO_B)_t \right] \cdot (1 + i_0)^{-t} \\
&= \sum (CI_A - CO_A)_t \cdot (1 + i_0)^{-t} - \sum (CI_B - CO_B)_t \cdot (1 + i_0)^{-t} \\
&= NPV_A - NPV_B
\end{aligned} \tag{5-3}$$

式中,$(CI_A - CO_A)_t$ 为方案 A 第 t 年的净现金流;$(CI_B - CO_B)_t$ 为方案 B 第 t 年的净现

金流。

判断标准：$\Delta NPV_{A-B} > 0$，即 NPVA 大于 NPVB，则 A 方案优于 B 方案；若 $\Delta NPV_{A-B} = 0$，则两个方案等价。这个判断标准，实质上就是对比方案净现值最大准则，其结论不用计算差额净现值亦可得出。因此差额净现值的计算是多余的。

【例 5-1】 某投资项目提出两个方案 A 和 B，其各自的净现金流入如表 5-1 所示，其基准折现率为 10%。评价哪个方案最优。

表 5-1 A 和 B 方案的净现金流　　　　万元

年份	0	1～10
A 方案净现金流	−200	39
B 方案净现金流	−100	20

【解】 计算 A 方案和 B 方案的净现值 NPV，得

$$NPV_A = -200 + 39(P/A, 10\%, 10) = 39.64$$
$$NPV_B = -100 + 20(P/A, 10\%, 10) = 22.89$$

由于 $NPV_A = 39.64 > NPV_B = 22.89$，所以应选择 A 方案进行投资。

3. 差额投资内部收益率法

差额投资内部收益率是使增量投资所带来的逐年增量净收益折现值的代数和为零的折现率，也可以定义为使两个互斥方案的逐年净收益的现值累计相等的折现率，记为 ΔIRR。在多个方案比较中，若采用收益率法来分析，则不能仅按内部收益率的大小来判断方案的优劣，而应以增量内部收益率来分析。

$$\sum_{t=1}^{n} [(CI_A - CO_A)_t - (CI_B - CO_B)_t]_t (1 + \Delta IRR)^{-t} = 0 \qquad (5-4)$$

式中，$(CI_A - CO_A)_t$ 为方案 A 第 t 年的净现金流；$(CI_B - CO_B)_t$ 为方案 B 第 t 年的净现金流；ΔIRR 为差额投资内部报酬率；n 为项目计算期。

这种方法进行方案比选的原则是若 ΔIRR 大于或等于给定的标准折现率，则选取投资额较大的方案；反之，投资额小的方案优于投资额大的方案。

值得注意的是，增量内部收益率反映的是增量投资的经济效益，它适用于比较投资额不等的方案之间的相对优劣。因此，要了解各备选方案的经济效益能否达到绝对检验标准，仍需用内部收益率或净现值指标进行衡量。

【例 5-2】 企业有两个项目可供选择，其项目投资的差额净现金流量，如表 5-2 所示。

表 5-2 投资项目差额净现金流量表　　　　万元

年　份	0	1	2	3	4	5
甲项目的净现金流量	−200	128.23	128.23	128.23	128.23	128.23
乙项目的净现金流量	−100	101.53	101.53	101.53	101.53	101.53
ΔNCF	−100	26.70	26.70	26.70	26.70	26.70

假设行业基准贴现率为 10%。则根据所给资料可知,差额现金净流量(甲项目的净现金流量－乙项目的净现金流量)如下:

$$\Delta NCF_0 = -100(万元), \Delta NCF_1 - 5 = 26.70(万元)$$

则　　　　　　　差额投资回收期 $= 1\ 000\ 000/267\ 000 = 3.745\ 3$

用插值法计算可得出甲、乙两方案的差量内含报酬率 $\Delta IRR = 10.49\%$,高于行业基准贴现率,因而应选择甲项目。如果行业基准贴现率高于 10.49%,则企业应该选择乙项目。

二、寿命不等的互斥方案比选

当几个互斥型项目投资方案的寿命不等时,则不能直接进行比较。通常选择最小公倍数法和年值法进行比较,以保证时间的可比性。下面具体介绍计算期统一法、等额净回收额法和费用现值比较法。

(一)计算期统一法

计算期统一法是指通过对计算期不相等的多个互斥方案选定一个共同的计算分析期,以满足时间可比性的要求,进而根据调整后的评价指标来选择最优方案的一种方法。

该方法包括方案重复法和最短计算期法两种具体处理方法。

1. 方案重复法

方案重复法也称计算期最小公倍数法,是将各方案计算期的最小公倍数作为比较方案的计算期,进而调整有关指标,并据此进行多方案比较决策的一种方法。此方法的缺点是若最小公倍数很大,计算起来很烦琐;而且更大的缺点还在于,由于技术进步,项目不可能原样重复。

例如,两个方案的项目计算期分别为 3 年、5 年,则

3 的倍数为 3、6、9、12、15…

5 的倍数为 5、10、15…

由此可以看出,最小公倍数就是 15。

在计算中有两种方式:

第一种方式是重复净现金流量。将各方案计算期的各年净现金流量进行重复计算,直到与最小公倍数计算期相等;然后再计算在公倍数计算期内的有关评价指标(NPV、IRR 等);最后根据调整后的评价指标进行方案的比较选择。由于这个方法比较麻烦,因此不常使用。

第二种方式是重复净现值。直接计算每个方案项目原计算期内的评价指标(主要指净现值),再按照最小公倍数原理对其折现,并求代数和,最后根据调整后的净现值指标进行方案的比较选择。

【例 5-3】 某工程公司面临一个购买竞争性机器设备的选择。每台机器的详细资料参见表 5-3,公司资本成本率为 10%。

表 5-3 投资方案现金流量情况   千元

项　　目	A 机器	B 机器
初始支出	(100)	(140)
现金流入：第 1 年	50	60
第 2 年	70	80
第 3 年	—	30

要求：如果一定要选择两台中的一台，该如何做，并给出依据。

思路：可假设设备可以不断循环充值，并采用最小共同寿命来进行净现值比较。即 A 机器的投资每两年重复一次，共重复 3 次；B 机器每三年重复一次，共重复 2 次，最小共同寿命为 6 年。

【解】 第一步，计算机器重置一次的净现值（表 5-4）。

表 5-4 计算机器重置一次的净现值   千元

A 机器	现金流量	贴现率为 10%	现值
初始支出	(100)	1	(100)
第 1 年	50	0.91	45.5
第 2 年	70	0.83	58.1
净现值			3.6
B 机器	**现金流量**	**贴现率为 10%**	**现值**
初始支出	(140)	1	(140)
第 1 年	60	0.91	54.6
第 2 年	80	0.83	66.4
第 3 年	32	0.75	24.0
净现值			5

第二步，基于最小寿命周期的假设，计算 6 年期间的净现值。

(1) A 机器：6 年的净现值等于

$$NPV_A = 3\,600 + 3\,600/(1+0.1)^2 + 3\,600/(1+0.1)^4 = 9\,100(元)$$

(2) B 机器：6 年的净现值等于

$$NPV_B = 5\,000 + 5\,000/(1+0.1)^3 = 8\,800(元)$$

$NPV_B < NPV_A$，因而选择 A 方案进行投资。

2. 最短计算期法

最短计算期法又称最短寿命期法，是指在将所有方案的净现值均还原为等额年回收额的基础上，再按照最短的计算期来计算出相应净现值，进而根据调整后的净现值指标进行多方案比较决策的一种方法。

该方法的计算步骤为:

(1) 计算每一个方案的净现值。

(2) 计算每一个方案的年等额净回收额。

(3) 以最短计算期计算调整净现值,调整净现值等于年等额净回收额按照最短计算期所计算出的净现值。

(4) 根据调整净现值进行决策,也就是选择调整净现值最大的方案。

值得注意的是,采用这种方法,对于具有最短计算期的方案而言,其调整净现值与非调整净现值是一样的。另外,在计算调整净现值时,只考虑最短计算期内的年等额净回收额,对于最短计算期之外的年等额净回收额则不予考虑。

(二) 等额净回收额法

等额净回收额法,是年值法的一种应用,是指通过比较所有投资方案的年等额净回收额(年值)指标的大小来选择最优方案的方法。这种方法尤为适合原始投资不同,特别是项目计算期不同的多方案的比较决策。

等额净回收额法主要应用到净现值、年金现值系数两个概念。实际上就是把每个方案的净现值平均分摊到项目计算期的各年。然后,通过每年回收值的大小来比较项目的优劣。其计算公式为

$$NA_t = NPV_t \cdot (A/P, i, n_t) \qquad (5-5)$$

式中,NA_t 为第 t 个项目的年等额净回收额;NPV_t 为第 t 个方案的净现值;$(A/P, i, n_t)$ 为年金现值系数,其中 i 为折现率,n_t 为项目 t 的计算期。

从前面提供的知识可知,净现值是反映一个项目总体赢利情况的指标。而年等额净回收额,实际上就是把反映项目总体赢利能力的指标,调整为每年赢利情况的指标。那么年赢利高的项目必然是最好的项目。美中不足的是,这种方法对于项目对项目有无重复性非常敏感。比如说,A 项目计算期 3 年,B 项目计算期 6 年,两个项目初始投资相同,但两个项目都不能重复进行。使用等额净回收额法得知,A 项目年回收额等于 120 万,而B 项目仅为 110 万。仅从理论决策看,需要选择 A 方案。但是在实践中,决策者还要考虑 3 年后的资金使用问题。如果 3 年后,企业再没有投资机会了,那么现在选择 A 项目,就意味着其后 3 年每年少收入 110 万。所以说,具体作决策时,还有一些事情需要额外考虑。

对例 5-3 中提出的问题,用等额净回收额法计算亦可,于是

(1) A 机器:相当于现值为 3 600 元,在两年内均匀回收,则

$$A = P \times (A/P, 2, 10\%) = 3\,600 \times 0.576\,2 = 2\,070(元)$$

(2) B 机器:相当于现值为 5 000 元,在三年内均匀回收,则

$$A = P \times (A/P, 3, 10\%) = 5\,000 \times 0.402\,1 = 2\,010(元)$$

综合来看,A 机器计划要好于 B 机器计划,因而选择 A 方案。

(三) 费用现值比较法

这种方法适用于效益相同或效益基本相同但难以具体估算的方案比较,各方案费用

现值通用表达式为

$$PC = \sum_{t=1}^{n} (I+C-Sr-W)_t (P/F,i,t) \tag{5-6}$$

式中，PC 为方案的费用现值；$(I+C-Sr-W)_t$ 为第 t 年的净费用支出值，其中 I、C、Sr、W 分别为第 t 年的投资、经营成本、折旧（或残值）和流动资金回收额；$(P/F,I,t)$ 为折现系数。

由于比较指标为费用现值，因而该方法的判断标准为，具有最小费用现值的项目投资方案为最优。

在投资活动中，效益相同或基本相同的方案比较是经常碰到的。比如，同样的运输项目选择交通工具的问题、发电量相同的水力发电方案和火力发电方案之间的比较、承重量相同的钢结构桥梁方案和钢筋混凝土桥梁方案的比较、产品产量和质量相同的不同生产方案之间的比较，等等。

在对不同寿命期的项目进行比选计算时，费用现值法的计算步骤可以归纳为：①用复利现值系数把各方案年费用折现成现值；②用资金回收系数把各方案年费用现值之和折算成等额年费用；③用年金现值系数把各方案等额年费用折成现值，折现时各方案一律按诸方案中最短计算期计算，也即年金现值系数中的 n 值一律取各方案 n 值中最小者。

第二节　独立型项目投资方案的决策分析

在项目决策中，对于相互分离、互不排斥的独立方案比选相对比较容易。对于这方面的决策就是要判断某一个方案是否具备可行性。其分析决策中用到的指标将包括净现值、净现值率、获利指数、内部收益率、投资回收期、投资收益率等，其抉择的依据主要有两个：一是企业是否具备实施项目建设的能力和条件；二是项目方案评价指标是否高于其基准参考值。在这两个依据中，前者是约束条件，后者则是判断标准。

一、无约束条件下独立方案的选择

无约束条件指的是企业对其即将开展的项目没有资金总量、人员、技术、设备等方面的限制。一般情况下，无约束条件主要指企业在资金总量上没有限制。在无约束条件下，对于独立方案来说，主要是通过经济评价指标的计算以权衡其经济上是否可行，以此作为决定方案取舍的重要因素，不存在方案之间的对比、选优问题。常用到的主要指标有净现值（NPV）、净现值率（NPVR）、获利指数（PI）和内含报酬率（IRR）；次要指标主要有包括建设期的静态回收期（PP）、不包括建设期的静态回收期（PP'）和投资利润率（ROI）。

在对独立方案的可行性进行决策时，主要可得出以下四个结论。

（一）项目投资方案完全可行

经济指标计算结果需满足的条件：

主要指标：$NPV \geq 0$，$NPVR \geq 0$，$PI \geq 1$，$IRR \geq RC$；

次要指标：$PP \leq n/2$，$PP' \leq p/2$，$ROI \geq ROIC$。

上述判断条件中,RC 为基准收益率;n 为项目计算期年数;p 为项目的经营期年数;ROIC 为项目的基准投资利润率。

(二)项目投资方案完全不可行

经济指标计算结果需满足的条件:

主要指标:$\mathrm{NPV} \leqslant 0, \mathrm{NPVR} \leqslant 0, \mathrm{PI} \leqslant 1, \mathrm{IRR} \leqslant \mathrm{RC}$;

次要指标:$\mathrm{PP} \geqslant n/2, \mathrm{PP}' \geqslant p/2, \mathrm{ROI} \leqslant \mathrm{ROIC}$。

上述判断条件中的参数变量含义与前面相同。

(三)项目投资方案基本可行

经济指标计算结果需满足的条件:

主要指标:$\mathrm{NPV} \geqslant 0, \mathrm{NPVR} \geqslant 0, \mathrm{PI} \geqslant 1, \mathrm{IRR} \geqslant \mathrm{RC}$;

次要指标:$\mathrm{PP} \geqslant n/2, \mathrm{PP}' \geqslant p/2, \mathrm{ROI} \leqslant \mathrm{ROIC}$。

上述判断条件中的参数变量含义与前面相同。

(四)项目投资方案基本不可行

经济指标计算结果需满足的条件:

主要指标:$\mathrm{NPV} \leqslant 0, \mathrm{NPVR} \leqslant 0, \mathrm{PI} \leqslant 1, \mathrm{IRR} \leqslant \mathrm{RC}$;

次要指标:$\mathrm{PP} \leqslant n/2, \mathrm{PP}' \leqslant p/2, \mathrm{ROI} \geqslant \mathrm{ROIC}$。

综合上述情况可知,只有完全具备或基本具备财务可行性的独立方案才是可接受的,而完全不具备或基本不具备财务可行性的独立方案应该被拒绝。

在判断无约束条件下的独立方案时,应注意的是,利用净现值、净现值率、获利指数和内部收益率指标对同一个独立项目进行评价,会得出完全相同的结论;当次要或辅助指标与主要指标的评价结论发生矛盾时,应当以主要指标的结论为准。

二、有约束条件下独立方案的选择

在企业资金有限的情况下,对经济性可行的独立方案进行选择就不可能全部接受所有可行方案。依据常理,企业会利用其有限的资金在可行方案中选择一个或多个项目同时进行,前提是所选择项目的收益最大且投资总额不超过企业的承受能力。在选择中,方法主要有方案组合法、净现值指数排序法、双向排序均衡法三种。

(一)方案组合法

方案组合法,也被称为项目组合法,是指当企业资金有限时,要以可利用资金总额为制约条件,在经济性可行的投资方案中进行组合,确定最佳的项目投资方案组合,使有限的资金得到充分运用。方案组合法在进行方案选择时主要以方案自身的净现值为指标。

方案组合法计算步骤如下:

(1)确定企业可以接受的基准折现率。

(2)应用基准折现率计算出各被选投资项目的净现值,并剔除净现值不大于零的项目。

（3）将所有净现值大于零的投资项目在资金限额内进行组合。

（4）计算出各种组合的净现值总额。

（5）选择净现值总额最大的组合作为最优的项目组合。

方案组合法只使用了净现值指标进行组合方案比选，这一点决定了其应用的便利性。但净现值反映了企业投资的收益数额，而对企业投资的效率反映不足。例如，A、B 两个项目投资组合方案，净现值 $NPV_A > NPV_B$，而内含报酬率却是 $IRR_A < IRR_B$。这种情况往往会影响投资者的决断力。因而，一些文献提出使用线性规划的方法将两种投资项目组合方案在计算出经济评价指标后，再进行综合比选。

（二）净现值指数排序法

所谓净现值指数排序法，是指将净现值率大于或等于零的各个方案按净现值率的大小依次排序，并依次序选取方案，直至所选取的组合方案的投资总额最大限度地接近或等于投资限额为止。

其计算与决策步骤如下：

（1）确定企业可以接受的基准折现率。

（2）计算各方案的净现值 NPV 和净现值指数 NPVR。

（3）剔除净现值指数 NPVR < 0 的方案，并将净现值指数 NPVR ≥ 0 的方案按净现值指数大小由大到小排序。

（4）按照净现值指数由大到小降序，对对应的项目投资额进行累加，直至等于企业可投资总额为止。当资金约束恰好不分割项目时，选择投资累加额最大程度地接近企业资金约束的项目组合，此组合即为最优组合；当资金约束分割项目时，将处于临界的投资项目拆分，使得项目组合的累积投资额等于企业可投资总金额，此时处于临界之前的项目与被拆分的临界项目相加，构成了最优项目投资组合方案。

（5）按照净现值指数排序原则选择项目方案简便易算，其基本思想是单位投资的净现值越大，在一定投资限额内所能获得的净现值总额就越大。但是，由于投资项目的不可分性，在大多数的情况下，资金约束分割项目，这时按照净现值指数排序法选优，并不能保证现有资金的充分利用，而是应该求其加权的净现值率，找出最大的组合，这与互斥方案组合法相差不大，若独立项目数量越多，计算量将越大。

（三）双向排序均衡法

对于受资金限制的项目投资决策问题，日本学者千住镇雄、伏见多美雄教授等提出了按照效率指标排序的原则，利润的指标为净现值 NPV，受制约的资源量为项目的投资 I，他们称之为"右下-右上"法，其实质是利用经济学的边际报酬递减（右下）和边际成本递增（右上）两条曲线的均衡点来决定投资项目的取舍，故又称为双向排序均衡法。

在双向排序均衡法中，从众多的互相独立的方案中选择几个方案时，采用的效率评价指标可用下式表达：

$$E = IN/RE \tag{5-7}$$

式中,E 为效率;IN 为项目的利润;RE 为制约项目进行的资源数量。

这里的"制约的资源"是广义的资源,可以是资金,也可以是人、设备、技术、时间、空间等,要依问题内容而定。因而,上述表达式不仅仅对投资方案有效,对其他任何性质的独立方案选择都是有效的。例如,汽车制造商开发新型汽车,要求早建成早投入运营,则有限的资源就是时间;如果社会技术发展缓慢,那么制约的是技术,其他的如果情况还有很多,需要具体问题具体分析。对于投资方案,这里所说的"效率"一般就是指投资方案的内部收益率。

双向排序均衡法的步骤如下:

(1)选择经济约束资源的产出率为效率指标(通常取 IRR,若存在互斥关系,应选 ΔIRR)。

(2)计算各项目的 IRR 并且按 IRR 大小排序作图,标注资金约束条件 I_{max} 和项目基准折现率 i_0。

(3)依序选择 IRR$\geqslant i_0$,且 $\sum I_j \leqslant I_{max}$ 的项目组合。

【例 5-4】 某公司有六个互相独立的投资项目(表 5-5)。各项目每期期末的净收益都相同,寿命期皆为 8 年。若基准收益率为 10%,可利用的资金总额只有 3 000 万元时,应选择哪些方案? 若该公司所需资金必须从银行贷款,贷款数额为 600 万元时利率为 12%,此后每增加 600 万元利率就增加 4%,则应如何选择方案?

表 5-5　六个独立的投资方案　　　　　　　　　　万元

投资方案	A	B	C	D	E	F
初期投资	500	700	400	750	900	950
每年净收益	171	228	150	167	255	159

首先求出各投资项目的内部收益率,如表 5-6 所示。

表 5-6　各投资项目的内部收益率　　　　　　　　%

投资方案	A	B	C	D	E	F
内部收益率	28.19	26.17	32.18	12.51	20.77	4.12

将上述求得的内部收益率按由大至小的顺序排列(图 5-1)。

由图 5-1 可知,当资金的限额为 3 000 万元时,应取 C、A、B、E 四个方案。此时虽然资金尚有 500 万元的余额,但 D 方案需投资 750 万元,所以不能选 D 方案。由于 F 方案的内部收益率仅为 7%,因此即使资金足够也不宜采用。

若该公司所需资金全部由银行贷款,当利率递增时,将递增利率线画在该图上(见图中虚线)。此时应取 C、A、B 方案,其他方案不宜采用。

对于双向排序均衡法来说,如果资金约束条件不分割其中某一项目,则采用双向排序均衡法可以获得受资金限制的多方案投资的最优解。但是,假如资金约束条件分割了其中某一项目,双向排序均衡法的做法是切割的项目不选择,按照 IRR 递减的顺序依次往下选择,直到资金约束用完为止。此时由于项目的不可分性,在资金约束条件下不同的项

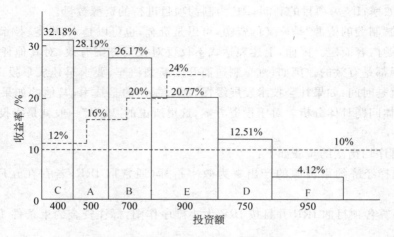

图 5-1 投资方案的双向排序图

目组合的资金总量不一定是相同的,在资金总量不同的情况下,就可能导致采用双向排序均衡法获得的解为非最优解。

在实际的项目评价中,满足双向排序均衡法前提条件的项目并不多,即使存在也很难保证资金约束不切割项目,而资金约束切割项目应该是更为常见的。因此,在独立项目的选优中,双向排序均衡法是一种适用范围小、使用效果差的方法,在实际应用中只能作为一种近似的方法使用。

第三节 资本约束、项目群与项目投资优化

在前面对不同项目投资决策方法进行对比讲解之后,下面我们将对在项目决策中起到约束、修正等作用的因素进行论述。

一、资本约束概述

在了解资本约束概念之前,需要先了解投资项目资本金概念。

投资项目资本金是指在投资项目总投资中,由投资者认缴的出资额,对投资项目来说是非债务性资金,项目法人不承担这部分资金的任何利息和债务,投资者可按其出资的比例依法享有所有者权益,也可转让其出资,但不得以任何方式抽回。

在投资过程中,所有的投入要素都可能存在约束问题。例如,可能没有足够的管理人员来管理所有的净现值为正的项目。同样,技术工人或原材料短缺会使得公司不可能对所有能带来增值的项目进行投资。但是,公司最容易遇到的约束问题还是资本的约束。

如果没有资金总量约束,各方案具有独立性质,但在资金有限的情况下,接受某些方案则意味着不得不放弃另外一些方案,这就是资金约束,即资本约束是指公司投资所需的资金受到限制的一种状态。资本约束会导致公司没有充足的资金对所有净现值为正的项目进行投资,而这些项目本来都是应该进行投资的。所以,资本约束要求我们不能直接应

用净现值法进行投资评价。

二、硬约束和软约束

一般而言,导致出现资本约束的原因主要有两个:资本市场的不完善和公司的自我投资限制。不能从资本市场筹措到资金而导致的资本约束一般又被称为"硬约束",而自我限制资本约束一般又被称为"软约束"。

这里,资本市场的不完善是指信息的不充分和过高的筹资成本,如果信息不够充分,公司就不能从资本市场筹措到所需要的资金。例如,资本市场之所以对公司在某一个项目上的"赢利能力"不够信任,不是出于公司本身或项目本身的内在原因,而恰恰是由于资本市场没有完全掌握公司和投资项目本身的有关信息。或者它们不了解该项目的策划者的详细情况,或许是这个公司没有和他们往来的记录。信息不充分的问题在新企业和小企业更严重。另外是资金筹措成本,由于获得投资资金的交易成本可能非常高,所以也会导致公司无法筹措到所必需的资本。

另一个更常见的导致资本约束的原因是公司对投资的自我限制,即公司自行不对所有净现值为正的项目进行投资。多种原因都可能导致公司进行自我投资限制。首先,公司可能担心债权人提出一些不合理的条件进而不愿意过多负债。例如,债权人可能会限制公司在借款期内再借资金或处置主要资产。其次,权益所有者因为不希望削弱自己对公司的控制权力而不愿意发行新股票,尤其是针对新企业和小企业。但是,更为常见的原因是公司管理层的"欲速则不达"的信念:他们相信企业的成长存在一个最佳状态,如果发展过快反而会使企业遭受损失。比如,管理层可能会认为投资太多新项目会导致企业的运转失去控制,从而对公司长期生存能力产生负面影响。从本质上说,这个原因可以归结为公司因为缺乏管理专家而进行自我投资限制。

无论出现了硬约束还是软约束,公司都必须在净现值为正的项目中作出选择。但是,由于净现值不能直接给出每个项目所必需的投入资金,因此我们不能简单地按照项目净现值的排序而加以选择,还必须考虑每个项目所需要投入的资金。

三、资本约束与投资优化

为了讨论资本约束导致的问题,我们需要区分单时期资本约束和多时期资本约束。单时期资本约束是资本约束的最简单的一种情况,即资金限制约束只在某一时期发生,尤其是在当期发生。

在许多情况下,公司面临着多个投资机会,同时,资本约束也不仅仅存在于某一个时期,而是存在于许多时期。如果投资项目都只需要在第一年发生现金净流出,那么多时期约束和单时期约束没有什么区别,因为这时只在第一年需要资金。但是,许多投资项目在每年都需要净投资。这样每年投入资金时都要考虑资本约束的问题。显然,为了选择能使公司净现值收益最大化的项目组合,公司在每一年都将面临资本约束。

资本约束对项目投资优化的影响表现在以下两个方面。

（一）独立项目的投资优化

当一系列方案（项目）中某一方案的接受并不影响其他方案的接受时，这些方案称为独立方案或独立项目。独立型备选方案的特点是诸方案之间没有排他性，各个投资方案的现金流量是独立的，某一方案的采用与否与自己的可行性有关，而与其他方案是否被采用没有关系。相互独立方案之间的效果具有可加性（即投资、经营费用与投资收益之间具有可加性）。如果企业可利用的资金是有限制的，企业在不超出资金约束的条件下，选择出最佳的方案组合。在这种条件下，独立关系转化为一定程度上的互斥关系，这样就可以参照互斥型项目的比选方法选择出最佳方案。

1. 净现值指数排序法

我们先假定资本约束发生在当期，虽然这时候不能直接应用基本的净现值标准进行筛选，但是处理方法还是较简单的。

2. 不可拆分项目

如果项目不可拆分（这是投资实践中比较普遍的情况），那么净现值指数排序法就不能给企业的决策提供合理建议。这时的决策思路是，列出满足（小于或等于）资本约束的所有的项目组合，从中选出总净现值最大的组合进行投资。

（二）互斥项目的投资优化

现在我们讨论项目相互排斥的情况。互斥关系是指各个项目之间具有排他性，因而在进行项目方案的比较和选择时，在多个备选方案中只能选择一个投资项目，其余项目均必须放弃。一般来说，工程技术人员遇到的多为互斥型项目的选择问题。

互斥组合法是将相互独立的方案组合成总投资不超过投资限额的组合方案，利用互斥方案的比较，选出最优的组合方案。其一般性步骤如下：

（1）列出所有各种可能的互斥方案组合，对于 m 个非直接互斥的项目方案，其全部的互斥组合方案为 $2m-1$ 个。

（2）保留投资额不超过投资限额且净现值及净现值指数大于等于零的组合方案，淘汰其余的组合方案。

（3）在保留的组合方案中按净现值排序，净现值最大的方案即为最优可行方案。

四、项目群与投资优化

投资者在进行投资决策时，通常面临的是一个项目群，投资者追求的是项目群的整体最优。当项目群中各项目相互独立时，只要资金允许，投资者就可以任意选择项目群中的有利项目。如果投资者资金有限，那么他们只能从项目群中选择某些项目，并放弃另一些项目（而这另一些项目从其自身经济性来看是可行的）。投资者如何在资金有限的情况下，对不同投资规模的项目进行选优，这是一个亟待解决的问题。例如，在资源限制条件下，商业银行如何保证在给定资金预算总额的前提下，使商业银行取得最大的营业点多点布局优选布置效果（即实现净现值 NPV 最大化）。

在对项目群进行投资优化组合时，需要遵循的基本分析原则如下。

（一）投资项目的不可分割性原则

在项目分析中，每个项目被当作一个功能实体，只能完整地实现，不考虑项目有分割的部分（如果需要考虑一个大项目中的一个部分或某几个部分，可把这个大项目分解成一些较小的单元，或分解成几个可分别实现的部分。这样处理以后，仍然可以运用整体实现原则）。这个假定条件在财务上的含义是：公司必须逐项地调拨资金，每一笔资金只表示某一个特定的投资项目（或联合项目）。

（二）资源优化配置原则

市场经济是资源高效配置的经济，金融资源作为一种稀缺性资源，只有通过市场才能达到高效配置。因此，要充分发挥金融在国民经济发展过程中的经济杠杆作用，合理分布和优化区域内的商业银行，促进布点地区经济资源、社会资源的优化配置和协调发展，提高全社会资源的配置和利用效率，实现经济社会全面协调可持续发展。

（三）准确预测原则

假设项目的经济评价是建立在预测的基础上的，投资、成本和收入是进行项目评价和投资决策的基础。商业银行的经济评价必须具有高度的准确性，投资、未来收入和成本的预测应该能为投资者决策提供准确的信息，可以使投资者根据预测的数据进行正确的判断，从而作出准确的投资决策。

（四）系统性原则

对于商业银行多点布局，需要运用系统的、整体的观点进行评价，并且要将商业银行这个金融子系统放在区域和社会大系统中进行评价。决定商业银行投资项目是否可行的因素包括诸多方面，从大方面讲，包括市场因素、经济因素和社会因素等。另外，决定商业银行项目是否可行，不但包括内部因素，如商业银行的管理水平、服务质量、预计贷款规模、贷款利率、预计存款规模和存款利率等；而且包括外部因素，即商业银行投资项目所需的外部配套条件，如国家的金融政策、税收政策和所在地区的区域规划等。所以，必须全面、系统地分析和评价项目的可行性，充分利用有限资金，合理规划商业银行网点布局，实现商业银行整体净现值 NPV 最大化。

📂 本章小结

所有项目方案被分为两类：一类是互斥方案，即指互相关联、互相排斥的方案，只能选择其中之一；另一类是独立方案，又称单一方案，是指与其他投资方案完全互相独立、互不排斥的一个或一组方案，可以选多个。

寿命相等的互斥项目方案可选用差额投资内部收益率法、净现值法、年值法或净现值率法。

寿命不等的互斥项目方案通常选择最小公倍数法、年值法进行比较。

无约束条件指的是企业对其即将开展的项目没有资金总量、人员、技术、设备等方面的限制。

有约束条件独立方案的选择方法有方案组合法、净现值指数排序法、双向排序均衡法。

资金约束是指没有资金总量约束，各方案具有独立性质，但在资金有限的情况下，接受某些方案则意味着不得不放弃另外一些方案。

资本约束对项目投资优化的影响表现在以下两个方面：①独立项目的投资优化；②互斥项目的投资优化。

关键词

互斥方案　增量分析法　无约束条件　有约束条件　资金约束
投资优化　硬约束　软约束　项目群

第六章 不确定性分析与风险分析

　　3G 是第三代移动通信技术的简称,指支持高速数据传输的蜂窝移动通信技术。3G 服务能够同时传送声音(通话)及数据信息(电子邮件、即时通信等)。2009 年 1 月 7 日,工业和信息化部为中国移动、中国电信和中国联通发放三张第三代移动通信(3G)牌照,此举标志着我国正式进入 3G 时代。其中,批准中国移动增加基于 TD-SCDMA 技术制式的 3G 牌照(TD-SCDMA 为我国拥有自主产权的 3G 技术标准),中国电信增加基于 CDMA2000 技术制式的 3G 牌照,中国联通增加了基于 WCDMA 技术制式的 3G 牌照。目前,中国移动已经占有中国移动业务市场份额的 73% 左右,而 TD-SCDMA 作为中国自主研制的品牌,与欧洲标准的 WCDMA 和北美标准的 CDMA2000 成熟技术相比,尚处于起步阶段。中国移动目前投资 210 亿元在全国 28 个城市建立了 3G 网络,但却面临着基站终端和网络覆盖的问题。中国移动与中国联通、中国电信相比在技术上并不占有优势,并且由于 3G 资费的上扬,中国移动还面临着现有客户是否愿意从 2.5G 过渡到 3G、是否能够继续保留现有客户优势、投入的 210 亿元是否可以收回并赢利等问题。但中国移动也有自己的优势,作为民主品牌,它得到了国家的大力建设和扶持,第一个投入运营,资金基础雄厚等。中国移动未来 3G 的发展之路虽然还存在一定的风险和不确定性,但如果发展良好的话,将更加稳固其国内移动市场龙头老大的地位。

　　从中国移动投资 3G 技术的项目中可以看出,企业在投资中面临着风险和不确定性,本章在提出风险与不确定性概念的同时,介绍了敏感性分析方法、盈亏平衡分析法、风险分析法等,使企业在作出投资决策时更加清楚地认识风险,并尽量减少投资风险。

学习目标

通过对本章的学习,能够解决以下问题:

1. 什么是风险? 什么是不确定性?
2. 风险与不确定性有哪些区别和联系?
3. 敏感性分析包含哪些方法和步骤?
4. 盈亏平衡分析时应注意哪些问题?
5. 风险分析主要包含哪些方法?

第一节 概 述

一、风险与不确定性的概念

（一）风险

1. 风险的概念

"风险"一词的由来，最为普遍的一种说法是，在远古时期，以打鱼捕捞为生的渔民们在长期的捕捞实践中，深深地体会到"风"给他们带来的无法预测、无法确定的危险。他们认识到，在出海捕捞打鱼的生活中，"风"即意味着"险"，由此有了"风险"一词的由来。现代意义上的"风险"一词，已经大大超越了"遇到危险"的狭义含义，而是"遇到破坏或损失的机会或危险"。可以说，经过 200 多年的演绎，"风险"一词越来越被概念化，随着人类活动的复杂性和深刻性而逐步深化，并被赋予了哲学、经济学、社会学、统计学甚至文化艺术领域的更广泛、更深层次的含义，且与人类的决策和行为后果联系越来越紧密，"风险"一词也成为人们生活中出现频率很高的词汇。然而，至今学术界对风险的内涵还没有统一的定义，由于对风险的理解和认识程度不同，或对风险的研究角度不同，不同的学者对风险概念有着不同的解释。但无论如何定义"风险"一词，其基本的核心含义始终是"未来结果的不确定性或损失"。因此，如何判断风险、选择风险、规避风险继而运用风险，在风险中寻求机会创造收益，意义更加深远而重大。

2. 风险的特征

风险具备客观性、普遍性、偶然性和可测性四大特征。

第一，风险是客观存在的。虽然可以采用防范措施防止或降低风险发生导致的损失，但是不可能完全消除风险。例如，地震、台风、洪水、瘟疫、意外事故等，都不以人的意志为转移，它们是独立于人的意识之外的客观存在。这是因为，无论是自然界的物质运动，还是社会发展的规律，都是由事物的内部因素所决定的，由超出人们主观意识所存在的客观规律所决定的。人们只能在一定的时间和空间内改变风险存在和发生的条件，降低风险发生频率和损失幅度，而不能彻底地消除风险。

第二，风险存在的普遍性。自从人类出现后，就面临着各种各样的风险，如自然灾害、疾病、伤害、战争等。随着科学技术的发展、生产力的提高、社会的进步、人类的进化，又产生了新的风险，且风险事故造成的损失也越来越大。在当今社会，个人面临生、老、病、死、意外伤害等风险，企业则面临着自然风险、技术风险、经济风险、政治风险等，甚至国家政府机关也面临着各种风险。总之，风险渗入社会、企业、个人生活的方方面面，无时无处不存在某一风险。

第三，风险的发生往往是偶然的。虽然风险是客观存在的，但就某一具体风险而言，它的发生是偶然的，是一种随机现象。对于个别事件来看，风险导致事故的发生又有不确定性，不幸事件何时、何地、如何发生、带来多大损失，都有很大的偶然性；对于独立个体来说，事先难以确定。风险也可认为是经济损失的不确定性。风险事故的随机性主要表现为风险事故是否发生不确定、何时发生不确定，以及发生的后果不确定。

第四，风险发生的概率是可测的。个别风险事故的发生是偶然的，而通过对大量风险事故的观察可发现，其往往呈现出明显的规律性。运用统计学方法去处理大量相互独立的偶发风险事故，其结果可以比较准确地反映出风险的规律性。根据以往大量资料，利用概率论和数理统计的方法可测算出风险事故发生的概率及其损失幅度，并可构造出损失分布的模型，成为风险估测的基础。

3. 风险的分类

风险分类有多种方法，常用的有以下几种。

1）按照风险的发生根源不同划分

按照风险的发生根源不同，可将其分为系统风险和非系统风险。

系统风险是由市场和社会整体引发的共性的风险，任何个体都不可能规避。例如，整个股市崩溃、国家经济发展速度下滑、金融危机等。

非系统风险是个体自身发生的风险，可能是个体经营不善或对外界某类事件过于敏感而引发的风险。例如，某只股票价格下滑、某个企业倒闭等。

2）按照风险的性质不同划分

按照风险的性质不同，可将其分为纯粹风险和投机风险。

纯粹风险是只有损失机会而没有获利可能的风险。

投机风险是既有损失的机会也有获利可能的风险。

3）按照产生风险的环境不同划分

按照产生风险的环境不同，可将其分为静态风险和动态风险。

静态风险是自然力的不规则变动或人们的过失行为导致的风险。

动态风险是社会、经济、科技或政治变动产生的风险。

4）按照风险发生的原因不同划分

按照风险发生的原因不同，可将其分为自然风险、社会风险和经济风险。

自然风险是自然因素和物力现象所造成的风险。

社会风险是个人或团体在社会上的行为导致的风险。

经济风险是经济活动过程中，因市场因素影响或者管理经营不善而导致经济损失的风险。

5）按照风险致损的对象不同划分

按照风险致损的对象不同，可将其分为财产风险、人身风险和责任风险。

财产风险是各种财产损毁、灭失或者贬值的风险。

人身风险是个人的疾病、意外伤害等造成残疾、死亡的风险。

责任风险是法律或者有关合同规定，因行为人的行为或不作为导致他人财产损失或人身伤亡，行为人所负经济赔偿责任的风险。

当然，还存在许多其他与本书不同的风险分类方法。这些往往与分类者自身的视角有关，有时同样的视角落在不同的行业和领域，也会产生不同的风险分类方式。例如，同样是经济风险，落实到银行业内部就被划分为信用风险、操作风险、流动性风险、收益性风险，以及破产风险等。所以，对分类不必强求正确与否，真正应该注意的则是风险的分析与规避。

（二）不确定性

1. 概念

相对风险而言，不确定性的概念更容易被人们理解和接受。通常人们认为，那种在事先不能准确地预知自己的某种决策结果的现象，即是不确定性；也指经济主体对于未来的经济状况（尤其是收益和损失）的分布范围和状态不能确知。在经济行为中，如果行为主体作出决策后，却无法预料到其决策的可能结果的种类与概况，就产生了不确定性。事实上，如果用量子物理学中的量子运动特征来解释不确定性更为准确，也更为形象。由于质点的位置和动量无法精确测量，因而导致粒子的位置和轨迹无法描绘，这种无序的、无法预知的运动特征即是对不确定性的最好解释。

2. 分类

根据能否事前估计事件最终结果的可能状态数量和可能程度，不确定性可被分为可衡量的不确定性和不可衡量的不确定性。

可衡量的不确定性是指决策者依靠经验知识或历史数据，能够事前预测出事件结果的可能数量和影响程度。

不可衡量的不确定性是指即使存在丰富的经验知识和足够的历史数据，决策者也无法对其决策方案引发的结果种类和数量作出预测。

对比这两种分类可知，前者的含义其实更倾向于风险，而后者更遵循不确定性的本质。对于这个问题，后面在关于风险与不确定性关系的论述中会有详细解释。

二、风险与不确定性的区别与联系

迄今为止，理论界关于人们对风险与不确定性之间关系的认知存在两种观点。

第一种观点：风险来源于不确定性，与不确定性没有本质区别。在这种观点中，将不确定性定义为是事物发展与原先预测或设想的结果出现不一致的情况，也可直观地理解为事件发生的最终结果的多种可能状态，即确定性的反映。不确定性可能带来更有利的结果，也有可能造成损失。实践中，有可能根据历史数据和经验测算不确定性结果的发生概率和影响程度，也可能无法测算其发生概率和影响程度。于是，人们将可以测算事物各种发生结果发生概率及影响程度的不确定性，定义为"风险"。风险管理是很多经济活动必须考虑的问题，如新产品投资、炒股等。

第二种观点：风险与不确定性有着密切的联系，但二者有着本质的区别，不能将二者混为一谈。在这种观点中，风险被定义为决策者面临的这样一种状态，即能够事先知道事件最终呈现的可能状态，并且可以根据经验知识或历史数据比较准确地预知可能状态出现的可能概率的大小，即知道整个事件发生的概率分布。然而，在不确定性的状态下，决策者不能预知事件发生最终结果的可能状态以及相应的可能性大小即概率分布。例如，由于公司突然兼并计划而引起股票价格的波动就是一种不确定性的表现。因为，决策者无法预知公司将要宣布的兼并计划方案，或者即便知道了兼并计划方案也无法预知哪个公司被兼并的概率。可见，根据这种观点，风险和不确定性的根本区别在于决策者能否预知事件发生最终结果的概率分布。

以上两种观点的本质差别在于不确定性的发生概率可否测量与风险能否相互转化。对于这个问题,实践工作给出了答复。在实践中,决策者的认知能力和所拥有的信息量往往会决定项目事件结果是处于风险状态还是不确定性状态。例如,同样是建一个水利工程,国家投资建设肯定比地方投资建设更为顺利且容易,原因在于国家拥有更多的资源、技术支撑及信息量。因此,风险和不确定性的区别是建立在投资者的主观认知能力和认知条件(主要是信息量的拥有状况)的基础上的,具有明显的主观色彩。鉴于实践中区分这两种状态的困难和两种状态转换的可能性,许多对风险的讨论都采取了第一种观点,并不严格区分风险和不确定性的差异。

尽管在实践中不严格区分风险与不确定性之间的差异,但在两者关系的理解上,第二种理论还是占据着主导地位。美国著名经济学家富兰克•H. 奈特(1885～1972 年)在1916 年撰写了博士学位论文——"风险、不确定性和利润",其对风险与不确定性的论述堪称经典,也对现代经济学产生了巨大影响。奈特从理论条件下竞争与实际条件下竞争的不一致性出发,即从对完全竞争与不完全竞争的分析入手,区分了两种不同意义的不确定性概念,即风险与不确定性。奈特认为风险的特征是概率估计的可靠性,以及因此将它作为一种可保险的成本进行处理的可能性。估计的可靠性来自所遵循的理论规律或稳定的经验规律,对经济理论的目的来说,整个概率问题的关键点是只要概率能够用这两种方法中的任一种以数字表示,不确定性就可以被排除。与可计算或可预见的风险不同,不确定性是指人们缺乏对事件的基本知识,对事件可能的结果知之甚少,因此,不能通过现有理论或经验进行预见和定量分析。

奈特区分风险与不确定性的哲学意义在于:风险是一种人们可知其概率分布的不确定,但是人们可以根据过去推测未来的可能性;而不确定性则意味着人类的无知,因为不确定性表示人们根本无法预知还没有发生过的将来事件,它是全新的、唯一的、过去从来没有出现过的。

三、不确定性分析与风险分析

(一)概述

不确定性分析是指对决策方案受到各种事前无法控制的外部因素变化与影响所进行的研究和估计,它是决策分析中常用的一种方法。通过该分析可以尽量弄清和减少不确定性因素对经济效益的影响,预测项目投资对某些不可预见的政治与经济风险的抗冲击能力,从而证明项目投资的可靠性和稳定性,避免投产后不能获得预期的利润和收益,以致使企业亏损。不确定性分析所作出的比较可靠、接近客观实际的估计或预测,将对决策者和未来的经营者具有十分重要的参考价值。通常,不确定性分析可分为盈亏平衡分析、敏感性分析和概率分析。

在项目投资不确定性因素分析中涉及的因素有通货膨胀和物价变动、技术装备和生产工艺变革、生产能力的变化、建设资金和工期的变化,以及国家经济政策和法规规定的变化。例如,企业的经营决策将受到国家经济政策调整、市场需要变化、原材料和外部供应条件改变、产品价格涨落、市场竞争加剧等因素的影响,这些因素大都无法事先加以控制。为了作出正确的项目投资决策,需要对这些不肯定的因素进行技术经济分析,计算其发生的概率及对决策方案的影响程度,从中选择经济效果最好(或满意)的方案。

与不确定性分析不同,风险分析实际上就是贯穿在项目投资过程中的一系列风险管理步骤,其中包括风险因素识别、风险概率估计、风险影响评价、风险管理策略、风险解决和风险监督等过程。

不确定性分析是对影响项目的主要不确定性因素进行分析评价的过程,风险分析则是识别风险因素、估计风险概率、评价风险影响并制定风险对策的过程。

(二)不确定性分析与风险分析的作用

1. 避免项目投资产生损失

随着投融资体制改革和现代企业制度的建立,各投资主体也开始产生了对如何认识风险和规避风险、降低不确定性的主观需求。投资项目的决策分析与评价旨在为投资决策服务,如果忽视风险与不确定性的存在,仅仅依据基本方案的预期结果,如某项经济评价指标达到可接受水平来简单决策,就有可能蒙受损失。

2. 有助于改进和优化项目的设计方案,降低项目风险

投资决策中的不确定性分析与风险分析的结果有助于改进和优化项目的设计方案,起到降低项目风险的作用。同时,利用风险分析的成果建立风险管理系统,有助于为项目全过程风险管理打下基础。

不确定性分析与风险分析应贯穿于项目分析的各个环节和全过程。即在项目可行性研究的主要环节,包括市场、技术、环境、财务、社会分析中进行相应的分析,并进行全面的综合分析和评价。通过分析降低项目执行过程中的不确定性,并形成系统的管理和规范。这种行为已超越了市场分析、技术分析、财务分析和经济分析的范畴,成为了一种系统分析。同时,项目决策者与实施者通过实施分析手段,对整个项目进行监督与实施。这为项目投资目标的顺利实现提供了保障。

(三)不确定性分析与风险分析的区别与联系

不确定性分析与风险分析既有联系,又有区别。

首先是联系。由于人们对未来事物认识的局限性、可获信息的有限性以及未来事物本身的不确定性,投资建设项目的实施结果可能偏离预期目标,这就形成了投资建设项目预期目标的不确定性,从而使项目可能得到高于或低于预期的效益,甚至遭受一定的损失,导致投资建设项目"有风险"。通过不确定性分析,可以找出影响项目效益的敏感因素,确定敏感程度,但不知这种不确定性因素发生的可能性及影响程度。借助于风险分析,可以得知不确定性因素发生的可能性以及给项目带来经济损失的程度。不确定性分析找出的敏感因素又可以作为风险因素识别和风险估计的依据。

其次是区别。不确定性分析是对投资项目受不确定性因素的影响进行分析,并粗略地了解项目的抗风险能力,其主要方法是敏感性分析和盈亏平衡分析;而风险分析则要对投资项目的风险因素和风险程度进行识别和判断,主要方法有概率树分析、蒙特卡洛模拟等。

第二节 敏感性分析

一、敏感性分析的内容与作用

敏感性分析法是指从众多不确定性因素中找出对投资项目经济效益指标有重要影响的敏感性因素,并分析、测算其对项目经济效益指标的影响程度和敏感性程度,进而判断项目承受风险能力的一种不确定性分析方法。其中,敏感性因素是指对方案经济效果影响程度较大的不确定性因素。显然,投资者有必要及时把握敏感性因素,并通过敏感性因素变化的可能性以及测算的误差,分析方案的风险大小。一般来说,敏感性分析是在确定性分析的基础上,进一步分析不确定性因素变化对方案经济效果的影响程度。

由敏感性分析的概念描述可知,在实践中,敏感性分析具有如下四个目标与作用:

(1)确定影响项目经济效益的敏感因素。寻找影响最大、最敏感的主要变量因素,进一步分析、预测或估算其影响程度,找出产生不确定性的根源,采取相应的有效措施。

(2)计算主要变量因素的变化引起项目经济效益评价指标变动的范围,使决策者全面了解建设项目投资方案可能出现的经济效益变动情况,以减少和避免不利因素的影响,改善和提高项目的投资效果。

(3)通过各种方案敏感度大小的对比,区分敏感度大或敏感度小的方案,选择敏感度小的,即风险小的项目作投资方案。

(4)通过可能出现的最有利与最不利的经济效益变动范围的分析,为投资决策者预测可能出现的风险程度,并对原方案采取某些控制措施或寻找可替代方案,为最后确定可行的投资方案提供可靠的决策依据。

二、敏感性分析的方法与步骤

根据不确定性因素每次变动数目的多少,敏感性分析法可以分为单因素敏感性分析法和多因素敏感性分析法。单因素敏感性分析是假定只有一个不确定性因素发生变化,其他因素不变;多因素敏感性分析则是在两个或多个不确定性因素同时变化时,分析对方案经济效果的影响程度。

(一)单因素敏感性分析法

每次只变动一个因素而其他因素保持不变时所作的敏感性分析法,称为单因素敏感性分析法。在分析方法上,单因素敏感性分析类似于数学上多元函数的偏微分,即在计算某个因素的变动对经济效果指标的影响时,假定其他因素均不变。

单因素敏感性分析法的步骤与内容如下。

第一步,选择需要分析的不确定因素,并设定这些因素的变动范围。

影响投资方案经济效果的不确定因素有很多,严格说来,凡影响方案经济效果的因素都在某种程度上带有不确定性。但事实上没有必要对所有的不确定因素都进行敏感性分析,可以根据以下原则选择主要的不确定因素加以分析:①预计在可能的变动范围内,该因素的变动将会比较强烈地影响方案的经济效果指标;②对在确定性经济分析中采用的该因素的数据的准确性把握不大。

作为敏感性分析的因素通常从下列因素中选定:

(1) 投资额,包括固定资产投资与流动资金占用,根据需要还可将固定资产投资划分为设备费用、建筑安装费用等。

(2) 项目建设期、投产期、到产期。

(3) 产品产量及销售量。

(4) 产品价格。

(5) 经营成本,特别是其中的变动成本。

(6) 项目寿命期、项目寿命期末的资产残值。

(7) 折现率、外币汇率。

在选择需要分析的不确定因素的过程中,应该根据实际情况设定这些因素可能的变动范围。

第二步,确定分析指标。

如净现值、净年值、内部收益率、投资回收期等各种经济效果评价指标,都可以作为敏感性分析的指标。由于敏感性分析是在确定性经济分析的基础上进行的,就一般情况而言,敏感性分析的指标应与确定性经济分析所使用的指标相一致,不应超出确定性分析所用指标的范围另立指标。当确定性经济分析中使用的指标比较多时,敏感性分析可围绕其中一个或若干个最重要的指标进行。

第三步,计算各因素分别变化对分析指标的影响。

计算各不确定因素在可能的变动范围内发生不同幅度变动所导致的方案经济效果指标的变动结果,建立起一一对应的数量关系,并用图或表的形式表示出来。

第四步,确定敏感因素。

所谓敏感因素就是指其数值变动能显著影响方案经济效果的因素。判别敏感因素的方法有两种:

第一种是相对测定法,即设定要分析的因素均从确定性经济分析中所采用的数值开始变动,且各因素每次变动的幅度(增或减的百分数)相同,比较在同一变动幅度下各因素的变动对经济效果指标的影响,据此判断方案经济效果对各因素变动的敏感程度。

第二种方法是绝对测定法,即设各因素均向对方案不利的方向变动,并取其有可能出现的对方案最不利的数值,据此计算方案的经济效果指标,看其是否可达到使方案无法被接受的程度。如果某因素可能出现的最不利数值能使方案变得不可接受,则表明该因素是方案的敏感因素。方案能否接受的判断依据是各经济效果指标能否达到临界值,例如,使用净现值指标要看净现值是否大于或等于零;使用内部收益率指标要看内部收益率是否达到基准折现率。绝对测定论的一个变通方式是先设定有关经济效果指标为其临界值,如令净现值等于零,令内部收益率等于基准折现率,然后求待分析因素的最大允许变动幅度,并与其可能出现的最大变动幅度相比较。如果某因素可能出现的变动幅度超过最大允许变动幅度,则表明该因素是方案的敏感因素。

在实践中,可以把确定敏感因素的两种方法结合起来使用。

第五步,决策即综合经济效果评价和不确定性分析的结果,选择最佳方案。

单因素敏感性分析在计算特定不确定因素对项目经济效益的影响时,需假定其他因素不变,实际上这种假定很难成立。可能会有两个或两个以上的不确定因素在同时变动,此时单因素敏感性分析就很难准确地反映项目承担风险的状况。因此,单因素敏感性分析法是不全面的,容易造成低估经济评价风险的后果,会给投资者带来损失,尚需进行多因素敏感性分析。

【例 6-1】 有一投资方案的初始投资为 40 万元,项目生命期为 11 年。项目的建设期需要一年,第二年可以开始运营,预计每年的销售收入为 25.8 万元,年经营成本 16.5 万元,项目期末的资产残值为 3 万元。以上数据是根据预测估算的。未来某些因素存在不确定性,投资额、经营成本和产品价格均有可能在 ±20% 的范围内变动。基准收益率暂定为 10%,不考虑所得税,分别就三个不确定因素作敏感性分析(单位:万元)。

【解】 设投资额为 I,年销售收入为 B,年经营成本为 C,期末资产残值为 L,用净现值指标评价本方案的经济效果,由题意可见 NPV 的计算公式为

$$NPV = -I + (B-C)(P/A, 10\%, 10)(P/F, 10\%, 1) + L(P/F, 10\%, 11)$$
$$= -40 + (25.8 - 16.5) \times 6.144 \times 0.909\ 1 + 3 \times 0.350\ 5 = 12.997(万元)$$

用 NPV 指标进行敏感性分析:

(1) 设投资额变动的百分比为 x,分析投资额变动对方案净现值影响的计算公式为

$$NPV = -K(1+x) + (B-C)(P/A, 10\%, 10)(P/F, 10\%, 1) + L(P/F, 10\%, 11)$$

(2) 设经营成本变动的百分比为 y,分析经营成本变动对方案净现值影响的计算公式为

$$NPV = -K + [B - C(1+y)](P/A, 10\%, 10)(P/F, 10\%, 1) + L(P/F, 10\%, 11)$$

(3) 设产品价格变动的百分比为 z,产品价格的变动将导致销售收入和销售税金变动,销售收入变动的比例与产品价格变动的比例相同,故分析产品价格对方案净现值影响的计算公式可写成

$$NPV = -K + [B(1+z) - C](P/A, 10\%, 10)(P/F, 10\%, 1) + L(P/F, 10\%, 11)$$

分别取不同的 x、y、z 值,计算各不确定因素在不同变动幅度下方案的 NPV,计算结果列入表 6-1。

表 6-1　NPV 波动情况

变动率/%	−20	−15	−10	−5	0	5	10	15	20
投资额(K)/万元	20.997	18.997	16.997	14.997	12.997	10.997	8.997	6.997	4.997
经营成本(C)/万元	31.429	26.821	22.213	17.605	12.977	8.389	3.781	−0.827	−5.435
产品价格(B)/万元	−15.824	−8.619	−1.414	5.791	12.997	20.020	27.407	34.613	41.818

由表 6-1 可见,当变动率(x、y、z)相同时,B 的变动对 NPV 的影响最大,C 的变动影响其次,K 的变动影响最小。

使用各敏感性因素对净现值影响的计算公式,令

$$NPV = 0$$

可计算出：$x=132.5\%$，$y=14.10\%$，$z=-9.02\%$。

结果分析，

由 $x=132.5\%$，$y=14.10\%$，$z=9.02\%$。这一结果可以得到以下结论：

如果投资额与产品价格不变，年经营成本高于预期值的 14.1% 以上；或者投资额与经营成本不变，产品价格低于预期值 9.02% 以上，方案将变得不可接受。而如果经营成本与产品价格不变，投资额增加 132.50% 以上，会使方案变得不可接受。

分析可见，本方案的产品价格与经营成本都是敏感性因素，而投资额显然不是本方案的敏感性因素。

（二）多因素敏感性分析法

多因素敏感性分析法是指在假定其他不确定性因素不变的条件下，计算分析两种或两种以上不确定性因素同时发生变动，项目经济效益值的影响程度，确定敏感性因素及其极限值。

多因素敏感性分析一般是在单因素敏感性分析的基础上进行的，其基本原理与单因素敏感性分析大体相同。但值得注意的是，多因素敏感性分析需要假定同时变动的几个因素都是相互独立的，且各因素发生变化的概率相同。

多因素敏感性分析要考虑可能发生的各种因素不同变动幅度的多种组合，计算起来要比单因素敏感性分析复杂得多。如果需要分析的不确定因素不超过三个，而且经济效果指标的计算比较简单，可以用解析法与作图法相结合的方法进行分析。

【例 6-2】　某项目投资 160 000 元，寿命 10 年，残值 10 000 元，基准利率为 13%，预计现金流入和现金流出分别为 35 000 元和 3 000 元。试对现金流入和现金流出作双因素敏感性分析。

【解】　设 x 和 y 分别为年现金流入和现金流出的变化率，则净现值为

$$\begin{aligned}
\text{NPV} &= -160\,000(A/P,13\%,10)+35\,000(1+x)\\
&\quad -3\,000(1+y)+10\,000(A/F,13\%,10)\\
&= -160\,000\times0.184+35\,000(1+x)\\
&\quad -3\,000(1+y)+10\,000\times0.054\\
&= 3\,100+35\,000x-3\,000y
\end{aligned}$$

企业项目投资的经济性要求 NPV>0，即 $y<0.968+11.29x$ 方案就可行。

三、敏感性分析法的局限性

敏感性分析法是一种动态不确定性分析方法，是项目评估中不可或缺的组成部分。它用以分析项目经济效益指标对各不确定性因素的敏感程度，找出敏感性因素及其最大变动幅度，据此判断项目承担风险的能力。但是，这种分析尚不能确定各种不确定性因素发生一定幅度的概率，因而其分析结论的准确性就会受到一定的影响。在实际生活中，可能会出现这样的情形，敏感性分析找出的某个敏感性因素在未来发生不利变动的可能性很小，引起的项目风险不大，而另一因素在敏感性分析时表现出不太敏感，但其在未来发生不利变动的可能性却很大，进而会引起较大的项目风险。为了弥补敏感性分析的不足，

在进行项目评估和决策时,尚需进一步作概率分析。

第三节 盈亏平衡分析

一、盈亏平衡分析的概念、作用与应用条件

(一)盈亏平衡分析的概念

盈亏平衡分析又称保本点分析或本量利分析法,是通过盈亏平衡点(BEP)分析项目成本与收益的平衡关系,来预测利润、控制成本、判断经营状况的一种数学分析方法。盈亏平衡分析的关键在于确定盈亏平衡点。

盈亏平衡点是企业经营的一种临界状态。在实践中,企业的各种不确定因素(如投资、成本、销售量、产品价格、项目寿命期等)的变化对企业投资方案的经济效果具有影响,当这些因素的变化达到某一临界值时,就会影响项目投资方案的取舍。盈亏平衡点可判断投资方案对不确定因素变化的承受能力,为决策提供依据。盈亏平衡点越低,说明项目赢利的可能性越大,亏损的可能性越小,因而项目有较大的抗经营风险能力。

(二)盈亏平衡分析的作用

盈亏平衡分析的作用归结起来,主要有三点。

1. 确定企业经营的盈亏平衡点

盈亏平衡分析主要通过分析产量(销量)、成本与利润的关系寻找盈亏平衡点,所以又称为本量利分析法。对企业而言,找到自身的盈亏平衡点,有助于其以超过临界值的经营指标来改善企业经营现状。盈亏平衡点的表达形式有多种。它可以用实物产量、单位产品售价、单位产品可变成本以及年固定成本总量表示,也可以用生产能力利用率(盈亏平衡点率)等相对量表示。其中,产量与生产能力利用率在进行项目不确定性分析中应用较广的。

2. 有利于发现企业经营中的不足

在找到盈亏平衡点之后,可以通过盈亏平衡模型中的变量关系,为企业每个可控经济变量和不可控经济变量的变动范围作出设定。结合变量数值变动的理论范围和企业实践中可以实现的变量波动范围,可以找到企业经营中亟须改善但难以改变的关键问题。进而围绕这个问题,寻找替代变量或方案来规避因为企业自身经营弱点而导致的风险。

3. 改善企业内部的资源配置和利用水平

所谓平衡点,一方面是成本、产量和利润之间的平衡,另一方面也是企业内部资源配置有效程度的一个反映。企业经营成本受到资源占用程度的影响,固定资产占用量、流动资金的机会成本、员工工作效率产生的机会成本等都是可以通过管理行为控制改变的。因而在判断出平衡点之后,将计算公式的变量进行细化分解,直至分解为企业经营的细节单位。在此基础上,进行资源占用需求量的判断和改变。

（三）盈亏平衡分析的应用条件

在使用中，盈亏平衡分析实际上要求满足以下四个假设条件：

（1）产品的产量等于销售量。因为如果产销量不相等，计算销售收入及销售税金时用的是销售数量，计算成本时用的是生产量，二者不在一个水平上，计算企业利润时势必要进行调整，这就使得盈亏平衡分析变得十分复杂。

（2）假设固定成本总额与产销量的变化无关，基本维持在一个稳定的水平上。但在实际生产中，固定成本自然不是绝对固定的。

（3）单位产品的销售单价、销售税率和单位变动成本不变。这样一来，全部销售收入及销售税金和变动成本总额都将随着产销量的增减呈等比例地变动，它们之间就保持着一种正的线性函数关系。当然，实际的情况要复杂得多，成本、收入和产销量之间可能存在着不完全的线性关系或者是完全的非线性关系。

（4）生产的产品可以换算为单一产品计算。

（四）盈亏平衡分析的基本关系

在进行盈亏平衡分析时，应明确认识下列基本关系：

（1）在销售总成本已定的情况下，盈亏临界点的高低取决于单位售价的高低。单位售价越高，盈亏临界点越低；单位售价越低，盈亏临界点越高。

（2）在销售收入已定的情况下，盈亏临界点的高低取决于固定成本和单位变动成本的高低。固定成本越高，或单位变动成本越高，则盈亏临界点越高；反之，盈亏临界点越低。

（3）在盈亏临界点不变的前提下，销售量越大，企业实现的利润便越多（或亏损越少）；销售量越小，企业实现的利润便越少（或亏损越多）。

（4）在销售量不变的前提下，盈亏临界点越低，企业能实现的利润便越多（或亏损越少）；盈亏临界点越高，企业能实现的利润便越少（或亏损越多）。

二、盈亏平衡分析的计算方法

盈亏平衡分析的原理简单，其应用方法的分类主要有以下几种：

（1）按采用的分析方法的不同，可分为方程式法和图解法。

（2）按分析要素间的函数关系不同，可分为线性盈亏平衡分析和非线性盈亏平衡分析。

（3）按分析的产品品种数目多少，可以分为单一产品盈亏平衡分析和多产品盈亏平衡分析。

（4）按是否考虑货币的时间价值，分为静态盈亏平衡分析和动态盈亏平衡分析。

在使用中，图解法和方程式法是用来实现盈亏平衡分析的主要手段，其他的盈亏平衡分类方法都是在应用这两种方法实现分析的目的。例如，用图解法和方程式法来计算单一产品或多产品下的盈亏平衡点，因此，下面对这两种方法作详细的介绍。

（一）方程式法

一般来说，企业内部的收入、成本、利润三者之间具有如下关系：

$$收入 = 成本 + 利润 \tag{6-1}$$
$$收入 = 销售量 \times 产品单价 \tag{6-2}$$
$$成本 = 固定成本 + 变动成本 \tag{6-3}$$
$$变动成本 = 销售量 \times 单位变动成本 \tag{6-4}$$

由式(6-1)～式(6-4)可以推导出企业营销平衡下的关系式，即盈亏平衡方程：

$$I = C + R$$
$$Q \cdot p = C_F + C_V + R = C_F + Q \cdot c_v + R \tag{6-5}$$

式中，I 为销售收入；C 为成本；C_F 为固定成本；C_V 为变动成本；c_v 为单位变动成本；R 为企业税前利润；Q 为销售量；p 为产品销售单价。

在遵守盈亏平衡分析的应用条件下，盈亏平衡意味着利润等于零，于是由盈亏平衡方程推导出盈亏平衡点的计算公式。

（1）以销售量来表示盈亏平衡点：

$$Q_0 = \frac{C_F}{(p - c_V)} \tag{6-6}$$

（2）以单位变动成本率来表示盈亏平衡点：

$$c_{v0} = p - \frac{C_F}{Q} \tag{6-7}$$

（3）以销售单价来表示盈亏平衡点：

$$p = \frac{C_F}{Q} + c_{v0} \tag{6-8}$$

式(6-6)～式(6-8)中的参数含义与前面相同。

式(6-6)～式(6-8)仅是给出了集中经济指标作为盈亏平衡点的计算公式。在实践中，可以根据需要再作细化。例如，将变动成本率分为人工成本率和流动资金成本率之和，原理都是一样的，但必须遵守盈亏平衡分析的前提条件。

（二）图解法

盈亏平衡点的预测也可采用绘制"盈亏平衡图"的方法。在盈亏平衡图上，一般用横轴表示产品销售量，纵轴表示产品的销售收入和成本。在绘制过程中，遵循如下步骤：

（1）绘制出销售收入线，根据式(6-2)绘制，其中以销售量为自变量；

（2）绘制出总成本线，根据式(6-3)、式(6-4)绘制，其中以销售量为自变量；

（3）通过收入线与成本线的交叉点确定盈亏平衡点（BEP），其纵坐标为盈亏平衡时的销售收入或总成本，横坐标为盈亏平衡下的销售量。

图 6-1 为盈亏平衡分析图。

在图 6-1 中，总收入线高于总成本线的三角区域是赢利区，相反则是亏损区。

通过盈亏平衡分析图，可以更直观地描绘出成本、销售量、利润之间的依存关系。同时得到一个规律：在销售量不变的情况下，盈亏点的位置反映了产品的赢利性，盈亏点越

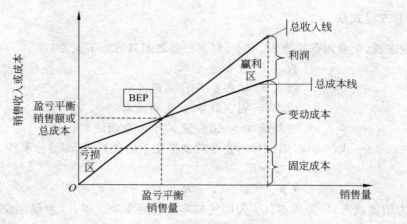

图 6-1　盈亏平衡分析图

低,赢利区域越大,则产品的赢利能力越强;盈亏点越高,赢利区域越小,则产品的赢利能力越弱。

由于公式法和图解法是针对一种产品的销售平衡分析设计的,在实践中企业往往存在多种产品。人们在其基础上,又开发出了适用于多产品的主要品种法、分算法、加权平均贡献率法、联合单位法等。这些方法尽管在应用中计算方式和步骤各不相同,但其原理均是在盈亏平衡方程基础上推演而来的。

三、盈亏平衡分析的注意要点

在对许多生产问题和全公司性的问题进行分析时,盈亏平衡点这个概念是极为重要的。可是,有一点值得注意,我们对公司盈亏平衡"点"的最佳估计,实际上在图中也只是一个相当大的包括该点本身的"斑块"。这是因为,要获取关于固定成本和可变成本比率的精确数据,实在是具有内在的困难,同时也由于日常管理决策常常改变盈亏平衡点。在多产品综合性的企业中,数字的意义变得粗略而模糊不清,因而所得出的关于固定成本、可变成本、产量等项目的粗略数字使许多重要细节不是那么清晰,于是出现了这样的情况:即使存在严重的问题,但是看起来,整个公司的状况还是可以接受的。例如,在计算通用汽车公司的总营业额时,必须包括汽车、冰箱、大型内燃机、货车、洗衣机、火花塞和其他许多项目。一个产品或一个部门良好的成绩掩盖了其他产品或部门的不良情况。在这里我们必须强调的一点是,对每个产品应该使用不同的盈亏平衡点图,这具有一定的意义。但是常常很难合理摊派许多成本,特别当产品品种易发生变化时更是如此。以下这种情况最容易看清楚,即生产的产品是同类型,且产量可以用诸如件数、单位数、吨数、加仑数、桶数等来计量。

尽管存在着这些困难,但对于形成有关预算控制、利润计划和生产过程选择的概念框架,盈亏平衡点分析还是很重要的。它使管理部门能够获悉产量变化或准备采取的行动路线将怎样影响盈亏平衡点和利润。

第四节　风险分析

一、风险分析的程序和基础

（一）风险分析的程序

风险分析是认识可能存在的潜在风险因素,并估计这些因素发生的可能性及由此造成的影响,分析为防止或减少不利影响而采取对策的一系列活动。它包括风险识别、风险估计、风险评价与对策研究四个基本阶段。风险分析所经历的四个阶段,实质上是从定性分析到定量分析,再从定量分析到定性分析的过程。因而在项目决策分析中的风险分析应遵循以下程序。

1. 认识风险特征并识别风险因素

运用一定的方法,判断在项目周期中已面临的和潜在的风险。识别风险可以通过感性认识和经验,更重要的是通过运用会计、统计、项目执行情况和风险记录进行分析、归纳和整理项目风险的识别过程。项目风险的识别应该贯穿项目的始终,其方法也因情况而定。

2. 选择适当的方法估计风险发生的可能性及其影响

在识别的基础上,通过对所收集的大量的详细的损失资料加以分析,运用概率和数理统计方法,估计和预测风险发生的概率和损失幅度。项目风险的估测是项目风险管理的重要而复杂的一环。

3. 对单个风险因素与项目整体风险程度进行估计

按照一个标准风险程度衡量风险的程度,以便确定风险是否需要处理和处理的程度。在估测出项目风险的损失概率和损失幅度后,综合考虑这两个因素,衡量该风险对项目的影响程度和处理该风险所付出的成本,确定是否该采取措施,因为项目管理者不可能对项目中的所有风险加以处理。

4. 提出针对性的风险对策,将项目风险进行归纳,提出风险分析结论

综合考虑项目的目标、规模和可接受的风险大小,以一定的方法和原则为指导,对项目面临的风险采取适当的措施,以降低风险发生的概率和风险事故发生带来的损失程度。风险应对措施有很多,如避免风险、编制应急计划、转移风险、风险自留等。

（二）风险分析的基础

在实践中,咨询行业认为,执行项目决策中的风险分析首先应具备以下三项基础条件。

1. 风险函数

构建风险函数的目标是为了描述风险因素与风险程度之间的关联性。于是在构建过程中,风险函数至少需要具备两个变量:一是描述事件发生的概率或可能性;二是描述事发生后对项目目标的影响。

因此,风险函数至少可以用一个简单的二元函数描述:

$$R = f(P,T) \tag{6-9}$$

式中，R 为风险程度变量，其数值大小反映为风险程度的大小；P 为风险事件发生的概率；T 为风险事件发生对项目事件的影响效用，有时 T 可以被更复杂的函数解析；f 为对风险事件发生概率与其效用函数综合作用机制的描述。

一般情况下，式(6-9)中风险的大小或高低既与风险事件发生的概率成正比，也与风险事件对项目目标的影响程度成正比。

2. 风险的影响程度

风险发生之后，项目建设目标受到的影响程度反映了风险的危害性。决策者通过对比各种风险影响程度的大小，来对项目风险管理中的风险对策与措施进行重要排序，从而提高风险管理效率。例如，投资建设一座高楼，水电设备停用、建筑质量不达标、物业管理水平、销售水平等各种风险融合在一起，项目决策者需事先估测出各类风险发生对项目建设目标产生的影响程度，然后排序。例如，建筑质量风险一旦发生，整个项目的销售和生命周期都将受到影响，而物业管理水平风险仅仅能够影响到项目的销售，因而在排序上，前者的重要性明显高于后者，所以在风险管理对策上，建筑质量风险的控制应放在物业管理水平之前。

为了帮助决策者判断风险对项目的影响程度，在实践中将风险的影响程度分为以下几种：

(1) 严重影响，一旦发生风险，将导致整个项目的目标失败。

(2) 较大影响，一旦发生风险，将导致整个项目的标值严重下降。

(3) 中等影响，一旦风险发生，对项目的目标造成中度影响，但仍然能够部分达到。

(4) 较小影响，一旦风险发生，对于项目对应部分的目标受到影响，但不影响整体目标。

(5) 可忽略影响，一旦风险发生，对于项目对应部分的目标影响可忽略，并且不影响整体目标。

3. 风险发生的概率

项目事件的发展存在多种结果，或好或坏，其中坏结果会影响项目投资收益目标的实现，而这种坏结果出现的可能性即是风险发生的概率。通常按照风险因素发生的可能性，可以将风险概率划分为五个档次：

(1) 很高，风险发生的概率为 81%～100%，意味着风险很有可能发生。

(2) 较高，风险发生的概率为 61%～80%，意味着发生的可能性较大。

(3) 中等，风险发生的概率为 41%～60%，意味着可能在项目中发生。

(4) 较低，风险发生的概率为 21%～40%，意味着不太可能发生。

(5) 很低，风险发生的概率为 0%～20%，意味着非常不可能发生。

在了解了各种风险的发生概率及其对项目中局部及整体的影响效果之后，即可依靠统计或计量方法构建风险分析测量模型，描述风险因素变化引发项目整体风险变化的映射机制，为风险分析中的风险评估、评价及对策选择等工作提供基础性帮助。

二、风险分析的内容

事实上,前面关于风险分析程序的论述已间接地介绍了风险分析的内容构成。为了避免赘述,本节只就部分内容作进一步介绍。

(一) 风险识别

风险识别是风险分析的第一步,也是风险管理的第一步。决策者凭借感知、判断或归类的方式识别现实的和潜在的事物不良发展趋势,并鉴别其风险性质。风险识别的结果是鉴别出风险发生的特征与关键因素,以便于人们能够主动选择适当的解决措施。

事件发展的随机性与不可预知性导致现实中或未来的风险广泛存在。社会环境、技术环境、市场环境及项目自身条件等的改变,都会引发预料之外的风险,因而在项目投资决策之初,要从错综复杂的环境中,根据同类投资特征及风险发生机制分析,来识别当前的或未来的、内部的或外部的、静态的或动态的风险,这是项目投资决策中风险分析的首要任务。

识别风险的手段主要有两种:一是通过感性认识和经验来判断;二是通过对各种客观资料及类似风险记录进行分析、归纳和整理。由于风险的不确定性,没有100%的规避可能,所以必要的咨询、预测及风险规律归纳是必不可少的。风险的可变性决定了风险识别是一项持续且系统的工作,决策者与管理者必须坚持注意已有风险的变化,并预测未来风险的发生。

另外,值得指出的是,风险识别的方法有多种,有财务报表分析法、统计法、时间序列分析法、流程图分析法,实地调查法等。

(二) 风险估计

在识别出风险的特征之后,可根据已有案例和历史记录,运用概率和数理统计的方法对风险事故的发生概率和风险事故发生后可能造成的损失的严重程度进行定量的分析和预测。

风险估计得出的风险事故发生概率和危害程度,可以帮助管理者在一定程度上降低风险损失的不确定性。另外,对风险影响程度的预测,可以提醒决策者了解未来的风险损失后果,进而在项目决策之初对项目收支计划和赢利方案作出正向调整,以对未来的损失作出弥补。

风险估计工作将提供的信息包括单一风险事件发生的概率及影响程度、多种风险事件对同一项目的影响程度、项目收益对风险事件变化的敏感系数、单一风险导致项目经济效益的损失金额,以及所有风险单位损失的期望值和标准差等。

(三) 风险评价

风险评价主要是指对项目投资中的风险作单因素风险评价和项目整体风险评价。其评价方法主要有定性风险评价和定量风险评价两种。

1. 定性风险评价

定性风险评价主要是依靠主观判断对几个风险评估指标进行打分评价,通常使用模糊的方法确定风险程度。但由于定性指标有时没有实际意义,因此定性风险评价的不足显而易见。

2. 定量风险评价

定量风险评价是一种广泛使用的管理决策支持技术。依靠计量方法和统计方法,对评价对象进行风险因素识别、概率估计和危险后果分析,之后构建风险计量模型,计算出风险事件对整个项目投资收益及损失的影响程度,并确定其中最为重要的风险要素。

从风险评价的结果来看,定量风险评价的结果比定性风险分析更为确切、细致,而且说服力更强。但值得注意的是,定量风险评价有时过于依赖方法的可行性,而在可行性方面缺乏更深的论述。现在学术界存在一种倾向,即定性与定量相结合的风险评价。

(四)风险对策

风险对策是针对风险评价结果制定的。可行性研究阶段的风险对策研究是整个项目风险管理的重要组成部分,它应该贯穿项目可行性研究的全过程。对策研究得出的风险管理对策方案应具备针对性、可行性和经济性特征,同时项目相关的投资者、决策者、执行者均需要参与风险对策的研究过程,以确保对策的可行性。

(五)风险分析结论

风险分析最后的工作是给出一份项目风险分析报告。其中应包括前面四项内容的计算结果及主要结论,并且提供最终的判断,判断应该包括如下信息:项目风险究竟有多大;项目风险是否可控;风险主要因素是什么;潜在的损失额是多少;如何做能规避风险;项目投资是否可行等。根据具体的项目特征,在风险分析结论中可能还会有所删减。

三、投资项目的主要风险

投资项目的风险分类很多,其差别在于分类标准,如项目性质、风险主体、风险发生根源等。本书以常规实业投资项目为例,将项目主要风险划分为如下六类。

(一)市场风险

市场风险是竞争性项目常遇到的重要风险。一般来自四个方面:

(1)市场的消费需求发生变化。例如,消费者的消费习惯、消费偏好发生变化,使得市场需求发生重大变化,致使企业生产计划与市场实际需求总量偏离,从而使企业产品库存增加,收益下降。

(2)市场竞争格局发生变化。例如,有新增竞争者,或竞争对手合并,新的市场竞争格局会引发价格战或增加营销成本,这都会使企业最初的经营方案出现亏损或误差,从而使经营资金出现紧张,影响采购、生产等基础环节。

(3)市场条件发生重大变化。例如,市场原材料供给条件和价格上升、市场通货膨胀率上升导致企业应收账款购买力缩水、市场利率上升而增加企业的融资成本、汇率变化影响企业产品出口等。

（4）由于市场预测方法或数据错误，市场需求分析出现重大偏差。

（二）技术与工程风险

技术与工程风险主要是指由于项目建设和实施过程中的监管不力而造成的风险损失的不确定性。这部分风险与过程管理和生产管理密切相关，定量分析的可能性较低，多数依靠定性分析实现。

另外，还有一种因为技术进步而导致的项目投资风险。例如，电子行业，由于技术进步导致 CRT 计算机显示器落伍，液晶显示器成本下降而成为市场主流。在这种情况下，初始投资 CRT 显示器生产线的项目计划就会因失去市场而引发企业投资失败。

（三）组织管理风险

组织管理风险实际上是两种风险，但由于两者均是以管理者为主线产生的，因而放在一起论述。

1．组织风险

组织风险是指在项目设计阶段，对于资金筹措、项目建设方、合作方选择等工作的疏忽而导致的风险。这种风险往往反映在合同的不完善上。解决措施一般是完善项目各参与方的合同，加强合同管理，从而降低项目的组织风险。

2．管理风险

管理风险是一种发生在项目生命周期整个过程的风险。它主要表现为管理者失误、管理规章准则不完善、员工疏忽等人为可控因素失控而产生的风险。解决措施主要是合理设计项目的管理模式、选择适当的管理者和加强团队建设等。

（四）政策风险

政策风险是指政府有关市场的政策发生重大变化或是有重要的举措、法规出台，引起市场的投资波动，从而给投资者带来的风险。政策风险是一种显性的外部风险。例如，国家宏观经济政策调整对房地产业投资建设的直接影响。在经济原理上，只有增加企业规模才能在一定程度上规避政策风险，但也不是绝对地有效。

（五）环境与社会风险

环境与社会风险都是企业项目投资所必须面对的外部风险。它们与政策风险的区别主要表现为环境与社会风险是社会自发行为产生的一种风险。例如，"9·11"事件对航空服务业发展造成冲击，三聚氰胺事件致使三鹿集团倒闭等。

（六）其他风险

其他风险实际上涵盖了很多，既包括生产风险、销售风险、战争、疾病等普遍存在的风险，也包括信用风险、操作风险、破产风险等具体行业领域的细微风险。

事实上，对于风险的分类完全可以取决于决策者的风险偏好和企业所处的环境，不必强求地将风险进行分类。

四、风险分析的主要方法

（一）专家调查法

专家调查法是大系统风险辨识的主要方法，它是以专家为索取信息的重要对象，由各领域的专家运用专业理论与丰富的实践经验，找出各种潜在的风险并对其后果作出分析与估计。这种方法的优点是在缺乏足够的统计数据和原始资料的情况下，可以作出最佳的估计；其缺点主要表现在易受心理因素的影响。

专家调查法主要包括专家个人判断法、头脑风暴法和德尔斐（Delphi）法等十余种方法。其中，头脑风暴法与德尔斐法是应用较广、具有代表性的两种方法。

1. 专家个人判断法

该方法仅以专家个人的意见为根据，在征求专家个人意见时不受外界影响，没有心理压力，可以最大限度地发挥专家的个人能力。其不足是容易受到专家本人知识面、知识深度、经验以及个人兴趣、偏好的影响，难以避免片面性结论出现。

2. 头脑风暴法

该方法一般采用专家小组会议的形式进行，参加的人数不可太多，一般只有五六个人，多则十来人。会上就某一具体问题，任由专家发表个人意见，集思广益。该方法需注意，在选取参会人员时，应尽可能降低参加者的压力和约束条件，如不安排直接领导人参加等。此方法适用于探讨性质较单纯、目标较明确且单一的问题。如果问题牵涉面太大、包含因素太多，那就要首先进行分析和分解，然后再使用此法逐一分步讨论。另外，对头脑风暴法的结论还要进行详细的分析，既不能轻视，也不能盲目接受。一般来说，只有少数几条意见得到实际应用。有时头脑风暴法并不一定能得出有效的结论，但是其讨论结果和分析过程本身就是一种对项目自身、环境、社会等因素的思辨过程，对整个项目的潜在风险分析具有较大的参考意义。

3. 德尔斐（Delphi）法

美国兰德（Land）公司首先于 1964 年将德尔斐法用于技术预测中。它是在专家个人判断和专家会议方法的基础上发展起来的一种直观预测方法，特别适用于客观资料或数据缺乏情况下的长期预测，或其他方法难以进行的技术预测。

该方法以匿名方式通过几轮函询征求专家们的意见，然后对每一轮意见都汇总整理，作为参考资料再发给各专家，供他们分析判断，提出新的论证。如此多次反复，专家的意见逐渐趋于一致，最终结论的可靠性越来越大。德尔斐法是系统分析方法在意见和判断领域的一种有限延伸，它突破了传统的数据分析限制，为更合理地决策开阔了思路，由于该法能够对未来发展中的各种可能出现和期待出现的前景作出概率估计，因此可为决策者提供多方案选择的可能性，而用其他方法都很难获得这样重要的、以概率表示的明确结论。但是，理论上并不能证明所有参加者的意见都能收敛于客观实际。

（二）风险概率估计

概率估计是指通过计算项目目标值（如净现值）的期望值及目标值大于或等于零的累

积概率来测定项目风险大小,为投资者决策提供依据。风险概率估计使用的指标主要有经济效果的期望值、方差、标准差和离散系数等。

风险概率估计主要分为客观概率估计和主观概率估计两种。

1. 客观概率估计

客观概率估计需要应用计量方法结合大量且足够的信息来完成。但数据信息往往是在项目投资决策过程中最为缺乏的。客观概率估计具体的方法主要有期望值法、效用函数法和模拟分析法等。

1) 期望值法(expectancy method)

期望值法在项目评估中应用最为普遍,是指通过计算项目净现值的期望值和净现值大于或等于零时的累计概率,来比较方案优劣、确定项目可行性和风险程度的方法。

在使用期望值法进行风险概率估计时,应按照如下的分析步骤进行:①列出各种欲考虑的不确定因素;②设想各个不确定因素可能发生的情况,即其数值发生变化的几种情况;③分别确定各种可能发生情况产生的可能性,即概率;④计算目标值的期望值;⑤求出目标值大于或等于零的累计概率。

对于单个方案的概率估计,应求出净现值大于或等于零的概率,由该概率值的大小可以估计方案承受风险的程度,该概率值越接近1,说明技术方案的风险越小;反之,方案的风险越大。可以列表求得净现值大于或等于零的概率。

2) 效用函数法(utility function method)

所谓效用,是对总目标的效能价值或贡献大小的一种测度。在风险决策的情况下,可用效用来量化决策者对待风险的态度。通过效用这一指标,可将某些难以量化、有质的差别的事物(事件)给予量化,将要考虑的因素折合为效用值,得出各方案的综合效用值,再进行决策。效用函数反映决策者对待风险的态度。不同的决策者在不同的情况下,其效用函数是不同的。

3) 模拟分析法(model analysis)

模拟分析法就是利用计算机模拟技术,对项目的不确定因素进行模拟,通过抽取服从项目不确定因素分布的随机数,计算分析项目经济效果评价指标,从而得出项目经济效果评价指标的概率分布,以提供项目不确定因素对项目经济指标影响的全面情况。

值得注意的是,客观概率估计只能用于完全可重复事件,因而并不适用于大部分现实事件。

2. 主观概率估计法

主观概率估计法就是应用主观概率来分析估测项目风险发生的可能性与危害程度。主观概率是人们对某一事件发生可能程度大小的主观评价。概率估计人的个人信念是主观概率的基础。确定主观概率需要依据确凿有效的证据。这里所说的证据,可以是事件过去的相对频率的形式,也可以是根据丰富的经验进行的推测。比如,有人说:"阴云密布,可能要下一场大雨!"这就是关于下雨的可能性的主观概率。主观概率具有最大的灵活性,决策者可以根据任何有效的证据并结合自己对情况的感觉对概率进行调整。主观概率也必须符合概率论的基本定理。

当有效统计数据不足或是不可能进行试验时,主观概率是风险概率分析的唯一选择。

(三)概率树分析

概率树是一种用来分析和进行风险估计的方法,它能帮助决策者们探索问题之间的联系,简化问题并确定各种问题发生的概率。

A公司正在考虑研制一种新型的中央空调。目前A公司拥有30%的中央空调国内市场份额,而其主要竞争对手B公司则拥有70%的国内市场份额。A公司的研究人员在技术上有了新的突破,有80%的把握成功研制出这种新型中央空调,这对于A公司扩大市场份额具有重要意义。

但是,在作出研发项目投资决策的过程中,B公司的反应需要考虑。估计B公司推出新产品对抗的可能性有0.6。如果这样,则A公司将市场份额扩大到70%的可能性只有0.3,扩大到50%的可能性为0.4,扩大到40%的可能性为0.3。此外,销售部门还估计,如果B公司没有开发新产品,则A公司市场份额扩大到80%的可能性约为0.8,而占有50%和40%市场份额的可能性都是0.1。如果A公司放弃研发方案,则A公司的市场份额将保持原状。使用概率树描述这件事如图6-2所示。

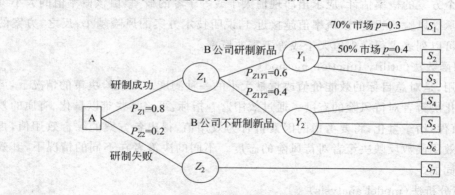

图6-2 市场份额的概率树描述

图中,根据概率公式计算,七种情况的概率分别为S_1等于0.144、S_2等于0.192、S_3等于0.144、S_4等于0.256、S_5等于0.032、S_6等于0.032、S_7等于0.3。

作为A公司的管理者与决策者,其经理可能会非常关心公司的市场份额能否升至50%。对于这个问题,可以从概率树上得到答案。图中,事件S_1、S_2、S_4、S_5均符合A公司市场份额不低于50%的要求,A公司项目投资后实现市场份额提升至50%的可能性为

$$P = PS_1 + PS_2 + PS_3 + PS_4 = 0.144 + 0.192 + 0.144 + 0.256 = 0.624$$

由上例可以清楚地看出概率树分析的优势。但与前面提到的概率分析相同,概率树分析的关键在于各项事件发生概率的确定。

(四)蒙特卡洛模拟法

蒙特卡洛模拟法也称随机模拟法,这种方法实际上是对实际可能发生情况进行模拟。

当未来情况不能确定时,如果风险管理系统中各个单元的可靠性特征量已知,但系统的可靠性过于复杂,难以建立可靠性预计的精确数学模型或模型太复杂而不便应用,此时,可以使用随机模拟法近似计算出系统可靠性的预计值。随着模拟次数的增多,其预计精度也逐渐增大。由于需要大量反复的计算,一般均用计算机来完成。

蒙特卡洛模拟法的解题步骤如下:

(1) 根据提出的问题构造一个简单、适用的概率模型或随机模型,使问题的解对应于该模型中随机变量的某些特征(如概率、均值和方差等),所构造的模型在主要特征参量方面要与实际问题或系统相一致。

(2) 根据模型中各个随机变量的分布,在计算机上产生随机数,实现一次模拟过程所需的足够数量的随机数,通常先产生均匀分布的随机数,然后生成服从某一分布的随机数,方可进行随机模拟试验。

(3) 根据概率模型的特点和随机变量的分布特性,设计和选取合适的抽样方法,并对每个随机变量进行抽样(包括直接抽样、分层抽样、相关抽样和重要抽样等)。

(4) 按照所建立的模型进行仿真试验、计算,求出问题的随机解。

(5) 统计分析模拟试验结果,给出问题的概率解以及解的精度估计。

在可靠性分析和设计中,用蒙特卡洛模拟法可以确定复杂随机变量的概率分布和数字特征,可以通过随机模拟来估算系统和零件的可靠度,也可以模拟随机过程、寻求系统的最优参数等。

五、常用的风险对策

(一) 风险规避

风险规避是风险应对的一种方法,是指通过计划的变更来消除风险或风险发生的条件,保护目标免受风险的影响。风险规避并不意味着完全消除风险,我们所要规避的是风险可能给我们造成的损失。一是要降低损失发生的概率,这主要是采取事先控制的措施;二是要降低损失程度,这主要包括事先控制、事后补救两个方面的措施。

事实上,简单的风险规避是一种最消极的风险处理办法,因为投资者在放弃风险行为的同时,往往也放弃了潜在的目标收益。所以,一般只有在以下情况下才会采用这种方法:

(1) 投资主体对风险极端厌恶。

(2) 存在可实现同样目标的其他方案,其风险更低。

(3) 投资主体无能力消除或转移风险。

(4) 投资主体无能力承担该风险,或承担风险得不到足够的补偿。

(二) 风险控制

这里的风险控制指的是损失控制。损失控制并不是放弃风险,而是制定计划和采取措施来降低损失的可能性或者是减少实际损失。控制的阶段包括事前、事中和事后三个阶段。事前控制的目的主要是为了降低损失的概率,事中和事后的控制主要是为了减少实际发生的损失。

(三) 风险转移

风险转移是指通过契约将让渡人的风险转移给受让人承担的行为。通过风险转移,有时可大大降低经济主体的风险程度。一般来说,风险转移的方式可以分为非保险转移和保险转移。

非保险转移是指通过订立经济合同,将风险以及与风险有关的财务结果转移给别人。在经济生活中,常见的非保险风险转移有租赁、互助保证、基金制度等。

保险转移是指通过订立保险合同,将风险转移给保险公司(保险人)。个体在面临风险的时候,可以向保险人交纳一定的保险费,将风险转移。一旦预期风险发生并且造成了损失,则保险人必须在合同规定的责任范围之内进行经济赔偿。

由于保险存在着许多优点,所以通过保险来转移风险是最常见的风险管理方式。需要指出的是,并不是所有的风险都能够通过保险来转移,因此,可保风险必须符合一定的条件。

(四) 风险自留

风险自留,即风险承担,也就是说,如果损失发生,经济主体将以当时可利用的任何资金进行支付。风险自留包括无计划自留和有计划自我保险。

(1) 无计划自留是指风险损失发生后从收入中支付,即不是在损失前作出资金安排。当经济主体没有意识到风险并认为损失不会发生时,或将意识到的与风险有关的最大可能损失显著低估时,就会采用无计划保留方式承担风险。一般来说,无计划保留应当谨慎使用,因为如果实际总损失远远大于预计损失,将引起资金周转困难。

(2) 有计划自我保险。是指可能的损失发生前,通过作出各种资金安排以确保损失出现后能及时获得资金以补偿损失。有计划自我保险主要通过建立风险预留基金的方式来实现。

本章小结

风险具备客观性、普遍性、偶然性和可测性四大特征。

不确定性分析是指对决策方案受到各种事前无法控制的外部因素变化与影响所进行的研究和估计。

敏感性分析法是指从众多不确定性因素中找出对投资项目经济效益指标有重要影响的敏感性因素,并分析、测算其对项目经济效益指标的影响程度和敏感性程度,进而判断项目承受风险能力的一种不确定性分析方法。

盈亏平衡分析又称保本点分析或本量利分析法,是通过盈亏平衡点(BEP)分析项目成本与收益的平衡关系,来预测利润、控制成本、判断经营状况的一种数学分析方法。

风险分析是认识可能存在的潜在风险因素,并估计这些因素发生的可能性及由此造成的影响,分析为防止或减少不利影响而采取的对策的一系列活动。它包括风险识别、风险估计、风险评价与对策研究四个基本阶段。

关键词

风险　不确定性　敏感性分析　盈亏平衡分析　风险分析

案例二 中国平安高调入主富通集团

2007年11月27日,中国保险巨头之一中国平安保险集团(简称中国平安)敲响了进军海外的号角,斥资约18.1亿欧元从二级市场直接购买欧洲富通集团(Fortis Group)9501万股股份,折合富通总股本的约4.18%,一跃成为富通集团第一大单一股东。这一收购名噪一时,它不仅意味着中国保险公司首度投资全球性金融机构,而且有可能成为中国保险机构保险资金运用的经典创新。

中国平安参股时,富通集团业务包括银行、保险和资产管理三个部分,与中国平安的保险、资产管理和银行三大业务支柱架构相吻合,便于中国平安借鉴富通综合金融平台的经验。此外,富通集团拥有323亿欧元的市值(截至2008年2月29日),是欧洲前15大金融机构之一,在2008年《财富》世界500强排名中列位第14,在商业及储蓄银行类别中更高居全球第二位。

中国平安在参股富通集团后表现非常活跃,2008年4月中国平安与富通集团签署协议,拟以21.5亿欧元收购富通资产管理公司。但最终由于市场环境及其他状况的影响,这桩交易胎死腹中。2008年6月,中国平安最终将持股比例锁定在4.99%,中国平安持有富通股份总额为1.21亿股,总投资额达238亿元人民币。

然而好景不长,金融危机下中国平安所加盟的富通集团成为受危机波及的第一批金融企业。中国平安自从2007年斥资18.1亿欧元收购了富通集团4.99%的股权以来,截至2008年9月底富通集团的股价下跌幅度超过70%,2008年第三季度中国平安季度报表出现净亏损人民币78.1亿元,而上年同期实现净利润人民币36.2亿元。导致中国平安亏损的主要原因是针对富通集团的投资计入人民币157亿元(合22.7亿美元)的减值准备。这一笔让中国平安当初为之兴奋的海外投资,目前已经宣告彻底失败。

一、富通集团股权重组一波三折

作为金融危机首轮波及的金融企业,富通集团的股权出售方案一波三折。2008年9月29日,富通集团宣布,荷兰、比利时、卢森堡三国政府为挽救富通集团达成协议,分别出资40亿欧元、47亿欧元和25亿欧元,购买富通集团在各自国家分支机构49%的股份,以增强富通集团的资本实力,三国政府同时为富通集团内各银行提供流动性支持。2008年10月,比利时政府控制了富通集团,以避免其破产。同时,在比利时、荷兰和卢森堡三国政府牵线下,富通决定将在荷兰的分支机构出售给荷兰政府,将比利时部分资产以现金加股票的方式作价200亿欧元出售给法国巴黎银行。根据协议,还将创建一个控股公司吸收富通的问题资产。

这一做法产生的后果是根据交易协议,富通估价仅为每股1欧元(1.29美元),远远低于2007年同期14欧元的股价。交易后的富通将给股东们留下一个穷困潦倒的控股公司,持有小规模的国际保险业务、现金和不良资产。因此,这一决议遭到股东们的激烈反对。2008年12月,比利时法院裁定富通的交易重组必须进行特别股东表决。而且比利时调查法官怀疑时任比利时首相的莱特姆涉嫌秘密向法官施加影响,在公众压力下,莱特姆首相被迫于2008年12月辞职。2009年1月,比利时政府就交易重新进行谈判,允许富通保留在比利时银行和保险业务的股份。

2009年2月11日,富通集团股东大会在比利时布鲁塞尔举行。这次股东大会的主要议题是对比利时政府处理富通股权的议案进行表决。最后,富通集团的股东们以微弱的优势否决了比利时政府作价200亿欧元将富通出售给法国巴黎银行的交易,迫使比利时政府不得不重新回到谈判桌前。这才有了2009年3月7日比利时政府和富通集团就分割富通资产与法国巴黎银行达成的新协议。

二、中国平安海外战略遭到重创

富通集团股权重组中各个股东之间的较量,实质上是比利时政府和其他股东之间的博弈,其中也包括富通集团的大股东中国平安。自2008年9月以来,富通发生了一系列巨大的变化。这些变化过程中所涉及的重大决策,都是由比利时政府主导的。其实,摆在比利时政府面前只有三种选择:第一种选择是让富通自生自灭;第二种选择是注入更多现金将其收归国有;第三种选择便是与法国巴黎银行重新商谈交易,给富通股东更好的收购条件。由于富通背负了太多债务,如果任由其自生自灭,富通破产的可能性比较大,而富通股份为比利时普通投资者所广泛持有,出于稳定民心的考虑,比利时政府不可能采纳第一种选择。而第二种选择将富通收归国有对于一个国家来说比较冒险,而且在市场自由化的经济大潮下大有违反经济规律之嫌,因此,比利时政府最愿意看到的境况就是第三种选择,即推动富通集团与巴黎银行的联姻。

从比利时政府与法国巴黎银行达成的几次协议看,比利时政府的意图在于将富通集团下属的富通银行的绝对控股权转让给法国巴黎银行,同时以捆绑的形式再将富通剩下的资产管理和保险业务尽可能多地抛售出去,通过这种方式寻求自己在金融危机下的脱身。最有可能帮助比利时政府实现这一意图的便是法国巴黎银行,因为通过收购富通银行,法国巴黎银行便获得了富通银行的绝对控股权,法国巴黎银行可以将吸储业务扩展到比利时和卢森堡,从而成为欧洲最大的商业银行。而且对于比利时政府捆绑出售富通集团资产管理和保险业务的交换,比利时政府势必还将对法国巴黎银行控股下的富通银行提供担保(例如,目前协议中对持结构性产品的最终损失提供最高达15亿欧元的担保)或者其他方面的便利(比如,目前所承诺的允许富通银行在未来三年内发行由比利时政府承销的高达20亿欧元的股票)。

如果该协议得以实现,那么富通集团业务将由原来包括银行、保险和资产管理三个部分缩小为仅剩下保险业务。中国平安先前计划的通过购买富通股权实现与富通集团银行、保险和资产管理三大业务实现互补的算盘彻底落空。而且,即便重组后的富通集团仅剩下保险业务,这一业务也面临着仅剩杯羹的危险。因为富通比利时保险公司计划与法国巴黎银行控股下的富通银行签署有效期到 2020 年的分销合作协议，这使法国巴黎银行和富通集团在汽车和住房保险领域的合作可能性增加，富通的保险业务未必能做到独当一面。

（资料来源：中国金融风险经理网，http://www.cfrisk.org/index.htm)

案例讨论：

从上述中国平安投资富通公司失败的投资决策中，中国金融企业在海外拓展业务方面应该从中得到什么启发？请结合本篇投资决策的相关内容予以说明。

第三篇

项目融资决策

融资方案是指投资商结合其自有资金状况、企业自身资源、股权策略等，以项目资金需求方案为参照对象，制订的资金供给计划。项目的融资方案研究是在已确定建设方案并完成投资估算的基础上，结合项目实施组织的建设进度计划构造融资方案，进行融资结构、融资成本和融资风险的分析与评价，作为融资后财务分析的基础。方案的研究与设计需要充分调查项目的运行和投融资环境基础，需要向政府、各种可能的投资方和融资方征询意见，不断地修改完善项目的融资方案，最终拟订出一套或几套可行的融资方案。最终提出的融资方案应当是能够保证公平性、融资效率、风险可接受、可行的融资方案。本篇主要介绍融资环境、融资主体、融资模式和投资产权结构等内容，并对项目资本金和债务资金的筹措进行具体的研究和分析。

第七章

项目融资

作为雅虎的开创者,大维·费勒和杨致远立志要将雅虎建成一个大众化的数据库,提供互联网网站信息服务,以满足成千上万网虫的需要。同时,不断开发大众化软件以帮助网虫更有效地寻找、识别、编辑和储存互联网上的各类资料。但是,在创业初期,雅虎面临着巨大的资金压力,为了筹集资金,杨致远和大维·费勒开始不停地访问风险投资家和风险投资公司。最后,他们找到了 SEQUOIA 公司,经过艰苦卓绝的谈判,SEQUOIA 公司对雅虎进行了估值,并注入了最初的 400 万美元,但对于雅虎来说,这些钱根本不能维持其日常运作。因此,雅虎又在 Web 网站提供免费服务,利用它广泛的浏览量和页面访问的次数来吸引工商企业到其网站做广告。1998 年 12 月,雅虎的页面日点击次数达到 1.67 亿次,而雅虎借以维持其运作的资金也就源于它的广告收入。1996 年,仅同 SOFTBANK 及其附属公司签订的广告收入就达 207.5 万美元,该年雅虎公司实现的净收入为 1 907.3 万美元,是 1995 年 136.3 万元的 14 倍。1997 年雅虎实现净收入 7 045 万美元,1998 年实现净收入 2.03 亿美元,短短 4 年时间,其净收入已经增长了近 200 倍。目前,雅虎的不同语种网站已经扩展到了 15 个国家,雅虎中文网站也于 1998 年第四季度开通,雅虎还在亚洲、欧洲、加拿大设有自己的办事处。

然而,雅虎的高投入也制约了它的发展,雅虎的成本费用一般包括广告宣传费、新产品宣传费和行政管理费。其中,以广告开支为最多,1995 年是 12.6 万美元,1996 年达到 380.1 万美元。1998 年第二季度一次性投入技术开发费用、兼并 VIARREB 公司及第四季度兼并 YOYODYNE 等公司的费用共计达到了 1 500 万美元,再加上无形资产的摊销,1998 年实际净收入降为 2 559 万美元。高额的投入和费用支出使得雅虎不得不经常为资金的筹集而奔波。

真正让雅虎走出困境的是雅虎股票在 NASDAQ 公开上市后筹集到的巨额资金,它极大地解决了雅虎在其成长过程中遇到的资金问题,为雅虎的快速发展起到了至为关键的第二次推动,使其顺利通过新设立公司成长过程中的"死亡峡谷"阶段。1996 年 4 月 12 日,雅虎在美国 NASDAQ 市场以每股 13 美元的价格上市,发行了 260 万股,共筹集资金 3 380 万美元。以这笔资金为基础,雅虎的规模不断扩大,经营业绩也逐步扭亏为盈。1996 年公司每股亏损 9 美分,1997 年每股赢利为零(如果考虑一次性投入及无形资产返销,则每股亏损 29 美分),1998 年每股赢利 45 美分(如果考虑一次性投入和无形资产摊销则每股赢利 23 美分)。雅虎作为 INTERNET 股票板块中的一只,不断飙升。1996 年

6月的一个月之内,雅虎的股价就上涨了100%。1998年,雅虎股价上涨到初次上市的10倍,而且这个价格包含了几次拆股的影响。1998年7月8日进行一送一股票分割;1999年1月12日,雅虎又一次宣布一送一股票分割。即便如此,1999年3月22日,雅虎股票的均价仍达到179美元。至此,雅虎的成功融资,使其迅速发展成为全球领先的搜索引擎。

项目融资(project finance)兴起于20世纪70年代,是国际资本市场中推出的一种最为重要的新型融资方式。作为国际金融市场的创新,它是针对公司融资方式所面临的困难,从实践应用中发展起来的,适用于各种规模的项目,其投资决策都是建立在高度专业化和程序化基础之上,其生命力在近30年的实务操作中得到了充分证明。自20世纪80年代兴起以来,项目融资为解决建设资金短缺问题提供了一条新思路,因此,越来越受到各国特别是发展中国家的重视,并不断被应用于大型工程项目建设的资金筹集过程中。

学习目标

通过对本章的学习,能够解决以下问题:

1. 什么是项目融资?
2. 项目融资的特征是什么?
3. 项目融资的结构是什么?
4. 项目融资的发起人都包括谁?

第一节　项目融资的定义

一、国外学者对"项目融资"的定义

项目融资(project financing),作为一个金融术语,迄今为止在学术界还没有一个准确公认的定义,在国外经济学界也存在着不同的理解。

法律专家维特(Vinter)在其《项目融资法律指南》(*Project Finance：A legal Guide*)一书中指出:项目融资是对一项权利、自然资源或其他资产的开发或利用的融资,而且融资并不由任何形式的股本来提供,其偿还主要来自于项目产生的利润[①]。

英国Clifford Chance法律公司对项目融资的定义是:"项目融资"是指代表广泛的但具有一个共同特征的融资方式,其共同特征是:融资不是主要依赖项目发起人的信用或所涉及的有形资产,在项目融资中,提供优先债务的参与方的收益在相当大的程度上依赖于项目本身的效益,因此,他们将其自身利益与项目的可行性以及潜在不利因素对项目影响的敏感性紧密联系起来。项目融资通常包括以下要素:第一,在一定程度上依赖于项目的资产和现金流量,贷款人对项目的发起人(在一些例子中,即借款人)没有完全的追索权;第二,贷款人需要对项目的技术和经济效益、项目发起人和经营者的实力进行评估,并对正在建设或运营中的项目本身进行监控;第三,贷款和担保文件很复杂,并且经常需要

---

①　Vinter G D., Project Finance：A Legal Guide (2th). London：Sweet & Maxwell, 1998：34

对融资结构进行创新;第四,贷款人因承担项目风险(经常是政治风险)而要求较高的资金回报和费用①。

斯科特·L.霍夫曼(Scott L. Hoffman)在其《国际项目融资的法律与实务》(The Law and Business of International Project Finance)一书中指出:项目融资是指无追索权或有限追索权融资结构,在这种结构中,债务、股本和信用担保结合在一起,并集中于资本密集型的行业,贷款人提供贷款的依据是项目本身的收入和项目单位的资产,如作为债务担保的合同,而不是项目发起人的一般资产和信用②。

彼特·K.内维持(Peter K. Nevitt)等在《项目融资》(Project Financing)一书中给项目融资定义为:项目融资是为一个特定经济实体所安排的融资,其贷款人在最初考虑安排贷款时,满足于使用该经济实体的现金流量和收益作为偿还贷款的资金来源,并且满足于使用该经济实体的资产作为贷款的安全保障③。

美国财会标准手册(FASB)认为,项目融资是指对需要大规模资金的项目采取的金融活动,借款人原则上将项目本身拥有的资金及其收益作为还款资金来源,而且将其项目资产作为抵押条件来处理。该项目单位主体的一般性信用能力通常不被作为重要因素来考虑。这是因为其项目单位主体要么是不具备其他资产的企业,要么对项目单位主体的所有者(母体企业)不能直接追究责任,两者必居其一④。

斯丹佛·塞瑞持(Stephen Syrett)则认为,一切针对具体项目所安排的融资都划归为项目融资的范畴⑤。

综上所述,在国外经济学界,对于项目融资的理解大致有两种观点:一种认为项目融资仅指无追索(no-recourse)或有限追索(limited recourse)的融资,这就是所谓狭义的项目融资定义,其主要流行于北美洲地区;另一种认为一切为了建设一个新项目,收购一个现有项目或者对已有项目进行债务重组所进行的融资活动都可以被称为"项目融资",这就是所谓广义的项目融资定义。

二、中国学者对"项目融资"的理解

我国学者对项目融资的理解,综合而言也大致分为狭义和广义两种。广义上,项目融资是指为建设一个新项目、收购一个现有项目或对已有项目进行债务重组所进行的一切融资活动和方式,也就是"为了项目而融资"⑥,即为了项目的开发建设所进行的任何融资活动都被称为"项目融资"。狭义上,项目融资仅指具有无追索或有限追索形式的融资活动,通常是以项目未来收益的资产为融资基础,由项目的参与各方分担风险的具有无追索权或有限追索权的特定融资方式⑦。

---

① [英]Clifford Chance 法律公司. 项目融资. 龚辉宏译. 北京:华夏出版社,1997:1,2

② Hoffman L, The Law and Business of International Project Finance. Philip Wood, 1997:4,5.

③ Nevitt K., Frank Fabozzi: Project Financing (6th). Euro Money Publication PLC, 1955:3

④ 转引自卢家仪,卢有杰. 项目融资. 北京:清华大学出版社,1998:20,21

⑤ Stephen Syrecc. Foreword. Project Finance Yearbook 1991/1992. Euro Money Publication PLC, 1991:9

⑥ 尉维斌. 水电项目融资模式及风险管理研究. 武汉水利电力大学博士学位论文,1999:17

⑦ 转引自卢家仪,卢有杰. 项目融资. 北京:清华大学出版社,1998:21

三、本书对"项目融资"定义的界定

本书所讨论的项目融资重点是狭义形式的融资活动,即项目融资是以项目的资产、未来收益或权益作为偿还贷款的资金来源和安全保障而取得的具有无追索权或有限追索权的特定融资方式。

这样界定的依据主要包括三方面:第一,原国家发展计划委员会、国家外汇管理局《关于境外进行项目融资管理暂行办法》中称"项目融资是指以境内建设项目的名义在境外筹措外汇资金,并仅以项目自身预期收入和资产对外承担债务偿还责任的融资方式";[①]第二,以无追索或是有限追索形式为主要特征的项目融资,是为大多数国家所广泛接受的概念;第三,我国作为一个发展中国家,建设项目中的很大一部分资金投入都可能需要通过吸引外资或者对外借贷来解决。由此,研究如何安排借款人具有无追索权或有限追索性质的融资方式将更具有理论和现实意义。

在经营发展过程或项目开发过程中,公司难免出现资金缺口或资金紧张的局面,此时,公司通常会采取适当的融资方式,通过特定的融资渠道来筹集资金。在一个有效的资本市场上,一个公司可以通过多种融资方式来获得投资或发展所需要的资金,公司长期资金来源如图 7-1 所示。

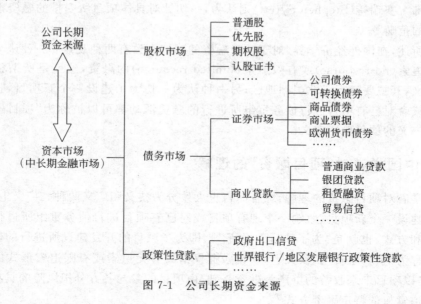

图 7-1　公司长期资金来源

四、项目融资的特征

项目融资作为一种金融创新,具有独特的生命力,它与传统的融资方式相比,具有以下基本特点和自身特点。

---

① 见该办法第一条

（一）项目融资的基本特点

（1）融资过程中至少有项目发起方（project sponsors）、项目公司（project company）和贷款方（lenders）三方参与。

（2）项目发起方以股东身份组建项目公司。该项目公司为独立法人，从法律上与股东分离。项目融资所指的项目应当是一个新的建设项目（如果是改扩建项目，就应以改扩建部分为依托组建新的项目公司）。

（3）项目融资是一种负债性质的融资方式，提供贷款的融资者可能包括股本投资者（项目发起方），但一般应是独立于股本投资者的贷款者。

（4）项目融资是仅仅依赖于项目本身收益还款的融资，这是区别于原有公司或者机构融资的重要特征。贷款银行主要依靠项目本身的资产和未来的现金流量作为贷款保证，而原则上对项目公司之外的资产没有追索权或仅有有限追索权。

（5）项目融资是通过一系列合同、协议将风险分散到与项目有关各方的一种融资方式。由于融资者对项目出资者的责任只能以其出资额（股本）为限，同时，通过一系列合同和协议，按有关条款对有关各方面有一定程度的追索权，并以合同和协议作为其信用支持。

（6）项目所必需的信用支持，可由主办者提供，也可由第三方提供，其作用仅限于项目的开发阶段和建设期，而不是项目的整个运作过程。支持形式可以是直接或间接的担保，或取或付协议（take-or-pay contract），或经济必需品等，但项目融资不会对发起人的资产负债表产生大的影响。如果信用支持由第三方提供，则根本不会在资产负债表上反映，但无论如何，这种信用支持必须是确确实实存在的。

（7）就债务资金的提供者而言，由于项目单一、财务担保能力有限、风险较大，吸引投资者和贷款人较为困难，因而对借款成本和投资回报有较高的要求。贷款银行以项目本身的收益、资产及与项目有关的合同的切实履行作为还本付息的保证，一般要求必须构成一个完整的担保抵押体系，以保证债权人的权益。

（8）债权人只要求项目发起人（开发商）作出有限度的承诺，除要求发起人履行所商定的承诺外，贷款人无权要求对发起人其他资产的追索。这样，开发商只需投入有限资金，就可以通过项目融资为发起方提供一个具有有限追索权或无追索权的资金来源，从而筹集到项目建设所需全部资金，有利于项目的开发建设。

（9）项目融资允许高水平的杠杆结构，一般资产负债率在70%以上，有的项目甚至达到100%。由于大多数国家规定贷款利息是免税的，而股权收益则必须在税后利润中支付，因此，高负债比率有利于降低整个项目的资金成本。此外，由于很多国家规定新企业享受资本支出的税收优惠和一定的免税期，也会鼓励项目发起人考虑项目融资的方式，所以税收的考虑在项目融资的结构设计中，通常占有重要的位置。

（10）投资者和贷款人要求的条件比较多，造成项目融资在技术上的复杂性，如贷款要求对项目的贷款使用以及技术进展情况进行有效监督，要求收益率和效率均高于同行业，附加条件苛刻等，因此组织实施的程序极为复杂，一般需要签订很多合同，如价格、土地、用水、供电、材料、环保、销售、运输等；来自于出资者之间签订的协议，如出资比例、分配形式、风险承担、组织管理等；来自项目的建设和委托运营以及一系列担保、抵押协定等。

（11）项目在经济上的可行性需通过一定方式表现出来，必须具备关于项目现金流量的可信方案，该方案应有独立的可行性研究和工程报告作证明，证明项目的未来现金流量足够支付项目的现金需要，支付施工费用及其他偶然费用。

（12）确保项目供应的原料及能源的费用与项目的资金融通安排相一致；确保项目生产的产品或服务存在市场需求，且价格与项目的融资安排相一致；确保项目所需的供给品和项目生产的产品的运输成本与项目的融资安排相一致；确保资金能力与技术水平能够完全达到成本指标和生产技术指标，并足以弥补成本超支。

（13）主办人应根据自身的能力、自己对项目的兴趣大小，以及项目的风险程度提供一定比例的产权资本。

（14）贷款方及其律师、技术及经济专家在项目评估、文件推敲、担保等的设计方面需要花费很多时间，实施的过程比发债等其他融资方式要长。

（15）采用项目融资实施的项目在还清贷款前要受贷款人监督，贷款人要对项目进行详细研究和审查。

（16）项目融资是一个复杂的过程，因此对项目的主办者及经营者的素质要求都很高。从另一个方面看，能否成功地进行项目融资也成为考察和评价主办者、经营者能力高低的一个标志。

（二）项目融资的自身特点

1. 项目导向

项目融资主要依赖于项目自身的现金流量和资产实力来安排融资，而不依赖于项目的投资者或发起人自身的信用。项目的投资者在投资时，其注意力主要放在特定的项目投资期间能产生多少现金流量用于支付利润和还债。贷款的数量、融资成本的高低以及融资结构的设计都是与项目预期的现金流量的资产价值直接联系在一起的。

由于项目导向，有些对于很难借到的资金或是缺乏有效担保条件的投资者，可以组织项目融资来实现，使得项目在资金上有了保障。对于一些资金需求量比较大的基础设施项目，可以通过项目融资筹集十几亿美元到几十亿美元。例如，法国迪斯尼乐园项目第一期工程共融通资金 149 亿法郎，按当时汇率折合 23.84 亿美元，而作为项目发起人的美国迪斯尼公司只出资 21.04 亿法郎，仅占总投资的 14.12%。所以，项目融资与传统融资方式相比较，一般可以获得较高的贷款比例，根据项目经济强度的状况，通常可以为项目提供 60%～75% 的资本需求量，在某些项目中甚至可以做到 100% 的融资。

而且，由于项目导向，项目融资的贷款期限可以根据项目的具体需要和项目的经济生命周期合理安排设计，可以做到比一般商业贷款期限更长。近几年的实例表明，有的项目贷款期限可以长达 20 年之久。

2. 有限追索

有限追索是指在借款人未按期偿还债务时贷款人要求以抵押资产以外的其他资产偿还债务的权力。在某种意义上，贷款人对项目借款人的有限追索是区分项目融资和传统公司融资的重要标志。项目融资是一种有限追索形式的融资,贷款银行为项目公司提供贷款主要依靠项目本身的资产和未来的现金流量作为贷款偿还保证,原则上对项目公司以外的资产没有追索权或仅有部分追索权。这里的有限追索是指贷款人在某个特定阶段(如项目的建设开发和试生产阶段)对项目借款人实行追索,或在一个规定的范围内(包括金额和形式的限制)对借款人实行追索。除此之外,无论项目出现任何问题,贷款人均不能追索到项目借款人除该项目资产、现金流量以及所承担的义务之外的任何形式的财产。项目资产的建设和经营的成败,是贷款方能否收回贷款的决定性因素。而对于项目发起方来说,除了向项目公司注入一定股本之外,并不以自身的资产来保证贷款的清偿。

3. 风险分担

由于项目融资中的贷款通常是没有索取权或仅有部分索取权的,因此项目发起人虽然是项目的权益所有者,但并不承担项目的风险。风险分担为了实现有限追索,对于与项目有关的风险要素,需要以某种形式在项目投资者、与项目开发有直接或间接利益相关的其他参与者之间进行分担。一旦项目不能创造出足够的现金流量来偿还贷款,贷款方就要承担大部分甚至全部风险。同样,贷款银行也不会独立承担风险,它会要求项目所在国、所在地方政府就项目作出一定的承诺和担保。另外,项目的境外投资者会向跨国保险公司投保,规避东道国的政治风险。这样,在复杂的相互担保、保险和抵押关系中,项目的风险就被有效地分散了。一个成功的项目融资应该是在项目中没有任何一方单独承担起全部项目债务的风险责任。在组织项目融资的过程中,项目的参与各方充分利用各自的优势和风险偏好,选择承担自身具有优势的风险因素,从而使得项目的整体效益最大化。

例如,在法国迪斯尼财务公司中,项目风险就是通过协议和担保方式进行分担的。一方面,通过安排迪斯尼财务公司与贷款银团之间的无追索贷款协议,使银行放弃对投资者法律责任的追索权利,从而分散了项目的债务风险;另一方面,对于项目责任风险,则通过安排由美国迪斯尼公司出具一个担保上限为5亿法郎的针对原则协议中主要项目责任的有限担保来解决。

4. 非公司负债型融资

非公司负债型融资(off balance-finance),亦称为资产负债表之外的融资,是指项目的债务不表现在项目投资者(即实际借款人)的公司资产负债表中的一种融资形式。对项目借款人而言,如果直接通过银行贷款来完成项目,那么借入的资金就会成为其资产负债表上的项目。在项目还没有取得收益时,这种结果会造成不利的资产负债表结构,提高了未来的融资成本,增加了项目借款人的金融风险。而如果采用项目融资,根据项目融资风险分担原则,由于贷款人通常没有追索权,项目融资可以被安排成为一种不需要进入项目投资者(借款人)资产负债表的贷款形式,项目投资者的债权债务不会因此而有任何的改变。

非公司负债型融资对于项目投资者的价值在于使得公司有可能以有限的财力从事更多的投资,同时将投资的风险分散和限制在更多的项目之中。当一个公司从事超过自身资产规模的项目投资,或者同时进行几个较大的项目开发时,这种融资方式的价值就会充分体现出来。大型的工程项目,一般建设周期和投资回收周期都比较长,对于项目的投资者而言,如果这种项目的资金安排全部反映在公司的资产负债表上,很有可能造成公司的资产负债比失衡,超出银行通常所能接受的安全警戒线,并且这种状况在很长的一段时间内可能无法获得改善,公司将因此而无法筹措到新的资金,从而影响未来的发展能力。采用非公司负债型的项目融资则可以避免这一问题。项目融资这一特点的重要性,过去并没有被我国企业所完全理解和接受。但是,随着国内市场经济的培育和发展,对于我国的公司,特别是以在国际资金市场集资作为主要资金来源的公司来说,这一特点将会变得越来越重要和有价值。在国家资金不充裕的情况下,怎么能够更多、更好地利用国外资金进行国内外项目的投资,是一个值得认真研究的课题。非公司负债型融资对此提供了一种有益的思路。

5. 信用结构多样化

在项目融资中,用于支持贷款的信用结构的安排是灵活的和多样化的。一个成功的项目融资,可以将贷款的信用支持分配到项目的多个环节之中。典型的做法包括:在市场方面,可以要求对项目产品感兴趣的购买者提供一种长期购买合同作为融资的信用支持(这种信用支持所能起到的作用取决于合同的形式和购买者的资信)。资源性项目的开发受到国际市场的需求、价格变动的影响很大,能否获得一个稳定的、符合贷款银行要求的项目产品长期销售合同,往往成为能否成功组织项目融资的关键。在工程建设方面,为了减少风险,可以要求工程承包公司提供固定价格、固定工期的合同,或"交钥匙"工程合同,可以要求项目设计者提供工程技术保证等。在原材料和能源供应方面,可以要求供应方在保证供应的同时,在定价上根据项目产品的价格变化设计一定的浮动价格公式,保证项目的最低收益。所有这些做法,都可以成为项目融资强有力的信用支持,提高项目的债务承受能力,减少融资对投资者(借款人)资信和其他资产的依赖程度。例如,占世界钻石产量 1/3 的澳大利亚阿盖尔钻石矿(Argyle Diamond Mine),在开发初期融资进展迟缓,当该矿与拥有第一流销售能力的中央钻石销售组织签订了长期包销协议后,该项目的信用很快倍增,使那些担心项目产品价格和销路的投资者放心大胆地注入资金,促进了该项目较快且顺利地完成了项目融资工作。

6. 融资成本较高

项目融资涉及面广、结构复杂,而且在事前要做充分的风险分担、抵押设置等技术工作,导致其环节过多,花费时间长,费用巨大。

第一,组织项目融资所需要的时间较长。通常从开始准备到完成整个融资计划需要3~6个月(贷款金额大小和融资结构复杂程度是决定融资时间长短的重要因素),有些大型项目融资甚至需要几年的时间。另外,复杂的项目融资结构也使有关各方需要经过长期分担风险的谈判才能签署合同和协议。

第二,由于在项目融资中,贷款银行承担了较大的风险,因此希望得到的收益也高,致使贷款利率比普通贷款高。另外,项目融资要求繁多的担保与抵押,每一道担保或抵押都收取较高的手续费用,这样就提高了项目融资成本。融资成本包括融资的前期费用(融资顾问费、成功费、贷款的建立费、承诺费,以及法律费用等)和利息成本两个主要组成部分。

融资费用往往要占到贷款金额的 0.5%～2%,项目规模越小,前期费用所占融资总额的比例就越大;项目融资的利息成本一般要高出同等条件公司贷款的 0.3%～1.5%。因此,项目融资技术一般应用在大型基础设施和基础产业项目中,提高项目的经济强度,从而降低相对融资成本以实现其规模效应。

项目融资的这一特点限制了其使用范围。在实际运作中,除了需要分析项目融资的优势之外,还必须考虑到项目融资的规模经济效益问题。

7. 发挥税务结构的作用

项目融资允许高水平的杠杆结构,这在某种程度上意味着项目融资允许高水平的负债结构,从而有效地降低了资金成本。因为在大多数国家,贷款利息是在税前支付,而股权收益必须上税。此外,由于很多国家的新企业享受资本支出的税收优惠和一定的免税期,所以成立单一目的的公司的做法在项目融资中很普遍,甚至在有些情况下,项目融资结构的变化就是出于税收的考虑。如在英国,因为有对机器和设备的税收优惠,经常会采用金融租赁项目融资方式,一般的债务比例为 70%～90%,结构严谨的可以做到 90%～100%的负债,这对于资金缺乏的发展中国家来说非常有吸引力。

充分利用税务优势,是指在项目所在国税法允许范围内,在安排项目融资的过程中,通过精心设计的投资和融资结构,将所在国政府对投资的税务鼓励政策计算在项目参与各方中,把项目的税务亏损作为一种资源最大限度地加以利用,利用转让税务亏损的收益,直接偿还项目贷款的本息,提高项目的可融资性,以此为杠杆降低融资成本,减轻项目高负债期内的现金流量压力,提高项目偿债能力和综合收益率。

项目融资与传统融资的比较见表 7-1。

表 7-1　项目融资与传统融资的比较

项　　目	项 目 融 资	传 统 融 资
融资基础	项目的资产和现金流量(放贷者最关注项目效益)	借贷人/发起人的资信
追索程度	有限追索(特定阶段或范围内)或无追索	完全追索(用抵押资产以外的其他资产偿还债务)
风险分担	所有参与者	集中于发起人/放贷者/担保者
股权比例(本贷比)	发起人出资比例较低(通常小于 30%),杠杆比率高	发起人出资比例较高,通常大于 30%
会计处理	资产负债表外融资(通过投融资结构,使债务不出现在发起人,仅出现在项目公司的资产负债表上)	项目债务是发起人的债务的一部分,出现在其资产负债表上

第二节　项目融资的结构

项目融资成功的关键是在各参与方之间实现令人满意和有效的项目利润分配与风险分担,为此必须合理安排好项目融资的每一个环节,其中最重要的是安排好项目融资的四个主要结构,即项目的投资结构、项目的融资结构、项目的资金结构和项目的信用保证结构。对借款人和一个或多个发起人的限制因素,将会对项目的投资结构和融资结构产生影响:一是按照当地法律确定的公司章程或类似的纲领性文件;二是现有的融资文件中存在的适用于它的分支结构的限制性约定(如平等条款、借款限额、消极保证条款等);三是借款人和它的发起人之间的合资章程或与政府机构之间的特许权合同中的条款(包括先买权、消极保证等)。这四个模块相互之间关系的一个抽象说明见图 7-2。

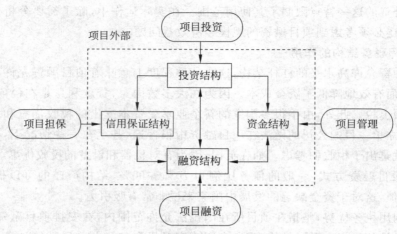

图 7-2　项目融资的结构框架

　　不能把项目融资的整体结构设计简单地理解为是在独立完成各个基本模块的设计之后,将各个部分简单组合起来的过程。如图 7-2 所示,实际过程是通过投资者之间,投资者与贷款银行之间,投资者和贷款银行与项目产品的下游消费者、生产设备的供应商、能源及原材料供应商、政府有关部门及税务机构等多方面之间的反复谈判,完成融资的模块设计和确定模块相互之间的组合关系。这个过程需要经过多次的反复,通过对不同方案的评比、选择、调整,最后产生一个最佳方案。对于其中任何一个模块作设计上的调整,都有可能影响到其他模块的结构设计以及相互之间的组合关系。因此,对于从事这一领域工作的人来说,每一个完成的项目融资结构都可以说是一件由其组织者精心设计的艺术作品。在原则框架的基础上,每一个融资结构都带有自己的创造性。

　　然而,无论融资的结构怎样复杂,项目融资的一些基本原则和特点是必须遵循和保留的,这里面包括了有限追索、风险分担、信用支持多样化和充分利用税务优势降低融资成本等。

　　一个公司如果准备考虑采用项目融资的方式为项目开发进行融资,首先应该做的工作是广泛地调查一下在不同工业部门已经成功使用过的融资结构和融资方法,对各种融资结构加以分析和比较。许多工业部门,如石油工业、采矿业和有色金属工业,多年来已经大量成功地运用了许多种不同的项目融资结构,积累了许多成功或者失败的经验。虽然在一个工业部门中应用过的结构并不一定可以照搬到另一个工业部门,但是至少可以开拓思路,帮助设计出既符合投资者要求又适应项目特点的新的融资结构。同样道理,不同国家虽然在政治制度、法律制度、税务制度、银行制度等方面存在差异,但是一个国家成功的融资结构对于另一个国家的项目融资设计制度也是很有启发的。我国企业采用项目融资作为一种筹集资金的手段,在学习与掌握项目融资的基本概念、原则、结构和分析方法的基础上,还必须认真研究分析目前国际上成功的项目融资案例。这样,在开展国内外的投资业务时,特别是在开发一些大型的、回收周期长的以及资本密集的工业、能源、矿山和基础设施项目时,就可以抓住问题的要害,根据自己的目标要求设计融资结构,有效地保护投资者的利益。

一、项目的投资结构

项目的投资结构,即项目的资产所有权结构,它表示项目的投资者对项目资产权益的法律拥有形式和项目投资者(如果项目有一个以上的投资者)之间的法律合作关系。不同的项目投资结构中,投资者对其资产的拥有形式,对项目产品、项目现金流量的控制程度,以及投资者在项目中所承担的债务责任和所涉及的税务结构存在较大的差异。这些差异会对项目融资的整体结构设计产生影响。因此,为了满足投资者对项目投资和融资的具体要求,做好整个项目融资的结构安排,首先需要在项目所在国法律、法规许可范围内设计符合投资者投融资需求的项目投资结构。

目前,国际上项目融资中所采用的项目投资结构主要有契约型结构、代理公司、合伙制和有限合伙制结构、有限责任公司和信托基金结构等多种形式。

(一) 公司型合资结构

公司型合资结构的基础是有限责任公司。公司由两个或两个以上投资者共同出资,每个投资者以其认缴的出资额对公司承担有限责任,公司以其全部资产对其债务承担责任,公司是独立的法人,在法律上具有起诉权也有被起诉的可能。投资者通过持股拥有公司,并通过选举任命董事会成员对公司的日常运作进行管理。由于公司型结构相对简单明了,国际上大多数的制造业、加工业项目都采用的是公司型合资结构。

1. 公司型合资结构的优点

(1) 有限责任;

(2) 融资安排比较容易;

(3) 投资转让比较容易;

(4) 股东之间关系清楚;

(5) 可以安排非公司负债型融资结构。

2. 公司型合资结构的缺点

(1) 对现金流量缺乏直接的控制;

(2) 税务结构灵活性差。

为了克服公司型合资结构所具有的这些缺陷,国外许多公司在法律许可的范围内尽量对简单结构加以改造,创造出种种复杂的公司结构,争取尽快、尽早地利用项目的税务亏损(或优惠),提高投资的综合经济效益。其中一种具有代表性的做法是在合资公司中作出某种安排,使得其中一个或几个投资者可以吸收使用项目投资前期的税务亏损(或优惠),同时又将所获得的部分利益以某种形式与其他投资者分享。

(二) 非公司型合资结构

非公司型合资结构又称为契约型合资结构,是一种大量使用并且被广泛接受的投资结构。非公司型合资结构的主要特征包括:

(1) 非公司型合资结构是通过每一个投资者之间的合资协议建立起来的。

（2）非公司型合资结构中的每一个投资者直接拥有全部项目资产的一个不可分割的部分。

（3）根据项目的投资计划，每一个投资者需要投入相应投资比例的资金。这些资金的用途可以包括项目的前期开发费用、项目的固定资产投入、流动资金、共同生产成本和管理费用等；同时，每一个投资者直接拥有并有权独自处置其投资比例的项目最终产品。

（4）与合伙制结构不同，在非公司型合资结构中，没有一个投资者可以作为其他投资者的代理人，每一个投资者的责任都是独立的，每一个投资者对于其他投资者的债务责任或民事责任不负有任何共同的和连带的责任。

（5）由投资者代表组成的项目管理委员会是非公司型合资结构的最高决策机构，负责一切有关问题的重大决策；项目的日常管理由项目管理委员会指定的项目经理负责；项目经理可以由其中一个投资者担任，也可以由一个合资的项目管理公司担任，在某些情况下，也可以由一个独立的项目管理公司担任。有关项目管理委员会的组成、决策方式与程序，以及项目经理的任命、责任、权利和义务，都需要通过合资协议或者单独的管理协议加以明确规定。

（6）投资者同意他们之间在非公司型合资结构中的关系是一种合作性质的关系，而不是一种合伙性质的关系。

（三）信托基金结构

信托基金结构是以契约型基金为基础的投资结构。契约型基金又称信托型基金，或称单位信托基金（unit trust），它是由基金经理人（即基金管理公司）与代表受益人权益的信托人（受托管理人）之间订立信托契约而发行受益单位，由经理人依照信托契约从事对信托资产的管理，由受托管理人作为基金资产的名义持有人负责保管基金资产。契约型基金将受益权证券化，即通过发行受益单位，使投资者购买后成为基金受益人，分享基金经营成果。契约型基金设立的法律性文件是信托契约，而没有基金章程。基金管理人、受托管理人、投资人三方当事人的行为通过信托契约来规范。

与公司型合资结构相比较，信托基金结构具有以下几方面的特点：

（1）信托基金是通过信托契约建立起来的，这一点与根据国家有关法律组建的有限责任公司是有区别的。组建信托基金必须要有信托资产，这种资产可以是动产，也可以是不动产。

（2）信托基金与公司法人不同，不能作为一个独立法人而在法律上具有起诉权和被起诉权。受托管理人承担信托基金的起诉和被起诉的责任。

（3）信托基金的受托管理人作为信托基金的法定代表，受托代表的责任与其个人责任是不能够分割的。

（4）在信托基金结构中，受托管理人只是受信托单位持有人（投资人）的委托持有资产，信托单位持有人（投资人）对信托基金资产按比例拥有直接的法律和受益人权益。在任何时候，每一个信托单位的价值均等于信托基金净资产的价值除以信托单位总数。

二、项目的资金结构

项目的资金结构设计关注的是项目资金中股本资金、准股本资金和债务资金的形式、相互间的比例关系以及相应的来源等方面。这里需要考虑的是不同资金来源的比例关系、项目资金的合理使用结构以及税务安排对总的加权平均融资成本的影响。资金结构是由投资结构和融资结构决定的,但反过来又会影响到整体项目融资结构的设计。项目融资的重点是解决其债务资金问题,然而,在整个结构中往往需要适当数量和适当形式的股本资金和准股本资金作为结构的信用支持。灵活巧妙地安排项目的资金构成比例,选择适当的资金形式,可以达到既减少项目投资者自有资金的直接投入,又能够提高项目综合经济效益的双重目的。通常为项目融资所采用的债务形式有商业贷款和国际银行贷款、银团贷款(辛迪加贷款)、商业票据、国际债券、政府出口信贷、租赁融资等。

(一)股本资金

项目融资资金结构中的股本资金包括项目投资者直接投入资金作为股本金,第三方通过在资本市场上购买优先股或普通股,以及通过贷款担保和其他信用保证形式作为股本金等具体形式。股本资金是风险资金,构成了项目融资的基础。

(二)准股本资金

准股本资金是指项目投资者或与项目利益有关的第三方所提供的一种从属性债务。它是相对股本资金而言的,既有股本资金的性质,又有债务资金的性质。作为贷款银行来讲,它具有股本资金的性质,因为,当项目公司破产时,在偿还所有的项目融资债务资金之前,准股本资金将不能被偿还。作为投资者来讲,它又具有债务资金的性质,最明显的特点是可以把这部分从属性债务的利息计入成本,冲抵所得税。常见的准股本资金形式包括无担保贷款、可转换债券或零息债券等。

法国迪斯尼项目第一期工程所需要的149亿法郎资金中,有将近60%是股本资金和准股本资金。从贷款银行的角度看,该项目在很大程度上降低了债务负担,提高了项目的经济强度。由于项目经济强度的增强,实现了一个资金成本节约的正循环,即股本资金和准股本资金的低成本,增强了项目的债务承受能力,从而使得项目有可能获得条件优惠的低成本银团贷款,使得项目总体的债务资金成本降低。总体的低债务资金成本又可以帮助项目在市场上筹集大量的股本资金,进一步降低了项目的债务资金比例。

(三)债务资金

如何安排债务资金是解决项目融资的资金结构问题的核心。对于一个项目投资者来说,他所面对的债务资金市场可以分为本国资金市场和外国资金市场两大部分,其中外国资金市场又可以进一步划分为某个国家的金融市场、国际金融市场以及外国政府出口信贷、世界银行、地区开发银行的政策性信贷等。

（四）项目的信用保证结构

由于项目融资风险较大,因此各个贷款人都要求贷款的安全性能得到保证。对于银行和其他债权人而言,项目融资的安全性来自两个方面:一方面来自保险公司对项目贷款的保险;另一方面来自项目本身的经济强度以及项目之外的各种直接或间接的担保。这些担保不仅可以由项目的发起人提供,也可以由项目的直接或间接利益相关者提供。这些担保可以是直接的财务保证,如不可预见费用担保、成本超支担保、完工担保;也可以是间接的非财务担保,如技术服务协议、长期购买项目产品协议、以某种定价为基础的长期供货协议等。所有这些担保形式的组合,构成了项目的信用保证体系。项目贷款保险及项目本身的经济强度和信用保证结构是相辅相成、互相补充的。项目经济强度高时,另外两个方面就相对简单、条件宽松;反之,就要相对复杂和严格。

第三节　　项目融资的参与者

项目融资是十分复杂的融资方式,涉及众多参与融资结构的利益主体和当事者。概括起来主要包括项目发起人、项目公司、借款方、贷款机构、信用保证实体(包括项目产品的购买者或项目设施的使用者,项目承建商,项目设备、能源和原材料供应者)、项目融资顾问(包括投资银行、技术、财务、法律、会计税务和保险等方面的顾问)、项目管理公司、相关政府机构以及其他项目参与者等。

一、项目发起人

项目发起人一般为股本投资者,即项目的实际投资者,它通过项目的投资活动和经营活动,获得投资利益和其他利益,通过组织项目融资,实现投资项目的综合目标要求。由于项目融资多用于基础设施和公共项目,并且这类项目本身具有投资大、收益大和风险大的特点,所以项目发起人一般是由多家与项目有关的公司组成的投资财团、国家政府或者国有企业,有时也可以是政府机构或者是政府机构与私人公司的混合体。

二、项目公司

项目公司也称项目的直接主办人,是为了项目的建设和生产经营而专门成立的独立经营、自负盈亏的经营实体。项目公司直接参与项目投资和项目管理,并直接承担项目债务责任和项目风险。其作为一个独立的法律实体,将项目融资的债务风险和经营风险大部分限制在项目公司中,主要有合伙制、合资企业、公司制和信托制等几种类型。项目公司的资产、资信状况必须符合贷款人的要求。

在项目融资中,通常项目公司是一个专门为该项目成立的单一目的项目公司,而不是由进行投资的母公司或控股公司来担当这一角色,这种做法具有非常重要的作用:第一,将项目融资的债务风险和经营风险大部分限制在项目公司中,项目公司根据其资产负债表承担有限责任,并对偿还贷款承担直接责任,资产和现金流量是其还款的唯一来源,项目公司是实现融资责任及风险与项目直接投资者隔离的一种有效方法;第二,根据一些国家的会计制度,成立项目公司进行融资可以避免将有限追索的融资安排作为债务列入项目的实际投资者自身的资产负债表上,实现非公司负债型融资安排;第三,组织项目公司能够有效吸收其他投资者,集中项目资产所有权,便于进行管理,同时,也有利于项目公司利用项目资产作为抵押向贷款银行融资;第四,采用项目公司的形式具有较强的管理灵活性,项目公司可以是一个实体,即实际拥有项目管理所必须具备的生产技术、人员条件和管理,但项目公司也可以只是一个法律上拥有项目资产的公司,实际的项目运作委托给具有丰富生产管理经验的管理公司负责。

三、借款方

通常,借款方就是项目公司,但某些时候除外。这是因为,项目的实施和融资结构受到许多国家多种因素的限制,如东道国的税收政策、外汇制度、担保制度和法律制度等。因此项目的借款方可能不止一个,项目的承建公司、经营公司、原材料供应商以及商品的买主等都可能成为独立的借款方,它们各自独立借款以便参与到项目中来。

此外,如果是国有企业,借款可能存在融资障碍,即国际上有些金融结构不向国有企业提供贷款和进行担保。为克服这一融资障碍,可设立专门机构,如"受托借款机构",由银行向受托借款机构提供贷款,为国有项目公司提供资金支持。项目建成后,根据与项目公司签订的产品承购协议向承购商收取贷款,归还银行的贷款本息。具体操作过程如图 7-3 所示。

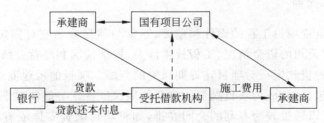

图 7-3　项目受托借款机构的融资结构

四、贷款机构

商业银行、非银行金融机构(如租赁公司、财务公司、某种类型的投资基金等)和一些国家政府的出口信贷机构,是项目融资债务资金来源的主要提供者,统称为"贷款银行"。

承担项目融资贷款责任的银行可以是一家或几家商业银行,也可以是由十几家银行组成的国际银团,国际银团贷款又称为辛迪加贷款。银行参与数目主要是根据贷款的规模和项目的风险(特别是项目所在国的国家风险)两个因素决定的。如在项目融资国际贷款中,贷款规模在 3 000 万美元以上时,一家银行往往很难承担贷款规模,基本上需要至少三家以上的银行组成银团来提供资金。但是,对于一些被认为是高风险的国家,即使是几百万美元的项目贷款,也常常需要由多家银行组成的国际银团提供,这样做的目的是为了分散政治风险。

五、信用保证实体

由于项目融资的有限追索,在项目融资中非常重要的一个环节就是必须为项目贷款提供必要的信用保证体系。一个成功的项目融资,可以将贷款的信用保证分配到与项目有关的各个关键方面,主要有项目产品的购买者或者项目设施的使用者、项目承建商以及项目设备、能源和原材料供应者等。

(一)项目产品的购买者或者项目设施的使用者

项目产品的购买者或者项目设施的使用者一般在项目融资中发挥着相当重要的作用,构成融资信用保证的关键部分。由于适用于项目融资的项目均为大型投资项目,能够提供稳定的产品来源,因此项目产品的购买者或项目设施的使用者通常是长期固定的买主。他们通过与项目公司签订长期购买合同来保证项目的市场前景和未来的现金流量,为投资者对项目的贷款提供重要的信用保证。一般情况下,项目产品的购买者或项目设施的使用者,由项目发起人本身、对项目产品有需求的独立第三方,或者有关政府机构承担。其购买者可能是一个,也可以是多个,他们的资信水平是贷款人考察项目风险的一个重要因素。

项目产品的购买者可以是项目发起人本身、对第三方或有关的政府机构。作为项目融资的一个重要参与者,他们可以直接参加融资谈判,确定项目产品的承购数量和价格。

(二)项目承建商

项目承建商负责项目工程的设计和建设,通常与项目公司签订固定价格的总价承包合同。因此,承建公司的资金情况、工程技术能力、资信情况和经营业绩,可以在很大程度上影响项目融资的贷款银行对项目建设期风险的判断。项目的承建商通过与项目公司签订固定价格的承包合同,成为项目融资的重要信用保证者。一般情况下,信用较好的工程公司承建项目,可以通过较为有利的合同安排,如将项目融资安排成有限追索形式,以减少项目投资者在项目建设期所承担的义务和风险,从而保证项目融资的成功。

(三)项目设备、能源、原材料供应者

项目设备供应者主要指为项目提供各种机械和运输设备的公司和厂商。项目融资活动中,需要大量的设备及原材料,其供应者为了寻找长期稳定的市场,在一定条件下会同意以长期的优惠价格条件为项目供应,也可能会采用延期付款或低息优惠出口信贷的做法。这种安排有助于减少项目初期和项目经营期间的很多不确定因素,不仅为项目公司进行项目融资提供了便利条件,而且也构成了项目融资中的重要参与者。

六、融资顾问

项目融资过程中的许多工作需要具有专门技能的人来完成,而大多数的项目发起人缺乏这方面的经验和资源,因此需要聘请专业融资顾问。因此从某种意义上说,拥有一个

好的融资顾问是项目融资成功的关键。

专业融资顾问包括投资银行、财务顾问、技术顾问、法律顾问、保险顾问及会计税务顾问等。

融资顾问要求具备的条件包括准确了解项目投资者的目标和具体要求,熟悉项目所在国的政治经济结构、投资环境、法律和税务政策,对项目本身及项目所属行业的技术发展趋势、成本结构、投资费用等有全面的认识,掌握当前金融市场的变化动向和各种新的融资手段,与主要银行和金融机构有着良好的关系,具备丰富的谈判经验和技巧等方面。同时,项目融资顾问通常需要充分考虑各个与融资有关利益主体的融资目标和要求,通过对融资方案的反复设计、分析、比较和谈判,编制可行性研究报告,审核和评估项目的技术和经济指标的可行性和合理性,并且监督项目的进展,最后形成一个既能在最大程度上保护项目投资者的利益,又能被贷款银行及其他利益相关方接受的融资方案。

七、项目管理公司

在大多数工程项目中,项目的发起人主要在项目的发起、开发建设和融资阶段起到主要作用,而当项目进入经营阶段则往往指定一家独立的公司代表项目发起人负责项目的日常经营管理事务,这一公司通常被称为项目管理公司。因为在项目融资中,贷款银行比较关心项目进入经营期后产生现金流量的能力,所以项目管理公司的经济背景、管理能力、资金实力和管理经验、资信水平也成为贷款银行关心的问题,有时候甚至会影响项目融资的成功与否。项目管理公司可以是第三方经济实体,也可以是项目发起人之一。

八、相关政府机构

对项目融资成败与否影响最大的是项目所在国政府,即政府机构能否在项目融资中发挥多方面的作用。在微观方面,政府部门可以为项目开发提供土地、长期稳定的能源供应、良好的基础设施、经营特许权等必要的基础条件,以此减少项目的建设风险与经营风险。为促成项目融资的完成,政府部门也可以为项目提供各种优惠条件和贷款担保。在宏观方面,政府又可以创造良好的投资环境,以吸引投资者进行投资活动。例如,利用特殊税务结构和外汇政策等种种优惠政策来降低项目的综合债务成本。另外,一些政府机构还经常投入权益资本,或者充当项目产品的最大买者或用户等。

九、其他项目参与者

此外,项目融资还涉及资金短缺时的付款人、为项目提供各类保险的保险机构、信用评估机构、当地管理者、财务部门等各种参与者。

十、参与者之间的关系

在项目融资中,各参与者之间的关系比较复杂,他们通过一系列的合同或协议结合在一起。因此,项目融资的各参与者彼此各有需求和优势,各自所承担的风险也不尽相同。成功的项目融资是充分发挥各个参与者的优势,将风险分配给最能承担并管理这类风险的参与者。可见,项目融资就是这些参与者借助彼此之间的协议进行长期博弈的结果。图 7-4 概括出了项目融资中各参与者相互之间的关系。

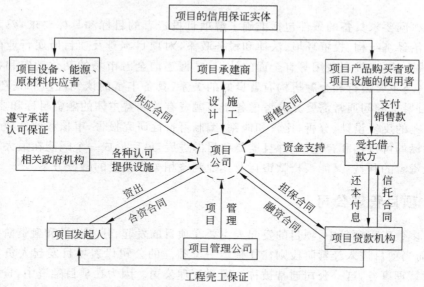

图 7-4　项目融资中各参与者相互之间的关系

第四节　项目融资的实施步骤

从项目投资决策开始,至选择项目融资方式为项目建设筹措资金,一直到最后完成该项目融资为止,项目融资大致可分为五个阶段:投资决策分析阶段、融资决策分析阶段、融资结构设计阶段、融资谈判阶段及融资执行阶段。每一阶段的主要工作见图 7-5。

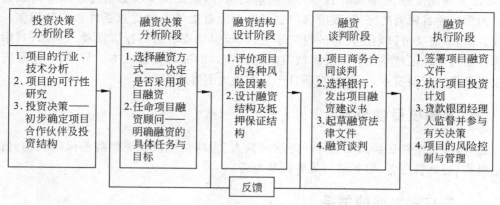

图 7-5　项目融资各阶段的主要工作内容

上述五个阶段的具体工作内容与要求如下:

第一阶段,投资决策分析阶段。投资者需要对一个项目进行相当周密的投资决策分析,投资决策分析的结论是投资决策的主要依据。这些分析包括宏观经济形势的趋势判断,项目的行业、技术和市场分析,以及项目的可行性研究等标准内容。一旦投资者作出投资决策,随后首要工作就是确定项目的投资结构,项目的投资结构与将要选择的融资结构和资金来源有着紧密的关系。同时,在很多情况下,项目投资决策也是与项目能否融资以及如何融资密切联系的。投资者在决定项目投资结构时需要考虑的因素很多,主要包括项目的产权形式、产品分配形式、债务责任、决策程序、现金流量控制、会计处理和税务结构等方面的内容。投资结构的选择将影响到项目融资的结构和资金来源的选择;反过来,项目融资结构的设计也会对投资结构的安排作出调整。

第二阶段,融资决策分析阶段。这一阶段的主要内容是项目投资者将决定采用何种融资方式为项目开发筹集资金。项目建设是否采用项目融资方式主要取决于项目的贷款数量、时间、融资费用、债务责任分担以及债务会计处理等方面的要求。如果决定选择项目融资作为筹资手段,投资者就需要聘请融资顾问,如投资银行、财务公司或者商业银行中的项目融资部门。融资顾问在明确了融资的具体任务和目标要求后,开始研究和设计项目的融资结构。

第三阶段,融资结构设计阶段。这一阶段的一个重要步骤是对与项目有关的风险因素进行全面的分析、判断和评估,确定项目的债务承受能力和风险,设计出切实可行的融资方案和抵押保证结构。项目融资的信用结构的基础是由项目本身的经济强度以及与之有关的各个利益主体与项目的契约关系和信用保证构成的。项目融资结构以及相应的资金结构的设计和选择,必须全面地反映投资者的融资战略要求和考虑。

第四阶段,融资谈判阶段。在项目融资方案初步确定以后,项目融资进入谈判阶段。首先,融资顾问将选择性地向商业银行或其他一些金融机构发出参加项目融资的建议书,组织银团贷款,并起草项目融资的有关文件。随后,便可以与银行谈判。在谈判中,法律顾问、融资顾问和税务顾问将发挥很重要的作用。他们一方面可以使投资者在谈判中处于有利地位,保护投资者利益;另一方面又可以在谈判陷入僵局时,及时、灵活地采取有效措施,使谈判沿着有利于投资者利益的方向进行。

融资谈判不会一蹴而就,在谈判中,要对有关的法律文件作出修改,有时会涉及融资结构或资金来源的调整问题,也有时会对项目的投资结构作出修改,以满足贷款银团的要求。通过对融资方案的反复设计、分析、比较和谈判,最后选定一个既能在最大限度上保护项目投资人的利益,又能为贷款银行所接受的融资方案。其中包括选择银行、发出项目融资建议书、组织贷款银团、起草融资法律文件、融资谈判等。

第五阶段,融资执行阶段。当正式签署了项目融资的法律文件以后,项目融资就进入执行阶段。在项目建设期,贷款银团通常将委派融资顾问为经理人,经常性地监督项目的进展情况,根据资金预算和施工建设进程表安排贷款。在项目的试生产期,贷款银团的经理人将监督项目的试生产(运行)情况,将项目的实际生产成本数据及有关技术指标与融资文件上规定的相应数据与指标对比,确认项目是否已达到了融资文件规定的有关标准。在项目的正常运行期,贷款银团的经理人将根据融资文件的规定,参与部分项目的决策程序,管理和控制项目的贷款投放和部分现金流量。除此之外,贷款银团的经理人也会参与一部分项目的生产经营决策,并经常帮助投资者加强对项目风险的控制与管理。

第五节　项目融资的运用范围

由于项目融资方式对贷款人风险较大、对借款人成本较高,在融资过程中,融资者对项目的要求比较严格,一般应对项目及项目各方进行详细审查,要求项目具有详细而精确的贷款合同,项目在经济和技术上应具有充分的可行性,能够通过一系列合同或协议降低融资风险,并能获得所在国政府的大力支持。这种融资方式的雏形出现于 20 世纪 70 年代,最初主要用于矿藏开采项目的融资,在一般情况下,采用得不多。但近些年来,项目融资的范围在不断扩大,尤其是在大型基础设施项目融资中的优越性逐渐被人们所认识,使得项目融资方式在发电厂、油田、机场、港口、公路、铁路等的融资中得到广泛应用。目前,项目融资的运作方法已适用于各种项目,从石油、天然气等资源的开发,到豪华酒店的建设和经营,甚至包括一些大型的农业开发项目,但仍主要用于电力和交通等大型建设项目。这些项目一般投资规模较大、建设周期相对较长、对政治及经济风险异常敏感,能够充分体现项目融资在风险分配方面的优势。在发达国家,项目融资首先应用在资源项目,然后是基础设施项目,进而在制造业项目上也作过一些尝试。项目融资的范围主要集中在以下方面。

一、资源开发项目

资源开发项目运用项目融资方式的典型例子是英国北海油田项目。1970 年,刚刚经历过经济危机的英国经济很不景气,为了缓解国家的衰败局面,在进行了一定的储量勘察之后,英国决定开发北海油田。当时,负责该活动的是不列颠石油公司。由于开发项目风险很大,成功则收益丰厚,失败则颗粒无收。在国内资金不足的情况下,不列颠石油公司不愿意通过股权融资方式向外筹资,担心项目失败导致自己破产。最后,大胆的美国银行通过产品支付这种项目融资方式帮助英国完成了北海油田项目,自己也获得了高收益。除石油项目外,项目融资也可用于天然气、煤炭、铁、铜等资源的开采。

二、基础设施建设

基础设施项目是项目融资应用最多的领域。基础设施领域一般包括铁路、公路、港口、电信和能源等项目的建设。项目融资之初得以在基础设施领域应用最广,一方面是由于这类项目投资规模巨大,完全由政府出资有困难;另一方面也是商业化经营的需要,因为只有商业化经营,才能产生收益、提高效益。发达国家的许多基础设施建设项目就是因为采用项目融资的方式而取得了成功。

三、制造业项目

虽然项目融资在制造业领域有所应用,但是范围比较窄。因为制造业中间产品很多,工序多,操作起来比较困难;另外,其对资金的需求也不如前两种领域那么大。在制造业,项目融资多用于工程上比较单纯或某个工程阶段中已使用特定技术的制造业项目,另外也适用于委托加工生产的制造业项目。

以上是发达国家项目融资的适用范围。但是具体到每个国家如何确定项目融资的适用范围,则直接与该国利用外资的政策有关。可以说,由于各国情况不同,并非所有项目都适合采用项目融资方式。项目融资一般适用于那些竞争性不强的行业,具体讲,只有那些通过对用户收费取得收益的设施和服务,才适合项目融资方式。这类项目尽管建设周期长、投资量大,但收益稳定,受市场变化影响较小,整体风险相对较小,因此对投资者有一定的吸引力。

在发展中国家,可实施项目融资的领域一般来说主要包括公路及配套设施,港口设施,机场及有关设施,发电、配电及有关设施,电信设施,供水、污水处理、排水及有关设施,等等。由此看来,项目融资的领域虽然比较宽广,但主要集中在基础设施项目上。

目前,中国的项目融资主要集中在公路、电厂、污水处理等基础设施项目上。

本章小结

项目融资是以项目的资产、未来收益或权益作为偿还贷款的资金来源和安全保障而取得的具有无追索权或有限追索权的特定融资方式。其特征主要包括项目导向、有限追索、风险分担、非公司负债性融资、信用结构多样化、融资成本较高以及发挥了税务结构的作用。

国际上项目融资中所采用的项目投资结构主要有契约型结构、代理公司、合伙制和有限合伙制结构、有限责任公司和信托基金结构等多种形式。

项目融资的参与人包括项目发起人、项目公司、借款方、贷款机构、信用保证实体、项目融资顾问、项目管理公司、相关政府机构、其他项目参与者等。

项目融资的核心部分是融资结构。项目融资包括以下五种结构:①投资者直接安排项目融资模式,即由项目投资者直接安排项目的融资,并且直接承担起融资安排中相应的责任和义务,这可以说是结构上最简单的一种项目融资模式;②投资者通过项目公司安排项目融资模式,即为了减少投资者在项目中的直接风险,在非公司型合资结构、合伙制结构甚至公司型合资结构中,项目的投资者经常建立一个单一目的的项目子公司作为投资载体,以该项目子公司的名义与其他投资者组成合资结构和安排融资;③以"设施使用协议"为基础的项目融资模式,即利用"设施使用协议"安排项目融资,其成败的关键是项目设施的使用者能否提供一个强有力的具有"无论提货与否均需付款"(在这里也可以称为"无论使用与否均需付款")性质的承诺;④以"杠杆租赁"为基础的项目融资模式,即以杠杆租赁为基础组织起来的项目融资模式,是指在项目投资者的要求和安排下,由杠杆租赁结构中的资产出租人融资购买项目的资产,然后租赁给承租人(项目投资者)的一种融资结构;⑤以"生产支付"为基础的项目融资模式,即生产支付是通过直接拥有项目的产品和销售收入,而不是通过抵押或权益转让的方式来实现融资的信用保证。

关键词

项目融资　公司型合资结构　非公司型合资结构　信托基金结构　股本资金
准股本资金　债务资金　项目的信用保证结构

第八章 项目融资环境

2007 年年初以来,针对经济增长偏快和流动性偏多等问题,央行 11 次上调存款准备金率,6 次提高存贷款基准利率,6 次发行定向央行票据,紧缩力度不断加大,这表明国家在运用宏观政策,针对市场上流动性过多的状况,通过央行综合运用各项货币政策工具及其组合,加强对基础货币的控制。其中,存款准备金率已达 15.0%,超过了近 20 年来的历史最高水平;6 次加息中,有 3 次采用了"非对称加息",使存贷款利差由 3.60% 缩小为 3.33%,意在抑制银行贷款冲动。从最近情况来看,信贷紧缩政策收到显著成效,贷款显著放慢:2007 年 12 月人民币贷款新增仅为 485 亿元,这不仅远低于 2007 年其他月份,也远低于过去历年的 12 月新增贷款,显示央行控制信贷取得明显效果。面对紧缩政策,不少银行表示将调整信贷结构,以减少对赢利的冲击。主要包含两点:一是对贷款发放权限上收;二是继续严控热点行业贷款的发放。虽然某大型国有商业银行人士强调,交通行业业作为五大重点行业之一,对其信贷支持政策在大方向上不会进行调整,但有关人士仍认为,受资金全面紧张因素的影响,在额度上肯定会有所减少。

另一大型国有商业银行则在非官方场合明确表态,对新建项目贷款将进行严格控制,原则上对交通量小、投资大的收费公路,特别是民营企业投资的高速公路,地、市管高速公路,以及二级收费公路都将不予放贷。今后重点放在梳理现有存量资产,仅对一些优质高速公路调整贷款期限。

如果央行今后继续调整法定存款准备金率,边际负面影响会越来越大。15% 的存款准备金率是一个重要的关键点,超过这一水平,银行经营所受制约空前增大。从目前宏观调控货币紧缩的趋势看,存款准备金率突破 15% 已成必然,到时候,众多中小商业银行即使有心支持公路建设,也将面临无钱可贷的尴尬境地。

国家和地区的融资环境对项目融资的成败及效果有着重要的影响。项目融资外部环境分析的内容是一个有机而繁杂的系统,项目投融资方案的设计及评价首先需要对项目的运行环境及投融资环境进行详细的调查,充分了解项目所处的经济环境、融资环境、产品市场环境、税务环境等方面。东道国的宏观经济环境对于项目融资起着极为重要的影响,比如,一国或地区必须保持足够的稳定,才能吸引长期的项目投资者和提供项目长期贷款的金融机构。稳定性是项目融资的构成元素。当一国拥有稳定的通货膨胀率、汇率以及可预见的政治环境时,项目的融资操作就更加容易成功。虽然各国评价项目融资环境的标准不尽相同,但主要调查的内容包括法律环境、经济环境、金融环境、政治环境以及税务条件等方面。

通过对本章的学习,能够解决以下问题:

1. 融资环境包括什么?
2. 项目融资的法律特征是什么?
3. 影响项目融资的经济发展水平都有哪些?
4. 项目投资的政治环境有哪些?
5. 项目所在地的具体环境的分析评价包括哪些内容?

第一节　项目融资的法律环境

在融资方案设计之前,需要对投融资方面的立法进行调查。成功的项目融资的操作需要建立一套相应的法律框架,项目的融资活动必须遵守国家和地方的各项法律法规。完整明确而又有效的法规可以保证项目的正常实施运营,充分保证项目的预期服务效用,保证投资各方的利益;而不合理的规章和法律体系会破坏有关各方所签合同的威信和有效性。法律环境之所以能在投资环境的诸因素中占据主要位置,是因为它能将投资的政治环境、经济环境用法律形式体现出来,并用法律手段确保各项投资政策和措施得以实施。可见,东道国的法律和政策环境应该是企业决定是否在该国进行投资、进行何种投资、投资多大规模的最重要的因素之一。因此,重视调研东道国的法律和政策,是确保跨国经营正确决策和维护合法权益的重要保障。对于任何一个国家来讲,引进外资的首要条件便是在本国创造有利的、优惠的投资环境,一国要想在众多的国家引收到外资,也只能以其投资环境具有一定优势和特点为前提条件。融资过程涉及的法律结构包括公司法、银行法、证券法、税法、合同法、担保法,以及投资管理、资本市场管理等方面的规定,这些法律法规的完善与否将直接影响到项目融资的开展与执行状况。

一、东道国法律以及法规建设的研究

成功的项目融资需要建立一套完整的法律体系,主要包括以下内容:适合项目融资的基本法律条款;及时地和可预见地领取许可证的规定;合同的法律效力规定和公正而高效的纠纷处理规定等。一般来说,在考察东道国法律和法规建设情况时,应着重考察以下几个方面的问题:

(1) 如果出现纠纷,是否有完善的商业法律体系来提供仲裁,解决纠纷。

(2) 是否有独立的司法制度和一套严格的法律执行体系来执行法院的仲裁结果。

(3) 项目融资中政府部门的作用和职责。

(4) 项目投资者取得许可证或特许经营权的保证。

(5) 有关价格和税法的法规和管理。

(6) 对外商投资企业的干预和控制法规。

(7) 对所有者红利支付的限制。

(8) 劳动法规和管理。

（9）与房地产投资相关的法规，如用房地产入股的有关规定。

（10）环境与安全法规和管理。

（11）合同的执行和拒绝，如合同法的有关规定。

以上这些基本的法律和法规不仅应该足够清楚明了，并且必须具有可操作性，否则，如果法律和法规条款的说明过于模糊，对项目融资来说就存在很高的政治风险。

二、项目融资的法律特征

从法律上讲，项目融资一般具有以下特征。

（一）受多个法律调整

项目融资过程涉及本国法和外国法、程序法和实体法。项目所在国的法律具有很强的根据意义，许多法律关系是国内经济法律关系，受国内法律的调整，如项目的立项和审批、项目公司的组建、建设用地的批准、担保和抵押的设定、税款的征收、外汇的汇兑等。但项目融资安排中有大量的涉外因素，如融资企业可能是外资企业，设备租赁厂家和债券投资者可能是外商，项目贷款可能是中外银团贷款等。因此在项目融资中，涉及国内法的应用，同时也涉及外国法的应用，在纠纷发生时，也可能要遵循国际法的规则。

（二）以合同法为基础

项目融资中有多个合同人和参与方，存在着复杂的法律关系，而基本的法律关系则是合同（或协议）关系。通过一系列的合同（或协议）安排，明确各当事人之间的权利与义务关系。合同法是调整项目融资的基本法。

（1）当事人涉及国家主体和国际机构。我国政府通过对项目融资提供各种支持、授予特许权等形式参与到项目融资中。一些国际机构，如亚洲开发银行、世界银行等，也常作为项目融资的资金提供方参与到项目融资中来。当主体是国家政府和国家机构时，就会产生复杂的法律适用问题。

（2）合同不仅可以调整各方的利益关系，还能有效分担项目风险。项目融资中各方主体的利益是相互冲突的，但与此同时，各方利益的实现又依赖于对方，各方只有通过相互合作，才能彼此获取应得利益。因此，这一活动之所以有复杂的合同安排，也正是出于各方分担风险和调整各方利益的需要。

（3）经常出现法律创新。项目融资中的一系列协议、契约和合同安排可以弥补法律的不足。如"无论提货与否均需付款"合同，突破了传统买卖合同的内容。担保法律制度主要由一系列的合同安排和合同权益转让构成。

三、法律体系

国家是否有足够完备的法律结构在很大程度上决定着项目融资的成功与否。一套明确、全面、有效的法规将有利于融资活动的展开，而不合理的规章和法律结构会破坏有关各方所签合同的威信和有效性，融资过程中涉及的法律结构，涉及项目投融资的一些基本法律一般包括有关政府管制的规定、担保立法、促进外国投资的立法、特别立法、证券法、公司法和合同法等。不同类别的法律所要解决的法律问题是不同的。

1. 政府管制

政府对市场的管制是经济治理整体结构中的一种治理机制,主要是关于对价格管制、补贴、税收和政府采购管制、进入管制、外汇管制等方面的规定。这些不仅是融资项目中的基本问题,也是国内外投资者较为关心的问题,其法律框架决定着国家政治风险的程度。20 世纪 70 年代末以来,经济发达国家,如美国、德国、英国、日本对交通运输、电力、电信、煤气等基础设施产业纷纷实行了重大的政府管制体制改革,促进了市场竞争机制力量的强化,提高了基础设施产业的运行效率。

2. 担保法

担保对项目融资的进行有着至关重要的影响,如果法律缺乏关于担保安排的必要规定,就会影响银行对融资的参与程度。在项目融资中,常见的担保形式主要包括物权担保,诸如不动产物权担保(建筑物、土地等财产);特许权、动产物权担保,如特定的股份等;政府的承诺与支持;权益转让,转让如建筑合同、产品销售协定及其他合同规定的权益;信用担保,如当事人履行各种义务的履约保证书、安慰信等。

3. 促进有关外国投资的立法

这方面的立法明确规定了将本国货币兑换成外国货币的权利,外汇以合理汇率的可兑换性以及外汇的自由汇出,简化进口许可手续和外籍人员入境手续,外国投资者在我国建立项目公司的权利,外国投资的纳税办法,政府对项目国有化、收购和征收的规定及赔偿等。

4. 特别立法

对项目融资进行特别立法有诸多的好处。它会给潜在的投资者和有关政府部门一个强烈的积极信号,政府会支持这些项目,它会帮助外国投资者相对容易地在一部法律中找到相关的法律规定,可以澄清与之相关的申请、操作程序等,明确投资者和借贷人的权利,使政府提供的支持和鼓励措施具有法律效力,以减少谈判项目的费用和时间,并确保国家获得最起码的利益。

5. 证券法

证券法是调整证券发行和流通中发生的资金融通关系的法律规范的总称。证券法对于规范证券发行和交易行为,保护投资者的合法权益,规范政府债券、证券投资基金份额的上市交易,保障投资者利益和证券市场稳健的发展发挥着重大作用。

6. 公司法

公司法是适应建立现代企业制度的需要,为确认和规范公司的组织和行为而制定的法律。公司法对公司从产生到消灭的整个过程中的组织和行为关系均作出规定,包括:公司组织和行为的一般原则,公司的设立、变更、解散,公司的能力,公司的资本和财产、组织机构、公司章程、财务会计,以及公司与股东、股东相互之间的关系等。主要解决的法律问题包括如何对待内外资项目公司、如何对项目公司进行控制、如何清理公司等。

7. 合同法

项目依赖于一整套复杂的基本合同安排,而这些合同又受制于合同法。所以,合同法必须确保项目融资中各方当事人之间的合同(或协议)在法律上具有约束力并得到执行。其主要解决的法律问题包括如何建立合同、如何中止合同、违约如何赔偿、合同各方在什么情况下可以免除责任等。

8. 劳动法

劳动法是调整劳动关系以及与劳动关系密切联系的社会关系的法律规范的总称。其内容主要包括:劳动合同的订立、变更与解除程序的规定;项目雇用劳工情况;劳动者的主要权利和义务;劳动就业方针政策及录用职工的规定;集体合同的签订与执行办法;劳动报酬制度;社会保险与福利制度,如对第三方的责任和对工人的赔偿;劳动卫生和安全技术规程;劳动争议的解决程序;对执行劳动法的监督、检查制度以及违反劳动法的法律责任等。此外,还包括工会参与协调劳动关系的职权的规定。

9. 社会责任法

社会责任法主要包括环境保护和安全、社会道德以及公共利益等方面,由经济责任、持续发展责任、道德责任和法律责任等构成。这些规定直接影响到项目的设计和成本。项目发起人和贷款人除了解环境法律的标准和要求以外,还应认识到违反此种规定的后果,如环境法变化增加的费用由哪方承担等。

10. 其他方面的规定

其他方面的规定包括保护知识产权和财产权的法律、破产立法、租赁立法、商业银行和保险法、对外国投资的鼓励措施、政府采购手续和规定、税法,以及承认和执行外国裁决的有关规定等。

四、法律环境的作用

法律环境的作用主要包括直接作用、间接作用以及潜在投资者眼中的可信赖因素。

(一) 直接作用

东道国通过法律环境对外国投资者施加各种影响,如鼓励、保护、限制等,从而在符合本国利益的基础上吸收和引进外资。

(二) 间接作用

法律环境对国际投资的间接作用主要表现为其通过对其他因素(政治、经济、文化等)的作用,创造有利于引进外资的良好环境。法律在一国具有最高的效力,是改变一国其他条件的强有力工具。一国各种条件的改变也只在符合法律规定时才能发生。同时,由于法律的规范性、统一性和可预测性,更能使这种变化有计划、有步骤地进行,避免因政策和行政命令的不稳定性而中途夭折的情况。这种改变的结果也能得到法律的保护和确认,使投资环境逐步趋于良好而不会时好时坏。

(三) 从对潜在投资者的作用来看,法律环境是值得信赖的因素

外国投资者只有在确认了一国的法律环境是稳定、可信赖的,自身权益可以得到法律保护,并且能够明确自己在东道国的权利义务的情况下,才有可能进行投资决策。由于法律的稳定性、权威性特点及其在投资环境中的主导地位,它成为外国潜在投资者的最可信赖因素。

第二节　项目融资的经济环境

一个国家或地区的经济环境对项目的实施及成败有着至关重要的影响,项目的成功需要良好的项目经济环境,不利的经济环境可能导致项目的失败。良好的经济环境主要包括合理的经济和产业政策、发达的经济和适当的增长速度、发达的配套产业、有效的资本市场、良好的基础设施、完善的市场机制、规范的税务体系和银行体系、适宜的生活和生存环境等。项目融资方案研究应着重分析经济环境对融资的限制和影响。这些影响将作用于融资方案,影响融资成本和融资风险。

当一国经济没有过度的通货膨胀或过快的汇率变动时,项目较容易被开发。在一个比较稳定的经济环境中开发项目要比在高度不稳定的环境中容易得多,即使东道国政府愿意保护项目的投资者免受通货膨胀风险和汇率风险。

一、东道国经济条件的研究

东道国经济条件的考察内容主要有价格水平、国内资本市场和信用等级以及利率水平等,这些经济条件都是保障项目融资成功的必备条件。

(一)价格水平

一个国家价格水平及价格管理的现状对于项目产品的市场风险将产生重要影响。比如,在电力项目融资中,如果国内电力价格过低,就会影响项目公司产生现金流量的能力。

(二)国内资本市场和信用等级

国内资本市场的发育程度是影响项目融资发展前景的一个重要方面。同时,国内投资者的信用等级也会影响到项目融资的成本及规模。

(三)国内利率水平

首先,如果国内利率水平已经市场化,则国内投资者对于项目融资的利率及偿还条款就容易理解和接受,这对于项目融资谈判有一定的影响;其次,在进行项目融资时,由于需要一定比例的当地融资,这样,一国利率水平就能在一定程度上影响项目融资的成本。

二、经济发展水平

一个国家或地区的经济发展水平高、速度快,表明这一国家或地区的收入多、资金需求量大、市场规模大、赢利机会多,因而能吸引到较多的投资。因此,一般来讲,国际资本主要流向那些经济发展速度快、国内市场容量大的国家和地区。工业发达国家相对于发展中国家而言,项目融资要容易得多。

(一)国家的宏观经济政策

国家的宏观经济政策是影响项目融资活动的另一个重要因素。这主要表现为宏观经济政策对项目融资活动的引导作用。如果政府鼓励境外融资,优惠政策也会较多,为贷款人提供投资的便利条件也会较多,项目融资就容易开展。例如,在悉尼港口隧道工程项目中,政府提供支持性贷款用于支付最初的建造成本。

(二)通货膨胀与汇率变动

通货膨胀对社会经济生活的各个领域都会产生深刻的影响。通货膨胀对国外贷款人的影响主要表现为两个方面:一方面,通货膨胀将导致融资成本上升,实际收益下降;另一方面,通货膨胀使贷款人所面临的外部环境动荡不安,增加贷款人的风险。因此,贷款人特别重视币值稳定,因为币值稳定与否,直接影响到贷款的风险和收益。对于国际项目融资来讲,大多数项目运营后将取得项目所在国(本国)的货币收益,本国货币必须被用来偿债、偿还股本以及为进口的原料或燃料付款。如果一国经济没有过度的通货膨胀或过快的汇率变动,在这种经济环境下较容易开发项目;反之,如果东道国的币值经常浮动,贬值幅度过大,通货膨胀率过高,则会造成货币实际价值与名义价值的差距扩大,使投资者的投资贬值,给投资者带来损失。一般投资者都把年通货膨胀率是否超过两位数看做币值是否稳定的一个界限。

第三节 项目融资的金融环境

项目融资是一种金融行为,金融环境的优劣、金融体制的状况、金融市场的完备程度、金融效率的高低、金融产品的规模与多样性等将直接影响项目融资活动的开展。推进金融体制改革、实现金融创新是项目规划的重要内容。为了增强综合服务功能,金融改革创新主要包括在金融企业、金融业务、金融市场、金融开放和金融监管等方面进行改革创新。为了推进金融体制改革,政府和企业可以采取一系列具体措施,其中包括:拓宽直接融资渠道,在搞好地区产业投资基金试点的基础上,积极发展各种产业基金,开展企业债券、短期融资券发行制度改革试点;推进金融机构综合经营,吸引和支持全国性大型金融企业到经济欠发达地区进行综合经营试点,整合各类地方金融企业股权,设立金融控股公司;进行外汇管理改革,改进外汇经常项下监管方式和跨国公司资金管理方式;推进贸易便利化,支持有资质的中外金融机构开办金融业务,建设以产权中心为主体的交易市场体系;优化金融环境,建立国内外大型金融企业后台服务中心;加快信用体系建设,适时组建国际资信管理公司。这些措施将使地区项目融资的金融环境更加完善,降低了项目融资参与方的金融风险,可以吸引国内外的投资者。金融环境主要包括金融市场体系和金融体制。

一、金融市场体系的研究

金融市场是现代货币信用制度的产物,是以其独特的交易方式和运行机制,由无数子市场组成的市场体系。该市场体系将所有金融机构、一切融资行为联系起来,构成资金融通的综合体系,动员和推进社会资金的运动。在现代金融领域中,金融市场占据日益重要的地位,往往反映出一国金融业及金融体系的发展水平和完善程度。因此,为了保证项目融资的顺畅进行,并取得较好的经济效益,必须要有完善的金融市场体系作为保障。

(一)金融市场体系的特点

金融市场是实现项目融资的场所,项目融资能否顺利进行要受金融市场的发展水平和完善程度的直接影响。完善的金融市场应具有如下特点。

1. 金融市场的多样化

金融市场多样化特征主要表现为:首先,金融工具品种多样。发行者筹集资金可以推出各种各样金融工具,以满足不同投资者对不同收益、风险等的不同要求。其次,证券交易的类型呈现出多样化。除普通的现货交易外,还有信用交易、期货交易、期权交易等方式。再次,证券投资者表现出多样化,证券的买方不再仅限于个人投资者,还包括机构投资者,它们并且占有极其重要的地位。机构投资者中不仅包括了各类企业,更引人注目的是银行、保险以及各类储蓄机构对证券市场的介入。

2. 交易技术的现代化

金融市场通信、服务系统的计算机化,加快了市场行情传递的速度,提高了交易的灵活性和成交业务处理的效率,从而大大增加了市场规模。

3. 金融市场的国际化

现代金融市场越来越趋于国际化,现代技术的应用更加速了这种国际化趋势。当今世界,各大金融中心的金融市场已相互连接,形成了一个全球性的昼夜 24 小时连续交易的世界金融市场体系。功能齐备、体系完善、国际化的金融市场,可以通过众多的子市场和多种多样的工具,为项目融资双方提供多渠道、多形式的选择机会,提供足够大的融资平台。资金提供者可以提供各种资金来源,最大限度地运用资金;融资者可以根据利率、期限和流动性等条件,最广泛地筹集资金,使资金需求得到最大限度的满足。完善的金融市场体系保障了项目融资的顺利开展;相反,不健全的金融市场体系使得项目融资捉襟见肘。即融资者没有融资渠道,贷款人难以寻找到资金运用场所,闲置资金难以得到充分运用,项目融资将难以开展。

(二)金融市场体系运行的模式

通观世界各国的金融市场格局,金融市场体系运行模式大体分为三种:

(1)建立在发达的商品经济基础上的"完善型"的金融市场。在该模式下,借入资金和提供资金的融资双方,通过金融市场上的交易,灵活融通资金,资金的供给与需求比较容易得到满足。

(2)市场调节资金运行机制与宏观调控资金流向机制相结合的"兼容型"金融市场。在该模式下,资金的供给与需求受到一定的宏观调控政策的影响。

(3)与不发达的商品经济状况相适应的"抑制型"金融市场。在该模式下,经济高度集权,利率受到限制,市场机制在有限的范围内发挥作用,缺乏内在活力。

很显然,在第一种模式下,健全的金融市场可以最大限度地、高效率地筹集和使用资源,有利于项目融资的开展。

（三）健全的金融市场体系在项目融资中的作用

1. 健全的金融市场体系，为项目融资提供足够的融资市场

功能齐备、体系完善的金融市场，可以通过众多的子市场和多种多样的工具，为项目融资双方提供多渠道、多形式的选择机会，提供足够大的融资平台。资金提供者可以提供各种资金来源，最大限度地运用资金；融资者可以根据利率、期限和流动性等条件，最广泛地筹集资金，使资金需求得到最大限度的满足。完善的金融市场体系保障了项目融资的顺畅开展，相反，不健全的金融市场体系使得项目融资捉襟见肘。融资者没有融资渠道，不知向何处借入资金；贷款人则难以寻找到资金运用场所，不知通过何种形式运用闲置资金，项目融资难以开展。

2. 健全的金融市场为融资者提供多样化的融资工具

1980 年以前，国际金融市场上的融资工具十分单一，仅限于债券、股票等，且种类很少。1980 年以后，西方国家金融市场上的融资手段出现了全球性创新，金融工具种类逐渐增加，复合式金融工具相继出现。当今，东京、纽约等金融市场上的融资工具已达上百种。恰当地运用衍生工具进行交易，往往可以降低融资风险，使项目融资顺利开展。

3. 健全的金融市场为融资者提供足够的融资规模

金融市场提供的金融产品的规模直接影响到项目融资的额度。利用项目融资模式开发的项目，融资额度一般都相当大，随着国际经济和贸易的发展，为了满足国内外市场的需求，一些项目必然发展成为巨型项目以满足规模效益。其规模之大，从几亿美元、几十亿美元直到上百亿美元。发达的金融市场，可以提供多种多样的信用方式和交易工具，扩大融资额度，提高资金运转效率，保证为贷款人提供足够的资金规模。

4. 发达的金融市场，为贷款人提供有效规避风险的途径

在发达的金融市场上，金融产品多种多样，具有高度的可选择性。项目贷款人可以通过各种金融商品的买卖，恰当地运用多种金融工具，通过衍生交易、传统交易与衍生交易的组合，或者若干衍生交易的组合，处理项目融资所需要承担的风险，实现套期保值和规避风险的目的。如贷款人可以通过外汇掉期交易、利率期货交易规避汇率和利率风险。反之，金融市场如果没有提供合适的金融产品，贷款人只能接受汇率或利率风险，这样就会影响贷款人的投资兴趣，使项目融资难以进行。

（四）健全的金融市场体系目标

1. 完善的结构

健全、完善的金融市场必须具有完善的市场结构，就是要使金融市场的各个构成部分，即各种市场形式，实现合理配置和协调发展。因此，既要完善国内金融市场，又要发展国际金融市场，加强对外经济技术交流，利用国内和国际两种资源加速我国的经济建设。

2. 健全的机制

金融市场的机制主要是利率机制。利率机制健全，首先要求作为金融市场价格的利率水平要合理，要能够反映市场资金供求状况；其次，这种价格要由市场供求来决定，而不能是强制的计划价格。

3. 高效率的金融机构体系和发达的信用关系

高效率的金融机构体系和发达的信用关系是金融市场形成和发展的前提。发展多种经济形式的金融机构，可以提高金融业效率，从而繁荣和活跃金融市场。扩大深化信用关系，全面发展各种信用工具，能够为金融市场提供灵活多样的交易工具。

4. 有效的管理

加强对金融市场的管理，不应以直接控制为主，而是以间接调控为主，金融政策宽松，如实行自由外汇制度、放松利率管制、非居民与居民待遇相同等。

5. 先进的操作手段和具有相同管理水平的管理人员

操作手段和管理人员素质，决定着金融市场的营运效率及其发展趋势。电子计算机技术的发展和广泛应用，以及具有专门知识的高级管理人才，能够为较高水平的金融业务与服务提供保证。

二、金融市场体制

金融体制是指金融体系内部，中央银行、各专业银行，以及各类金融机构之间的权限划分和组织形式。金融体制的状况是金融市场体系能否发挥应有效用的关键。金融体制状况对项目融资的影响表现如下。

1. 金融体制宽松或严格直接影响项目融资活动

金融体制是封闭还是开放以及开放的程度，市场是萎缩还是发达，都对项目融资产生直接影响。

在高度集中的金融管理体制下，资金运用的规模和方向都听从上级指令，不能自主决策，限制了项目的融资。在宽松的金融体制下，各微观金融组织作为真正的经济主体，在市场机制的引导和调节下，独立地追求自身的经济利益，不受强制性行政干预，可以充分地发挥其积极性、主动性，增强其活力。

贷款人需要选择一个开放程度、体制较为宽松的发达市场，这影响到项目融资的使用和效率。在开放的金融市场上，项目融资者可以通过多形式和多样化的金融工具方便地筹措资金，使项目融资得以灵活有效地进行；相反，在严格管制的金融体制下，有效项目融资所需的政策、手段和途径都不具备，项目融资很难进行。

在东道国金融体制中，对经济的限制和干预程度，直接影响到项目融资。一般来说，东道国都要采取必要的干预措施来对项目融资活动进行监督和管理，如限定资金的入境条件、控制资金的规模和流向、对贷款利润汇回限制等。贷款人很关心东道国对外资贷款的限制和干预程度，如果东道国对项目融资活动限制过于严格，就会影响贷款人投资的积极性，限制项目融资的发展。

2. 金融体制的组织形式也是影响项目融资的因素

金融市场在组织上，如果能够按照市场运行机制的内在要求，对进入市场的条件、市场主体的行为方式、市场参数的选择和运用等提供规范性的行为准则，就可以为项目融资提供优秀的资金来源和筹资形式，有效扩大市场规模，增加金融市场的广度和深度，细化市场结构，建立多层次提供融资工具的金融市场，使项目融资高效有序地进行。

第四节 项目融资的政治环境

在影响项目融资的因素中,政治环境处于首要地位。项目融资的政治环境是指一个国家的政治状况对项目融资活动产生的外部影响。政治稳定性和政策的连续性是国际项目融资成功要素中的关键所在。这是因为,政治稳定性能增强融资者和投资者的信心,政策的连续性则取决于政治的稳定性。在对项目进行大量的资金投入之前,项目的投资者、开发商和金融机构必须有理由相信东道国政治环境的稳定性和政策的连续性。

政治的可预见性也是国际项目融资成功的另一重要因素。可预见性是建立在一定的政治和经济机制基础之上的。通常来说,发展中国家面临着艰巨的基础设施建设任务,但是,却拥有较少的发展资本。因此,要想在发展中国家成功地通过项目融资方式进行基础设施建设,就必须要求东道国存在这样一种政治机制,即政府明确承认私人投资者在基础设施项目的开发、建设、经营和拥有等方面的积极作用,并且在制定项目融资法律和法规时都必须及时地反映政府的这些思想。在国际项目融资中,影响项目融资的政治环境包括东道国的政治体制、政治局势稳定程度、政府的信用等级、政策的连续性、政府对外国投资者的态度及政府的对外关系等。

一、政治体制和规定

东道国国家政权的组织形式及其有关的制度,是项目融资政治环境的基础因素。政治体制对于东道国项目融资环境的重要性,不仅因为它构成了政治环境,而且还因为它与经济制度密不可分。政治体制的健全程度、稳定状况,以及融资双方在这些方面所存在的一致性和差异性,往往会直接表现在政府对项目融资活动的管理方式以及干预和控制的程度上,从而对项目融资产生影响。如果政府遵循客观经济规律,积极调节和干预经济生活,贷款人就可以得到一个稳定的项目融资环境,正常的融资行为也不会受到无端的干预。而在一个民主制度不健全的专制独裁的政权下,政府的经济行为往往不受制度约束,不仅贷款人正常的投资活动会受到过多的干预和控制,而且还会因为潜在的政治动荡给贷款人带来风险。所以,贷款人在考察东道国社会制度及政治体制时,不仅要着眼于社会制度的性质本身,更重要的是,要看东道国政治体制的健全和完善程度以及政体的形式如何。

二、政局的稳定程度

政治局势是否稳定是贷款人必须考虑的项目融资环境因素。采用项目融资模式建设项目,其建设、运营的周期很长,少则 8～10 年,多则 40～50 年,长期的时间跨度要求贷款人在对项目进行投资决策之前,必须有理由相信东道国政治局势的稳定性。如果东道国政局动荡,或者政权更迭频繁,可能导致外国贷款人的资产被冻结和没收,这样的投资环境投资者将很难接受。只有政局稳定、社会安定、讲求效益、致力于和平建设的国家,才能确保贷款的安全,并为投资者经营获利创造必要的前提。

三、政策的连续性和一致性

东道国政策的连续性直接关系到贷款人收益的稳定性。如果政府政策的稳定程度不够，政策的连续性就难以保证。因为政策的变更很有可能导致项目的融资成本和项目未来收益的不确定，贷款人的投资态度就会非常谨慎。一些工业国家税收制度变动频繁，无论税率、税种还是对不同结构的经济实体的征税方法都经常发生变化，有时由于竞选的政治需要，甚至可能一年变动一次。这些变化会给项目融资带来许多不确定的因素，直接影响到项目的偿债能力或投资收益率。

在澳大利亚，1988年7月以前如果采用信托结构进行投资，可以享受一些与公司结构不同的在利润分配和资本金分配等方面的税收优惠，因而当时有许多项目的开发采用这种结构集资和融资。但是，1988年7月税法修正之后，这些优惠政策全部取消，造成在澳大利亚证券交易所上市的几个信托基金的股东收益大减，股票市场价格一直上不去。

四、信用等级

对于采用项目融资建设的项目，其可行性往往需要东道国政府的支持和担保，当这种支持与担保足够多或者显得较为重要时，贷款人就会越发关心东道国政府的信用。就商业贷款人及其各自的出口担保机构而言，对于一个特定国家的一个项目的贷款，其所承受风险的极限可算做是对该国的贷款额。就有些国家而言，如果一个特定的贷款人或机构承受的风险已达到其所能承受的极限，那么他们将不会愿意再为该国以后的项目筹资或担保，而不管是否使用项目融资方式。拥有较高信用等级的发展中国家，如泰国和马来西亚，比其他信用不太好的国家，似乎拥有更多的机会开发项目融资。信用等级处于中间状态的国家，如印度尼西亚、土耳其，仍具有足够高的信用等级，因而也能够实施项目融资。信用等级低于上述国家的那些国家，在其信用等级改观以前，不大可能吸引项目融资。

五、对外关系

当一国受到外部威胁时，它的各项国内外政策都将发生变化，财政经济状况也有可能变得严峻起来。如果发生战争，巨大的开支和严重的破坏则会使该国的项目融资环境在一定时期内变得对贷款人完全不适宜。可见，保持良好的国际关系，对于东道国项目融资环境的稳定是相当重要的。东道国与国外的政治关系因素主要包括遭受他国侵略、发生边境冲突、出现由境外势力操纵的暴乱、直接卷入地区冲突、与主要贸易伙伴发生贸易摩擦和经济战等。它们可能直接源于本国政府与外国政府的关系过于紧张，也可能间接源于本国政府与某一国政府关系过于密切，而受到他国政府政治冲突的株连。东道国政府应保持良好的对外关系，为项目融资创造条件。

六、投资政策

国家的投资政策对项目投资及融资有着重要影响。国家不定期地发布投资政策，规定鼓励和限制的投资领域。国家限制的投资领域，项目投资风险高，筹资成本和风险较高。政策鼓励的投资项目通常可以得到政府的优惠措施支持,项目的收益可以得到间接的保证,从而降低风险。有些行业受到国家特别的政策保护,通常可以有较好的融资基础。比如,国家严格管制市场准入的行业(如电信、电网),投资风险较低,取得低成本融资较为容易。

第五节 项目投资的税务条件及项目所在地的具体环境的分析和评价

一、项目投资的税务条件

税务体系对项目融资方案有一定影响。项目的税务条件影响项目的财务支出和融资成本,利息预提税可能使项目从国外借款融资的成本增加,利润汇出税将会影响境外贷款银行及股本投资人的利益,可能使境外投资人股权资本成本增加。所得税税率优惠会使项目提高收益,降低风险。所得税税率优惠会使项目的收益提高,项目风险降低,融资更为容易。不同的国家或地区的税务条件可能是不一样的,项目投资研究及融资研究初期应当对于项目所在国和地区的税务条件进行充分的调查。通常一个国家或地区的税收体系对于所有的投资人是一致的或公平的,但一些特殊的税费对于项目的融资方案有特殊的影响。利润汇出税可能会使境外投资人股权投资成本增加,影响投资方案。利息预提税可能使项目从国外借款融资的成本增加,影响借款来源。部分地区对于外商投资企业给予所得税优惠,注册成立外商投资企业可以获得额外的优惠。税收优惠是政府的一项调控手段,需要由更加宏观的政策和目标来决定,而不是由项目的融资目标决定。

环境保护已经成为国际社会日益关注的重要问题之一。目前,一国从地方到中央各级政府部门都增强了环境保护意识,尤其是在空气污染和污水处理上都给予特别的重视。双边和多边金融机构已将环境保护作为向东道国发放项目贷款的重要依据。因此,项目发起人必须认真分析一国的环境法规可能对项目带来的影响,从而决定是否开发该项目。

严格的环境法规,对项目可能带来的影响主要包括:增加项目建设和经营成本;购买环保设备而增加资金成本;遭到公众反对可能需新建公共场所或设施;严重时会受到民事和刑事惩罚等,最终可能导致项目失败。所以,为了避免上述损失的发生,投资者必须格外重视对环境的保护。通常,对于一个项目来说,环境保护成本包括环境治理费用、为预防环境破坏而投入的费用和给受害者的补偿费用等,这些成本都要由项目本身来承担。

因此,在进行项目可行性分析时,应对项目所在地的具体环境进行全面科学的分析与评价,写出详细的环境分析评价报告,以获得政府、项目发起人和贷款人的认可。

二、项目所在地的具体环境分析和评价

(一)分析与评价报告的内容

分析与评价报告一般需详细说明以下内容:

(1)项目位置。这是项目环境报告的首要条款,包括项目所在位置的地形、建设和经

营使土壤侵蚀、下陷的可能性及项目选址计划。

（2）空气。在项目建设期、试生产期和经营期可能排放出的空气污染物及控制措施。

（3）水。项目建设可能会对水造成的污染及成本。如项目建设对地表水如湖水、溪流及河水的影响，为了不污染水资源需改道所花费的成本等。

（4）对植物和动物生态环境的影响。尤其当项目涉及对濒危动植物的影响时，应格外重视对这一内容的说明。

（5）对公众健康的影响。应把对在项目建设或经营中存在的对人类健康造成的潜在危害的分析摆在非常重要的地位。因为许多医学数据表明，诸如空气排放物、电磁体和辐射等会对人类健康造成严重危害。

（6）噪声。如果项目位于居民居住区域或人群集中区，噪声可能成为公众十分敏感的因素。

（7）历史和文化因素。如果项目靠近历史或文化重要区，如名胜古迹等，那么应对这些古迹或文物的影响加以重视。

（8）人口迁移问题。在诸如水利建设项目中，可能会涉及对当地人的迁移问题，为此，在环境报告中应分析人口迁移的时间和成本，以及迁移地是否被接受等。

对于以上这些环境报告中的内容，必须在取得当地政府的许可后，项目方可实施，同时要对公众公开，以取得公众的支持，为项目的顺利开展提供较好的前提条件。

（二）环境影响因素确定及环境影响程度分析

在全面分析项目所在地的环境信息后，就可根据工程项目类型、性质和规模来分析和预测该工程项目对环境的影响，找出主要影响因素，以便进行环境影响程度分析。

（1）工程建设项目对自然环境的影响是指对水、土壤、大气等环境要素的影响。对水质的影响，包括对地下水和地表水的影响（含水的路径、流量、水质和水位影响）。对大气环境质量的影响主要是指排放的气体污染物对人类和动物的健康和生产力产生不利的影响，如酸雨对建筑物的破坏等。对土壤质量的影响，一般包括污染影响、对土壤和土地资源的破坏和土壤沙化这三个方面的影响。

（2）工程建设项目对生态环境的影响，重点是指对动植物造成的影响。例如，动物通常会由于在其生活地区赖以生存的食物或植物遭到破坏而间接受到影响。一般来说，植被和野生生物有可能受工程项目的不利影响，尤其是珍稀物种。

（3）工程建设项目对美学的影响，是指工程建设项目对与美感有关事物的作用。美感是人们对具有审美价值的客体（环境质量），从耳、眼、鼻感官开始，通过想象、情感、道德等多种心理要素的相互作用，综合而成的一种心理感受状态，如色彩和尺寸的和谐、清新的空气等。有关美学的影响因素，可选择土地、空气、水、生物和人造景物等。前四项因素应强调其美学价值，而人造景物对环境产生影响的主要因素是拟建项目的设计造型与原有景观是否协调。

（4）工程建设项目对社会经济环境的影响，主要是指工程建设项目对人的影响，这些影响既可能是工程建设项目对经济、社会、人类健康和福利产生的直接影响，也可能是间接影响。其中包括对经济的影响、对人口的影响、对厂区服务设施的影响，以及对价值观的影响(即对生活方式和生活质量的影响)。

(三)环境影响因素分析

在分析了工程项目对环境的影响之后,应就项目建设过程中破坏环境、生产运营中污染环境导致环境质量恶化的主要因素进行分析,见表8-1。

表8-1　环境影响因素一览表

环境	影响因素	拟建工程考虑的工程事项
自然环境	水	① 无组织排放的污染源是什么? ② 河水流量的减少是否受已建工程分流的影响? ③ BOD、COD和悬浮物经过水处理会降低到国家水环境质量标准吗?情况如何? ④ 废物处置对地下水的影响是什么?
自然环境	土地	① 将会发生什么样的土地风化?原因是什么? ② 建设项目是否符合当地的土地利用条例? ③ 建设项目的液体和固定废物的处理方法是什么?这些做法在环境上安全吗?
自然环境	空气	① 建设项目周围的空气质量如何? ② 由于兴建项目造成人口迁移引起的动力需求增加,会增加SO_2排放量吗? ③ 固体废弃物处置场地会产生难闻的气味吗?
自然环境	噪声	① 工程的施工爆破是否引起噪声强度的增大? ② 拟建项目所增加的卡车和铁路交通会增加周围地区的噪声频率吗? ③ 项目所增加的噪声能淹没环境的自然声音吗? ④ 轰鸣声将破坏周围地区的日常生活秩序吗?
生态环境	物种与种群	① 工程兴建造成的天然饲料场地的迁移对该地区的动物生存有不利影响吗? ② 拟建项目的排放物会损害水生生物吗? ③ 拟建项目对该地区的动植物有重大影响吗?
生态环境	种群与生态环境	① 拟议行动是否会引起珍稀和濒危物种生活环境的破坏? ② 项目引起的物种迁移是否会消灭当地生态系统重要的生物群落? ③ 废物处置场地的渗漏,是否会损害土壤层?
生态环境	生态系统	① 拟建项目废水带入的营养物质是否会引起湖泊富营养化? ② 拟建项目由于使一个地区城市化,是否会减少原有农业用地和其他土地的产量? ③ 植被的清除是否会破坏整个生态系统的能量流动?

根据对表8-1中列出问题的回答,可以对每个环境内的每个组成成分赋予相应的参数,并结合拟建项目本身的特点进行比较,就可确定出主要的环境影响因素。

本章小结

国家和地区的融资环境对项目融资的成败及效果有着重要的影响。项目投融资方案的设计及评价首先需要对项目的运行环境及投融资环境进行详细的调查,充分了解项目所处的经济环境、融资环境、产品市场环境、税务环境等方面。从总体上说,完整明确而又有效的法规可以保证项目的正常实施运营,充分保证项目的预期服务效用,保证投资各方的利益,而良好的项目经济环境也会促进项目的合理实施。同时在项目融资中,也必须考虑政治环境的影响。

法律环境在投资环境的诸因素中占据主要位置,因为它能将投资的政治环境、经济环境用法律的形式体现出来,并用法律手段确保各项投资政策和措施得以实施。东道国的法律和政策环境应该是企业决定是否在该国进行投资、进行何种投资以及投资多大规模的最重要的因素之一。

一个国家或地区的经济环境对项目的实施及成败有着至关重要的影响,项目的成功需要良好的项目经济环境,不利的经济环境可能导致项目的失败。良好的经济环境主要包括合理的经济和产业政策、发达的经济和适当的增长速度、发达的配套产业、有效的资本市场、良好的基础设施、完善的市场机制、规范的税务体系和银行体系,以及适宜的生活和生存环境等。项目融资方案研究应着重分析经济环境对融资的限制和影响。

项目融资是一种金融行为,金融环境的优劣、金融体制的状况、金融市场的完备程度、金融效率的高低、金融产品的规模与多样性等将直接影响项目融资活动的开展。为了推进金融体制改革,政府和企业可以采取一系列具体措施,其中包括:拓宽直接融资渠道,在搞好地区产业投资基金试点的基础上,积极发展各种产业基金,开展企业债券、短期融资券发行制度改革试点;推进金融机构综合经营,吸引和支持全国性大型金融企业到经济欠发达地区进行综合经营试点,整合各类地方金融企业股权,设立金融控股公司;进行外汇管理改革,改进外汇经常项下监管方式和跨国公司资金管理方式;推进贸易便利化,支持有资质的中外金融机构开办金融业务,建设以产权中心为主体的交易市场体系;优化金融环境,建立国内外大型金融企业后台服务中心;加快信用体系建设,适时组建国际资信管理公司。

在影响项目融资的因素中,政治环境处于首要地位。项目融资的政治环境是指一个国家的政治状况对项目融资活动产生的外部影响。政治稳定性和政策的连续性是国际项目融资成功要素中的关键所在。与此同时,政治的可预见性也是国际项目融资成功的另一重要因素。

关键词

法律环境　经济环境　金融环境　政治环境　税务条件　投资环境

第九章 融资模式和投资产权结构

通过一项长达4年的融资计划,汇丰投资银行为新世界集团融资逾14亿美元。20世纪90年代以来,香港著名华商郑裕彤财团通过旗舰企业新世界发展有限公司,开始大举进军内地的中低档房地产市场,并成为北京、武汉、天津和沈阳等城市的房地产战略发展商,为此,需要筹集庞大的投资资金。1995年11月,汇丰首次通过私募方式为新世界中国房主发展有限公司发行了5亿美元的股票。本次发行是香港历史上最大的私募发行,私人投资者占有了新世界房主43%的股份,新世界发展则持有57%的股权。第二次是为新世界中国金融有限公司发行的3.5亿美元强制可换股担保债券。在私募成功发行一年后,新世界中国希望筹集更多的资金用于其在中国的房地产投资活动。作为新世界发展的全资子公司,新世界中国公司的规模还太小,采用普通债券方式发行成本较高;想要上市,但又不具备三年业绩的条件。于是,汇丰主要针对第一次私募所未触及的可换股债券为债务投资者设计了可换股债券的发行方式。这次发行是除日本外亚洲地区最大的可换债发行之一,汇丰承担了2.1亿美元的分销份额,却创造了8.6亿美元的总需求,发行后债券交易价格一直高于发行价格。

在公开流通债发行两年半以后,新世界中国准备在1999年到股票交易所上市,发行规模为5.68亿美元。这次发行面临的最大障碍在于,国际投资者对于中国房地产业有很多误解,对实际发生和酝酿中的变化知之甚少。如何改变投资者的不良印象就成为决定发行债券成败的关键。为了让投资者能够更好地了解中国的房地产市场,汇丰集团属下的汇丰证券于1999年5月6~7日在中国香港和新加坡举办了中国住房改革研讨会;为配合全球发行,汇丰组织了两次独立的访问活动,活动事先都有详尽的研究报告作铺垫,活动横贯了亚、欧、北美三大洲;6~7月,汇丰又组织了大规模的全球路演,访问了三大洲的11个城市。为一次发行举行三次全球规模的推介活动,这是非常罕见的做法。经过这三次声势浩大的活动,汇丰终于完成了对投资者的"教育"工作。

在此次发行过程中,可换股债券的换股程序是个关键环节。债券持有者的换股方式有三种:在初次公开发行中认购最大数量的股票;或是将债券折算成股票出售获得现金收入;或是只认购最大债券股的一部分,其余债券则兑现。经过路演,结果相当令人振奋:来自股本投资者的需求为7.83亿美元,来自债券持有者的需求为1.43亿美元,总需求达9.26亿美元。至此,由汇丰一手策划的为新世界中国融资总额超过14亿美元的这个融资故事也画上了一个圆满的句号。

项目的融资模式包括直接融资、项目公司融资、设施使用协议融资、杠杆租赁融资以及生产支付融资。项目融资情况对企业的财务状况有重大的影响。成功的融资方案将会提升企业的资金运用率、促进企业的迅速发展。

学习目标

通过对本章的学习,能够解决以下问题:

1. 项目融资主体是谁?
2. 既有法人融资的特点是什么?
3. 新设法人融资的特点是什么?
4. 项目融资的模式有哪些?
5. 投资产权结构有哪些?

第一节　项目融资主体

项目的融资主体作为经济实体,进行项目融资活动并承担融资责任和风险。为建立投资责任约束机制,规范项目法人的行为,明确其责、权、利,提高投资效益,依据《公司法》,原国家计委制定了《关于实行建设项目法人责任制的暂行规定》(计建设[1996]673号)。实行项目法人责任制,由项目法人对项目的策划、资金筹措、建设实施、生产经营、债务偿还和资产的保值增值,实行全过程负责。项目的融资主体应是项目法人。按融资主体的组织形式不同,可将其分为新设法人和既有法人。这两类经济实体在融资方式和项目评价方法上均存在较大的差异。

一、新设法人融资

(一)新设法人融资的概念

新设法人融资就是通常所说的项目融资,是指新组建项目法人进行的融资活动,由项目的发起人及其他投资人出资,建立新的独立承担民事责任的公司法人或事业法人,承担项目的融资及运营活动。国内的许多新建项目、房地产公司开发某一房地产项目,以及外商投资的三资企业等,一般都以项目融资方式进行。狭义上讲,新设法人融资就是指具有无追索或有限追索形式的融资活动。在这种融资方式下,新设定的法人享有法人财产权,需要承担融资责任和风险。新设法人可按《公司法》的规定设立有限责任公司(包括国有独资公司)和股份有限公司。

(二)新设法人融资的特点

(1) 投资决策由项目发起人(企业或政府)作出,项目发起人与项目法人并非一体,项目公司承担投资风险,但因决策在先、法人在后,所以无法承担决策责任,只能承担建设责任。

(2) 由于先有投资者的筹资、注册,然后才有项目公司,所以项目法人也不可能负责筹资,只能按已经由投资者拟订的融资方案去具体实施(签订合同等)。

(3) 一般情况下,债权人对项目发起人没有追索权或只有有限追索权,项目只能以自身的赢利能力来偿还债务,并以自身的资产来做担保。由于项目能否还贷仅仅取决于项目是否有财务效益,因此又称为"现金流量融资"。对于此类项目的融资,必须认真组织债务和股本的结构,以使项目的现金流量足以还本付息,所以又称为"结构式融资"。项目现金流量的风险越大,需要的股本比例就越高。

(4) 新建项目不一定都以项目融资方式进行。例如,一个新建电厂,可以由出资各方筹集资本,按独立电厂的模式投资建设,这时属于项目融资;也可以由省电力公司独家投资,项目作为分公司或车间,其建设和运行都纳入省公司统一经营,这时属于公司融资。所以,项目融资与公司融资的区别,不在于项目的物理形态,而在于其经济内涵。

采用新设法人融资方式,项目发起人与新组建的项目分属不同的实体,项目的债务风险由新组建的项目公司承担。项目能否还贷,取决于项目自身的赢利能力,因此必须认真分析项目自身的现金流量和赢利能力。

二、既有法人融资

(一) 既有法人融资的概念

既有法人融资是指依托现有法人进行的融资活动。既有法人可以是企业,也可以是事业单位。当既有法人为公司制企业时,还可以称为公司融资。

(二) 既有法人融资的特点

(1) 由作为发起人的既有项目法人出面筹集资金,投资于新项目,并作为该项目的法人,统一组织融资活动,承担融资责任与风险。

(2) 这种融资方式一般不依赖项目投资形成的资产和项目未来的现金流和收益,而是在既有法人资产和信用的基础上进行,并形成增量资产。

(3) 从既有法人的财务整体状况考察融资后的偿债能力。既有项目法人利用其本身的信用向银行提出贷款申请,银行或其他外部资金提供者在进行决策时主要依据的是既有项目法人的资产、负债、利润以及现金流量等状况,而对于所投资项目的现金流量和收益分析则放在比较次要的位置上。

采取既有法人融资方式,项目的融资方案需要与公司的总体财务安排相协调,将项目的融资方案作为公司理财的一部分考虑。所以,既有法人融资又称公司融资或公司信用融资。在这种方式下,由发起人公司——既有法人(包括企业、事业单位等)负责筹集资金,投资于新项目,不组建新的独立法人,负债由既有法人承担。

三、项目法人与项目发起人及投资人关系

投资活动是一个组织发起的过程。项目发起人或项目发起单位为投资活动投入人力、物力、财力或信息。项目发起人可以是项目的实际权益资金投资的出资人(项目投资人),也可以是项目产品或服务的用户或者提供者、项目业主等。项目发起人可以来自政

府或民间。

项目投资人是作为项目权益投资的出资人定位的,比如,按照《公司法》设立一家公司时公司注册资本的出资人、一家股份公司认购股份的出资人。对于投资项目来说,资本金的出资人也就是权益投资的投资人。投资人提供权益资金的目的就是为了获取项目投资所形成的权益。权益投资人取得对项目或企业产权的所有权、控制权和收益权。

投资活动的发起人和投资人可以只有一家(由一家发起,发起人同时也是唯一的权益投资的出资人),也可以有多家。因此,项目投资主体也可以分为两种情况:一是单一投资主体;二是多元投资主体。单一投资主体不涉及投资项目责、权、利在各主体之间的分配关系,可以自主决定其投资产权结构和项目法人的组织形式。多元投资主体则必须围绕投资项目的责、权、利在各主体之间的分配关系,恰当地选择合适的投资产权结构和项目法人的组织形式。

第二节　项目融资模式

项目融资模式就是在项目融资过程中采取何种形式使得项目的经济强度达到各方投资者要求的融资方式,也是对项目融资要素的具体组合和构造。项目融资模式一般包括项目投资者直接融资模式、项目公司融资模式、设施使用协议融资模式、杠杆租赁融资模式和生产支付融资模式等。

一、直接融资模式

直接融资模式是指由项目投资者直接安排项目的融资,并直接承担起融资安排中相应的责任和义务的一种方式,从理论上讲是结构最简单的一种项目融资模式。当投资者本身的公司财务结构良好并且合理时,这种模式比较适合。并且对于资信状况良好的投资者,采用直接融资方式可以取得成本相对较低的贷款,因为资信良好的公司,其名称对贷款银行来说就是一种担保。但在投资者使用直接融资模式的过程中,需要注意的是如何限制贷款银行对投资者的追索权利问题。贷款由投资者申请并直接承担其中的债务责任,在法律结构上会使实现有限追索变得相对复杂,并使项目贷款很难安排成为非公司负债型的融资。投资者直接安排项目融资的模式,在投资者直接拥有项目资产并直接控制项目现金流量的非公司型合资结构中比较常用。并且,这种融资模式有时也是为一个项目筹集追加资本金时所能够使用的唯一方法。因为大多数的非公司型合资结构不允许以合资结构或管理公司的名义举债。直接融资模式也有其优点,主要体现在:①采用直接融资模式,投资者可根据其投资战略的需要,灵活地安排融资结构。如选择合理的融资结构及融资方式,确定合适的债务比例,灵活运用投资者信誉等,这就给了投资者更为充分的余地。②运用直接融资模式能在一定程度上降低融资成本,由于采用直接融资模式时投资者可以直接拥有资产并控制项目现金流量,这就使投资者直接安排项目融资时,可以比较充分地利用项目的税收减免等条件,降低融资成本。

直接融资方式在结构安排上主要有两种操作思路。

（一）由投资者面对同一贷款银行和市场直接安排融资

在这一融资过程中,首先,投资者根据合资协议组成非公司型合资结构,并按照投资比例合资组建一个项目管理公司,负责项目的建设和生产经营,项目管理公司同时也作为项目发起人的代理人负责项目的产品销售。项目管理公司的这两部分职能分别通过项目的管理协议和销售代理协议加以规定和实现。其次,根据合资协议规定,发起人分别在项目中投入相应比例的自有资金,并统一筹集项目的建设资金和流动资金;但是由每个发起人单独与贷款银行签署协议。在建设期间,项目管理公司代表发起人与工程公司签订工程建设合同,监督项目的建设,支付项目的建设费用。在生产经营期间,项目管理公司负责项目的生产管理,并作为发起人的代理人销售项目产品。最后,项目的销售收入将首先进入一个贷款银行监控下的账户,用于支付项目的生产费用和资本再投入,偿还贷款银行的到期债务,最终按照融资协议的规定将盈余资金返还给发起人。其融资结构见图 9-1。任何一种融资模式在满足投资者某些方面需要的同时,难免会存在某些方面的缺憾。直接融资模式也是既有其优点,也有其不足。直接融资模式的优点主要体现在:一是选择融资结构及融资方式比较灵活,发起人可以根据不同需要在多种融资模式、多种资金来源方案之间充分加以选择与合并,比如,资信较好的公司可以很便宜地融通到资金,而对于一些小公司来说,却必须付出很高的融资成本;二是债务比例安排比较灵活,发起人可以根据项目的经济强度和本身资金状况较灵活地安排债务比例;三是可以灵活运用发起人在商业社会中的信誉,同样是有限追索的项目融资,信誉越好的发起人就可以得到越优惠的贷款条件。

直接融资模式的不足之处主要表现在将融资结构设计成有限追索时比较复杂:一是

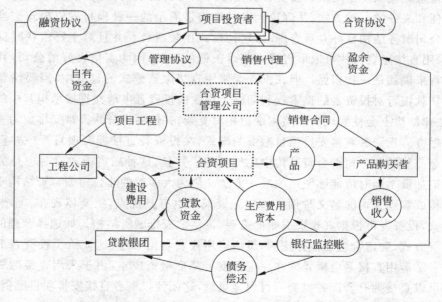

图 9-1　投资者面对同一贷款银行的直接安排融资结构

如果组成合资结构的投资者在信誉、财务状况、市场销售和生产管理能力等方面不一致，就会增加项目资产及现金流量作为融资担保抵押的难度，从而在融资追索的程度和范围上会显得比较复杂；二是在安排融资时，需要注意划清投资者在项目中所承担的融资责任和投资者其他业务之间的界限，这一点在操作上更为复杂，所以，在大多数项目融资中，由项目投资者成立一个专门公司来进行融资的做法比较受欢迎；三是通过投资者直接融资，很难将融资安排成为非公司负债型的融资形式，也就是说，在安排成有追索的融资时难度很大。

（二）由投资者各自独立地安排融资和承担市场销售责任

在这一融资过程中，两个投资者组成非公司型合资结构，投资于某一项目，并由投资者而不是项目管理公司组织产品销售和债务偿还。首先，项目发起人根据合资协议投资合资项目，选择项目管理公司负责项目的建设生产管理。其次，发起人按照投资比例，直接支付项目的建设费用和生产费用，根据自己的财务状况自行安排融资。项目管理公司代表发起人安排项目建设，安排项目生产，组织原料供应，并根据投资比例将项目产品分配给项目发起人。最后，发起人以"或付或取"合同的规定价格购买项目产品，其销售收入根据与贷款银行之间的现金流量管理协议进入贷款银行监控账户，并按照资金使用优先序列的原则进行分配。其融资结构见图 9-2。

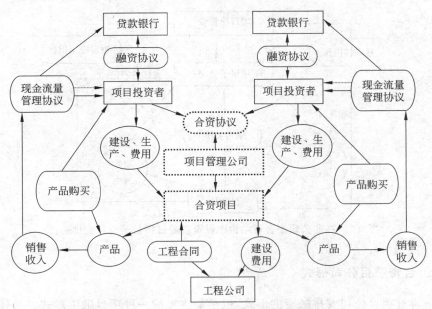

图 9-2　投资者各自独立直接安排融资结构

二、项目公司融资模式

这是指投资者通过建立一个单一目的的项目公司来安排融资的一种模式。具体有单一项目子公司和合资项目公司两种基本形式。

（一）单一项目子公司形式

为了减少投资者在项目中的直接风险,在非公司型合资结构、合伙制结构甚至公司型合资结构中,项目的投资者经常通过建立一个单一目的的项目子公司的形式作为投资载体,以该项目子公司的名义与其他投资者组成合资结构安排融资,即所谓单一项目子公司的融资形式。这种融资形式的特点是项目子公司将代表投资者承担项目中全部的或主要的经济责任。但是,由于该公司是投资者为一个具体项目专门而组建的,缺乏必要的信用和经营经历,有时也缺乏资金,所以有时需要投资者提供一定的信用支持和保证,如由投资者为项目子公司提供完工担保和产品购买担保等。采用单一项目子公司形式安排融资,对于其他投资者和合资项目本身而言,与投资者直接安排融资没有多大区别,但对投资者却有一定的积极影响,这主要体现在:第一,该融资模式容易划清项目的债务责任,贷款银行的追索权也只能够涉及项目子公司的资产和现金流量,其母公司除提供必要的担保以外,不承担任何直接的责任,融资结构较投资者直接安排融资要相对简单、清晰一些;第二,该项目融资有条件也有可能被安排成为非公司负债型的融资,有利于减少投资者的债务危机。该项目融资模式的主要不足在于:因各国税法对公司之间税务合并的规定有可能使税务结构安排上的灵活性相对差些,并有可能影响到公司经营成本的合理控制。其融资结构见图 9-3。

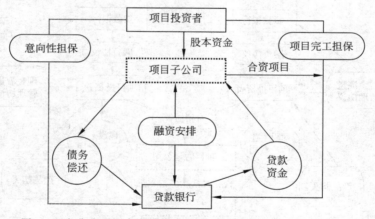

图 9-3　在非公司型合资结构中投资者通过项目子公司安排融资

（二）合资项目公司形式

它是通过项目公司安排融资的形式,也是最主要的一种项目融资形式。具体而言,它是指由投资者共同投资组建一个项目公司,再以该公司的名义拥有、经营项目和安排项目融资。采用这种模式时,项目融资由项目公司直接安排,涉及债务主要的信用保证来自项目公司的现金流量、项目资产以及项目投资者所提供的与融资有关的担保和商业协议。对于具有较好经济强度的项目,这种融资模式甚至可以安排成为对投资者无追索的形式。在具体操作过程中,首先,由项目投资者根据股东协议组建一个单一目的的项目公司,并注入一定的股本资金;然后,以项目公司作为独立的法人实体,签署一切与项目建设、生产和市场有关的合同,安排项目融资,建设经营并拥有项目;最后,将项目融资安排在对投资者有限追索的基础上。需要说明的是,由于该项目公司除了正在安排融资的项目外,无其他任何资产,且该项目公司也无任何经营经历,因此,原则上要求投资者必须提供一定的信用担保,承担一定的项目责任。这也是项目公司安排融资过程中极为关键的一个环节,如在项目建设期间,投资者可为贷款银行提供完工担保;在项目生产期间,如果项目的生产经营达到预期标准,现金流量可以满足债务覆盖比率的要求,项目融资就可以安排成为对投资者的追索贷款。其融资结构见图9-4。

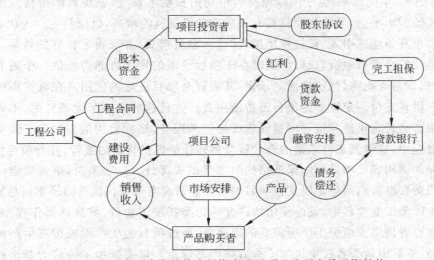

图 9-4　在公司型合资结构中投资者通过项目公司安排融资结构

概括地讲,合资项目公司融资模式作为众多融资模式的一种,既有其优点,也有其不足。其优点主要体现在:

(1) 项目公司统一负责项目的建设、生产及市场安排,并整体使用项目资产和现金流量为项目融资抵押和提供信用保证,这在融资结构上容易被贷款银行所接受,在法律结构上也比较简便。

(2) 合资项目公司融资模式使项目投资者不直接安排融资,只是通过间接的信用保证形式来支持项目公司的融资,如提供完工担保,签订"无论提货与否均需付款"或"提货与付款"协议等,使投资者的债务责任较直接融资更为清晰明确,也比较容易实现有限追索的项目融资和非公司负债型融资的要求。

(3) 该模式通过项目公司安排融资,可更充分地利用投资者中的大股东在管理、技术、市场和资信等方面的优势,为项目获得优惠的贷款条件。在获得融资和经营便利的同时,共同融资也避免了投资者之间为安排融资而可能出现的无序竞争。

该模式的主要缺点是:在某些方面,如税务结构的安排上和债务形式的选择上缺乏灵活性,难以满足不同投资者对融资的各种要求,使在资金安排上有特殊要求的投资者面临一定的选择困难。

三、设施使用协议融资模式

在项目融资过程中,以一个工业设施或者服务性设施的使用协议为主体安排的融资形式称为设施使用协议融资模式。在工业项目中,这种设施使用协议有时也称为委托加工协议,专指在某种工业设施或服务性设施的提供者和这种设施的使用者之间达成的一种具有"无论提货与否均需付款"性质的协议。设施使用协议融资模式主要应用于石油、天然气管道、发电设施、某种专门产品的运输系统,以及港口、铁路设施等。从国际市场上看,20世纪80年代以来,由于国际原材料市场的长期不景气,原材料的价格与市场一直维持在较低的水平上,导致与原材料有关项目的投资风险增高,以原料生产为代表的一些工业项目也开始尝试引入"设施使用协议"这一融资模式,并取得了良好的效果。利用设施使用协议安排项目融资,成败的关键在于项目设施的使用者能否提供一个强有力的具有"无论提货与否均需付款"性质的承诺,其内容是项目设施的使用者在融资期间定期向设施的提供者支付一定数量的项目设备使用费。并且这种承诺是无条件的,不管项目设施的使用者是否真正地利用了项目设施所提供的服务,该项费用的支付是必须的。在项目融资过程中,这种无条件承诺的合约权益将转让给提供贷款的银行,并与项目投资者的完工担保共同构成了项目信用保证结构的主要组成部分。一般来讲,事先确定的项目设施的使用费在融资期间应足以支付项目的生产经营成本和项目债务的还本付息额。

在生产型工业项目中,设施使用协议又称为委托加工协议,其具体操作程序为,项目产品的购买者提供或组织生产所需要的原材料,通过项目的生产设施将其生产加工成为最终产品,然后由购买者在支付加工费后将产品取走。以委托加工协议为基础的项目融资在结构上与以设施使用协议为基础的项目融资安排是基本一致的。

设施使用协议融资模式具有以下特点:

(1)在投资结构的选择上比较灵活,既可采用公司型合资结构,也可采用非公司型合资结构、合伙制结构或者信托基金结构。按照项目性质、项目投资者和设施使用者的类型及融资、税务等方面的要求,设计相应的投资结构。

(2)适用于基础设施项目。使用该融资模式时,项目的投资者可以利用与项目利益有关的第三方,即项目设施使用者的信用来安排融资,分散风险,节约初始资金的投入,因而特别适用于资本密集、收益相对较低但相对稳定的基础设施项目。

(3)具有"无论提货与否均需付款"性质的设施使用协议,是设施使用协议融资模式中不可缺少的一个重要组成部分。

签订项目设施使用协议时,在使用费的确定上需要综合考虑项目投资在生产运行中的成本和资本再投入的费用、融资成本、投资者收益等几个方面的资金回收。

采用该种模式进行的项目融资活动,在税务结构处理上比较谨慎。这突出表现在:虽然国际上有些项目将拥有设施使用协议的公司利润水平安排在损益平衡点上,以达到转移利润的目的,但有些国家的税务制度在这一方面有一定的规制要求。

四、杠杆租赁融资模式

杠杆租赁融资模式是指在项目投资者的要求和安排下,由杠杆租赁结构中的资产出租人融资购买项目的资产,然后租赁给承租人的一种融资形式。资产出租人和融资贷款银行的收入以及信用保证主要来自该租赁项目的税务好处、租赁费用、项目的资产以及对项目现金流量的控制。其融资结构见图9-5。

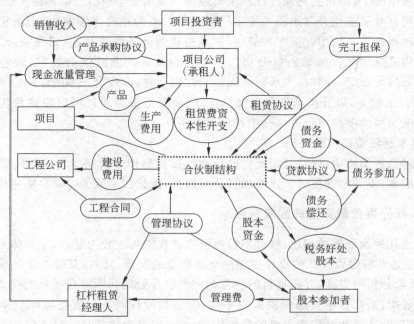

图9-5 以杠杆租赁为基础的项目融资结构

(一)杠杆租赁融资模式的优势分析

从一些国家的情况来看,租赁在资产抵押中使用得非常普遍,特别是在购买轮船和飞机的融资活动中。在英国和美国,很多大型工业项目也采用金融租赁,因为金融租赁获取的设备,尤其是杠杆租赁,技术水平先进,资金占用量大,所以它能享受到诸如投资减免、加速折旧、低息贷款等多种优惠待遇,使得出租人和承租人双方都得到好处,从而获得一般租赁所不能获得的更多的经济效益。

对项目发起人及项目公司来说,采用杠杆租赁融资模式解决项目所需资金,具有以下优势。

1. 项目公司仍拥有对项目的控制权

根据金融租赁协议,作为承租人的项目公司拥有租赁资产的使用、经营、维护和维修权等。在多数情况下,金融租赁项下的资产甚至被看成由项目发起人完全所有、由银行融资的资产。

2. 可实现百分之百的融资要求

一般地,在项目融资中,项目发起人总是要提供一定比例的股本资金,以增强贷款人提供有限追索性贷款的信心。但在杠杆租赁融资模式中,由金融租赁公司的部分股本资金加上银行贷款,就可以全部解决项目所需资金或设备,项目发起人不需要再进行任何股本投资。

3. 较低的融资成本

在多数情况下,项目公司通过杠杆租赁融资的成本低于银行贷款的融资成本,尤其是在项目公司自身不能充分利用税务优惠的情况下。因为在许多国家中,金融租赁可享受到政府的融资优惠和信用保险。一般地,如果租赁的设备为新技术、新设备,政府将对租赁公司提供低息贷款。如果租赁公司的业务符合政府产业政策的要求,政府可以提供 $40\% \sim 60\%$ 的融资等。同时,当承租人无法交付租金时,由政府开办的保险公司向租赁公司赔偿 50% 的租金,以分担风险和损失。这样,金融租赁公司就可以将这些优惠以较低的租金分配一些给项目承租人——项目公司。

4. 可享受税前偿租的好处

在金融租赁结构中,项目公司支付的租金可以被当作是费用支出,这样,就可以直接计入项目成本,不需缴纳税收。这对项目公司而言,就起到了减少应纳税额的作用。

(二)杠杆租赁融资模式的复杂性

与上述几种融资模式相比,杠杆租赁融资模式在结构上较为复杂,主要体现在:

(1)上述几种融资模式的设计主要侧重于资金的安排、流向、有限追索的形式及其程度,以及风险分担等方面,并将项目的税务结构和会计处理问题放在项目的投资结构中加以考虑和解决;而杠杆租赁融资模式则不同,在结构设计时不仅需要以项目本身经济强度,特别是现金流量状况作为主要的参考依据,而且也需要将项目的税务结构作为一个重要的组成部分加以考虑,因此,杠杆租赁融资模式也称为结构性融资模式。

(2)杠杆租赁融资模式中的参与者比上述融资模式要多。它至少需要资产出租者、提供资金的银行和其他金融机构、资产承租者(投资者),以及投资银行(融资顾问)等参与。

(3)杠杆租赁融资模式对项目融资结构的管理比其他项目融资模式复杂。一般项目融资结构的运作包括两个阶段:项目建设阶段和经营阶段。但是杠杆租赁项目融资结构的运作需五个阶段,即项目投资组建(合同)阶段、租赁阶段、建设阶段、经营阶段和中止租赁协议阶段。杠杆租赁融资结构与其他项目融资结构在运作上的区别主要体现在两个方面,一是在投资者确定组建一个项目的投资之后,就需要将项目的资产及其投资者在投资结构中的全部权益转让给由股本参加者组织起来的杠杆租赁融资结构,然后再从资产出租人手中将项目资产转租回来;二是在融资期限届满或由于其他原因中止租赁协议时,项目投资者的一个相关公司需要以事先商定的价格将项目的资产购买回去。

(三)杠杆租赁融资模式的运作

(1)项目发起人设立一个单一目的的项目公司,项目公司签订项目资产购置和建造合同,购买开发建设所需的厂房和设备,并在合同中说明这些资产的所有权都将转移给金融租赁公司,然后再从其手中将这些资产转租回来。当然,这些合同必须在金融租赁公司同意的前提下才可以签署。

(2) 由愿意参与到该项目融资中的两个或两个以上的专业租赁公司、银行及其他金融机构等,以合伙制形式组成一个特殊合伙制的金融租赁公司。因为对于一些大的工程项目来说,任何一个租赁机构都很难具有足够大的资产负债表来吸引和获得所有的税收好处。因此,项目资产往往由许多租赁公司分别购置和出租,大多数情况下是由这些租赁公司组成一个新的合伙制结构来共同完成租赁业务。这个合伙制金融租赁公司就是租赁融资模式中的"股本参与者",它们的职责是:①提供项目建设费用或项目收购价格的20%~40%作为股本资金投入;②安排债务资金用以购买项目及资产;③将项目及资产出租给项目公司,在这项租赁业务中,只有合伙制结构能够真正享受到融资租赁中的税务好处,它在支付银行债务、税收和其他管理费后,就能取得相应的股本投资收益。

(3) 由合伙制金融租赁公司筹集购买租赁资产所需的债务资金,也即寻找项目的"债务参与者"为金融公司提供贷款,这些债务参与者通常为普通的银行和金融机构,它们通常以无追索权的形式提供60%~80%的购置资金。一般来讲,金融租赁公司必须将其与项目公司签订的租赁协议和转让过来的资产抵押给贷款银行。这样,贷款银行在杠杆租赁中就享有优先取得租赁费的权利。

(4) 合伙制金融租赁公司根据项目公司转让过来的资产购置合同,购买相应的厂房和设备,然后把它们出租给项目公司。

(5) 在项目开发建设阶段,根据租赁协议,项目公司从合伙制金融公司手中取得项目资产的使用权,并代表租赁公司监督项目的开发建设。在这个阶段后,项目公司开始向租赁公司支付租金,租金在数额上应该等于租赁公司购置项目资产的贷款部分所需支付的利息。同时,在大多数情况下,项目公司也需要为杠杆租赁提供项目完工担保、长期的市场销售保证及其他形式的信用担保等。

(6) 项目进入生产经营阶段时,项目公司生产出产品,并根据产品承购协议将产品出售给项目发起方或用户。这时,项目公司要向租赁公司补缴在建设期间没有付清的租金。租赁公司以其收到的租金通过担保信托支付银行贷款的本息。

(7) 为了监督项目公司履行租赁合同,通常由租赁公司的经理人或经理公司监督或直接管理项目公司的现金流量,以保证项目现金流量在以下项目中按顺序进行分配和使用:生产费用、项目的资本性开支、租赁公司经理人的管理费、相当于贷款银行利息的租金支付、相当于租赁公司股本投入的投资收益的租金支付,以及作为项目发起人投资收益的盈余资金。

(8) 当租赁公司的成本全部收回,并且获得了相应的回报后,杠杆租赁便进入第二阶段。在这一阶段中,项目公司只需交纳很少的租金。在租赁期满时,项目发起人的一个相关公司可以将项目资产以事先商定的价格购买回去,或者由项目公司以代理人的身份代理租赁公司,把资产以其可以接受的价格卖掉,售价大部分会当作代销手续费由租赁公司返还给项目公司。

（四）杠杆租赁融资模式的特点

杠杆租赁融资模式的特点主要体现在以下方面：

（1）融资模式比较复杂。由于杠杆租赁融资模式的参与者较多，资产抵押以及其他形式的信用保证在股本参加者与债务参加者之间的分配和优先顺序问题比一般项目融资模式复杂，再加上税务、资产管理与转让等方面的问题，造成组织这种融资模式所花费的时间要相对长一些，法律结构及文件的确定也相对复杂一些，但其特别适应于大型项目的融资安排。

（2）债务偿还较为灵活。杠杆租赁充分利用了项目的税务好处，如税前偿租等作为股本参加者的投资收益，在一定程度上降低了投资者的融资成本和投资成本，同时也增加了融资结构中债务偿还的灵活性。据统计，杠杆租赁融资中利用税务扣减一般可偿还项目全部融资总额的 30%～50%。

（3）融资应用范围比较广泛。杠杆租赁融资既可以为大型项目进行融资安排，也可以为项目的一部分建设工程安排融资，这种灵活性进一步增强了其应用范围的广泛性。

（4）融资项目的税务结构以及税务减免的数量和有效性是杠杆租赁融资模式的关键。杠杆租赁模式的税务减免主要包括对设备折旧提取、贷款利息偿还和其他一些费用项目开支上的减免，这些减免与投资者可以从一个项目投资中获得的标准减免没有任何区别。但一些国家对于杠杆租赁的使用范围和税务减免有很多具体的规定和限制，使其在减免数量和幅度上较之其他标准的减免要多，这一点要求我们在设计融资结构时，必须了解和掌握当地法律和具体的税务规定。

（5）受上述复杂因素的影响，杠杆租赁融资模式一经确定，重新安排融资的灵活性以及可供选择的重新融资余地变得很小，这也会给投资者带来一定的局限，投资者在选择采用杠杆租赁融资模式时，必须注意到这一特点。

五、生产支付融资模式

生产支付融资模式是项目融资的早期形式之一，它最早起源于 20 世纪 50 年代美国石油天然气项目开发的融资安排。它以项目生产的产品及其销售收益的所有权作为担保品，而不是采用转让和抵押方式进行融资。这种形式主要针对项目贷款的还款方式而言，借款方在项目投产后不以项目产品的销售收入来偿还债务，而是直接以项目产品来还本付息。在贷款得到清偿前，贷款方拥有项目部分或全部产品的所有权。应该明确的是，生产支付只是产权的转移而已，并不是产品本息的转移，因为贷款方储存这些产品是没有任何意义的，所以，他们通常要求项目公司重新购回属于他们的产品或充当他们的代理人来销售这些产品。销售的方式既可以是市场出售，也可以是由项目公司签署购买合同一次性统购统销，但不论采用哪种方式，贷款方都不用接受实际的项目产品。其融资结构见图 9-6。

生产支付融资模式的特点有：

（1）信用保证结构较其他融资方式独特。在实际操作过程中，生产支付融资模式融资安排是建立在贷款银行购买某一特定矿产资源储量的全部或部分未来销售收入的权益

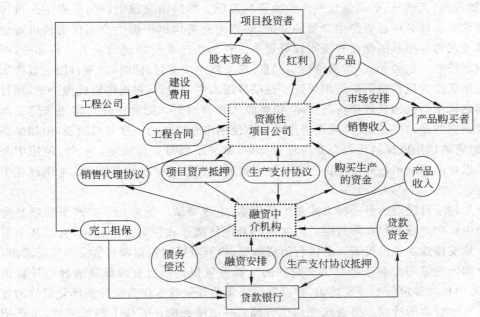

图 9-6　以生产支付为基础的项目融资结构

的基础上的。在这一安排中,提供融资的贷款银行从项目中购买到一个特定份额的生产量,这部分生产量的收益也就成为了项目融资的主要偿债资金来源。因此,生产支付是通过直接拥有项目的产品和销售收入,而不是通过抵押或权益转让的方式来实现融资的信用保证的。对于那些资源属于国家所有,投资者只能获得资源开采权的国家和地区,生产支付的信用保证主要通过购买项目未来生产的现金流量,加上资源开采权和项目资产的抵押来实现。生产支付融资适用于资源贮藏量已经探明并且项目生产的现金流量能够比较准确地计算出来的项目。理论上讲,生产支付融资所能安排的资金数量应等于生产支付所购买的那一部分矿产资源的预期未来收益在一定利率条件下贴现出来的资产现值。

（2）融资容易被安排成为无追索或有限追索的形式。由于所购买的资源储量及其销售收益被作为生产支付融资的主要偿债资金来源,而融资资金数量的多少取决于生产支付所购买的那一部分资源储量的预期收益在一定利率条件下贴现出来的资金现值,所以贷款的偿还非常可靠,融资比较容易被安排成为无追索或有限追索的形式。在生产支付融资模式中,如何计算所购买的资源储量的现值,是安排生产支付融资的一个关键性问题,同时也是实际操作中较为复杂的一个问题,它需要考虑资源总量、资源价格、生产计划、通胀率、汇率、利率及资源税等一系列相关因素来合理确定。

（3）融资期限将短于项目的经济生命周期。

（4）在生产支付融资中,贷款银行一般只为项目的建设和资本费用提供融资,而不承担项目生产费用的贷款,并且要求项目投资者提供最低生产量、最低产品质量标准等方面的担保。

（5）融资中介机构在生产支付融资中发挥重要的作用。在具体操作中,一般由贷款银行或者项目投资者建立一个融资的中介机构,并从项目公司购买一定比例项目资源的生产量,如石油、天然气、矿藏储量等作为融资的基础。然后由贷款银行为融资中介机构安排用以购买这部分项目资源生产量的资金,融资中介机构再根据生产支付协议将资金注入项目公司作为项目的建设和资本投资资金。作为生产支付协议的一个组成部分,项目公司承诺按照一定的公式(购买价格加利息)来安排生产支付,同时,以项目固定资产抵押和完工担保作为项目融资的信用保证。在项目进入生产期后,根据销售代理协议,项目公司作为融资中介机构代理销售其产品,销售收入将直接划入融资中介机构用来偿还债务。需要说明的是,在生产支付融资中也可以不使用中介机构而直接安排融资,但如果那样的话,融资的信用保证结构将会变得较为复杂,增加了项目运作难度。另外,使用中介机构还可以帮助贷款银行将一些由于直接拥有资源或产品而引起的责任和义务限制在中介机构内。

生产支付项目融资的另一种方式是生产贷款,生产贷款广泛应用于矿产资源项目的资金安排中。生产贷款与在项目融资中使用的其他贷款形式没有大的区别,有时甚至可以更灵活地安排成提供给投资者的银行信贷额度,投资者可以根据项目资金的实际需求,在额度范围内安排用款和还款。生产贷款的金额数量根据项目资源储量的价值计算出来,表现为项目资源价值的一定比例,并以项目资源的开采收入作为偿还该部分贷款的首要来源。生产贷款的特点主要表现在两个方面:一是债务偿还安排上的灵活性,生产贷款可以根据项目预期的生产水平来设计融资的还款计划,以适应项目经营在现金流量上的要求,因而可以说生产贷款是一种根据项目在融资期间债务偿还能力设计的有限追索融资;二是设计贷款协议上的灵活性,生产贷款协议可以把债务还款计划表确定在一个具有上下限的范围内浮动,实际的债务偿还根据实际的生产情况在这个范围之内进行调整。

作为一种自我摊销的融资模式,生产支付通过购买一定的项目资源安排融资,可较少地受到常规的债务比例或租赁比例的限制,增强了融资的灵活性。但进行生产支付融资时,会受到项目的资源储量和经济生命期等因素的限制。另外,项目投资者和经营者的素质、资信、技术水平和生产管理能力也是进行生产支付融资设计时不容忽视的重要方面。

第三节　投资产权结构

企业的权益投资是指投资人以资本金形式向项目或企业投入资金。投资人通过权益投资对项目或企业产权取得所有权、控制权和收益权。权益投资是企业的资本投资,构成企业融资的基本信用基础。对于企业,债务偿还要优先于股东权益分配,债权人将企业的权益投资视为企业的一种基本资信保证。企业的权益投资可以以"注册资金"的形式投入,也可以以其他形式,如资本公积、企业留存利润等投入。

权益投资可以有很多种方式,不同的投资方式构成了不同的投资产权结构。项目的投资结构,即项目投资形成的资产所有权结构,是指项目的股权投资者对项目资产的拥有和处置形式以及收益分配关系。

投资产权结构是项目前期研究的核心内容,它会影响项目的投资方案、融资方案和融资谈判,进而影响项目实施的各个方面。投资产权结构的选择要服从项目实施目标的要求,并要能够最大限度实现项目目标。其中,投资人的选择是投资产权结构设计中的一个重要方面。不同的投资人由于各自的背景和特长不同,可以实现互补性效益,不同的优势相结合可以获得有利的贷款条件,使项目的成功有更好的保障。

现代主要的权益投资方式有三种:股权式合资结构、契约式合资结构和合伙制结构。

一、股权式合资结构

按照我国的《公司法》,主要的股权式合资企业分为有限责任公司和股份有限公司。有限责任公司的设立要有 2 个以上 50 个以下的股东;股份有限公司的设立要有 5 个以上的发起人股东。在这种投资结构下,公司是一个依照法律设立的独立的法人,依法对其财产拥有产权,一般情况下,公司的控制权及收益依照股东的股权比例来分配。公司对其债务承担偿还的义务,股东对公司承担的责任以注册资本额为限。股东可以用货币出资,也可用实物、知识产权、土地使用权等可以用货币估价并能依法转让的非货币财产作价出资,但法律、行政法规规定不得作为出资的财产除外。全体股东的货币出资金额不得低于公司注册资本的 30%。

二、契约式合资结构

契约式合资结构是公司的投资人(项目的发起人)为实现共同的目的,以合作协议方式结合在一起的一种投资结构。在这种投资结构下,投资各方的权利和义务依照合作契约约定,可以不严格地按照出资比例分配,而是按契约约定分配项目投资的风险和收益。这种投资结构在石油天然气勘探、开发、矿产开采、初级原材料加工行业使用得较多。

例如,海上油气勘探项目,采取契约式合资结构,由拥有海上油气勘探技术及雄厚资金实力的 A 公司与持有海上油气开采权的 B 公司合作勘探开发。A 公司提供资金和技术,B 公司提供勘探权,先进行勘探。若勘探得到油气田,油气田开采权转让收益及开发收益按照约定的比例分配;勘探未得到油气田,A 公司承担全部的勘探投资损失。在这种结构下,B 公司可以不承担勘探投资风险,但取得一部分预期中的投资收益,A 公司则承担全部的投资风险。由于 A 公司通常有雄厚的资金实力,在多个油气田勘探开采项目上投资,以分散化来降低投资风险,用勘探得到的油气田收益来补偿其他项目的损失。

三、合伙制结构

合伙制结构是两个或两个以上合伙人共同从事某项投资活动建立起来的一种法律关系。合伙制结构有两种基本形式:一般合伙制和有限合伙制。在一般合伙制下,每一个合伙人对于合伙制机构的债务及其他经济责任和民事责任均承担无限连带责任。在有限责任合伙制下,合伙人中至少有一个一般合伙人和一个有限合伙人。一般合伙人对于合伙机构承担无限连带责任,有限合伙人只承担有限责任。一般合伙制通常只适用于一些小型项目。有限合伙制可以在一些大型基础设施建设及高风险投资项目中使用。在国外,85% 以上的风险投资都采用有限合伙制。

（一）一般合伙制结构

由于在一般合伙制下所有合伙人对于合伙制结构的经营、合伙制结构的债务，以及其他经济责任和民事责任负有连带的无限制的责任，所以这一结构很少在项目融资中被使用。

合伙制结构的优点主要表现在税务安排的灵活性。合伙制结构本身不是一个纳税主体，所以区别于公司制企业，不存在双重纳税问题。合伙制结构在一个财政年度内的净收入或亏损全部按投资比例直接转移给合伙人，合伙人单独申报自己在合伙制结构中的收入、扣减和税务责任，并且因其从合伙制结构中获取的收益（或亏损）允许与其他来源的收入进行税务合并，从而有利于合伙人较灵活地作出自己的税务安排。

一般合伙制结构的缺点主要是无限责任。由于合伙人在合伙制结构中承担无限制的责任，因而一旦项目出现问题，其他合伙人就需要承担超过自己在合伙制结构中所占投资比例的风险责任。这一问题严重地限制了一般合伙制在项目开发和融资中的使用。为了克服这一缺点，国外某些公司在使用一般合伙制作为投资结构时，加入了一些减少合伙人风险的措施，其中一个做法是投资者并不直接进入合伙制结构，而是专门成立一个子公司并通过这个子公司投资到合伙制结构中。一般合伙制结构的融资安排也相对比较复杂，一般合伙制的项目投资结构见图 9-7。

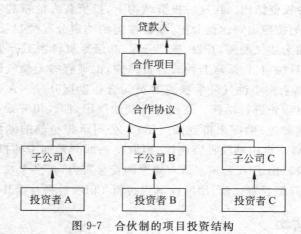

图 9-7　合伙制的项目投资结构

（二）有限合伙制结构

有限合伙制结构是在一般合伙制基础上发展起来的一种合伙制结构。有限合伙制是指由有限合伙人和一般合伙人共同组成的。在有限合伙制结构中，一般合伙人负责合伙制项目的组织、经营和管理工作，并承担对合伙制结构债务的无限责任；而有限合伙人不参与也不能参与项目的日常经营管理，对合伙制结构的债务责任也被限制在有限合伙人已投入和承诺投入合伙制项目的资本数量。有限合伙制有利于调动合伙各方的投资热情，实现投资者与创业者的最佳组合。

有限合伙制既具备一般合伙制在税务安排上的优点，又在一定程度上避免了一般合伙制的责任连带问题,因而它是项目融资中经常使用的一种投资结构。较为经常使用有限合伙制作为投资结构的项目有两大类型:一类是资本密集、回收期长但风险较低的公用设施和基础设施项目,如电站、公路等;另一类是投资风险大、税务优惠大,同时又具有良好勘探前景的资源开发项目。

一般来说,合伙制结构在法律上要比公司型结构复杂,有关的法律在不同国家之间相差也很大,因此在使用有限合伙制作为项目投资结构时,尤其需要注意项目所在国家对有限合伙制结构的税务规定和对有限合伙人的定义。有限合伙制的项目投资结构见图9-8。

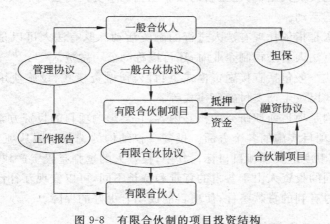

图 9-8　有限合伙制的项目投资结构

四、投资产权结构的选择

投资产权结构通常在项目研究的初期确定,是项目投资前期研究的重要内容。投资结构应当能够使权益投资人获得满意的投资收益。基础设施投资项目需要以低成本取得良好的服务效果,投资结构应当能够使得基础设施以高效率运行。投资产权结构选择要服从项目实施目标的要求,对投资产权结构作出谨慎选择,在选择上应考虑两个重要的方面。

1. 投资人的选择是投资产权结构设计中要考虑的一个重要方面

不同的投资人,由于其背景和特长的不同,可以对项目的成功有着不同的贡献。有的投资人可以为项目带来长期稳定的市场,有的拥有原材料或矿产资源,有的可以提供技术或管理,有的可以提供资金并提供有效的担保。各个投资人之间的优势互补可以使项目的成功得到更好的保障。

2. 服从项目实施目标

商业性的投资人要求投资产权结构能给自己带来尽可能高的投资收益。基础设施投资项目需要以尽可能低的成本取得良好的服务效果,投资产权结构应当能够使得基础设施以最高效率运行。

本章小结

项目的融资主体是项目法人,项目的融资主体作为经济实体,进行项目融资活动并承担融资责任和风险。从组织形式上,项目主体可分为新设法人和既有法人,二者在融资方式和项目评价方法上均存在较大的差异。

新设法人融资就是通常所说的项目融资,是指新组建项目法人进行的融资活动,由项目的发起人及其他投资人出资,建立新的独立承担民事责任的公司法人或事业法人,承担项目的融资及运营活动。

既有法人融资是指依托现有法人进行的融资活动。既有法人可以是企业,也可以是事业单位。当既有法人为公司制企业时,还可以称为公司融资。

项目融资模式一般包括直接融资模式、项目公司融资模式、设施使用协议融资模式、杠杆租赁融资模式以及生产支付融资模式等。

投资产权结构是项目前期研究的核心内容,它会影响项目的投资方案、融资方案和融资谈判,进而影响项目实施的各个方面。投资产权结构的选择要服从项目实施目标的要求,并要能够最大限度地实现项目目标。其中,投资人的选择是投资产权结构设计中的一个重要方面。不同的投资人由于各自的背景和特长不同,可以实现互补性效益,不同的优势相结合可以获得有利的贷款条件,使项目的成功有更好的保障。

关键词

新设法人融资　既有法人融资　项目公司融资　杠杆租赁融资　股权融资
契约式合资结构　合伙制结构

第十章 项目资金筹措

　　山东中华发电项目工程是迄今为止我国装机规模最大、融资结构最复杂、贷款额最高的 BOT 电力项目,曾被《欧洲货币》、《项目融资》等多家全球著名金融杂志列为年度最佳项目融资计划。该项目总投资 168 亿元人民币,总装机规模 300 万千瓦。项目由山东省电力公司、山东国际信托投资公司、香港中华电力投资有限公司以及法国电力公司共同发起的中华发电有限公司承担。工程项目公司于 1997 年成立,1998 年开始运营,计划于 2004 年最终建成。公司合作经营期为 20 年,经营期结束后,电厂资产全部归中方所有。

　　中华发电有限公司是山东省电网中最大的发电企业之一,其销售对象是山东电力集团公司经营的山东电网。由于与山东电力的合作对公司的发展影响较大,在项目谈判期间,公司与山东电力签署了《运营购电协议》,该协议保障了公司每年的最低售电量,并规定电价为成本分红价格,基本上确保了公司的收益。

　　到目前为止,中华发电项目运营较为成功,累计实现税后销售利润近 24 亿元人民币。出色的业绩与公司优良的管理结构、高素质的管理队伍,以及规范的经营分不开。但更重要的是,前期项目资金的顺利筹措,以及在经营过程中各投资方共担风险、共享利益,才使得中华发电项目运行得如此流畅。所以,一个项目的资金链是否流畅对项目的成功与否是十分重要的。

　　本章所介绍的项目融资(project financing),是资金筹措方式的一种,它特指某种资金需求量巨大的项目筹资活动,而且以贷款作为资金的主要来源。项目融资主要不是以项目业主的信用或者项目有形资产的价值作为担保来获得贷款,而是依赖项目本身良好的经营状况和项目建成、投入使用后的现金流量作为偿还债务的资金来源;同时,将项目的资产,而不是项目业主的其他资产作为借入资金的抵押。由于项目融资借入的资金是一种无追索权或仅有有限追索权的贷款,而且需要的资金量又非常大,故其风险也较其他筹资方式大得多。在这种资金筹措活动中,参与提供资金的往往不是一家甚至一国的银行或金融机构。这项活动还涉及项目业主以外的其他各参与方。为了分散风险,项目各参与方都要分担一部分风险,这样一来,就产生了项目融资过程中的各种担保文件和法律程序。正因为项目融资的这些特殊性和复杂性,我们有必要对当前通行的各种资金筹措方式、各类资金的特点及其运作有一基本了解,然后才能弄明白项目融资的各个方面。在项目的融资研究中,应根据项目融资目标的要求,在拟定的融资模式前提下,研究资金筹措方案。

通过对本章的学习,能够解决以下问题:

1. 什么是项目资本金制度?
2. 项目资本金制度的特点是什么?
3. 既有法人项目资本金筹措的方式有哪些?
4. 新设法人项目资本金筹措的方式有哪些?

第一节　项目资本金制度

一、项目资本金的概念

投资项目资本金,是指在投资项目总资本中,由投资者认缴的出资额。投资者可按其出资的比例依法享有所有者权益,也可转让其出资,但不得以任何方式抽回,对投资项目来说是非债务性资金,项目法人不承担这部分资金的任何利息和债务。作为计算资本金基数的总投资,指的是项目的固定资产投资(建设投资与建设期利息之和)与铺底流动资金(流动资金的 30%)之和。

现代企业的资金来源构成分为两大部分,即股东权益资金和负债。投资人以权益方式向项目或企业投入的资金称为权益投资,并取得相应的产权。对于提供债务融资的债权人来说,项目的资本金可以视为负债融资的信用基础,以此取得相应的债权。债权先于股权受偿,从而可以降低债权人的债券回收风险。项目资金是确定项目产权关系的依据,其中的权益投资是企业的资本投资,构成企业融资的基本信用基础,企业的权益投资以"注册资本"的方式投入,权益投资超过注册资本额的部分可以注入资本公积。项目资本金的筹措并不完全是为了满足国家的资本金制度要求,项目建设资金的权益资金和债务资金结构是融资方案制定中必须考虑的一个重要方面。如果权益资金占的比重太少,会导致负债融资的难度提升和融资成本的提高;如果权益资金过大,风险可能会过于集中,财务杠杆作用下滑。

二、项目资本金的特点

项目资本金主要包括以下特点:

(1) 资本金是确定项目产权关系的依据,也是项目获得债务资金的信用基础。资本金没有固定的按期还本付息压力,股利是否支付和支付多少视项目投产运营后的实际经营效果而定,因此,项目法人的财务负担较小。

(2) 企业法人的资本金通常以注册资金的方式投入。有限责任公司及股份公司的注册资金由企业的股东按股权比例认缴,合作制公司的注册资金由合作投资方按预先约定金额投入。股东投入企业的资金超过注册资金的部分,通常以资本公积的形式记账。在有些情况下,投资者还可以以准资本金方式投入资金,包括优先股、可转换债、股东借款等。这些投资是否视作项目的资本金,需要按照投资的回收或偿还方式考察。

（3）新组建的公司项目资本金的来源主要有：各级政府财政预算内资金、预算外资金及各种专项建设基金；国家授权投资机构提供的资金；国内外企业、事业单位入股的资金；社会个人入股的资金；项目法人通过发行股票从证券市场上筹集的资金。

（4）采取项目融资方式进行项目的融资，需要组建新的独立法人，项目的资本金是新建法人的资本金，是项目投资者（项目发起人一般也是投资者）为拟建项目提供的资本金。

（5）为项目投资而组建的新法人大多是企业法人，包括有限责任公司、股份公司、合作制公司等。有些公用设施项目建设也可能采取新组建事业法人的方式实施。

三、项目资本金制度

为了建立投资风险约束机制、有效地控制投资规模、提高投资效益，国家对于固定资产投资实行资本金制度。根据《国务院关于固定资产投资项目试行资本金制度的通知》（国发［1996］35 号）的内容，从 1996 年开始，对各种经营性投资项目，包括国有单位的基本建设、技术改造、房地产开发项目和集体投资项目，试行资本金制度，投资项目必须首先落实资本金才能进行建设。个体和私营企业的经营性投资项目参照规定执行。公益性投资项目不实行资本金制度。外商投资项目（包括外商投资、中外合资、中外合作经营项目）按现行有关法规执行。投资项目资本金占总投资的比例，根据不同行业和项目的经济效益等因素确定，其中，交通运输项目的资本金比例为 35％及以上。

投资项目资本金的出资方式可以是货币，也可以以实物、工业产权、非专利技术、土地使用权等作价出资。以实物、工业产权、非专利技术、土地使用权作价出资的，还需附有资产评估证明等有关材料。以工业产权、非专利技术作价出资的比例不得超过投资项目资本金总额的 20％，国家对采用高新技术成果有特别规定的除外。

作为计算资本金基数的总投资，是指投资项目的固定资产投资（即建设投资和建设期利息之和）与铺底流动资金之和。

根据《公司法》规定，有限责任公司注册资本的最低限额为人民币 3 万元。法律、行政法规对有限责任公司注册资本的最低限额有较高的规定：全体股东的货币出资金额不得低于有限责任公司注册资本的 30％。一人有限责任公司的注册资本最低限额为人民币 10 万元，股东应当一次足额缴纳公司章程规定的出资额。

投资者以货币方式认缴的资本金，其资金来源有：

（1）各级人民政府的财政预算内资金、国家批准的各种专项建设基金、"拨改贷"和经营性基本建设基金回收的本息、土地批租和国有企业产权转让的收入、地方人民政府按国家有关规定收取的各种规费及其他预算外资金。

（2）国家授权的投资机构及企业法人的所有者权益（包括资本金、资本公积金、盈余公积金和未分配利润、股票上市收益资金等）、企业折旧资金，以及投资者按照国家规定从资金市场上筹措的资金。

（3）社会个人合法所有的资金。

（4）国家规定的其他可以用作投资项目资本金的资金。

根据不同行业和项目的经济效益等因素确定投资项目资本金占总投资的比例，具体规定如表 10-1 所示。

表 10-1 项目资本金占项目总投资的比例

序号	投资行业	项目资本金占项目总投资的比例/%
1	钢铁	≥40
2	交通运输、煤炭、水泥、电解铝、铜冶炼、房地产开发项目(不含经济适用房项目)	≥35
3	邮电、化肥	≥25
4	电力、机电、建材、化工、石油加工、有色(铜冶炼除外)、轻工、纺织、商贸及其他行业	≥20

项目资本金的具体比例,根据投资项目的经济效益以及银行贷款意愿和评估意见等情况,项目审批单位在审批可行性研究报告时核定。经国务院批准,对个别情况特殊的国家重点建设项目,可以适当降低资本金比例。投资项目的资本金一次认缴,并根据批准的建设进度按比例逐年到位。

第二节 对外商投资企业注册资本的要求

外商投资项目(包括外商投资、中外合资、中外合作经营项目)按照外商投资企业的有关法规执行项目资本金制度。有关法规要求,外商投资企业的注册资本应与生产经营规模相适应,并规定了注册资本占投资总额的最低比例,见表 10-2。这里的投资总额是指投资项目的建设投资、建设期利息与流动资金之和。对一些特殊行业的外商投资企业,注册资本还有特别要求,见表 10-3。

表 10-2 注册资本占投资总额的最低比例

序号	投资总额	注册资本占投资总额的最低比例	附加条件
1	300 万美元以下(含 300 万美元)	70%	
2	300 万~1 000 万美元(含 1 000 万美元)	50%	其中投资总额 420 万美元以下的,注册资金不低于 210 万美元
3	1 000 万美元~3 000 万美元(含 3 000 万美元)	40%	其中投资总额 1 250 万美元以下的,注册资金不低于 500 万美元
4	3 000 万美元以上	1/3	其中投资总额 3 600 万美元以下的,注册资金不低于 1 200 万美元

表 10-3 特殊行业的外商投资企业注册资金最低要求

序号	行业	注册资金最低要求
1	从事零售业务的商业中外合营企业	不低于 5 000 万元人民币(中西部地区不低于 3 000 万元)
2	从事批发业务的中外合作企业	不低于 8 000 万元人民币(中西部地区不低于 6 000 万元)

序号	行　业	注册资金最低要求
3	外商投资（包括独资及中外合作）举办投资公司	不低于 3 000 万元
4	外商投资电信企业	经营全国的或者跨省、自治区、直辖市范围的基础电信业务的，其注册资本最低限额为 20 亿元人民币；经营增值电信业务的，其注册资本最低限额为 1 000 万元人民币；经营省、自治区、直辖市范围内的基础电信业务的，其注册资本最低限额为 2 亿元人民币，经营增值电信业务的，其注册资本最低限额为 100 万元人民币

对中外合资、中外合作经营企业注册资本的出资期限规定如下：

（1）合营各方应当在合营合同中注明出资期限，并且应在合营合同规定的期限内缴清各自的出资。

（2）合营合同中规定一次缴清出资的，合营各方应当从营业执照签发之日起 6 个月内缴清。

（3）合营合同中规定分期缴付出资的，合营各方第一期出资不得低于各自认缴出资额的 15％，但是第一期出资额不得少于注册资本底限（3 万元人民币），且应当在营业执照签发之日起 3 个月内缴清，对分期出资的总期限的规定如表 10-4 所示。

表 10-4　中外合资、中外合作经营企业分期出资总期限的规定

注 册 资 本	缴清期限（自营业执照签发之日起）/年
50 万美元（含 50 万美元）	1
50 万～100 万美元（含 100 万美元）	1.5
100 万～300 万美元（含 300 万美元）	2
300 万～1 000 万美元（含 1000 万美元）	3
1 000 万美元以上	由审批机关根据实际情况审定

按照我国现行规定，有些项目不允许国外资本控股，有些项目要求国有资本控股。如 2005 年 1 月 1 日起施行的《外商投资产业指导目录（2004 年修订）》中明确规定，核电站、铁路干线路网、城市地铁及轻轨等项目，必须由中方控股。

根据投资体制改革的相关精神，国家放宽社会资本的投资领域，允许社会资本进入法律法规未禁入的基础设施、公用事业及其他行业和领域。按照促进和引导民间投资（指个体、私营经济以及它们之间的联营、合股等经济实体的投资）的精神，除国家有特殊规定的以外，凡是鼓励和允许外商投资进入的领域，均鼓励和允许民间投资进入。因此，在进行融资方案分析时，应关注出资人比例的合法性。

第三节 既有法人项目资本金筹措

一、内部资金来源

内部资金来源于既有法人的自有资金。自有资金主要来自于以下几方面：

（1）企业的现金。资产负债表反映了企业库存现金和银行存款的数量,其中一部分可以投入项目,即扣除保持必要的日常经营所需货币资金额,多余的资金可以用于项目投资。

（2）未来生产经营中获得的可用于项目的资金。在未来的项目建设期间,企业可从生产经营中获得新的现金,扣除生产经营开支及其他必要开支之后,剩余部分可以用于项目投资。需要通过对企业未来现金流量的预测来估算未来企业经营获得的净现金流量,即可以用于项目投资的资金。

（3）企业资产变现。既有法人可以将流动资产、长期投资或固定资产变现,以投资新项目。降低流动资产中的应收款项和存货,可以增加企业能使用的现金,这类流动资产的变现通常体现在上述的企业未来净现金流量估算中。企业也可以通过加强财务管理,提高流动资产周转率,减少存货、应收账款等流动资产占用而取得现金,或者出让有价证券取得现金。企业的长期投资包括长期股权投资和长期债券投资,一般都可以通过转让而变现。企业的固定资产中,有些由于产品方案改变而被闲置,有些由于技术更新而被替换,这些都可以出售变现。

（4）企业产权转让。企业可以将原有的产权部分或全部转让给他人,换取资金用于新项目的资本金投资。产权转让使得企业资产控制权或产权结构发生变化,原有的产权人经转让后其控制的企业原有资产总量会减少。

在项目融资方案研究中,应通过分析公司的财务和经营状况,预测公司未来的现金流,判断现有企业是否具备足够的自有资金投资于拟建项目。如果不具备足够的资金能力,或者不愿意失掉原有的资产权益,或者不愿意使其自身的资金运用过于紧张等,就应该设计外部资金来源的资本金筹资方案。

二、外部资金来源

既有法人的外部融资渠道和方式包括既有法人通过在资本市场发行股票和企业增资扩股,以及一些准资本金手段,如发行优先股等,来获取外部投资人的权益资金投入,同时也包括接受国家预算内资金为来源的融资方式。

（一）企业增资扩股

企业可以通过原有股东增资以及吸收新股东增资扩股,具体包括国家股、企业法人股、个人股和外资股的增资扩股。

（二）优先股

优先股是一种介于股本资金与负债之间的融资方式，优先股股东不参与公司的经营管理，没有公司的控制权，通常不需要还本，但要支付固定股息（通常要高于银行贷款利息），所以相对于其他借款融资通常处于较后的受偿顺序。而对于普通股股东来说，优先股通常要优先受偿，是一种负债。

发行股票筹资主要有以下优点：①以股票筹资是一种有弹性的融资方式。由于股息或红利不像利息那样必须按期支付，当公司经营不佳或现金短缺时，董事会有权决定不发股息或红利，从而使公司融资风险降低。②股票无到期日。股东的投资属永久性投资，公司不需为偿还资金而担心。③发行股票筹集资金可降低公司负债比率，提高公司财务信用，增加公司今后的融资能力。

发行股票筹资的缺点：①资金成本高。购买股票承担的风险比购买债券高，投资者只有在股票的投资报酬高于债券的利息收入时，才愿意投资于股票。此外，债券利息可在税前扣除，而股息和红利需在税后利润中支付，这样就使股票筹资的资金成本远高于债券筹资的资金成本。②增发普通股需给新股东投票权和控制权，从而降低原有股东的控制权。

（三）国家预算内投资

国家预算内投资是指以国家预算资金为来源并列入国家计划的固定资产投资。目前包括国家预算、地方财政、主管部门和国家专项投资拨给或委托银行贷给建设单位的基本建设拨款及中央基本建设基金，拨给企业单位的更新改造拨款，以及中央财政安排的专项拨款中用于基本建设的资金。国家预算内投资是能源、交通、原材料以及国防科研、文教卫生、行政事业建设项目投资的主要来源，对于整个投资结构的调整起主导作用。

第四节　新设法人项目资本金筹措

新设法人项目的资本金由新设法人负责筹集。新设法人项目的资本金的形成分为两种形式：一种是在新法人设立时由发起人和投资人按项目资本金额度要求提供足额资金；另一种是新法人在资本市场上发行股票进行融资。

按照资本金制度的相关规定，投资人或项目的发起人应认缴或筹集足够的资本金提供给新法人。这种形式的资本金通常以注册资本的方式投入。如果公司注册资本的额度要求低于项目资本金的额度要求，股东按项目资本金额度要求投入企业的资金超过注册资本的部分，通常以资本公积的形式记账。有限责任公司及股份公司的注册资本由公司的股东按股权比例认缴，合作制公司的注册资本由合作投资方按预先约定的金额投入。

在有些情况下，项目最初的投资人或项目发起人对资本金安排不到位，需要由初期设立的项目法人进一步筹措，主要形式有募集股本资金和合资合作。

一、在资本市场募集股本资金

在资本市场上筹集股本资金有两种基本方式：私募和公开募集。私募是指将股票直接出售给少数特定的投资者，不通过公开市场销售。公开募集是指在证券市场上公开向社会发行销售。在证券市场上公开发行股票，不仅要取得证券监管机关的批准，还要通过证券公司或投资银行向社会推销和提供详细的文件，并要保证公司的信息披露和公司的经营及财务透明度，因此筹资费用相对较高，筹资时间较长。私募除了在信息披露方面要满足投资者要求外，程序可相对简化。

二、吸收国外资本直接投资

吸收国外资本直接投资主要包括与外商合资经营、合作经营、合作开发及外商独资经营等形式。国外资本直接投资方式的特点是：不发生债权债务关系，但要让出一部分管理权，并且要支付一部分利润。初期设立的项目法人在资本投资市场上寻求新的投资者，以合资合作等多种形式与新的投资者重新组建新的法人，或者由发起人和投资人与新的投资者进行资本集合，重新设立新的法人，使重新设立的新法人拥有的资本达到或满足项目资本金投资的额度要求。采用这一方式，新法人往往需要重新进行公司注册或变更登记。

国外资本直接投资的方式有以下几种。

（一）合资经营（股权式经营）

合资经营是外国公司、企业或个人经我国政府批准，同我国的公司、企业在我国境内举办合营企业。合资经营企业由合营各方出资认股组成，各方出资多寡由双方协商确定，但外方出资不得低于一定的比例。合资企业各方的出资方式可以是现金、实物，也可以是工业产权和专有技术，但不能超出其出资额的一定比例。合营各方按照其出资比例对企业实施控制权、分享收益和承担风险。

（二）合作经营（契约式经营）

这种经营方式是一种无股权的契约式经济组织，一般情况下，我国境内的合作经营企业是由我方提供土地、厂房和劳动力，由国外合作方提供资金、技术或设备而共同兴办的企业。合作经营企业的合作双方权利、责任、义务由双方协商并用协议或合同加以规定。

（三）合作开发

这种经营方式主要是指对海上石油和其他资源的合作勘探开发，合作方式与合作经营类似。合作勘探开发，双方应按合同规定分享产品或利润。

（四）外资独营

外资独营是指由外国投资者独资投资和经营的企业形式。按我国规定，外国投资者可以在经济特区、开发区及其他经我国政府批准的地区开办独资企业,企业的产、供、销由外国投资者自行规定。外资独营企业的一切活动应遵守我国的法律、法规和我国政府的有关规定,并照章纳税。纳税后的利润,可通过中国银行按外汇管理条例汇往国外。

不论以何种方式筹集资本金,都必须符合国家对资本金来源的要求和限制,符合国家各项法律规定。有外商投资的应符合国家有关外商投资的相关规定。

本章小结

投资项目资本金是指在投资项目总资本中,由投资者认缴的出资额。投资者可按其出资的比例依法享有所有者权益,也可转让其出资,但不得以任何方式抽回,对投资项目来说是非债务性资金,项目法人不承担这部分资金的任何利息和债务。作为计算资本金基数的总投资,指的是项目的固定资产投资(建设投资与建设期利息之和)与铺底流动资金(流动资金的30%)之和。现代企业的资金来源构成分为两大部分,即股东权益资金和负债。投资人以权益方式向项目或企业投入的资金称为权益投资,取得相应的产权。对于提供债务融资的债权人来说,项目的资本金可以视为负债融资的信用基础,可以取得相应的债权。

项目资本金主要包括以下特点:①资本金是确定项目产权关系的依据,也是项目获得债务资金的信用基础。②企业法人的资本金通常以注册资金的方式投入。③新组建公司项目资本金的来源主要有各级政府财政预算内资金、预算外资金以及各种专项建设基金;国家授权投资机构提供的资金;国内外企业、事业单位入股的资金;社会个人入股的资金;项目法人通过发行股票从证券市场上筹集的资金。④采取项目融资方式进行项目的融资,需要组建新的独立法人,项目的资本金是新建法人的资本金,是项目投资者(项目发起人一般也是投资者)为拟建项目提供的资本金。⑤为项目投资而组建的新法人大多是企业法人,包括有限责任公司、股份公司、合作制公司等。有些公用设施项目建设也可能采取新组建事业法人的方式实施。

既有法人融资模式就资金来源主要有内部资金来源和外部资金来源两种。内部资金来源于既有法人的自有资金。自有资金主要来自于以下几方面:①企业的现金;②未来生产经营中获得的可用于项目的资金;③企业资产变现;④企业产权转让。既有法人的外部融资渠道和方式包括既有法人通过在资本市场发行股票和企业增资扩股,以及一些准资本金手段,如发行优先股,来获取外部投资人的权益资金投入。同时,也包括接受国家预算内资金为来源的融资方式。

新设法人项目的资本金由新设法人负责筹集。新设法人项目的资本金的形成分为两种形式:一种是在新法人设立时由发起人和投资人按项目资本金额度要求提供足额资金;另一种是新法人在资本市场上发行股票进行融资。

关键词

项目资本金　既有法人融资　新设法人融资　内部资金来源　外部资金来源

第十一章 债务资金筹措

继 2009 年 7 月向东亚银行贷款 3 亿元用于新建门店后,中国百货龙头——王府井集团又获准融资。10 月 11 日晚间,王府井发布公告称,其发行可转换债券已获中国证监会批准,将从资本市场融资 8.21 亿元。业内预测,此次融资可为王府井扩张提供资金后盾。

最新报告显示,王府井获准向社会公开发售的 8.21 亿元可转换债券,债券期限为 6 年。相关资料表明,2008 年 8 月,王府井以 10.6 亿元的价格收购了北京王府井大厦有限公司 55% 的股权。王府井将把此次融资所得资金用于置换其先行投入的收购款项,这已是王府井 2009 年的第二次筹款。目前,王府井集团除在京的 4 家百货店外,外埠门店数量逾 16 家,其赢利状态较好。王府井预计 2009 年新开 4~6 家门店。除了外埠扩张百货业态,王府井在超市和餐饮领域也有投资。王府井 2009 年投资 450 万元,与日本的柒和伊餐饮综合服务公司、中国糖业烟酒集团共同投资设立了柒和伊餐饮管理(北京)有限公司。该公司的首家西餐品牌——奥乐多合家欢餐厅已在 7 月亮相,并预计 2009 年再开 5 家门店。此外,王府井还追加了对王府井洋华堂商业有限公司的出资额度。以社区超市业务为主的王府井洋华堂 2009 年增加了注册资本,王府井的出资额也相应地由 480 万美元增加到 720 万美元,持股比例仍为 40%。

作为国内百货龙头,王府井多业态的发展模式也可为其向全国扩张积累经验。但是,2008 年年底以来的全球金融风暴加强了外资零售对国内市场的信心,外商纷纷增加投资。新世界的女子百货将在 2010 年正式亮相崇文门商圈,而且顺义新店也在积极筹划;加快独资的百盛集团,2009 年年初收购了北三环的一栋商业物业。同时,本土的当代商城、顺义国泰等也在国庆前夕增开分店,抢食市场。业内人士认为,外资品牌和新兴百货店的进入短期内对老牌百货的冲击有限,但传统百货整体竞争应立足在提升经营水平上。与外资品牌相比,传统百货店缺乏个性,对国际品牌的引进也弱于外资百货店。而传统百货店中的老牌百货其市场影响力很大程度上来源于历史上形成的口碑。面对百货行业的激烈竞争,老牌百货强化品牌整合、多元化出击以及适当加大债务资金的比例是必要的。

企业的债务融资是指企业通过举债筹措资金,资金供给者作为债权人享有到期收回本息的融资方式。相对于股权融资,它具有以下几个特点:①短期性。债务融资筹集的资金具有使用上的时间性,需到期偿还。②可逆性。企业采用债务融资方式获取资金,负有到期还本付息的义务。③负担性。企业采用债务融资方式获取资金,需支付债务利息,从而形成企业的固定负担。

通过对本章的学习,能够解决以下问题:

1. 债务资金筹措应考虑哪些方面?
2. 债务资金的基本要素是什么?
3. 债务融资方式有哪些?
4. 信用保证措施的结构评价是什么?

第一节　债务资金筹措方案

一、债务资金筹措应考虑的主要方面

影响债务资金筹措的主要因素有以下几方面:

(1) 债务期限。债务期限需要根据资金使用计划、债务偿还计划及融资成本的高低进行合理的调整和安排。

(2) 债务偿还。需要事先确定一个比较稳妥的还款计划。

(3) 债务序列。债务安排根据其依赖于公司(或项目)资产抵押的程度或者以来自于有关外部信用担保程度而划分为高低不同等级的序列。在公司出现违约的情况下,公司资产和其他抵押、担保权益的分割将严格地按照债务序列进行。

(4) 债务保证。债权人为了保障其权益不受侵害,到期能收回本息,需要采取一些能够巩固其债权人地位的措施。为此,需要债务人及涉及的第三方对债权人提供履行债务的特殊保证,这就是债权保证。

(5) 违约风险。当债务人违约或无力清偿债务时,债务人违约风险的大小取决于债权人追索债务的形式和手段及追索程度。根据融资安排的不同,不同的债权人追索债务的程度也不一样,如完全追索、有限追索、无追索等。

(6) 利率结构。债务资金利率主要有浮动利率、固定利率以及浮动/固定利率等不同的利率机制。融资中应该采用何种利率结构,需要考虑项目现金流量的特征、金融市场上利率的走向以及借款人对控制融资风险的要求。

(7) 货币结构与国家风险。债务资金的货币结构可依据项目现金流量的货币结构设计,以减少项目的外汇风险。为减少国家风险和其他不可预见的风险,国际上大型项目的融资安排往往不局限于在一个国家的金融市场上融资,也不局限于一种货币融资。事实证明,资金来源多样化是减少国家风险的一种有效措施。

二、债务资金的基本要素

在融资方案中,除了要明确列出债务资金的资金来源及融资方式以外,还必须具体描述债务资金的一些基本要素,以及债务人的债权保证。

(1) 时间和数量。要指出每项债务资金可能提供的数量及初期支付时间、贷款期和宽限期,以及分期还款的类型。

(2) 融资成本。融资成本的基本要素对于贷款是利息、对于租赁是租金、对于债券是利息。应说明这些成本是固定的还是浮动的、何时调整及如何调整、每年计息几次,以及对应的年利率是多少。除此之外,有些债务资金还附有一些其他费用,如承诺费、手续费、管理费、牵头费、代理费、担保费、信贷保险费及其他杂费等。对于这些伴随债务资金发生的资金筹措费(或称其他融资费用),应说明其计算办法或数额。

(3) 建设期利息的支付。建设期内是否需要支付利息,将影响筹资总量,因此需要说明债权人的要求是什么。不同的债权人有不同的付息条件,一般分为三种:第一种,投产之前不必付息,但未清偿的利息要和本金一样计息(即复利计息);第二种,建设期内利息必须照付;第三种,不但利息照付,而且贷款时就以利息扣除的方式贷出资金。

(4) 附加条件。对于债务资金的一些附加条件应有所说明,如必须购买哪类货物,不得购买哪类货物;借外债时,对所借币种及所还币种有何限制等。

(5) 债权保证。应根据所处研究阶段所能做到的深度,对债务人及有关第三方提出的债权保证加以说明。

(6) 利用外债的责任,外国政府贷款、国际金融组织贷款、中国银行和其他国有银行统一对外筹借的国际贷款,都是国家统借债务。其中经国家发改委、财政部审查确定并经国务院批准的项目的借款,称为"统借统还";其余借款则由实际用款项目本身偿还,称为"统借自还"。各部门、各地方经批准向国外借用的贷款,实行谁借谁还的原则,称为"自借自还"。统借自还和自借自还的借款,中间都经过国有银行或其他被授权的机构的转贷。所以,不管以上这些外债的"借与还"在形式上有什么区别,对债权人来讲,它们都是中国的国家债务,进入国家外债规模,影响国家债务信用。

除此之外,在融资方案研究中,还要注意符合国家外债管理和外汇管理的相关规定。

第二节　融资方式

一、信贷方式融资

所谓信贷融资,是指建设项目业主从银行或其他非银行金融机构,以贷款方式获得项目建设所需资金。信贷方式融资主要有以下几种方式。

(一) 商业银行贷款

按照贷款期限,商业银行的贷款分为短期贷款(1年以内)、中期贷款(超过1年至3年)和长期贷款(3年以上)。商业银行贷款通常不超过10年,超过10年期限,商业银行需要特别报经中国人民银行备案。除了商业银行贷款,信托投资公司等非银行金融机构也提供商业贷款,条件与商业银行类似。

按资金使用用途不同,贷款在银行内部管理中分为固定资产贷款、流动资金贷款、房地产开发贷款等。

投资项目使用商业银行贷款,需要满足贷款银行的要求,向银行提供必要的资料。银行要求的材料除了一般贷款要求的借款人基本材料之外,还要有项目投资的有关材料,包括项目的可行性研究报告等前期工作资料、政府对于项目投资核准及环境影响评价批准文件、与项目有关的重要合同、与项目有利害关系的主要方面的基本材料等。

项目投资使用中长期银行贷款,银行要进行独立的项目评估,评估内容主要包括项目建设内容、必要性、产品市场需求、项目建设及生产条件、工艺技术及主要设备、投资估算与筹资方案、财务赢利性、偿债能力、贷款风险和保证措施等。

国内商业银行贷款的利率以中国人民银行的基准利率为中心,可以有一定幅度的上下浮动,人民银行不定期对贷款的基准利率进行调整。已经借入的长期贷款,如遇人民银行调整利率,利率的调整在下一年度开始执行。

(二)政策性银行贷款

国家为了支持一些特殊的生产、贸易、基础设施建设项目,通过国家政策性银行提供政策性银行贷款。政策性银行贷款利率通常比商业银行低。我国的政策性银行有国家开发银行、中国进出口银行和中国农业发展银行。

国家开发银行重点向国家基础设施建设及重要的生产性建设项目发放贷款。国家开发银行的贷款分为两部分:一是软贷款,即国家开发银行注册资本金,按项目配股需要贷给国家控股公司和中央企业集团,由其对所需企业参股、控股;二是硬贷款,即国家开发银行运用借入资金直接贷给建设项目,一般贷款期限较长。

中国进出口银行主要任务是,执行国家产业政策和外贸政策,为产品出口提供政策性金融支持,主要为出口提供卖方信贷和买方信贷支持。该行还办理中国政府的援外贷款及外国政府贷款的转贷款业务。中国进出口银行提供的出口信贷通常利率低于一般的商业贷款利率。

中国农业发展银行按照国家有关法律、法规和方针、政策的规定,以国家信用为基础,筹集农业政策性信贷资金,承担国家规定的农业政策性金融业务,代理财政性支农资金的拨付。贷款利率通常较低。

(三)出口信贷

项目建设需要进口设备的,可以使用设备出口国的出口信贷。设备出口国政府为了支持和扩大本国产品的出口,提高国际竞争力,以对本国的出口提供利率补贴并提供信贷担保的方法,鼓励本国的银行对出口商或设备进口国的进口商提供优惠利率贷款。出口信贷利率通常要低于国际上商业银行的贷款利率,但需要支付一定的附加费用(管理费、承诺费、信贷保险费等)。出口信贷通常不能对设备价款全额贷款,只能提供设备价款85%的贷款,其余的15%价款需要由进口商以现金支付。

按照获得贷款资金的对象不同,出口信贷可分为买方信贷与卖方信贷。买方信贷以进口商为借款人,设备进口商作为借款人取得贷款资金用于支付进口设备贷款,同时对银行还本付息。买方信贷可以通过进口国的一家商业银行转贷款,也可以不通过本国商业银行转贷。通过本国商业银行转贷时,设备出口国的贷款银行将贷款给进口国的一家转贷银行,再由进口国转贷银行将贷款贷给设备进口商。卖方信贷以设备出口商为借款人,从设备出口国的银行取得贷款,设备出口商给予设备购买方以延期付款条件。图 11-1 为不经过国内银行转贷款的买方信贷示意图,图 11-2 为经过国内银行转贷款的买方信贷示意图。

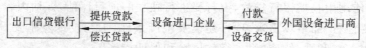

图 11-1　不经过国内银行转贷款的买方信贷示意图

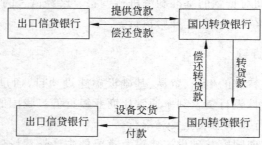

图 11-2　经过国内银行转贷款的买方信贷示意图

（四）外国政府贷款

政府贷款是一国政府向另一个国家的企业或政府提供的贷款,这种贷款通常在利率及期限上有很大的优惠。如果项目需要使用外国政府贷款,这需要得到我国政府的安排和支持。外国政府贷款经常与出口信贷混合使用。外国政府贷款有时还伴有一部分赠款。

外国政府贷款在经济上带有援助的形式,利率通常很低,一般为 2% 或 4%,甚至无息。期限通常很长,还款平均期限为 20~30 年,有些甚至长达 50 年。贷款一般以混合贷款方式提供,即在贷款总额中,政府贷款一般占 1/3,其余 2/3 为出口信贷。使用外国政府贷款也要支付少量的管理费。国内商业银行转贷需要收取少量的转贷手续费。有时国内商业银行可能要求缩短转贷款的期限。

外国政府贷款通常有限制性条件,限制贷款必须用于采购贷款国的设备。由于贷款使用受到限制,设备进口只能在较小的范围内选择,设备价格可能较高。

财政部规定,外国政府贷款必须经过我国的商业银行转贷,并由我国各级财政提供担保。按照财政担保方式分为三类:财政部担保、省级财政厅(局)担保、无财政担保。

（五）国际金融机构贷款

国际金融组织贷款是国际金融组织按照章程向其成员国提供的各种贷款。提供项目贷款的主要国际金融机构有世界银行、国际金融公司、欧洲复兴与开发银行、亚洲开发银行、美洲开发银行等全球性或地区性金融机构等。目前与我国关系最为密切的国际金融组织是国际货币基金组织、世界银行和亚洲开发银行。国际金融机构的贷款通常带有一定的优惠性,贷款利率低于商业银行贷款利率,但也有可能需要支付某些附加费用,如承诺费。贷款期限可以安排得很长。国际金融机构贷款通常要求设备采购进行国际招标。

但是,不同的国际金融组织的贷款政策各不相同,只有那些得到认可的项目才能拿到贷款。使用国际金融组织的贷款需要按照这些组织的要求提供资料,并要按照规定程序和方法来实施项目。以与我国联系密切的三个银行为例。

1. 国际货币基金组织贷款

国际货币基金组织的贷款只限于成员国的财政和金融当局,组织不与任何企业发生业务,贷款用途限于弥补国际收支逆差或用于经常项目的国际支付,期限为 1~5 年。

2. 世界银行贷款

世界银行贷款具有以下特点:

(1) 贷款期限较长。一般为 20 年左右,甚至可达 30 年,宽限期为 5 年。

(2) 贷款利率实行浮动利率,随金融市场利率的变化定期调整,但一般低于市场利率。对已订立贷款契约而未使用的部分,要按年征收 0.75% 的承诺费。

(3) 世界银行通常对其资助的项目只提供货物和服务所需要的外汇部分,占项目总额的 30%~40%,个别项目可达 50%。但在某些特殊情况下,世界银行也提供建设项目所需要的部分国内费用。

(4) 贷款程序严密,审批时间较长。借款国从提出项目到最终同世界银行签订贷款协议获得资金,一般要一年半到两年的时间。

3. 亚洲开发银行贷款

亚洲开发银行贷款分为硬贷款、软贷款和赠款。硬贷款是由亚行普通资金提供的贷款,贷款的期限为 10~30 年,包括 2~7 年的宽限期,贷款的利率为浮动利率,每年调整一次。软贷款又称优惠利率贷款,是由亚行开发基金提供的贷款,贷款的期限为 40 年,包括 10 年的宽限期,不收利息,仅收 1% 的手续费,此种贷款只提供还款能力有限的发展中国家。赠款资金由技术援助特别基金提供。

(六)银团贷款

所谓银团贷款是指多家商业银行组成一个集团,由一家或数家牵头安排银行,负责联络其他的银行参加,研究考察项目,进行谈判和拟订贷款条件,起草法律文件,并制定统一的贷款协议,按照共同约定的贷款计划,向借款人提供贷款的贷款方式。在对内对外的关系上,银团主要体现为:

(1) 共同贷款,即由一家银行牵头,对内对外包揽一切,借款人只认牵头银行一个头,与之签订贷款合同,其他银行的资金,也由牵头银行分别按贷款份额比例代为收付,由各银行与牵头银行签订合同。

(2) 平行贷款,即由几家银行牵头分配各银行贷款份额,由各银行分别直接与借款人签订贷款合同。每份贷款合同各有一份担保合同,对借款人的资金收付由银团委托银团外的一家代理行代办。平行贷款的合同往往订有对等待遇,即借款人对各贷款人必须同等对待,如果对某一个贷款人给予优惠待遇,则必须给予所有其他贷款人同等的优惠待遇。贷款银团中还需要有一家或数家代理银行,负责监管借款人的账户、监控借款人的资金、划收及划转贷款本息。

使用银团贷款,除了贷款利率之外,借款人还要支付一些附加费用,包括管理费、安排费、代理费、承诺费、杂费等。银团贷款可以通过招标方式,在多个投标银行组合中选择银团,优化贷款条件。

(七)股东借款

股东借款是指公司的股东对公司提供的贷款。对于借款公司来说,股东借款在法律上是一种负债。项目的股东借款是否后于其他的项目贷款受偿,需要依照预先的约定。如果没有预先约定偿还顺序,股东贷款与其他债务具有相同的受偿顺序。只在预先约定了后于项目贷款受偿条件下,相对于项目的贷款人来说,股东借款可视为项目的资本金(准资本金)。

一般来说,在项目融资中,股东并不愿意对项目公司提供更多的注册资金,而是用附加股东借款对项目的银行借款提供准资本金支持。这一方面可以减低注册资金,另一方面可以获得在税前支付利息的优惠。在这种情况下,附加有贷款保证条件,要求在银行贷款偿清之前,股东必须保持一定的预先约定的股东借款,使得项目公司在扣除股东借款后的负债与包括股东借款在内的资本金和准资本金之比保持在安全的水平。

二、债券方式融资

债券融资是指项目法人以其自身的赢利能力和信用条件为基础,通过发行债券筹集资金,用于项目建设的融资方式。一般包括企业债券融资、可转换债券融资等。

(一)企业债券融资

企业债券(又称公司债券),是企业(公司)依照法定程序发行并按约定在一定期限内偿还本金、按一定利率支付利息的债券。企业债券融资是一种直接融资,可以从资金市场直接获得资金。企业债券主要是以企业自身的经营收入作为债券还本付息的保证。由于有较为严格的证券监管,只有实力很强并且有很好资信的企业才有能力发行企业债券。债券投资人不会愿意承担项目投资风险,因此新项目组建的新公司发行债券,必须有很强的第三方担保。债券发行与股票发行相似,可以在公开的资本市场上发行,也可以以私募方式发行。

发行债券通常需要取得债券资信等级的评级。国内债券由国内的评级机构评级,国外发行债券通常需要由一些知名度较高的评级机构评级。债券评级较高的,可以以较低的利率发行。而评级较低的债券,则利率较高。同时,在国内发行企业债券需要通过国家证券监管机构及金融监管机构的审批。债券的发行需要由证券公司或银行承销,承销证券公司或银行要收取承销费,发行债券还要支付发行手续费、兑付手续费。有第三方提供担保的,要为此支付担保费。

企业债券融资的特点是,资金使用较为自由,债券投资人无权干涉发债公司的决策,也不会影响股东对公司的所有权。但债券资金成本一般都高于银行贷款资金成本,债券到期偿还本金和支付利息将对企业(公司)构成较重的财务负担。建设项目业主在决定通过发行债券筹集项目建设资金之后,必须全面考虑债券发行总额、期限、偿还方式、票面利率、付息方式、债券面值、发行价格、发行费用、选择债券承销商以及发行时机等。适宜的债券发行条件可以使债券投资者易于作出投资决策,承销商顺利售出债券,债券发行人也可以顺利筹集到所需资金。

(二) 可转换债券融资

在有效期限内,可转换债券只需支付利息,债券持有人有权将债券按规定价格转换成公司的普通股,如果债券持有人放弃这一选择,融资单位需要在债券到期日兑现本金。在公司经营业绩变好时,股票价值上升,可转换债券的持有人倾向于将债权转为股权;而当公司业绩下降或者没有达到预期效益时,股票价值下降,持有人则倾向于兑付本息。可转换债券的发行无需项目资产或其他公司的资产作为担保。现有公司发行可转换债券,通常并不设定后于其他债权受偿,对于其他向公司提供贷款的债权人来说,可转换债券不能视为公司的资本金融资。在项目评价中,可转换债券应视为项目债务资金。

可转换债券兼有股票和债券的特性,主要有三个特点:即债权性、股权性和可转换性。

债权性是指可转换债券有规定的利率和期限,债券持有人可以选择持有债券到期,收取本金和利息。

股权性是指可转换债券转换成股票以后,原债券持有人就由债权人变成了公司的股东,可参与企业的经营决策和红利分配。

可转换性是指债权持有人有权按照约定的条件将债券转化成股票,转股权是投资者享有的普通企业债券所没有的选择权。

可转换债券的发行条件与一般企业债券类似,但由于附加有可转换为股权的权利,通常可转换债券的利率低于一般债券。

三、租赁方式融资

租赁有经营租赁、融资租赁、杠杆租赁和回租租赁等多种方式,根据租赁所体现的经济实质不同,租赁分为经营性租赁与融资性租赁两类。

1. 经营租赁

经营租赁是指出资方以自己经营的设备租给承租方使用并收取租金。承租方则通过支付一定租金租入设备的方式,节省项目设备购置投资,或等同于筹集到一笔设备购置资金。当预计项目中使用设备的租赁期短于租入设备的经济寿命时,经营租赁可以节约项目运行期间的成本开支,并避免设备经济寿命在项目上的空耗。经营租赁有别于融资租赁,作为一种费用性租赁,它不能作为债务资金的一种筹资方式。

2. 融资租赁

融资租赁又称为金融租赁、财务租赁,是一种融物与融资相结合的筹资方式。采取这种租赁方式,通常是资产拥有者在一定期限内将资产租给承租人使用,由承租人分期付给一定的租赁费。承租人租赁取得的设备按照固定资产计提折旧;承租人可以选择租赁期满时是否廉价购买该设备。采用融资租赁,承租人可以对设备的全部价款得到融资。融资额度比使用贷款要大,租赁费中所含的相当于利息的部分也比贷款利息高。融资租赁是一种以租赁物品的所有权与使用权相分离为特征的信贷方式。

融资租赁最大的优点是企业可以不必预先筹集一笔相当于资产买价的资金就可以获得所需资产的使用权。这种融资方式适用于以购买设备为主的建设项目。融资租赁以承租人对设备的长期使用为前提,租期较长,大型设备租期可达 10 年以上,有的相当于设备使用寿命期。

融资租赁的租金,具有融通资金的代价和贷款本息以及基于贸易行为通过提供劳务等新增价值的性质。通常租金包括租赁资产的购置成本、租赁期间的利息费用、租赁手续费等三部分。如租赁合同中规定由出租人负责提供专利发明、专有技术、设备维修、人员培训等,这些费用也应在租金中加以考虑。

在有些国家,融资租赁可以使出租方获得税务抵扣的优惠。这种优惠可以在出租方与承租方之间重新分配,承租方由此可以得到较低的租赁费,从而降低融资成本。

融资租赁的出租人通常只是融资载体,并无实际经营。融资租赁结束时,租赁设备转让给承租人,出租人即可注销。

第三节　信用保证措施

一、融资信用保证措施

对于银行和其他债权人而言,项目融资或者公司融资的信用、贷款融资的安全性体现在如下两个方面:

(1) 项目及借款人本身的信用,即项目未来的现金流和借款人公司的资信。

(2) 借款人以外的直接或间接担保。当项目本身或借款人公司本身的资信不足时,来自于项目的发起人、项目参与方、专门的担保机构等借款人以外的担保对于项目的融资来说可能是至关重要的。

良好的信用保证结构设计可以降低融资成本,使企业顺利地获得贷款,从而保证项目的正常实施和运行。通常项目的贷款方希望得到尽可能多的可靠的担保或抵押,而项目的投资者总是希望以尽可能少的保证取得贷款,减少所需要付出的保证代价。项目融资借款的保证结构需要在借贷双方之间达成平衡。过于弱的借款保证措施,不能保证金融机构的贷款安全,贷款利率将会上升,甚至金融机构将不愿意提供贷款;过度的担保结构将使借款担保的成本上升。项目为了顺利获得贷款,必须设计合理的担保保证结构。

项目融资中可能采用的信用保证方式主要有以下几种。

(一) 第三方保证

第三方保证是由借款人与贷款人之外的第三方以其信用对借款人的还款提供保证。所谓保证,是指保证人和债权人约定,当债务人不履行债务时,保证人按照约定履行债务或者承担责任的行为。保证的方式有两种:一般保证和连带责任保证。

一般保证的保证人在借款主合同纠纷未经审判或者仲裁,并就债务人财产依法强制执行仍不能履行债务前,对债权人可以拒绝承担保证责任。

连带责任保证的债务人在借款主合同规定的债务履行期届满没有履行债务的,债权人可以要求债务人履行债务,也可以要求保证人在其保证范围内承担保证责任,不需要通过仲裁或者法院审判程序。

可能提供第三方保证的担保人主要有项目的发起人、股东、与项目实施有利害关系的第三方、商业性的担保人。与项目或借款人有利害关系的第三方也常常作为借款的担保人。这种担保可能是有条件的,或者只是有限责任的间接担保。依据我国的"担保法",具有代为清偿债务能力的法人、其他组织或者公民,可以做保证人;国家机关不得为保证人(但经国务院批准为使用外国政府或者国际经济组织贷款进行转贷的除外);学校、幼儿园、医院等以公益为目的的事业单位、社会团体不得为保证人;企业法人的分支机构、职能部门不得为保证人;企业法人的分支机构有法人书面授权的,可以在授权范围内提供保证。

项目的发起人通常也是项目的主要股东,最主要和常见的保证形式是由其对项目的融资借款提供担保。

在许多项目融资中,由于公司财务结构、融资结构、项目的经营核算等原因,项目的发起人通过建立一个专门的项目公司来投资、建设和经营项目。而依托于项目资产建立的公司,通常没有足够的资信来取得有限追索或无追索的项目融资条件,此时解决融资困难的常见方式是由项目公司的股东或发起人提供担保。

一些既有公司为将要投资的新项目争取贷款,由于其本身没有足够的资信,借款人的控股母公司为其提供担保也是常见的形式。

商业性的担保人通过提供担保业务取得收益,获取赢利。商业性的担保人主要有专业的担保公司、银行、非银行金融机构和保险公司。这类担保人通常需要收取较高的担保费,并通过分散化来降低担保风险。

保险公司的担保可以是对贷款的直接保险。保险公司还可以为项目的建设、经营、财产提供保险,降低项目贷款融资的风险。

采取第三方担保,贷款银行将对担保人的担保能力进行审查,如果担保人的担保能力不足,贷款银行可能会不接受这种担保,也可能会要求附加其他的保证措施。

(二)账户质押与账户监管

由于我国法律尚无关于账户质押的规定,所以通常不能采取账户质押的办法提供贷款融资保证。但在涉及建设大型项目的国际融资中,特别是在有限追索或无追索项目融资方式下,账户质押经常被使用。

即便没有账户质押,为了保障贷款债权的安全,贷款银行等金融机构可能也会要求采取一定的账户监管措施。银行要求的账户监管主要包括:借款人收入账户必须在指定的银行(在银团贷款中为代理银行)开立,银行有权对账户内的资金监管,按照预先约定,限制借款人支出范围及额度并控制账户资金的流出;建立偿债资金专门账户,定期由借款人的收入账户向此专门账户转入预先约定的偿债准备金;如果借款人还款违约,银行有权从借款人的账户扣收到期及逾期的贷款本息。这种账户监管通常以合同方式约定。由于没有有关的法律规定,这种账户监管不能对抗第三方。收费权质押通常伴有账户监管措施。

（三）财产抵押与质押

抵押与质押是一种以财产权对债务偿还提供保证的担保。

抵押是指债务人或者第三人不转移对抵押物的使用权，将该抵押物产权作为债权的担保。债务人不履行债务时，债权人有权依照规定以该抵押物财产折价或者以拍卖、变卖该财产的价款优先受偿。这里拥有抵押财产的债务人或者第三人为抵押人，债权人为抵押权人，提供担保的财产为抵押物。可以抵押的财产有：抵押人所有和依法有权处分的国有的土地使用权、房屋和其他地上定着物、机器、交通运输工具和其他财产；抵押人依法承包并经发包方同意抵押的荒山、荒沟、荒丘、荒滩等荒地的土地使用权。有些抵押物抵押需要办理抵押物登记。需要登记的抵押物主要有：土地使用权，房地产或者乡（镇）、村企业的厂房等建筑物，林木、航空器、船舶、车辆等运输工具，以及企业的设备和其他动产。其他财产抵押的，可以自愿办理抵押物登记。当事人未办理抵押物登记的，不得对抗第三人。

质押分为动产质押和权利质押。动产质押是指债务人或第三人将其动产移交债权人占有，将该动产作为债权的担保。债务人不履行债务时，债权人有权依照规定以该动产折价或者以拍卖、变卖该动产的价款优先受偿。这里的债务人或者第三人为出质人，债权人为质权人，移交的动产为质物。

可以质押的权利包括：汇票、支票、本票、债券、存款单、仓单、提单；依法可以转让的股份、股票；依法可以转让的商标专用权、专利权、著作权中的财产权。收费公路的收费权依法可以质押；票据、股份等财产权利质押需要将权利证书交由质权人保管；商标专用权、专利权、著作权、公路收费权等权利质押，需要向政府的权利管理部门办理登记。

在建设项目的融资中，常以借款人拥有的财产或项目购建的财产抵押或质押，主要包括土地使用权、房地产、厂房、机器设备、运输设备、公路收费权等。有些项目的在建工程也可以设定抵押。

权利质押是指项目的某些权利可以设定质押，如由项目的各种合同所约定的权利、协议、特许权以及保险单等。但目前我国的法律对此还没有明确规定，在实际操作中尚存在一定的困难。

财产抵押或质押所担保的债权不得超出抵押物或质物的价值。贷款银行在接受抵押或质押时需要设定一定的抵押率（或质押率），以保证抵押或质押的安全。抵押率是指抵押贷款的本金与抵押物价值之间的比值。财产抵押或质押需要发生一些附加费用，如登记手续费、抵押物价值评估费、鉴证费、律师费等。由于市场环境的变化，抵押物价值评估也可能存在不准确性，抵押物拍卖变现可能不同于抵押价值。

由于各种各样的原因，抵押物的财务账面价值可能与其实际可变现的价值相差甚远。财产抵押通常需要对抵押物进行资产评估，以确定抵押物的抵押价值。

1. 借款人承诺

借款人承诺是一种间接保证，对贷款产生的约束力较弱。常见的借款人承诺包括：在贷款偿清之前借款人保持一定的财务指标限制，如资产负债率、最低所有者权益、最高借款比率等;财产不得对任何其他人抵押;保持某些约定的基本财产,不出售转让。这种承诺在贷款合同中加以约定,如果借款人对其承诺违约,债权人有权采取措施提前收回贷款。

2. 安慰函及支持函

借款人的控股母公司可以通过向贷款银行出具安慰函或支持函的形式提供保证。安慰函一般没有法律上的约束力,项目的发起人不必承担担保责任的或有负债。安慰函能够被贷款银行所接受,作为贷款的一种间接保证,主要在于:对于信誉良好的大公司,安慰函表示其对项目的支持,必要时可以采取措施保证项目的正常实施,对项目提供资金支持,保证项目债务的偿还,以保持其社会资信。

3. 控股股东承诺

借款人的控股股东作出承诺也是对借款的一种保证措施。常见的控股股东承诺为:在贷款偿清之前保持对借款人的控制权,保持借款人的最低所有者权益额;保持对借款人提供一定额度的股东借款,并且银行贷款优先于股东借款受偿。这种承诺常以附加合同的形式加以约定,如果控股股东违约,债权人有权采取措施提前收回贷款。

(四) 政府支持函

我国法律规定,政府机关不可以对国内的贷款融资提供担保。一些基础设施建设项目,采取由政府机关对贷款银行出具安慰函或支持函的形式,表示政府对项目建设的支持。有时由政府机关出具承诺,安排财政资金或其他资金支持贷款偿还。在这种情况下,政府的资金是项目贷款偿还的一个资金来源。

(五) 项目合同保证

现代项目融资中,参与项目实施的各方与项目的实施有利害关系,就项目的实施签订一系列的合同,为项目的成功实施提供了保证,间接对项目的债务融资提供了保证。这种项目的参与方合同是现代项目融资中重要的风险分组及保证方式。这类合同主要有以下几种。

1. 项目建设工程总承包合同

这种合同可以将项目工程的建设风险转移至承包公司。这种建设承包合同要求工程承包方承担的责任主要有完工保证、项目应当达到的技术经济指标和赔偿责任。项目的规划、设计责任由谁承担也应当在合同中约定。

2. 项目产品的长期销售和服务合同

项目产品的长期销售合同可以锁定项目产品的市场风险。这类合同主要用于大型原材料生产项目,电力、天然气生产项目,以及供水、污水处理等基础设施项目。

3. 项目主要原材料的长期供给合同

项目的主要原材料长期供给合同可以将原材料采购的数量及价格风险转移给供货公司。当项目的原材料市场波动较大时,这种合同对于降低项目风险有着重要的影响。为了锁定项目风险,这类合同应当对原材料供应量和价格有合理的约定。

4. 项目经营管理合同

一些特殊行业的投资或经营管理往往委托专业公司承担。专业公司的专业技能可以保证项目的成功,间接降低项目的投资风险。这类合同常见于需要特殊管理技能的行业投资项目,如高级宾馆饭店、火电厂等。

二、融资信用保证结构评价

融资信用保证结构评价应考虑以上每种保证方式的必要性、作用及成本,并且保证措施的执行。信用保证结构设计中需要考虑采取合理的责任分担机制,保证项目参与各方责、权、利的平衡。

每一项保证措施的作用各不相同。对于债权人来说,贷款保证措施就可以控制债务人必须履行偿债责任;在债务人不能履行责任时,有采取行动依法强制取得补偿、得到第二还款来源的权利;对于项目业主,有些保证措施可以分散投资风险,保证项目顺利实施。

融资额大的项目,通常会采取有限追索的项目融资方式,其融资信用保证结构也会相应地比较复杂。并不是项目的贷款人对贷款保证提出各种各样的要求都是必要的,一项必要的保证措施应当是有助于约束某一方履行应当承担的责任,而同时又不会使其承担不应当或无力承担的责任。

某些保证方式可能带来附加成本,如第三方担保需要收取担保费,财产抵押需要支付抵押财产评估费。在融资信用保证结构设计中,需要考虑各种保证方式的附加成本。

保证措施能否有效执行是债权人经常关心的问题,保证措施的执行需要完善的法律体系,需要必要的市场条件,需要健全的市场信用道德基础和约束机制。不能提供有效的执行保证,融资信用保证措施可能会不被贷款机构所接受。

本章小结

企业的融资方式分为债务融资和权益融资,债务融资是指企业通过向个人或机构投资者出售债券、票据等筹集营运资金或资本开支。个人或机构投资者借出资金,成为公司的债权人,并获得该公司还本付息的承诺。债务融资可进一步细分为直接债务融资和间接债务融资两种模式。一般来说,对于预期收益较高,能够承担较高的融资成本,而且经营风险较大,要求融资的风险较低的企业,倾向于选择股权融资方式;而对于经营风险比较小、预期收益也较小的传统企业,一般选择融资成本较小的债务融资方式进行融资。

影响债务资金筹措的主要因素有以下几个方面:债务期限;债务偿还;债务序列;债务保证;违约风险;利率结构;货币结构与国家风险。

债务融资方式包括:①信贷融资,指建设项目业主从银行或其他非银行金融机构,以贷款方式获得项目建设所需资金。国内信贷融资资金来源主要有国内商业银行贷款、国内政策性银行贷款和国内非银行金融机构贷款。银行贷款和银团贷款是信贷融资的主要形式。②债券融资,指项目法人以其自身的赢利能力和信用条件为基础,通过发行债券筹集资金,用于项目建设的融资方式。一般包括企业债券融资、可转换债券融资等。

项目融资中可能采用的信用保证方式主要有以下几种:①第三方保证;②账户质押与账户监管;③财产抵押与质押;④政府支持函;⑤项目合同保证。

关键词

信贷融资　债券融资　第三方保证　账户质押　账户监管　财产抵押与质押

第十二章 基础设施项目的融资模式

　　北京 2008 奥运场馆及相关设施——国家体育场、国家体育馆、奥运村等六个主要项目总投资约为 205 亿元，投资额巨大，主要用于为奥运会提供比赛场地，以及为运动员、媒体人员提供居住生活条件和相应的服务。场馆及相关设施建成以后如何使其不闲置、如何维护其日常使用及持续经营，是历届奥运会场馆及相关设施投资的难点。而一般传统的体育场馆建设的融资方式，因为奥运场馆、奥运村的商业投资机会不强，不适合作为社会投资者的建设项目来建设，因此主要是通过政府担保债务或政府拨款和投资等方式筹集资金。鉴于此，北京市政府首先通过招标投标确定了总承包方式建设六大奥运会场馆及相关设施，建成及奥运会结束之后可再进行 TOT 方式的融资，出让给另外的经营公司营运，使政府、项目法人、贷款人、总承包人、特许经营人及融资公司等多方参与、协调一致，共同建设奥运会相关设施项目。

　　奥运会场馆、奥运村等设施项目主要是满足奥运会特殊的需要，建设过程中的政策性较强，外资难以进入，而国内投资者出于投资回报风险的考虑，投资兴趣不强，因此投资资金主要来自政府，建成后的预期收益主要依赖于体育场馆的使用方向。但是，政府一来没有专业的经营机构对赛后的奥运场馆进行管理，二来如果政府财政性资金长期积压在奥运会设施投资及其形成的固定资产上，就会导致资金使用效率低下。因此，选择 TOT 建设模式是较理想的一种融资方式。场馆及相关设施由政府建成后，向社会出让奥运会项目的部分股份，由受让方专营奥运会项目，如奥运会场馆可建成公共文化娱乐活动场地，奥运村可重新改造成商品房进行销售等。并且根据经营情况，政府每年给予受让方相当于社会平均资本利润率水平的收益，或与受让方按一定比例分享经营利润。

　　近年来，国家加大对基础设施投融资领域的改革，探索新的投融资机制，通过借鉴国外的一些融资经验和模式，在基础设施建设的融资领域发生了非常大的变化，涌现了很多新型融资模式，为加快基础设施建设发挥了巨大的作用。所谓基础设施特许经营，就是由国家或地方政府将基础设施的投资和经营权通过法定的程序，有偿或者无偿地交给选定的投资人投资经营。由此形成的典型的基础设施特许经营方式有 BOT 融资模式、PPP融资模式、TOT 融资模式以及 ABS 融资模式、PFI 融资模式等。

通过对本章的学习,能够解决以下问题:

1. 什么是 BOT 融资模式?
2. 什么是 PPP 融资模式?
3. 什么是 ABS 融资模式?
4. 什么是 TOT 融资模式?
5. 什么是 PFI 融资模式?
6. 分析本章的五种融资模式,并找出其中的差别。

第一节　BOT 融资模式与 PPP 融资模式

一、BOT 融资模式

BOT 是 build(建设)、operate(经营)和 transfer(转让)三个英文单词第一个字母的缩写,代表着一个完整的项目融资的概念。20 世纪 80 年代初中期,是项目融资发展的一个低潮时期。在这一阶段,虽然有大量的资本密集型项目,特别是发展中国家的基础设施项目在寻找资金,但是,由于世界性的经济衰退和第三世界债务危机所造成的影响还远没有从人们心中消除,所以如何增强项目抗政治风险、金融风险、债务风险的能力,如何提高项目的投资收益和经营管理水平,就成为银行、项目投资者、项目所在国政府在安排融资时所必须面对和解决的问题。BOT 模式就是在这样的背景下发展起来的用于基础设施建设的一种项目融资模式。BOT 模式被认为是代表国际项目融资发展趋势的一种新型结构。20 世纪 80 年代以来,许多发展中国家开始将 BOT 模式引入本国的基础设施项目建设中,并已取得了相当大的成功。

(一)BOT 融资模式的基本思路和方法

1. BOT 融资模式的基本思路

BOT 融资模式的基本思路是:由项目所在国政府或所属机构对项目的建设和经营提供一种特许权协议作为项目融资的基础,由本国公司或者外国公司作为项目的投资者和经营者安排融资,承担风险,开发建设项目并在有限的时间内经营项目,获取商业利润,最后根据协议将该项目转让给相应的政府机构。所以,有时 BOT 被称为"暂时私有化"过程。BOT 融资模式一出现,就引起了国际金融界的广泛重视,被认为是代表国际项目融资发展趋势的一种新形式。

2. BOT 融资模式的方式

(1) 典型的 BOT(build-operate-transfer),即建设-经营-移交。这种融资方式是由项目所在国政府或所属机构为项目的建设和经营提供一种特许权协议作为项目融资的基础,由本国公司或者外国公司作为项目的投资者和经营者安排融资,承担风险,开发建设项目并在有限的时间内经营项目获取商业利润,最后根据协议将该项目转让给政府。

（2）BOOT（build-own-operate-transfer），即建设-拥有-经营-移交。BOOT 与 BOT 的区别在于：BOOT 在特许期内既拥有经营权，又拥有所有权；BOT 只有经营权。另外，BOOT 的特许期要比 BOT 长一些。

（3）BOO（build-own-operate），即建设-拥有-经营。该方式特许投资人根据政府的特许权建设并拥有某项基础设施，但最终不将该基础设施移交给东道国政府。

以上三种方式可统称为 BOT 方式，也可以称为广义的 BOT 方式。

（4）BTO（build-transfer-operate），即建设-转让-经营。是指对于关系到国家安全的产业如通信业，为了保证国家信息的安全性，项目建成后，并不交由外国投资者经营，而是将所有权转让给东道国政府，由东道国经营通信的垄断公司经营，或与项目开发商共同经营项目。

（5）BLT（build-lease-transfer），即建设-租赁-移交，具体是指政府出让项目建设权，在项目运营期内政府成为项目的租赁人，私营部门成为项目的承租人，租赁期满结束后，所有资产再移交给政府公共部门的一种融资方式。

（6）BT（build-transfer），即建设-移交，指政府通过特许协议，引入国外资金或民间资金进行项目建设，待项目建设完工后，该项目实施的有关项目权利按协议由政府赎回，即采取"企业投资建设、政府一次回购、资金分期支付"的模式。

（7）DBFO（design-build-finance-operate），即设计-建设-融资-经营，这种方式是将项目从项目设计开始就特许给某一私人部门进行，直到项目经营期满收回投资，取得投资收益。但项目公司只有经营权，没有所有权。

（8）FBOOT（finance-build-own-operate-transfer），即融资-建设-拥有-经营-转让。这种形式类似于 BOOT，只是多了一个融资环节，也就是说，只有先融通到资金，政府才予以考虑是否授予特许经营权。

（9）BOL（build-operate-lease），即建设-经营-租赁，即项目公司以租赁方式继续经营项目。

以上只是 BOT 融资模式操作的不同方式，但其基本特点是一致得到有关部门授予的特许经营权。BOT 项目融资的关键文件是特许权协议。特许权协议说明了特许权的授予者与被授予者双方的权责，这是整个 BOT 融资的基础，因此，有必要对该协议规定的主要内容及双方当事人的权责了解清楚。

（二）BOT 融资模式的结构组成分析

BOT 融资模式的基本当事人包括以下三部分人员。

1. 项目发起人

项目发起人是项目所在国政府、政府机构或政府指定的公司。在融资期间，项目发起人在法律上既不拥有项目，也不经营项目，而是通过给予项目某些特许经营权和给予项目一定数额的从属性贷款或贷款担保，作为对项目建设开发和融资安排的支持。融资期间结束后，项目的发起人通常无偿地获得项目的所有权和经营权。由于特许权协议在 BOT 融资模式中占据关键性地位，所以有时 BOT 融资模式也被称为"特许权融资"。

从项目所在国政府的角度，采用 BOT 融资模式的吸引力主要有两点：第一，可以减少项目建设的初始投入。发电站、高速公路、铁路等公共设施的建设,资金占用量大,投资回收期长,而资金紧缺和投资不足是发展中国家政府所面临的一个普遍性问题。而利用BOT融资模式,政府部门可以将有限的资金投入更多的领域。第二,可以吸引外资,引进新技术,改善和提高项目的管理水平。

2. 项目经营者

作为 BOT 融资模式的主体,项目经营者从项目所在国政府获得建设和经营项目的特许权,负责组织项目的建设和生产经营,提供项目开发所必需的股本资金和技术,安排融资,承担项目风险,并从项目投资和经营中获得利润。项目经营者一般由一个专门组织起来的项目公司承担。项目公司的主体由在这一领域具有技术能力的经营公司的工程承包公司组成。有时也吸收项目产品(或服务)的购进和一些金融性投资者参加。因为在特许权协议结束时,项目最终要交还给项目发起人,因此从项目所在国的角度,选择项目经营者要有一定的标准和要求:

(1)项目经营者要有一定的资金、管理和技术能力,从而能保证在特许权协议期间提供符合要求的服务。

(2)项目经营要符合环境保护标准和安全标准。

(3)项目产品(或服务)的收费要合理。

(4)项目经营要保证做好设备的维修和保养工作,保证在特许协议中止时项目发起人接收的是一个运行正常保养良好的项目。

3. 项目的贷款银行

BOT 融资模式中的贷款银行组成较为复杂,除了商业银行组成的贷款银团之外,政府的出口信贷机构和世界银行或地区性开发银行的政策性贷款在 BOT 融资模式中通常也扮演着很重要的角色。贷款的条件取决于项目本身的经济强度、项目经营者的经营管理能力和资金状况,在很大程度上主要依赖于项目发起人和所在国政府为项目提供的支持和特许协议的具体内容。

(三)BOT 融资模式的利弊分析

BOT 融资模式通常运用于社会性很强的公用项目,如交通或能源项目。BOT 融资模式实质上是一种债权与股权相混合的产权组合形式,整个项目公司对项目的设计、咨询、供货和施工实行一体化总承包。在这种融资方式中,通常是由项目所在国政府或政府机构与项目发起方或项目公司签署协议,把项目建设及运营的特许经营权移交给后者。

1. BOT 模式的优点

对政府来说,BOT 模式融资可以减少项目对政府财政预算的影响,使政府能在自有资金不足的情况下仍能进行一些基建项目。政府可以集中资源,对那些不被投资者看好但又对国家具有重要战略意义的项目进行投资;由于与项目有关的资金是由项目公司融资的,不构成一国政府的债务,因此不增加东道国的外债总额和财政负担,即使项目建设需要大量的资金,也不需要东道国政府出面负担;可以吸引外资,引进新技术,改善和提高项目的管理水平,东道国可以从 BOT 项目的承建与运营中学到先进的技术和管理经验,也能使项目的主办者或运营者以更好的服务或更低的价格使最终消费者受益;BOT 融资的实质,是将国家的基础产业项目建设和经营管理民营化,从而可以把私营企业的经营机制引入基础设施建设中,提高基础设施项目建设和经营效率;它使作为特许权授予者的公共部门能够将项目的建设、融资、经营风险转移给私人部门,增强公共部门的稳定性。

对于项目主办者或直接投资者来说,BOT 融资模式具有以下吸引力:第一,BOT 项目具有独特的定位优势和资源优势,这种优势确保了投资者获得稳定的市场份额和资金回报率;第二,BOT 项目具有独占性的市场竞争地位,可以使项目主办者有机会涉足于项目主办国的基础性领域,为将来的投资活动打下一个良好的基础;第三,BOT 项目通常可以带动投资方的产品,特别是其大型工业成套设备的出口,从而有助于开拓其产品市场。同时,在项目运营期满之后,投资方可以通过提供持续性服务,继续取得服务收入,继续扩大技术设备的出口等。

2. BOT 融资模式的缺点

(1) BOT 融资模式涉及的主体广泛,结构复杂。一般而言,一个完整的 BOT 模式可能涉及的主体包括项目所在国政府、投资人(包括投资财团等)、项目公司、工程承包集团、工程分包公司、设备供应商、贷款银行、最终用户、保险公司等。在众多的主体中,相互之间的法律关系都需要通过一系列的合同予以固定、协调。因此,BOT 融资模式的结构需权衡各方的利益以及监管的有效性,通过众多的谈判和法律文件来最终确定。

(2) 可能增加融资的机会成本。事实上,在使用 BOT 较多的基础设施建设方面,如无论是建机场还是修公路,都必须占有土地,而随着科学技术的进步和人类社会的发展,土地资源正在日益减少,土地的价值也会随着时间的推移而逐渐提高。如果特许权授予者采用 BOT 融资模式建设该基础设施项目所带来的效益低于该年均机会成本的话,则利用 BOT 融资的成本低、金额大、期限长等优点将被高额的机会成本所淹没,而且,金额越大,期限越长,所损失的机会收益额就越大。

(3) 可能导致大量税收的流失。BOT 是基础设施暂时私有化的过程,它改变了长期以来由国有部门进行基础设施建设的局面。这种操作有可能导致国家税收的大量流失。因为在国有部门进行基础设施建设的情况下,可以保证税收的及时、足额缴纳。然而,在 BOT 融资方式下,项目公司多是以外资企业的形式出现,尤其在国际项目融资中,总是存在着一个或一个以上的外方发起人,而许多国家对外资都有一定的优惠政策。以中国为例,国家税法规定:从事机场、港口、码头、铁路、公路、电站、煤矿、水利等基础设施项目的外商投资企业和从事农业开发经营的外商投资企业,经营期在 15 年以上的,从开始获利的年度起,第 1 年至第 5 年免征企业所得税,第 6 年至第 10 年减半征收所得税,按 15% 计算企业所得税。同时还规定,如果外国投资者将从企业中取得的利润再从事中国境内基础设施项目投资的话,经营期不少于 5 年,将享受 100% 的退税待遇。

(4) 可能造成设施的掠夺性经营。其实,在 BOT 项目中,私人部门只是项目设施的租赁者,特许期(类似租赁期)满,项目设施总是要无偿转让给政府部门的。所以项目公司为早日收回投资并获取利润,就必须在项目的建设和经营中采用先进技术和管理方法,提高项目的生产效率和经营业绩,增加项目的竞争力,使得投融资双方均获得一定的利润回报。这种掠夺式的经营使得当特许期满,项目资产转让给政府部门时,已无多大潜力可控,原来先进的设备已经老化,需要大量的维修和保养资金等,政府得到的也许是一个空壳而已,这就失去了采用 BOT 融资模式的意义。因此,发展中国家在采用 BOT 融资模式利用外资时,应注意采取灵活的方式,只要外商收费合理、管理效益高,政府没有必要一定要收回项目,毕竟采用 BOT 融资模式对于发展中国家而言,最重要的是为了解决资金不足的问题和取得社会效益。甚至可以在项目经营期结束后,由东道国政府回收然后交给项目公司管理运营,向它支付管理费,这样可以在一定程度上避免外商对项目的掠夺性经营。

(5) 风险分摊的不对称性问题。在 BOT 项目融资的操作中,政府的作用至关重要,在许多案例中,政府承担了过多的责任与风险。如在 BOT 项目融资模式中,政府往往承担了除政治风险以外的汇率风险和利率风险等,而这些风险一般应由项目经营者承担。

二、PPP 融资模式

(一) PPP 融资模式的定义

PPP(public private partnership),即公共部门与私人企业合作模式,是指政府、营利性企业和非营利性企业以某个项目为基础而形成的相互合作关系的模式。从某种程度上说,只要是旨在促进私人企业与政府合作进行基础设施建设的模式都可以归为这一类别。通过这种合作模式,合作各方可以得到比单独行动更有利的结果。合作各方参与某个项目时,政府并不是把项目的责任全部转移给私人企业,而是由参与合作的各方共同承担责任和融资风险。

PPP 融资模式让参与公共基础设施项目的私人企业在项目的前期就参与进来,有利于利用私人企业先进的技术和管理经验,以及控制项目的建设成本和运营成本。

PPP 融资模式本质上是政府部门和社会投资者之间一系列复杂的合约安排,要平衡公共部门和私人企业不同利益方的利益和要求,以及合理分配各方的责任和应承担的风险。通过协商,明确基础设施项目的建设方案和经营方案,围绕项目的融资活动进行相应的规划,提供各自的支持及配合,并根据这种参与协调的结果,形成特许经营的协议框架,合作各方再根据特许经营协议来实施该项目。

(二) PPP 融资模式与 BOT 融资模式的比较

PPP 融资模式是一个完整的项目融资概念,是对项目生命周期中的组织机构设置提出了一个新的模式。它是政府、营利性企业和非营利性企业基于某个项目而形成的以"双赢"或"多赢"为理念的相互合作形式,参与各方可以达到与预期单独行动相比更为有利的结果。其组织机构设置如图 12-1 所示。

PPP 融资模式最显著的特点就是项目所在国政府或者所属机构与项目的投资者和经营者之间的相互协调及其在项目建设中发挥的作用。在图 12-1 的组织机构中,参与各方虽然没有达到自身理想的最大利益,但总收益却是最大的,实现了社会效益最大化,这显然更符合公共基础设施建设的宗旨。

虽然 BOT 融资模式可能作为 PPP 融资模式中的一种操作方式,但作为一种项目融资模式,BOT 项目融资模式相对 PPP 项目融资模式而言,显然存在着一些不足之处。如在组织机构的设置上,BOT 融资模式具有明显的行政色彩,以 BOT 融资模式参与项目的公共部分和私人企业之间是以等级关系发生相互作用的,如图 12-2 所示。

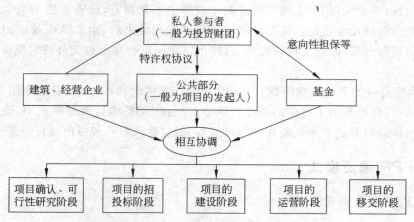

图 12-1　PPP 融资模式的组织机构形成图

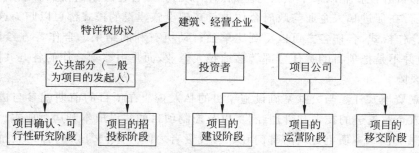

图 12-2　BOT 融资模式组织机构形式图

在图 12-2 的组织机构中没有一个相互协调的机制,不同角色的各参与方都有自己的不同利益目标——自身利益最大化,导致它们之间的利益冲突。由于 BOT 项目融资模式缺乏协调机构,参与各方信息是不对称的,形成了博弈各方在各自利益最大化驱使下,最终达到纳什均衡,其中一方达到利益的最大化是以牺牲其他参与方的利益为代价的单方利益最优,其社会总收益不是最大的。

从运作程序看,PPP 项目融资模式也有着与 BOT 融资模式不同的运行程序,前者包括选择项目合作公司、确立项目、成立项目公司、招投标和项目融资、项目建设、项目运行管理、项目移交等环节,而后者包括确立项目、招投标、成立项目公司、项目融资、项目建设、项目运营管理、项目移交等环节,如图 12-3 和 12-4 所示。

两种模式的不同主要在于项目前期私人企业对于项目的参与程度。BOT 融资模式下,项目前期工作基本上都是由项目所在国政府或者所属机构进行的,并报政府审批,没有私人企业参与,私人企业只能参加类似的招投标活动、参与方案的实施;PPP 融资模式下,私人企业在项目的前期就参与进来,有利于利用私人企业的先进技术和管理经验,有利于控制项目的建设成本和运营成本。

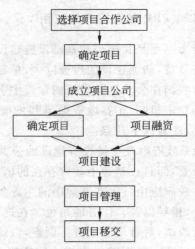

图 12-3 　BOT 融资模式运行程序 　　　　图 12-4 　PPP 融资模式运行程序

（三）PPP 融资模式的特点

PPP 融资模式是政府公共服务提供与采购模式不断总结经验、改革创新的结果,通常有以下几个特点:

(1) 避免费用超支。私营部门在初始阶段就与公共部门一起参与项目的识别、可行性研究、设施和融资等项目建设过程,从而保证了项目在技术和经济上的可行性,缩短了前期工作周期,并降低了项目费用。在 PPP 融资模式下,私营部门只有当项目已经完成并得到政府批准使用后才能获利,因此有利于提高效率和降低工程造价,能够消除项目完工风险和资金风险。

(2) 促进政府角色转换,减轻财政负担。政府从过去的基础设施公共服务的提供者变成一个监管的角色,保证了项目质量,也可以在财政预算方面减轻政府压力。

(3) 投资主体的多元化。利用私营部门提供的资产和服务促进投融资体制改革,并为政府部门提供更多的资金和技能,同时可以利用私人企业的先进技术和管理经验。

(4) 政府部门和私营部门优势互补,弥补对方的不足。公私双方形成长期互利目标,用最有效的成本为公众提供高质量的服务。

(5) 使项目参与各方整合组成战略联盟,对协调各方不同的利益目标起关键作用,使基础设施建设、经营取得更好的效果,能够更好地服务于大众。

(6) 风险分配合理。PPP 融资模式在项目初期就实现了风险分配,政府分担一部分风险,降低承建商与投资商的风险,从而降低了融资难度,提高了项目融资成功的可能性。政府在分担风险的同时也拥有一定的控制权。

(7) 应用类型多样化,该模式突破了目前的引入私人企业参与公共基础设施项目组织机构的多种限制,可适用于城市供热等各类市政公用事业及道路、铁路、机场、医院、学校等的建设。

（四）PPP 融资模式的应用

资金不足是我国公共基础设施建设存在的主要问题。公共基础设施的社会效益要高于经济效益，初期建设的投资巨大，单靠运营过程中的收入难以弥补等问题日益突出，这也要求我国在公共基础设施的建设中引入 PPP 融资模式（即在公共基础设施的建设中引入市场竞争机制，拓宽融资渠道和发展多元化的投资主体）。PPP 融资模式在我国的应用中，应注意以下几点：

（1）政府财政支持投资建设的公共基础设施已经不能满足日益增长的社会、经济发展的需要，而且在基建中政府存在的诸如效率低下等弊病都要求政府所扮演的角色有所改变。政府应由过去在基建中的主导角色，改变为与私营企业合作，扮演提供公共服务中的监督、指导以及合作者的角色。在这个过程中，政府应对公共基础设施建设的投融资体制进行改革，对管理制度进行创新，以便更好地发挥其监督、指导以及合作者的作用。

（2）我国在 PPP 融资模式的应用上刚刚起步，还不成熟，需要借鉴外国的一些应用实例，并与我国的具体情况相结合，给予政策上的支持，促进 PPP 融资模式在我国的公共基础设施建设中得到推广和规范。

（3）在 PPP 融资模式下，参与合作的私营企业一般都是国际上大型的企业或财团。政府在与它们的谈判和合作中，应该完善相关法律，并遵循国际惯例，使其合作模式适应这一新形势发展的要求。

（4）在公共基础设施的建设中，国内一些有实力的企业应抓住机遇，积极与政府合作，参与公共基础设施项目建设。

第二节　TOT 融资模式与 ABS 融资模式

一、TOT 融资模式

（一）TOT 融资模式的定义

TOT 融资模式，即移交（transfer）-经营（operate）-移交（transfer），是指政府向需要融入现金的企业，通过出售现有投资项目在一定期限内的现金流量，一次性地从出资方那里融通到一笔资金，用于建设新的项目；原项目经营期满，出资方再把它移交回来。与 BOT 融资模式相比，TOT 融资模式不以需要融资的项目的经济强度为保证，不依赖这个项目，而是依赖获得特许经营权的已经建成并投入运营项目的一定时期的未来收益。融资的成功取决于已经建成的项目与新建项目的分割，出资人对新建项目无控制权，也无直接关系，政府可以具有新建项目完全的控制权。TOT 融资模式也是企业进行收购与兼并所采取的一种特殊形式，它具备我国企业在并购过程中呈现的一些特点，因此可以理解为基础设施企业或资产的收购与兼并。

（二）TOT 融资模式与 BOT 融资模式的比较

1. 比较 BOT、TOT 两种融资模式项目结构

如图 12-5 所示，BOT 融资模式的运作过程包括政府机构、项目发起人、项目公司、商业银行、担保受托人、信贷贷款方、项目承包商、分包商、项目所需设备的供货方等多方参与者。在项目立项建设过程中，需签订大量的协议、商业合同，这些协议和合同从准备、谈判直至签订生效既需要一定的制度保证，也需要项目参与方的密切协作。基础设施和基础产业建设耗资大、周期长，要求众多的参与方相互信任、相互协作、相互配合，这无疑增加了项目进展的复杂性和难度，相应地会影响投资方的投资决心。除此之外，BOT 融资模式的长周期和高风险的特点，使得融资对象范围减小，投资者多为外国大银行、建筑公司或能源公司。

相比这下，TOT 融资模式要简单一些。从图 12-6 中可以看出，这种模式运作过程省去了建设环节。项目的建设已完成，仅通过项目经营权移交来完成一次融资。这种运作方式主要涉及项目融资有关问题的谈判及有关准备工作，涉及外资投资方经营期内中方的权利和义务的规定等。与 BOT 融资模式相比较，TOT 融资模式具有结构简化、时间缩短、前期准备工作减少、费用节省等优点。

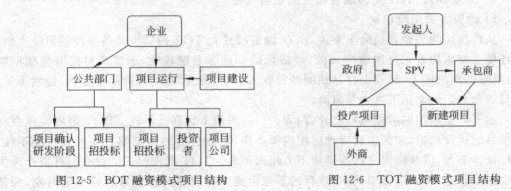

图 12-5　BOT 融资模式项目结构　　　　图 12-6　TOT 融资模式项目结构

2. 比较 BOT、TOT 两种融资模式的运行程序

BOT 融资模式与 TOT 融资模式在运行程序上最大的区别是 BOT 融资模式中的 B（新建）和 TOT 融资模式中的 T（转换），BOT 融资模式需要新建基础设施项目，而 TOT 融资模式是通过"购买现货方式"直接转让已建成项目，用所得资金建立其他新的项目。BOT 融资模式中的新建环节是一项复杂的系统工程，项目的立项、实施需要复杂的技术和良好的环境作为保障，仅项目前期准备工作就需要耗费大量的资源。另外，BOT 融资模式建设环节中，外方出于保障自己效益、规避政府风险和政策风险的目的，往往要求较高的投资回报，并在通过 BOT 融资模式进入中国基础设施建设市场的同时，还要求进入中国基础设施的装备市场和基础设施的经营市场。而这些要求对于东道国来讲，往往要承担较大的风险甚至要牺牲公共利益，违背政府政策，交易成本过高，难以完全接受。图12-7 为 BOT 融资模式运行程序。

TOT 融资模式则巧妙地解决了以上难题。就 TOT 融资模式而言，"购买现货"省去

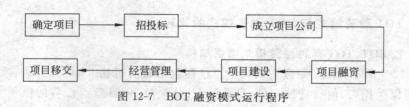

图 12-7　BOT 融资模式运行程序

项目立项、审批等大量程序,节约了资金,充分利用了资源,保护了投资者的信心。引入 TOT 融资模式,最直接的结果就是外资民间资本愿意以这种风险小又有长期稳定收益的方式进入基础设施领域,从而也避免了基础设施项目的巨大建设期风险。图 12-8 为 TOT 融资模式运行程序。

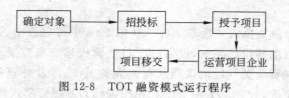

图 12-8　TOT 融资模式运行程序

3. 比较 BOT、TOT 两种融资模式的项目风险

1) 融资方式风险识别

从环境风险和经营风险上来说,BOT 融资模式和 TOT 融资模式所承担的风险类似,在环境上都承担着东道国政治风险、经济风险和国际金融风险,承建商对投资与预期收益、风险的预测能力,经营上存在预测经营收入有误、劳资纠纷、政府限制经营、经营不善、经营观念与当地文化不融合等风险。

除了以上承担的类似风险之外,两者在一些风险上也存在不同。BOT 融资模式存在着项目的建设风险,包括项目管理组织内部不协调、分包商的施工能力与财务状况不佳、工程设计不当,以及物资采购与供货不力超出预算。TOT 融资模式则存在国有资产流失风险:由于在 TOT 融资模式中,现存的基础设施所有权要向投资者转让一定时期,而基础设施都属于国有资产,这就产生了国有资产估价问题,估价过高会使投资者失去兴趣,估价过低则会造成国有资产流失;投资者对所经营的基础设施不予维修,实行掠夺性经营;同时,在 TOT 融资模式下,政府还要注意项目投资者的垄断经营。

2) 风险的分析与评价

BOT 项目融资过程中,要对上述已识别的项目风险逐项分析并加以评价,评价的方法可采用统计预测法以及专家预测法。对 TOT 融资模式而言,投资者不必承担项目建设风险,投资者所要购买的是现存基础设施及其经营权,这样投资者对基础设施提供的产品或服务的使用者要有确定性的认识。

4. 比较 BOT、TOT 两种融资模式的其他方面

如果 TOT 融资模式中项目产品价格较低,对于投资者来讲,TOT 融资模式比 BOT 融资模式风险降低,外商投资收益率也会合理下调;TOT 融资模式涉及环节较少,评定谈判等方面的从属费用也势必大大降低,而东道国在组建 SPV、谈判等过程中的费用也有较大幅度下降。投资成本的降低必将有助于项目产品的合格定价,对于东道国的消费者

来讲,能够实现效用最大化,满足消费者和国家基础设施发展的需求。

此外,TOT融资模式简便易行,方便管理,且涉及的法律环境较少,不致在东道国引起较大阻力,能够减少新建项目建设和营运时间,为投产项目引进先进技术和管理。因此,TOT融资模式相比于BOT融资模式更有助于提高效率和效益。

(三)TOT融资模式的注意事项

运行TOT融资模式时需注意的事项主要有以下几点。

1. 注意新建项目的效益

TOT融资模式回避了公共项目社会化参与的问题,可能沿袭了以往政府或政府完全控股的国有企业垄断公共项目建设可能存在的种种弊端。因此,需要结合政府公共项目投资管理体制的深化改革,注意提高新建项目的投资效益和综合效果。

2. 注意转让基础设施价格问题

由于TOT项目多为基础设施项目,其价格高低必然会对社会经济造成较大影响。因此,项目产品价格应按国内标准合理制定,要与社会经济承受能力相适应。受让方买断某项资产的全部或部分经营权时,必须进行资产评估。转让资产如果估价过低,会造成国有资产流失;估价过高,则可能影响受让方的积极性和投资热情。因此,要正确、合理地评估转让资产的价格。因为受让方接受的是已建基础设施,避免了建设时期和试运行时期的大量风险,这些风险是由转让方来承担的。因此,经营权的转让价应合理提高,作为对转让方承担风险的"对价"。最后,还应明确规定转移经营权项目的维修改造。

二、ABS融资模式

(一)ABS融资模式的定义和产生背景

ABS(asset-backed securitization)是以项目所属的资产为支撑的资产证券化融资模式,是资产证券化的简称。具体表述为:以某一目标项目所拥有的资产为基础,以项目资产所产生的独立的、可识别的未来收益(现金流量或应收账款)作为抵押(金融担保),通过在资本市场上发行具有固定收益率的高档债券来筹集资金的一种项目融资方式。

ABS融资模式起源于美国住宅抵押贷款的证券化(实质是金融资产的证券化)。20世纪70年代初,美国的三大抵押贷款公司——政府国民抵押协会、联邦国民抵押协会和联邦住宅贷款抵押公司,从金融机构的手中收购了大量的住宅抵押贷款,按照一定标准进行划分和重组,并以此组合为担保或抵押,发行抵押贷款债券,从而实现了房地产抵押贷款的证券化。随着ABS融资模式的发展,就基础资产而言,它已出现了两种形态:一种是以金融资产为基础的证券化,如抵押贷款、贸易应收款、信用卡贷款、汽车贷款等,可称为"二级证券化ABS";另一种是以实物资产为基础的证券化,如基础设施甚至唱片销售收入等,可称为"项目融资型ABS"。近年来,为了满足现状的需要,将为基本建设项目初期融资而进行的债券或其他证券发行也包含进此概念。但不论哪一种资产证券化,其实质都是将资产的未来收益以证券的形式预售的过程,其基本交易结构都是资产的原始权益人将要从证券化的资产剥离出来,出售给一个特设机构,该机构以其获得的这项资产的未来现金收益为担保,发行证券,以证券发行收入支付购买证券化资产的价款,以证券化资产产生的现金流向证券投资者支付本息。

(二) ABS 融资模式的结构及基本要素

完整的 ABS 融资模式结构包括以下几个基本要素:发起人、发行人、投资者、投资银行、资信评级机构、信用增级机构或担保机构、管理机构、受托管理机构及律师等。

ABS 融资模式结构基本运行过程如下:

(1) 原始权益人将其所有的证券化资产在真实销售的条件下出让给特设机构(SPV),按购买价获得现金收入。

(2) SPV 作为发行人,通过承销商在资本市场上向投资人发行资产支撑证券。为了适应投资者的不同投资偏好,实际发行的证券通常分解为优先级证券和次级证券,用筹得的现金收入支付资产购买价款。

(3) 在资产证券到期之前,投资人委托服务商根据交易契约约定,向原始权益人收取由证券化资产所产生的收入现金流,将其支付给 SPV。

(4) SPV 用所得到的收入支付投资者投资本息和专业服务费用,还要在储备账户上保有一定的现金存款,以应付流动性等风险,保证 SPV 能够正常履行其规定的义务。

(5) 由于证券化交易的复杂性,原始权益人通常聘用专业的服务机构参与交易活动。专业服务机构主要包括财务顾问、交易安排人、信用评级机构、金融担保公司、承销商、会计师事务所和律师事务所等。

图 12-9 为 ABS 融资模式基本结构图。

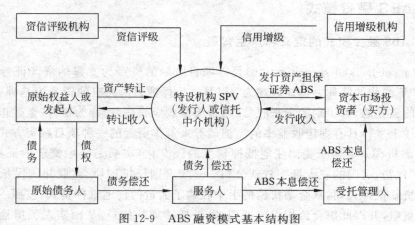

图 12-9 ABS 融资模式基本结构图

(三) ABS 融资模式的使用范围及种类

1. ABS 融资模式的使用范围

证券成本与收益之间的关系决定了一种资产能否证券化,因此,从原始权益人的角度来看,并不是所有的资产都可以证券化。只有当证券的收益大于资产的成本,才有可能使用 ABS 融资模式融资,即证券化。根据以往交易的实践,一种可证券化的资产应具有以下特征：能在未来产生可预测的稳定的现金流；资产的历史记录良好，即违约率和损失率较低；本息的偿还分摊于整个资产的存活期间；金融资产的债务人有广泛的地域和人口统计分布；原所有者已持有该资产一段时间，信用记录良好；金融资产的抵押物易于变现，且变现价值高；金融资产具有标准化、高质量的合同条款。

近年来，ABS融资模式已经被应用于基础设施项目等大型工程项目融资中，并且取得了一些成功经验。我国的基础设施项目，如水电、住房、道路、桥梁、铁路等项目的共同特点是收入安全、持续、稳定，适合ABS融资模式的基本要求，可以采取ABS项目融资模式进行融资。而且，一些出于某些考虑不宜采用BOT融资模式的重要的铁路干线、大规模的电厂等重大的基础设施项目，也都可以考虑采用ABS融资模式进行融资。

2. ABS融资模式的种类

ABS融资模式通过构建一个严谨、有效的交易结构来保证证券发行和融资的成功。随着证券化金融资产种类的增多，资产证券化交易的组织结构也越来越复杂。按照不同的标准，资产证券化可被划分为不同类型，具体见表12-1。

表 12-1　ABS融资模式的主要类型

分 类 依 据	类 型
基础资产	住房抵押贷款证券化与资产支持证券化
现金流处理与偿付结构	过手型证券化与转付型证券化
借款人数	单一借款人大型证券化与多借款人型证券化
金融资产的销售结构	单宗销售证券化与多宗销售证券化
发起人与SPV的关系	单层销售证券化与双层销售证券化
贷款发起人与交易发起人的关系	发起型证券化与载体型证券化
证券化载体的性质	政府信用型证券化与私人信用型证券化
证券构成层次	基础证券化与衍生证券化
基础资产是否从发起人资产负债表中剥离	表内证券化与表外证券化

（四）ABS融资模式的特点

（1）ABS融资模式区别于其他融资方式的一个显著特点是通过在证券市场发行债券来筹集资金，证券化融资则代表着项目融资的未来发展方向。

（2）债券可以在证券市场上流通，由众多投资者购买，因而ABS融资模式在很大程度上分散了投资风险。

（3）资产证券的投资者或持有人在证券到期时，可以获得本金和利息的偿付。偿付资金来源于证券化基础资产所创造的现金流量，即资产债务人偿还的到期本金和利息。ABS证券投资风险只取决于可以预测的现金收入，而不是项目原始收益人自身的信用状况，并且不受原始权益人破产等风险的牵连。

（4）用于资产证券化的资产通常都是不能随时出售变现，但根据合同或事先约定而具有可预见、稳定的未来现金收入的资产。通过资产证券化,发起人能将流动性低的资产转换为流动性高的、标准化的证券工具。因此,资产证券化可以增强资产的流动性。

(5) ABS 融资模式可以利用成熟的项目融资改组技巧,将项目资产的未来现金流量包装成高质量的证券投资对象,能充分显示金融创新的优势。

(6) ABS 通过证券市场筹集资金,操作比较规范。并且与 BOT 等项目融资模式相比,ABS 融资涉及的机构少,从而最大限度地减少了酬金、差价等中间费用,并且使融资费用降至较低水平。

(7) ABS 融资债券是一种高档投资证券,因此,虽然其利息率一般较低,但比普通储蓄的投资回报率要高。

(8) ABS 融资模式以 SPC(special purpose vehicle)为载体,SPC 发行高档投资级债券募集资金,但这种负债反映在原始权益人自身的资产负债表上,从而避免了原始权益人资产质量的限制。

(9) ABS 融资模式特别适于在国际市场上筹集大笔资金。

(五)ABS 融资模式的作用

从融资方来说,ABS 属于项目融资,成本较低,并且可以吸收外国或当地的长期投资,以达到筹措资金的目的;ABS 可以为项目主办单位提供一个能使其重新调整资产结构的机会,原始权益人也能够保留完整的决策权和大部分资产收益能力,并可以为项目主办单位分散项目的各种风险,保守本企业的财务信息和商业秘密,还可以有效地将风险分配给那些能够对其进行最有效管理的机构和专家;通过表外处理,原始权益人能够保持和增强自身借款能力,原始权益人能盘活本企业部分非流动性资产,加速资产周转率和资金循环,在相同资产基础和经营时间内创造更多收益,从而提高资产收益率。

从投资者方面来说,ABS 融资模式能够获得按期还本付息的保证;能够获得专业化、高质量的风险管理服务,得到较高的投资回报,以有限的风险获得较高的投资回报;国际资信评估机构对获得担保的债券作出投资级别的评级,增强了债券的流动性和可兑换性,降低了投资者的风险损失;由 SPC 的风险评估专家利用其丰富的经验和专业能力对其所担保的 ABS 融资债券的资产负债项目进行长期性监控,减少了债券到期不能按时偿还的风险。

第三节　PFI 融资模式

一、PFI 融资模式的定义

PFI(private finance initiative)即"私人主动融资",是指应用民间资本进行公共工程项目开发的一种融资模式。具体是指政府部门根据社会对公共设施的需求,提出需要建设的项目,通过招投标,由获得特许权的私营部门或其组建的 SPV 进行公共设施项目的设计、施工与维修保养,并在特许期(15～30 年)结束时将所经营的项目完好地、无债务地归还政府,而私营部门则定期从政府部门收取费用以回收成本的一种项目融资方式。在

PFI 融资模式下,政府部门发起项目,由私人企业负责进行项目的建设和运营,并按事先的规定提供所需的服务;政府部门以购买私营企业提供的产品或服务,或给予私营企业以收费特许权,或政府与私营企业以合伙方式共同营运等方式,来实现政府公共物品产出中的资源配置最优化,以及效率和产出的最大化。

PFI 融资模式是传递某种公共项目的服务,而不是提供某个具体项目的构筑物。政府采用 PFI 融资模式的目的在于获得有效的服务,而非获得最终建筑的所有权。典型的 PFI 项目,实质上是一种政府或公众对公共物品生产者提供的公共服务的购买。在 PFI 融资模式下,公共部门在合同期限内购买私人企业提供的设施或服务的使用权;在合同结束时,有关资产的所有权或者留给私人企业,或者交还政府公共部门,取决于原始合同条款的规定。私人企业的目的在于通过提供服务来获得政府或公众的付费,实现收入和完成利润目标。

二、PFI 融资模式的特点

(一)适用领域广泛

PFI 融资模式有广泛的适用范围,不仅应用于经营收益性的城市基础设施,还可用于非营利性的城市公益项目,在医院、学校甚至是监狱等公共项目上也得到了广泛应用。

(二)拓宽融资渠道,缓解资金压力

PFI 融资模式能够广泛影响经济领域的私营部门或非官方投资者,实现投融资方式的多元化,参与公共物品的产出,不仅大大缓解了政府公共项目建设的资金压力,同时提高了政府公共物品的产出水平,又可以适当转移风险。

(三)提高建设效率

在 PFI 融资模式下,通过引入私人部门的知识、技术和管理方法,可以提高公共项目的效率和降低产出成本,使社会资源配置更加合理化,同时使政府摆脱了长期困扰的政府项目低效率的压力。私人企业追求利润最大化,千方百计应用新技术,采用新材料,高效地利用资源,减少污染。有统计数据表明,采用 PFI 融资模式,公共项目可以节约 10%的成本。

PFI 融资模式最大的优势在于,它是政府公共项目投融资和建设管理方式的重要的制度创新。

三、PFI 融资模式的作用

(一)可以弥补财政预算的不足

PFI 融资模式可以在不增加政府财政支出的情况下,增加交通基础设施项目的建设和维护资金,政府只需在授权期限内相对比较均衡地支付报酬或租赁费,这使得政府易于平衡财政预算。同时,由于政府不参与项目的建设和运营管理,该模式还可以减少政府机构的人员数量,节省政府支出。

（二）可以有效转移政府财政风险

由于新项目的建设费用完全由投资方负责，政府无须为支付项目投资费用担忧或为项目提供担保，所以运用 PFI 融资模式可以将项目的超支风险转移到民营领域，政府不必直接承担项目建设期的各种风险。

（三）可以提高公共项目的投资效率

PFI 项目投资方的收益是根据该项目的使用情况来确定的，所以，项目建设的工期和质量与私营部门的收益有直接的关系。项目完工越早，其获得收益越早；工程质量越高，其运营期所需要的维护成本越低，收益越高。因此，私营部门承担着设施收益率的风险，这就迫使他们必须按时完工，并按一定标准来经营和维护所承建的设施。这可以有效避免由政府部门直接进行项目建设时常出现的工期拖延、工程质量低下等问题。

（四）可以增加私营部门的投资机会

对私营部门的投资主体而言，PFI 项目的"收入"直接来自于政府，比较有保障。在当前缺乏良好投资机会的情形下，这种投融资模式对稳健型非政府投资主体具有较大吸引力。

📂 本章小结

基础设施特许经营，是由国家或地方政府将基础设施的投资和经营权通过法定的程序，有偿或者无偿地交给选定的投资人投资经营。由此形成的典型的基础设施特许经营方式有：BOT 融资模式、PPP 融资模式、TOT 融资模式、ABS 融资模式以及 PFI 融资模式等。

BOT 融资模式，即建设-经营-移交。这种融资模式是由项目所在国政府或所属机构为项目的建设和经营提供一种特许权协议作为项目融资的基础，由本国公司或者外国公司作为项目的投资者和经营者安排融资，承担风险，开发建设项目，并在有限的时间内经营项目获取商业利润，最后根据协议将该项目转让给政府。

PPP 融资模式，即公共部门与私人企业合作模式，是指政府、营利性企业和非营利性企业以某个项目为基础而形成的相互合作关系的模式。

TOT 融资模式，即移交-经营-移交，是指政府或需要融入现金的企业，通过出售现有投资项目在一定期限内的现金流量，一次性地从出资方那里融通到一笔资金，用于建设新的项目；原项目经营期满，由出资方再把它移交回来。

ABS 融资模式，是以项目所属的资产为支撑的资产证券化融资模式，是资产证券化的简称。具体表述为：以某一目标项目所拥有的资产为基础，以项目资产所产生的独立的、可识别的未来收益（现金流量或应收账款）作为抵押（金融担保），通过在资本市场上发行具有固定收益率的高档债券来筹集资金的一种项目融资方式。

PFI 融资模式，即"私人主动融资"，是指应用民间资本进行公共工程项目开发的一种融资模式。具体是指政府部门根据社会对公共设施的需求，提出需要建设的项目，通过招投标，由获得特许权的私营部门或其组建的 SPV 进行公共设施项目的设计、施工与维修保养，并在特许期（15～30 年）结束时将所经营的项目完好地、无债务地归还政府，而私营部门则定期从政府部门收取费用以回收成本的一种项目融资方式。

通过运用以上不同的融资模式或者它们的组合，能够迅速实现企业高效融资的目的，并为进一步降低企业成本、提高企业利润提供了便利。

关键词

BOT 融资模式　PPP 融资模式　TOT 融资模式　PFI 融资模式　ABS 融资模式

第十三章 融资方案设计与优化

2009 年 8 月 27 日,万科发布公告称,拟通过公开发行的方式增发不超过现有股本 8％的股份,扣除发行费用后募集净额不超过人民币 112 亿元资金。其中,92 亿元将投入 14 个住宅项目的后续开发建设,剩余 20 亿元则将用于充实公司流动资金。在此次融资规模上,万科管理层显然作了比较多的考虑。目前公告公开发行预案的公司发行股份占原有股本比例平均值大致在 20％,根据万科的融资方案,增发股份数将不超过发行前股本的 8％。2007 年万科进行公开增发时,融资额占当时公司总资产的比例约为 20.6％,而以万科 2009 年中期时的资产规模计算,此次融资额占总资产的比例将不会超过 9％。项目的融资方案研究在投资估算的基础上进行。一是需要充分调查项目的运行和投融资环境基础,研究拟建项目的资金渠道、融资形式、融资结构、融资成本和融资风险,需要向政府、各种可能的投资方、融资方征询意见,不断修改完善项目的融资方案,最终拟订出一套或几套可行的融资方案;二是经过完善和比选优化,推荐资金来源可靠、资金结构合理、融资成本低、融资风险小的方案。

一个完整的项目资金筹措方案由两部分内容构成:项目资金来源计划表和总投资使用与资金筹措计划表。

学习目标

通过对本章的学习,能够解决以下问题:

1. 编制项目资金筹措方案要考虑什么因素的影响?

2. 如何确定项目资本金与债务资金的比例? 如何确定项目资本金结构? 债务资金结构是怎样的?

3. 融资的风险包括哪几部分? 如何确定?

4. 资金成本分析都要注意哪几方面的影响?

第一节　编制项目资金筹措方案

项目的投资计划包括项目的建设期及建成后的投产试运行和正式的生产经营。项目建设期安排决定了建设投资所需要使用的资金,项目的设计、施工、设备订货的付款均需要按照商业惯例安排。项目的资金筹措需要满足项目投资资金使用的要求。

新组建公司的项目,资金筹措计划应当先安排使用资本金,后安排使用负债融资,从而降低项目建设期间的财务费用,更主要的是,可以有利于建立资信,取得债务融资。实践中也常有项目的资本金与负债融资同比例到位的安排,或者先投入一部分资本金,剩余的资本金与债务融资同比例到位。

一个完整的项目资金筹措方案,应该包括项目资本金及债务融资资金来源的构成,以及每一项资金来源条件的详细描述,并用文字和表格(资金来源表)加以说明。

一、编制项目资金来源计划表

项目资金来源计划表主要反映项目资本金及债务资金来源的构成。表中应对每一项资金来源的融资条件和融资可信程度加以说明和描述,或放在表的附注当中。表 13-1 为某新建公司投资项目资金来源计划表,表 13-2 为某既有公司投资项目资金来源计划表,这两个表简要地说明了项目各项资金的来源及条件。

表 13-1　某新建公司投资项目资金来源计划表

序号	渠　　道	金额/万元	融资条件	融资可信程度
1	资本金	2 950		
1.1	股东 A 股本投资	2 400		公司书面承诺
1.2	股东 B 股本投资	100		董事会书面承诺
1.3	股东 C 股本投资	450		公司预计
2	债务资金	6 820		
2.1	某国买方信贷	3 320(合 412 万美元)	①	公司意向
2.2	××银行长期贷款	3 500	②	银行书面承诺、股东各公司书面承诺担保

注:① 贷款期限 8 年,其中宽限期 3 年,宽限期内只付息,不还本;还本月内等额分期偿还本金;年利率 6%,按季付息;国内商业银行转贷手续费 0.4%;无其他银行附加费用。以进口设备抵押,抵押率 70%。
② 贷款期限 6 年,其中宽限期 2 年;还款期内等额还本付息;年利率 8%,按季付息;由公司股东按股权比例担保,担保费率 1%;无其他财务费用。

表 13-2　某既有公司投资项目资金来源计划表

序号	资 金 来 源	金额/亿元	筹资条件	融资可信程度
1	资本金			
1.1	自有资金	3.0		来自既有公司现有现金、建设期内的经营净现金和资产变现
	其中:利用原有资产	0.5		已经用于土地使用权购买支出
1.2	股东增加 股东投资	4.0		股东承诺书
2	增加负债融资			
2.1	增加上期借款			

续表

序号	资 金 来 源	金额/亿元	筹资条件	融资可信程度
	×银行贷款	2.0	①	银行贷款承诺书
2.2	增加流动资金借款	1.8	②	银行贷款承诺书、股东担保承诺书
2.3	发行债券			
2.4	融资租赁			
3	合计/亿元	11.3		

注：① 贷款期限 6 年，其中宽限期 3 年；还款期内等额还本，执行国家基准长期贷款利率，年利率 6%，按季付息，以项目财产及权益抵押；贷款需要与资本同比例。

② 贷款期限 1 年，可循环周转使用；利率执行国家基准利率，按季付息，现金利率 5%；由控股母公司担保，担保费率 1%；无其他银行附加费。

二、编制总投资使用和资金筹措计划表

总投资使用与资金筹措计划表是根据项目资金来源计划表反映的各项资金来源和条件，按照项目投资的使用要求所进行的规划与安排。该表是投资估算和融资方案两部分的衔接点。项目的总投资使用与资金筹措计划表编制时应注意以下几个问题。

（一）各年度的资金平衡

项目实施的各年度中，资金来源必须满足投资使用的要求，即编制的总投资使用计划与资金筹措表应使资金的需求与筹措在时序、数量两方面都能平衡。资金来源的数量规模最好略大于资金使用额。资金使用还需要考虑债务融资的财务费用（建设期利息及筹资费用）。

（二）建设期利息

建设期利息按照与建设投资用款计划相匹配的筹资方案计算。根据债务融资的条件不同，建设期利息的计算分为三种情况：①建设期内只计不付（统一在还款期内偿付），将建设期利息复利计算后计入债务融资总额中，建设期利息被视为新的负债；②建设期内项目资本金按约定偿付（如按年、按季度付息），债务融资总额不包括建设期利息；③使用债务资金偿还同种债务资金的建设期利息，增加债务融资的本金总额。

建设期利息的计算方法是当年借入的贷款按半年计息，以前年度的借款计全年息。在安排当年借款金额时，需要安排当年需要支付的利息及筹资费用的来源。如考虑借款当年利息及筹资费用支出，当年借款额可按下式估算：

$$X = \frac{A + Bi + C}{1 - i/2} \tag{13-1}$$

式中，X 为当年实际借款额；A 为当年投资所需借款额；B 为年初累计借款额；C 为当年筹资费用；i 为年利率。

第二节　资金结构分析

现代项目的融资是多渠道的,项目融资方案制订的主要任务是将多渠道的资金按照一定的资金结构结合起来。在项目融资方案的设计及优化中,资金结构的分析是一项重要内容。公平性、风险性、资金成本等多方面因素决定了资金结构的合理化和优化。项目的资金结构是指项目筹集资金中股本资金、债务资金的形式,各种资金的占比,以及资金的来源,包括项目资本金与负债融资比例、资本金结构和债务资金结构。

融资方案的资金结构分析应包括如下内容:

总资金结构,包括无偿资金、有偿股本、准股本、负债融资分别占总资金需求的比例;

资本金结构,包括政府股本、商业投资股本占比,国内股本、国外股本占比;

负债结构,包括短期信用、中期借贷、长期借贷占比,内外资借贷占比。

一、项目资本金与债务资金比例

资本金(即权益投资)与债务资金比例是项目资金结构的一个基本比例。在项目总投资和投资风险一定的条件下,资本金比例越高,权益投资人投入项目的资金越多,承担的风险越高,而提供债务资金的债权人承担的风险越低,贷款的利率就越低,反之贷款利率越高。当项目资本金比例降低到银行不能接受的水平时,银行将会拒绝贷款。合理的资金结构需要由各个参与方的利益平衡来决定。

权益投资人角度:追求以较低的资本金投资争取较多的债务融资,争取对股东尽可能低的追索。

债权人角度:较高的资本金比例可以承担较高的市场风险,有利于债权得到有效的风险控制。

从经济效率的角度出发,较低的筹资成本可以得到较高的经济效益。一般来说,商业性的股本投资筹资成本较高,银行贷款利率通常要低于股本投资方所要求的投资收益率,而直接向公众发债通常可以有比银行贷款更低的利率。政府的无偿投资虽然可以不要求回报,但政府的资金来源于税收,用于无偿投资会改变社会资源的分配,对资源的有效利用产生影响,过度使用可能会损害市场对资源的有效配置机制。政府的无偿投资应当设定在合理的范围内,至少应当避免发生资源的浪费。

二、项目资本金结构

项目资本金结构包含投资产权结构和资本金比例结构。参与投资的各方投资人占有多大的出资比例,对项目的成败有着重要影响。各方投资比例需要考虑各方的利益需要、资金及技术能力、市场开发能力、已经拥有的权益等。不同的权益比例决定着各投资人在项目及公司中的作用、承担的责任义务和收益分配。由于其背景和特长的不同,不同的投资人对于项目的贡献不同。各个投资人之间的优势互补可以保障项目的成功。但出资比例处理不当,某些方面的利益没有得到合理分配,可能会造成项目实施中的困难。现代企业制度需要避免一股独大的绝对控股公司形式。

一些融入商业资本的基础设施项目可以减轻政府的财政负担,并且可以提供商业资本的管理经验,提高公司的运营效率。发售社会公众流通股可以加强公司的监管、提高公司的透明度、加强对公司管理层的约束,并且可以提高公司的社会信用,增强社会公众对项目的关心和支持,有益于解决可能由项目引起的社会问题。

既有公司融资下,公司的财务状况和筹资能力影响项目的资金结构。资本金结构分析中,需要分析项目资本金中的企业自有资金与增加股东的股权投资及股东借款等准资本金结构。企业将自有资金投资于项目,会引起企业的财务流动性降低,同时导致项目投资的借款负债增加,企业的资产负债率上升。企业使用自有资金作为资本金投资于新项目,其投资额度是受到企业自身财务资源的限制的。当企业的自有资金不足时,需要股东增加投资,补充公司的资本金,用于项目投资。

三、债务资金结构

债务资金结构分析中要考虑各种债务资金所占的百分比,包括负债的方式及债务期限的配比。合理的债务资金结构需要考虑融资成本和融资风险,合理设计融资方式、币种、期限、偿还顺序及保证方式。

(一)债务期限配比

项目负债结构中,需要合理搭配长短期负债借款。由于短期借款利率低于长期借款,适当安排一些短期融资可以降低总的融资成本,但如果短期融资过多,会降低项目公司财务的流动性,使项目的财务稳定性下降,从而提升了财务风险。长期负债融资的期限应当与项目的经营期限相协调。大型基础设施工程负债融资应当以长期融资为主。

(二)境内外借贷占比

对于借款公司来说,境内外借贷的比重主要决定于项目使用外汇的额度,同时可能主要由借款取得的可能性及方便程度决定。若贷款条件一样,使用境外借款或国内银行外汇贷款,对借款公司来说并没有区别。但是对国家来说,项目使用境外贷款,相对于使用国内银行的外汇贷款而言,国家的总体外汇收入增加,对于当期的国家外汇平衡有利。但对于境外贷款偿还期内的国家外汇平衡会产生不利影响。

从项目的资金平衡利益考虑,如果项目的产品销售不取得外汇,尽量不要使用外汇贷款,投资中如果需要外汇,可以由投资方注入外汇(如国外或港澳台商投资人出资,或者由政府或国内投资人以外汇投资),或者以人民币购汇。如果项目使用的外汇额度很大,以至于项目大量购汇将会对当期国家的外汇平衡产生难于承受的影响,则需要考虑使用外汇贷款。如果国家需要利用项目从境外借贷融入外汇,改善国家当期外汇平衡,也可以考虑由项目公司在国际上借贷融资,包括向世界银行等国际金融机构借款。项目投资中如果有国外采购,可以附带寻求国外的政府贷款、出口信贷等优惠融资。

（三）外汇币种选择

外汇贷款的借款币种与还款币种有时是不同的。通常应该考虑还款币种,为了降低还款成本,应选择币值较为软弱的币种作为还款币种。当这种外汇币值下降时,还款金额相对降低了。但币值软弱的外汇贷款利率通常较高,这就需要在汇率变化与利率差异之间作出预测权衡和抉择。

（四）偿债顺序安排

偿债顺序安排包括偿债的时间顺序及偿债的受偿优先顺序。通常,在多种债务中,对于借款人来说,在时间上,应当先偿还利率较高的债务,后偿还利率低的。受汇率风险的影响,通常应当先偿还硬货币的债务,后偿还软货币的债务。

多种债务的受偿优先顺序安排对于取得债务融资有着重要影响,提供信贷融资的金融机构如果感觉到资金的债权受偿顺序不利,可能会拒绝提供贷款。一种可行的办法是安排所有的债权人以相同的受偿顺序受偿。受偿优先顺序通常由借款人项目财产的抵押及公司账户的监管安排所限定。融资方案中需要对此妥善安排。

第三节　融资风险分析

融资方案的实施经常受到各种风险的影响。为了使融资方案更加稳妥可靠,需要对可能发生的风险因素进行识别、预测。融资风险分析是项目风险分析中非常重要的组成部分,并与项目其他方面的风险分析紧密相关。融资风险分析的基本步骤包括识别融资风险因素、估计融资风险程度、提出融资风险对策。项目的融资风险分析主要包括资金运用风险、项目控制风险、资金供应风险、资金追加风险、利率及汇率风险。

一、资金运用风险

资金运用风险主要是项目运用所筹资金投资失败所带来的风险。项目投资的失败和融资活动有关,但不一定就是融资活动所导致的。项目投资活动的很多方面都可能导致投资失败。投资失败产生的损失往往可以利用融资活动,全部或部分地转移给资金提供者即出资人。

在制定融资方案时,需要详细分析项目的整体风险情况,评估项目投资失败的可能性,进而考虑融资过程中的风险对策和措施。如果风险较大,就可以通过股权融资等方式让更多的出资人来共同承担风险,或利用项目融资模式限定筹资人或项目发起人的风险承受程度。

融资风险与出资风险既是相互联系又是相互区别的,二者最主要的区别是看待风险的角度不同。从筹资人角度看融资风险,从出资人角度看出资风险。如果出资人承受的风险大,就会要求筹资人承担比较高的融资成本;出资人承受的风险较小,筹资人承担的融资成本也相应较低。

二、项目控制风险

融资带来的项目控制风险主要表现在经过融资活动后,筹资人有可能会失去对项目的某些控制权(项目的收益权、管理权、经营权等)。采用涉及项目控制权的资本金融资方式,在获得资金的同时,筹资人会相应地失去一定的项目控制权;也可能会丧失项目的部分预期收益。若这种收益高于以其他融资方式获得资金的机会成本,就视为筹资人的一种损失。但是,筹资人在丧失这种机会收益的同时,也向股权投资人转嫁了未来这部分投资失败的风险。因此,不同方面的融资风险和风险对策之间存在相互关联性,筹资人需要综合权衡以定取舍。如果未来投资的风险很大,筹资人就可以较多地运用股权融资等方式筹措资金,转移风险;如果未来投资的风险较小,筹资人就应尽量使用不涉及项目控制权的融资方式如(银行借款等)债务融资方式。

三、资金供应风险

资金供应风险是指融资方案在实施过程中,可能会出现资金不到位,导致建设工期拖长,工程造价升高,原定投资效益目标难以实现的风险。可能出现资金供应风险的情况有:已承诺出资的投资者中途变故,不能兑现承诺;原定发行股票、债券计划不能落实;既有法人融资项目由于企业经营状况恶化,无力按原定计划出资;其他资金不能按建设进度足额及时到位的情况。

预定的投资人或贷款人没有实现预定计划或承诺使融资计划失败,是产生资金供应风险的重要原因。为了避免上述情况出现,在项目融资方案的设计中应当对预定的出资人出资能力进行调查分析。影响出资人出资能力变化的因素有:

(1) 出资人自身的经营风险和财务能力。

(2) 出资人公司的经营和投资策略的变化。

(3) 出资人所在国家的法律、政治、经济环境的变化。

(4) 世界经济状况、金融市场行情的变化。

考虑到出资人的出资风险,在选择项目的股本投资人及贷款人时,应当选择资金实力强、既往信用好、风险承受能力大、所在国政治及经济稳定的出资人。

四、资金追加风险

项目的资金追加风险是指项目实施过程中会出现许多变化,包括设计变更、技术变更甚至失败、市场变化、某些预定的出资人变更、投资超支等,导致项目的融资方案变更,因此项目需要具备足够的追加资金能力。为规避这方面的风险,一方面,要加强项目前期的分析论证及科学合理的规划,加强对项目实施过程的管理和监控;另一方面,项目需要具备足够的再融资能力。再融资能力体现为出现融资缺口时应有及时取得补充融资的计划及能力。通常可以通过下列三种方式提高项目的再融资能力:

(1) 融资方案设计中应考虑备用融资方案。

(2) 融资方案设计中考虑在项目实施过程中追加取得新的融资渠道和融资方式。

（3）项目的融资计划与投资支出计划应当平衡，必要时留有一定富余量。

备用融资方案主要包括：项目公司股东的追加投资承诺；贷款银团的追加贷款承诺；贷款承诺高于项目计划使用资金数额，以取得备用的贷款承诺。

五、利率及汇率风险

（一）利率风险

利率风险是指因市场利率变动而给项目融资带来一定损失的风险，主要表现在市场利率的非预期性波动而给项目资金成本所带来的影响。银行根据贷款利率是否随市场利率变动，可分为浮动利率和固定利率。浮动利率贷款项目资金成本随未来利率变动，当利率上升时，项目资本成本增大，从而给借款较多的项目造成较大困难，表现在项目融资风险中主要是利率变动后引起项目债务利息负担增加而造成的损失。固定利率下，若未来市场利率下降，项目资金成本不能相应下降，相对资金成本将变高。因此，无论选用浮动利率还是固定利率都存在利率风险。利率的选取应从更有利于降低项目总体风险的角度来考虑。

在项目融资中，降低利率风险最主要的是采取利率互换的方式，互换就是用项目的全部或部分现金流量交换与项目无关的另一组现金流量。利率互换在项目融资中很有价值，因为多数银团在安排长期项目贷款时，只是愿意考虑浮动利率的贷款公式，使得项目承担较大的利率波动风险。作为项目投资者，如果根据项目现金流量的性质，将部分或全部的浮动利率贷款转换成固定利率贷款，在一定程度上可能减少利率风险对项目的影响。

（二）汇率风险

汇率风险，是指项目因汇率变动而遭受损失或预期收益难以实现的可能性。项目使用某种外汇借款，未来汇率的变动将使项目的资金成本发生变动，从而产生汇率风险。为了防范汇率风险，对于未来有外汇收入的项目，可以根据项目未来的收入币种选择借款外汇和还款外汇币种，也可以采用汇率封顶和货币利率转换的方法降低汇率风险。

汇率封顶，即在正式签署贷款合同或提取贷款前，项目公司与债权人协商约定一个固定的汇率最高值，还款时，债务人以不超过已协商约定的汇率最高值进行换汇还款。

货币利率转换，是指为降低借款成本或避免将来还款的汇价和利率风险，而将一种货币的债务转换为另一种货币的债务。

第四节　资金成本分析

一、资金成本结构

（一）相关概念

（1）资金成本：项目使用资金所付出的代价，包括资金占用费和资金筹集费。

$$资金成本 = 资金占用费 + 筹资费用$$

（2）资金占用费：使用资金过程中发生的向资金提供者支付的代价，包括借款利息、债券利息、优先股股息、普通股红利及权益收益等。

（3）筹资费用：资金筹集过程中所发生的各种费用，包括律师费、资产评估费、公证费、证券印刷费、发行手续费、担保费、承诺费、银团贷款管理费等。

（二）资金成本计算

资金成本通常以资金成本率来表示。由于在不同条件下筹集资金的数额不相同，成本亦不相同，因此资金成本通常以相对数表示。企业使用资金所负担的费用同筹集资金净额的比率，称为资金成本率（一般亦通称为资金成本）。其定义式为

$$资金成本率 = \frac{资金占用费用}{筹集资金总额 - 资金筹集费用} \times 100\% \qquad (13-2)$$

由于资金筹集费用一般与筹集资金总额成正比，所以一般用筹资费用率表示资金筹集费用，因此资金成本率公式也可以表示为

$$资金成本率 = \frac{资金占用费用}{筹集资金总额 \times (1 - 筹资费用率)} \times 100\% \qquad (13-3)$$

还有一种定义资本成本率的方法，用下面公式表示：

$$\sum_{t=0}^{n} \frac{F_t - C_t}{(1-i)^t} = 0 \qquad (13-4)$$

式中，F_t 为各年实际筹措资金流入额；C_t 为各年实际资金筹集费和对资金提供者的各种付款，包括贷款、债券等本金的偿还；i 为资金成本率；n 为资金占用期限。

（三）资金成本的性质

资金成本是资金使用者向资金所有者和中介人支付的占用费和筹资费，因此，资金成本的产生是市场经济条件下资金所有权和使用权相分离的必然结果。资金成本具有一般产品成本的基本属性，又有不同于一般产品成本的某些特征。资金成本是企业的耗费，企业要为此付出代价，并支出费用，但这种代价最终要作为收益的扣除额来得到补偿。资金成本同资金时间价值既有区别，又有联系。资金成本的基础是资金时间价值，但两者在数量上不一致，资金成本既包括资金的时间价值，又包括投资风险等因素。

（四）资金成本的作用

资本成本的作用有以下几点：

（1）资金成本是选择资金来源和融资方式的主要依据。企业融资方式多种多样，采用不同的融资方式筹集资金的成本是不同的，资金成本的高低可以作为比较各种融资方式优缺点的依据之一。

（2）资金成本是投资者进行资金结构决策的基本依据。企业的资金结构一般是由权益融资和负债融资结合而成，这种组合有多种多样的形式，如何寻求两者间的最佳组合，一般可通过计算综合资金成本作为企业决策的依据。因此，融资决策的核心就是通过选择利用各种融资方式，力求以最低的综合资金成本达到融资的目的。

（3）资金成本是评价投资项目可行性的主要经济标准之一。在市场经济条件下，只

有资金利润率高于资金成本率的投资机会才是有利可图的,才值得进行筹资和投资;相反,对于资金利润率低于资金成本率的投资机会,就没有必要考虑筹资和投资。

(4) 资金成本是比较追加融资方案的重要依据。企业为了扩大生产经营规模,增加所需资金,往往以边际资金成本作为依据。

二、权益资金成本分析

无论企业采用何种方式筹集资金,这些资金最终都必然分为两类:权益资金和债务资金。与债务融资不同的是,权益融资是不需归还本金的,股利的发放是以税后净利支付的,而且股利的支付没有期限,没有抵税的效果,即不会减少公司应缴的所得税。对于股份制企业来说,权益资金就是股票持有者享有的权益;对于其他企业来说,权益资金就是企业因利润留成而拥有的自有资金。企业权益资金的成本是投资者希望从企业获得的赢利数。影响投资者投资的最主要原因是投资者自己可接受的最低收益率。只有当预期的收益率高于他们的最低可接受收益率时,投资者才愿意投资。此外,按照股利支付的方法不同,股票分为优先股和普通股。

(一)优先股资金成本

优先股最大的一个特点是每年的股利不是固定不变的,当项目运营过程中出现资金紧张时可暂不支付。但因其股息是在税后支付,无法抵消所得税,因此筹资成本大于债券,这对项目企业来说是必须支付的固定成本。由于优先股的股息是固定的,按照股息固定的股票估值公式,优先股价格的计算公式为

$$优先股资金成本率 = \frac{每年支付的优先股股利}{优先股发行价格 \times (1 - 筹资费率)} \times 100\% \qquad (13-5)$$

或者

$$优先股资金成本 = \frac{每年支付的优先股股利}{优先股股本总额 - 筹资费} \times 100\% \qquad (13-6)$$

【例 13-1】 某公司发行优先股股票,票面价格为 100 元,实际发行价格为 97 元,股息率为 9%,筹资费用率为 2%,试计算该优先股的资金成本。

【解】 由式(13-6),可得

$$优先股资金成本率 = \frac{100 \times 9\%}{97 \times (1 - 2\%)} = 9.47\%$$

(二)普通股资金成本

普通股股东收益一般不固定,它随着投资项目的经营状况而改变。普通股的资金成本是股东愿意投资的最低净现金流量可以获得的收益率。股东的预期收益由两部分组成:一是股利,其收益率称为股利收益率;二是资本利得,即由预期以后股票涨价给股东带来的收益,其收益率称为资本利得收益率。普通股资金成本可采用资本资产定价模型法、税前债务成本加风险溢价法和股利增长模型法等方法进行估算,也可直接采用投资方的预期报酬率和既有法人的净资产收益率进行估算。

1. 资本资产定价模型法

普通股资金成本的计算公式为

$$K_c = R_f + \beta(R_m - R_f) \tag{13-7}$$

式中，K_c 为普通股资金成本；R_f 为社会无风险投资收益率；β 为项目的投资风险系数；R_m 为市场投资组合预期收益率。

【例 13-2】 设社会无风险投资收益率为 3%（长期国债利率），市场投资组合预期收益率为 12%，项目的投资风险系数为 1.2，用资本资产定价模型计算普通股资金成本。

【解】 普通股资金成本为：

$$K_c = R_f + \beta(R_m - R_f) = 3\% + 1.2 \times (12\% - 3\%) = 13.8\%$$

2. 税前债务成本加风险溢价法

根据投资"风险越大，要求的报酬率越高"的原理，投资者的投资风险大于提供债务融资的债权人，因而会在债权人要求的收益率上再要求一定的风险溢价。据此，普通股资金成本的计算公式为

$$K_c = K_b + RP_c \tag{13-8}$$

式中，K_c 为普通股资金成本；K_b 为税前债务资金成本；RP_c 为投资者比债权人承担更大风险所要求的风险溢价。

风险溢价是经验值，是估计的结果。通常某企业的普通股风险溢价对其自己发行的债券，为 3%～5%，当市场利率达到历史性高点时，风险溢价较低，在 3% 左右；当市场利率处于历史性低点时，风险溢价较高，在 5% 左右；通常情况下，一般采用 4% 的平均风险溢价。

3. 股利增长模型法

股利增长模型法是依照股票投资的收益率不断提高的思路来计算普通股资金成本的方法。一般假定收益以固定的增长率递增，其普通股资金成本的计算公式为

$$K_c = \frac{D_1}{P_0} + G \tag{13-9}$$

式中，K_c 为普通股资金成本；D_1 为预期年股利额；P_0 为普通股市价；G 为股利期望增长率。

【例 13-3】 某上市公司普通股目前市价为 16 元，预期年末每股发放股利 0.8 元，股利年增长率为 6%，计算该普通股资金成本。

【解】 该普通股资金成本为

$$K_c = \frac{D_1}{P_0} + G = \frac{0.8}{16} + 6\% = 5\% + 6\% = 11\%$$

三、债务资金成本分析

选择债务融资时，首先应分析各种债务资金融资方式的利率水平、利率计算方式（固定利率或者浮动利率）、计息（单利、复利）和付息方式，以及偿还期和宽限期，计算债务资金的综合利率，最终选定适合的债务融资方式。债务资金成本与其他形式的资金成本之间的区别在于：为债务支付的利息可以免征所得税，从税前毛利中列支，而其他形式的资

金成本则要在税后净利润中列支。为了使债务资金成本和其他形式的资金成本具有可比性，必须将债务资金的税前成本换算成税后资金成本，即

$$K_d = K_o(1 - T) \tag{13-10}$$

式中，K_d 为税后资金成本；K_o 为税前资金成本；T 为所得税税率。

（一）借款资金成本计算

就银行的借贷资金而言，资金成本应为贷款的年有效利率，而不是名义利率，其计算公式如下：

$$K_1 = \frac{1 - T}{1 - f} \times i_{\text{eff}} \tag{13-11}$$

式中，K_1 为借贷资金税后成本；i_{eff} 为贷款年实际利率；f 为筹资费用率。

如果贷款的计算周期与利率周期不一致，则要将名义利率转化为实际利率后再行计算资金成本。

【例 13-4】 某项目从银行贷款 200 万元，年利率为 8%，在借贷期内每年支付利息两次，所得税税率为 25%，筹资费用率为 2%，试计算该借贷资金的资金成本。

【解】

$$i_{\text{eff}} = \left(1 + \frac{r}{m}\right)^m - 1 = \left(1 + \frac{8\%}{2}\right)^2 - 1 = 8.16\%$$

$$K_1 = \frac{1 - T}{1 - f} \times i_{\text{eff}} = \frac{1 - 25\%}{1 - 2\%} \times 8.16\% = 6.24\%$$

（二）债券资金成本计算

债券的特征是在规定的某个期限偿还本金，分期或期末支付利息。当债券实际售价与其票面价格存在差异时，溢价或折价部分需由发行者摊还，则每年摊还额 A_t 为

$$A_t = \frac{F - P_o}{n} \tag{13-12}$$

由于摊还费用可以不计所得税，故此时债券的税后资金成本计算公式为

$$K_b = \frac{[I_t + (F_b - P_b)/n](1 - T)}{P_b(1 - f)} \tag{13-13}$$

式中，K_b 为债券税后资金成本；I_t 为第 t 年支付利息；P_b 为债券销售价格；F_b 为债券票面价格。

【例 13-5】 某项目为筹款发行了一期债券，面值为 100 元，年利率为 12%，5 年期满，发行时每张债券的实际售价为 98 元，筹资费用率为 2%，所得税税率为 25%，试计算该债券的资金成本。

【解】 该债券实际售价低于票面价值，为折价发行，根据公式，有

$$K_b = \frac{[I_t + (F_b - P_b)/n](1 - T)}{P_b(1 - f)} = \frac{[100 \times 12\% + (100 - 98)/5](1 - 25\%)}{98(1 - 2\%)}$$

$$= 9.68\%$$

四、所得税后的债务资金成本

借贷的筹资费用和利息支出均在所得税税前支付,对于股权投资方,可以取得所得税抵减的好处。

$$所得税后的借贷资金成本 = 税前资金成本 \times (1 - 所得税税率) \qquad (13-14)$$

但是,在计算所得税后债务资金成本时,还应注意在项目建设期和项目运营期内的免征所得税年份,利息支付并不具有抵税作用。因此,含筹资费用的所得税后债务资金成本可按公式(13-15)采用人工试算法计算:

$$P_0(1 - F) = \sum_{i=1}^{n} \frac{P_i + I_i \times (1 - T)}{(1 + K_d)^i} \qquad (13-15)$$

式中,K_d 为含筹资费用的税后债务资金成本;P_0 为债券发行额或长期借款金额,即债务的现值;F 为债务资金筹资费用率;P_i 为约定的第 i 期末偿还的债务本金;I_i 为约定的第 i 期末支付的债务利息;T 为所得税税率;n 为债务期限,通常以年表示。

式(13-15)中,等号左边是债务人的实际现金流入;等号右边为债务引起的未来现金流出的现值总额。该公式中忽略未计债券兑付手续费。使用该公式时应根据项目具体情况确定债务期限内各年的利息是否应乘以 $1-T$,如前所述,在项目的建设期内不应乘以 $1-T$,在项目运营期内的免征所得税年份也不应乘以 $1-T$。

【例 13-6】 某废旧资源利用项目,建设期 1 年,投产当年即可赢利,按有关规定可免征所得税 1 年,投产第 2 年起,所得税税率为 25%。该项目在建设期期初向银行借款 1 000 万元,筹资费用率 0.5%,年利率 6%,按年付息,期限 3 年,到期一次还清借款,计算该借款的所得税后资金成本。

【解】 根据式(13-15)可得

$$1\ 000 \times (1 - 0.5\%) = \frac{1\ 000 \times 6\%}{(1 + K_d)} + \frac{1\ 000 \times 6\%}{(1 + K_d)^2} + \frac{1\ 000 + 1\ 000 \times 6\% \times (1 - 25\%)}{(1 + K_d)^3}$$

查现值系数表(5%),1 年期、2 年期、3 年期的现值系数分别为 0.952 4、0.907 0、0.863 8。代入上述公式得:

$$1\ 000 \times 6\% \times 0.952\ 4 + 1\ 000 \times 6\% \times 0.907\ 0 + 1\ 045 \times 0.863\ 8$$
$$-1\ 000 \times (1 - 0.5\%) = 19.24(万元)$$

19.24 万元大于零,需提高贴现率再试。

查现值系数表(6%),1 年期、2 年期、3 年期的复利现值系数分别为 0.943 4、0.890 0、0.839 6。代入上述公式得

$$1\ 000 \times 6\% \times 0.943\ 4 + 1\ 000 \times 6\% \times 0.890\ 0 + 1\ 045 \times 0.839\ 6$$
$$-1\ 000 \times (1 - 0.5\%) = -7.61(万元)$$

$$5\% + \frac{19.24}{19.24 + 7.61} \times (6\% - 5\%) = 5.72\%$$

该借款的所得税资金成本为 5.72%。

五、扣除通货膨胀影响的资金成本

借贷资金利息通常包含通货膨胀因素的影响,这种影响既来自于近期实际通货膨胀,

也来自于未来预期通货膨胀。扣除通货膨胀影响的资金成本可按下式计算：

$$\text{扣除通货膨胀影响的资金成本} = \frac{1 + \text{未扣除通货膨胀影响的资金成本}}{1 + \text{通货膨胀率}} - 1$$

(13-16)

当存在着通货紧缩时，通货膨胀率为负值。需要注意的是，在计算考虑通货膨胀后的资金成本时，只能先考虑所得税的影响，然后考虑通货膨胀的影响，次序不能颠倒，否则会得到错误的结果，这是因为所得税也受到通货膨胀的影响。

六、加权平均资金成本

企业融资会受到各种条件的限制，通常企业不会只采用一种融资方式来满足企业的资金需求，而是从多种渠道、多种方式来筹措资金。因此，为了对整个项目的融资方案进行筹资决策，在计算各种融资方式个别资金成本的基础上，还要计算整个融资方案的加权平均融资成本（总资本成本），以反映工程项目的整个融资方案的融资成本状况。综合资本成本一般是以各种资金占全部资金的比重为权数，对个别资本成本进行加权平均确定的，因而又称加权平均资本成本。其计算公式如下：

$$K_w = \sum_{j=1}^{n} K_j \times W_j$$

(13-17)

式中，K_w 为加权平均资金成本；K_j 为第 j 种融资渠道的资金成本；W_j 为第 j 种融资渠道筹集的资金占全部资金的比重（权数）。

式(13-17)中的个别资本占全部资本的比重，是按账面价值确定的，其数据比较容易取得。但当资本的账面价值与市场价值差别较大时，计算结果会与实际有较大差距，最终导致投资决策失败。为了克服这一缺陷，个别资本占全部资本比重的确定还可以按市场价值或目标价值确定，分别称之为市场价值权数和目标价值权数。市场价值权数指债券、股票以市场价格确定的权数，这样计算的加权平均资本成本能反映企业目前的实际状况。同时，为弥补证券市场价格变动频繁的缺陷，也可选用平均价格。目标价值权数是指债券、股票以未来预计的目标市场价值确定权数，这种权数能体现期望的资本结构，而不像账面价值权数那样只反映过去和现在的资本结构，所以按目标价值权数计算的加权平均资本成本更适用于企业筹集新资金。

【例 13-7】 某公司资本结构中债务资本和权益资本的比例为 2∶3，企业拟从内部筹资 1 000 万元，成本占 14%，另向银行借款 600 万元，利率为 6.5%。试计算企业加权平均的资本成本。

【解】 企业加权平均的资本成本为

$$K_w = 14\% \times 0.6 + 6.5\% \times (1 - 25\%) \times 0.4 = 10.35\%$$

利用融资成本来衡量融资风险，可以认为融资成本越高风险越大。通常来说，债务融资的成本是最低的，综合融资成本次之，接下来是优先股融资、留存收益和普通股融资。债务融资由于具有抵税功能而成本较低，使得企业在收益率大于融资成本率时有无限举债的偏好。但是，权益融资与债务融资还有一个很大的差别在于，债务融资需要按时还本付息，而权益融资除支付股利外，并不存在还本的压力。因而从财务风险来看，其结果和融资成本率比较的结果相反,财务风险大小与融资成本率的高低呈负相关,融资成本率越高,风险反而越小。

此外,由于权益融资不存在按时还本付息的压力,所以一些企业偏好于权益融资。权益融资虽不必还本付息,但应看到股利支付的永久性。权益融资成本率之所以高于债务融资成本率,是融资者对投资者不能退回股本所承受的风险的一种补偿,这种补偿是永久性的,一直伴随着企业的生产经营、扩大发展。此外,太多地使用权益融资,会分散原有股东的权力。所以从无限支付的压力和分散原有股东的权力角度来看,融资成本率的高低与企业负担的风险是正相关的。权益融资越多,股东的预期收益也相应增加,企业的经营压力也越大,导致企业的经营风险相应增大。也就是说,这种压力、风险与融资成本同方向变动。但是,由于企业的这种融资风险是一种潜在的融资风险,没有债务融资暴露得那么直接,即便它的风险度与融资成本呈同方向变动,融资成本也并没有很有效地体现出融资风险的所在。

本章小结

完整的项目资金筹措方案由两部分内容构成:项目资金来源计划表和总投资使用与资金筹措计划表。项目建设期的安排决定了建设投资需要使用的资金,项目的设计、施工、设备订货的付款均需要按照商业惯例安排。项目的资金筹措需要满足项目投资资金使用的要求。新组建公司的项目,资金筹措计划应当先安排使用自有资本金,后安排使用负债融资,从而降低项目建设期间的财务费用,更主要的是可以有利于建立资信,取得债务融资。资金的使用阶段,要实时控制债务资金和权益资金的比例,并注意各种潜在风险,在成本和效益之间寻求最佳平衡点,最终实现利润的最大化。

融资方案的资金结构分析应包括如下内容:

总资金结构,包括无偿资金、有偿股本、准股本、负债融资分别占总资金需求的比例。

资本金结构,包括政府股本、商业投资股本占比,国内股本、国外股本占比。

负债结构,包括短期信用、中期借贷、长期借贷占比,内外资借贷占比。

融资方案的实施经常受到各种风险的影响。为了使融资方案更加稳妥可靠,需要对可能发生的风险因素进行识别、预测。融资风险分析是项目风险分析中非常重要的组成部分,并与项目其他方面的风险分析紧密相关。融资风险分析的基本步骤包括识别融资风险因素、估计融资风险程度、提出融资风险对策。项目的融资风险分析主要包括资金运用风险、项目控制风险、资金供应风险、资金追加风险、利率及汇率风险。

关键词

权益资金成本　债务资本成本　资金运用风险　项目控制风险　资金供应风险
资金追加风险　利率风险

案例三　项目融资分析

一、项目提出动机

早在 20 世纪 80 年代末,某省政府就拟在 YY 市建 YY 电厂,但由于种种原因,进展缓慢。之后几年间,YY 市的电力供应成了该市经济高速发展的"瓶颈",加快 YY 电厂建设已经刻不容缓。经过周密的安排,YY 电厂突破了"先融资,后建设"的模式,决定先利用国内资金开工,同时在境外融资。YY 电厂位于市郊海边,总装机容量为 2×70 万千瓦,总投资额(动态)为 1 230.3 百万美元。电厂主要设备由日本三菱集团提供。

二、融资合作模式

外商在该省直接投资建设的电厂先后有 P1 电厂、P2 电厂、YY 电厂和 P3 电厂等。YY 电厂总结了以往同外商合作的经验教训,确定了本厂的合作模式。

P1 电厂采用 BOT 模式,由外商独资建设。中方责任主要是提供建设用地和电厂外输变电网络,保证将电力全部输出。此外,中方同外方签订了购电合同,并由贷款银行认可的该省国际投资公司担保中方履行购电责任。而外方则负责组织国际银团筹措贷款和投资、组织承包集团建设电厂以及在 10 年合作期内经营和管理电厂。不论情况如何变化,电厂投资和营运费用在 10 年期内不用外商承担,电价不变。10 年合作期届满时(1998 年 4 月 1 日),将电厂无偿移交中方。

P1 电厂是该省改革开放以来最早利用外资建设电厂的尝试。优点是由承包集团建设电厂,便于在境外融资,由外商承担建设期风险。但由于设备采购使用了日元贷款,而在建设期间和投产后日元汇率连续暴涨,因此增加的 16 亿港元贷款均由中方承担,摊入电价后,每千瓦·时提高 0.045 港元。

P1 电厂项目使中方认识到,自己直接参与项目的建设和经营,可提高利用外资的效率。

P2 电厂总装机容量为 3×70 万千瓦,建设期 4 年。由中外双方(本案例将香港方称为外方)组成合作公司,合作经营期为 20 年。电厂建设所需资金除注册资本外,其余借款。中方负责借入 1.85 亿美元,以人民币出资;外方负责筹措 9.4 亿美元,其中 7.5 亿美元向银团借款。贷款条件须经双方同意。在当时的国际金融市场条件下,采用国际银团商业贷款虽然有很大的利率风险,但基本上是有利的。

外方组织总承包集团,按照中外双方商定的固定价格进行施工和管理。提前有奖,逾期罚款。机组设备采购的技术部分以中方为主与设备供应商谈判,商务条件以外方为主,中方参加。燃料费及营运费拨给中方,承包经营运行。在利润分配方面,双方不承担对方所得人民币和美元的汇率风险。

　　P2 电厂运行由中方总承包,不但节省了运行的外汇支出,中方人员还有机会掌握运行技术。电厂土建工程由外方总承包,安装分包给设备供应商。

　　YY 电厂总结了 P2 电厂的经验和教训,进一步改变了同外方的合作方式。从设备采购、施工总承包合同谈判到融资谈判均由中外双方共同参加。电厂的土建和安装包给国内施工单位,节省了外汇支出。

　　表 13-3 是 P2 电厂(3×70 万千瓦)与 YY 电厂(2×70 万千瓦)投资费用的比较。可以看出,由于改变了中外合作模式,电厂单位造价有所下降。

表 13-3　P2 电厂、YY 电厂投资比较

项目	P2 电厂				YY 电厂			
	百万美元	百万人民币	全部折百万美元	单位造价/(美元/千瓦)	百万美元	百万人民币	全部折百万美元	单位造价/(美元/千瓦)
1. 主设备	772.1		772.1	369.2	416.6		416.6	298
a. 锅炉及辅机	331.0		331.0	158.3	182.1		182.1	130
b. 汽车及辅机	420.4		420.4	201.1	111.2		111.2	79
c. 发电机及辅机					106.7		106.7	79
d. 热控	20.7		20.7	9.9	16.6		16.6	12
2. 辅助设备及其他	231.7		231.7	110.8	138.5		138.5	99
3. 服务及开发承包商费	38.8		38.8	18.5	14.7		14.7	11
4. 安装	138.5		138.5	66.3	41.0		41.0	29
5. 土建	167.0	995.0	284.1	135.8	74.7		74.7	53
1~5 合计	1 348.1	995.0	1 465.2	700.7	685.5		685.5	490
6. 公用设施		80.0	9.4	4.5	5.0	1 742.0		
1~6 合计	1 348.1	1 075.0	1 474.6	705.2	690.5	1 742.0	890.7	636
7. 前期、保险、顾问、土地	20.0	65.0	27.6	13.2	64.5	454.7	116.3	83
8. 融资及利息	263.0	631.0	337.2	161.3	135.9	70.1	144.0	103
9. 电网、营运、不可预见费	86.0	58.5	92.9	44.4	86.0	42.5	90.9	65
1~9 总计	1 717.1	1 829.5	1 932.4	924.1	976.9	2 309.3	1 229.9	879
电价/(元/千瓦·时)	0.33				0.424			

三、项目参与方

项目发起方为省电力集团和经济特区电力开发公司,其余各方为:

(1) 项目借款人为项目公司,即某省 YY 发电厂合作公司,股东有内地方、港方。内地方投资者有省电力集团和经济特区电力开发公司;港方有 C1 集团、C2 集团和 C3 集团公司。

(2) 项目贷款人主要有三部分,分别贷入美元和人民币。第一部分由日本输出入银行和由三菱银行牵头的日本各商业银行借入;第二部分为美元商贷,由中国银行属下的中国建设财务(香港)有限公司和汇丰银行属下的 D 财务公司牵头的香港国际银团借入;第三部分为人民币贷款,来源为该省省内。

(3) 项目承建商为日本三菱公司。

(4) 项目设备供应商为日本三菱公司。

(5) 项目经营方为省电力集团。

(6) 项目电力购买方为省电力集团。

(7) 项目融资抵押代理行为 D 财务公司,国内代理行为中国建设银行该省分行。

项目各参与方的关系可以用图 13-1 表示。

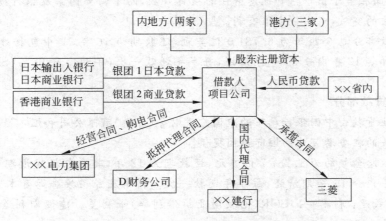

图 13-1　YY 电厂项目融资参与方关系

四、项目融资的构成

YY 电厂采用有限追索权的项目融资,以出口信贷为主,以商业贷款为辅。其主要构成如下所述:

项目总投资(动态)为 1 230.03 百万美元。除注册资本 355 百万美元按内地方:港方=55:45 的比例(即内地方以人民币注入等值资本金 195.25 百万美元,港方注入资本金 159.75 百万美元)由合作双方股东出资外,其余资金由省 YY 发电厂项目公司通过国际美元贷款和人民币贷款来解决。

1. 国际美元贷款——日本部分（相当于出口信贷条件）

国际美元贷款由日本部分（相当于出口信贷条件）和美元商贷两部分组成，其组合方式如图 13-2 所示。

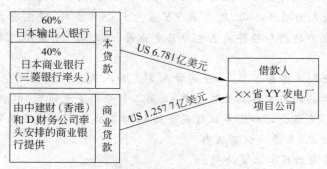

图 13-2　YY 电厂美元贷款的融资组合

日本贷款有 60% 由日本输出入银行提供（出口信贷条件），40% 由三菱银行牵头的银团提供（出口信贷条件）。需要特别指出的是，YY 电厂在公开进行总承包设备国际投标时，将设备报价与提供优惠融资条件捆在一起综合考虑，因此取得了来自总承包商（日本三菱公司）方面相当于出口信贷优惠条件的项目贷款，而不需要国家及银行提供担保，这是对传统做法的突破，对内地方很有利。

日本贷款部分总金额约为 6.7810 亿美元，还款期为 16 年，其中包括建设期 4 年。从项目完工算起 12 年内分 24 等期清还，每半年还款一次，年利率 5.95%（SDR，特别提款权利率）。

2. 商业贷款部分

美元商业贷款由中国银行属下的中国建设财务（香港）有限公司和汇丰银行属下的 D 财务公司牵头的在香港营业的国际银团提供。

商业贷款总金额约为 1.2577 亿美元，还款期为 12 年，其中包括建设期 4 年。从项目完工起 8 年内分 16 等期清还，每半年还款一次。利率及费用按香港资本市场条件决定，其计算公式是：利率＝LIBOR（伦敦同业拆借利率）＋利差。建设期利差为 1.45%；运行期利差为 1.60%。

3. 人民币贷款

YY 电厂项目所需资金的 6.1912 亿元人民币不足部分打算在省内借入。可能的贷款来源为中国建行该省分行、国家开发银行或者省电力基金的一家或多家。

案例讨论：

请根据案例中所述的 YY 电厂的融资方式，分析 YY 电厂应选择何种融资方式。

第四篇

项目评价

第十四章 项目财务分析

我国经过 30 多年的改革开放,经济高速增长,经济发达地区和中心城市的居民生活已步入小康阶段。伴随着人们收入的增加和生活水平的提高,化妆品和保健品的市场需求也迅速增加。某进出口总公司和云南某生物制品公司合作开发,共同投资成立绿远公司经营该项目。

芦荟是百合科草本植物,具有护肤、保湿、抗菌、防辐射、提高免疫力等多种功能。在世界范围内,芦荟已广泛应用于化妆品、保健食品、饮料工业等领域。芦荟产业的兴起,迎合了化妆品朝高雅、自然、温和无刺激、保湿、防衰老发展的趋势,食品工业朝绿色无污染、改善饮食结构、注重健康发展的趋势。开发和利用芦荟植物资源,符合国家生物资源产业发展方向,是新兴的朝阳产业。

该项目是一个芦荟深加工项目,属于农产品或生物资源的开发利用。在确定是否要对该项目进行投资时,首先就是要运用本章的知识来对其进行财务评价。比如,测算项目的现金流量,确定适当的折现率——资本成本或期望报酬率,计算有关评价指标,初步判断项目可行性,进行项目的敏感性分析等,这也是本章所要解决的主要问题。

财务分析,又称财务评价,是项目决策分析与评价中为判定项目财务可行性所进行的一项重要工作,是项目经济评价的重要内容,是投资、融资决策的重要依据。本章主要介绍财务分析的主要内容、基本原则、财务效益与费用的估算,以及赢利能力、偿债能力和财务生存能力分析方法。

学习目标

通过对本章的学习,能够解决以下问题:

1. 财务分析的主要内容是什么?
2. 如何对项目进行现金流量预测与估算?
3. 怎样对项目进行财务赢利能力分析?
4. 如何对项目进行偿债能力分析?
5. 如何对项目进行财务生存能力分析?
6. 如何对项目进行不确定性分析?

第一节　概　　述

一、财务分析的内容

财务分析是在现行会计准则、会计制度、税收法规和价格体系下,分析、预测、计算财务效益与费用,进而编制财务报表,计算评价指标,进行财务赢利能力分析、偿债能力分析和财务生存能力分析,据以判别、评价项目的财务可行性。它是项目可行性研究的核心内容,是判断项目是否进行建设的重要依据。

(1)在明确项目评价范围的基础上,根据项目性质和融资方式选取适宜的方法。包括确定筹资的来源和相关的额度。

(2)选取必要的基础数据和参数进行财务效益与费用的估算,包括营业收入、成本费用估算和相关税金估算等,同时编制相关辅助报表。

(3)进行财务分析,即编制财务分析报表和计算财务分析指标。报表主要包括现金流量表、成本费用表、借款偿还计划表、利润表等。

(4)在对初步设定的建设方案进行财务分析后,还应进行不确定性分析,包括盈亏平衡分析和敏感性分析,从而为相关价格的确定提供重要的参考依据。

(5)编写财务评价报告。

二、财务分析的重要作用

(一)重要的决策依据

在经营性项目决策过程中,财务分析结论是重要的决策依据。项目发起人决策是否发起或进一步实施该项目,权益投资人决策是否投资于该项目,债权人决策是否贷款给该项目,审批人决策是否批准该项目,这些都要以财务分析为重要依据。对于那些需要政府核准的项目,如基础设施之类的项目,虽然不以财务评价为唯一依据,但各级核准部门在作出是否核准该项目的决策时,许多相关财务数据还是可以作为项目社会和经济影响大小的估算基础的。

(二)投融资的重要依据

合理估算项目所需的资金额度,选择最优的投融资方案,以保证项目所需的资金及时到位,确保项目的实施。

(三)在项目或方案比选中起着重要作用

项目决策分析与评价主要是通过方案比选,从中选择最优方案,使项目整体更趋于合理、科学。

(四)为国家基础设施建设提供依据

对于某些基础设施建设,财务评价可能不具有可行性,但国民经济评价的相关指标却表现得较好,此时可以向国家提出相关的建议,争取能得到相关的补贴、优惠政策,使得项目具有财务上的生存能力;同时通过相关的盈亏分析,为相关价格的确定提供重要的参考依据。

三、财务分析的一般原则

(一)一致性原则

一致性是指相关费用、效益的计算应该配比,如果在投资估算中包括了某项工程,那么因建设该工程增加的所有效益都应该考虑在内,否则就低估了项目的效益;同时,相关的投资、费用也应该计算在内,以避免项目的效益被高估,从而保证计算的完整性。这也符合会计上收入、支出的配比原则。

(二)有无对比原则

有无对比是国际上关于项目评价的较为通用的识别费用与效益的基本原则,这项原则是较为科学、合理的。所谓"有"是指实施项目的预计状况,"无"是指不实施项目、在保持现状的情况下将来的状况。而只有"有无对比"的差额部分才是由于该项目的建设增加的效益和费用,即增量效益和费用。因为即使不实施该项目,现状也很可能会发生一定的效益和费用。采用有无对比的方法,可以有效地识别那些真正归因于项目效益的部分,即增量效益,排除那些由于其他原因所产生的效益;同时,也要找出与增量效益相对应的增量费用,才能真正体现项目投资的净效益,这也符合上面的一致性原则。

(三)动态分析原则

国际通行的财务分析都是以动态分析方法为主,即根据资金时间价值原理,考虑项目整个计算期内各年的效益和费用,采用现金流量分析的方法,通过计算内部收益率和净现值等评价指标来加以评价。

(四)谨慎性原则

财务分析结果的准确性取决于基础数据的可靠性,而由于项目还未实际建设,所以财务分析中所需要的大量基础数据都来自于主观的预测和估算。为了使财务分析结果较为客观、可靠,避免主观的乐观估计所带来的风险,在基础数据的确定和选取中遵循谨慎性原则是稳妥的。

第二节　项目现金流量

本节所指的项目现金流量是指项目运营期间企业获得的收入和支出。主要包括营业收入、成本费用和有关税金等。某些项目可能得到的财政性补贴收入、广告收入等也应计入财务效益。

一、项目生命周期的分析确定

项目现金流量估算涉及项目整个生命周期的数据。项目生命周期是指对项目进行经济评价应延续的年限,是财务分析的重要参数,包括建设期和运营期两个阶段。

(一)建设期

建设期是指从项目资金正式投入起到项目建成投产所需的时间。一般应包括设计期、施工期和试运转期。项目建设期的估算在项目实施规划中应明确提出。

(二)运营期

运营期一般并不是指项目建成投产后将实际存在的时间,也不是指项目的技术寿命,而是从项目技术经济评价的要求出发所假定的一个期限。运营期应根据多种因素综合确定,包括行业特点、主要装置(或设备)的经济寿命期以及合资双方商定的合资年限等。项目运营期一般比设备的物理寿命要短。

二、营业收入

营业收入是指销售产品或提供有关服务而取得的收入,生产多种产品和提供多种服务的,应分别加以估算。营业收入是项目财务效益的主要组成部分。对于销售产品的项目,营业收入即为销售收入。

在项目决策分析与评价中,营业收入的估算基于一项重要的假设,即当年的产品(实际指商品,由产品扣除自用量)当年能够实现全部销售,也就是当年生产量等于当年销售量,实现零库存。营业收入估算的具体要求如下。

(一)合理确定运营负荷

运营负荷是指项目运营过程中负荷达到设计能力的百分数,也就是生产能力利用率。它的高低与具体项目的复杂程度、产品的生命周期、技术成熟程度、市场的开发程度、原材料供应、管理因素等都存在关系。生产负荷是计算销售收入经营成本的重要依据之一,一般应按照项目投产期和投产后正常生产年份分别设定生产负荷,以保证计算的合理性。

运营负荷的确定一般有两种方式:一是营销计划法,通过制定详细的分年营销计划,确定各种产出物各年的生产量和商品量;二是经验法,即根据以往项目的经验数据,再结合该项目的实际情况,以此估计各年的运营负荷。一般提倡采用第一种方式,此种方法更能反映实际情况,避免经验数据的不合理性。

(二)合理确定产品或服务的价格

为提高营业收入估算的准确性,应遵循前述的谨慎性原则,采用合适的方法,合理确定产品或服务的价格。

对于某些基础设施项目,其提供服务的价格或收费标准有时需要通过倒推的方式来确定。比如,通过盈亏临界点分析来确定项目的相关价格。

(三)多种产品分别估算或合理折算

对于生产多种产品和提供多项服务的项目,应分别采用合理的方法,以估算各种产品及服务的营业收入。对那些不便于按详细的品种分类计算营业收入的项目,也可采取将其折算为标准产品的方法,以计算营业收入。

(四)编制营业收入估算表

营业收入估算表的格式根据行业和项目的不同而存在差异,一般格式见表14-1。

表 14-1　销售收入、销售税金及附加和增值税估算表　　　万元

序号	项　　目	合计	计　算　期					
			1	2	3	4	…	n
1	营业收入							
1.1	产品 A 销售收入							
	单价(含税)							
	销售量							
	销项税额							
1.2	产品 B 销售收入							
	单价(含税)							
	销售量							
	销项税额							
	……							
2	营业税金及附加							
2.1	营业税							
2.2	消费税							
2.3	城市维护建设费							
2.4	教育费附加							

三、补贴收入

在项目财务分析中,作为运营期财务效益核算的应是与收益相关的政府补助,它主要用于补偿项目建成(企业)以后期间的相关费用或损失。按照《企业会计准则》,这些补助在取得时应确认为递延收益,在确认相关费用的期间计入当期损益(营业外收入)。

按照《咨询方法与实务》的规定,项目运营期内得到的各种财政性补贴可作为财务效益,记作补贴收入,包括依据国家规定的补助定额(按销量或工作量等)计算的定额补贴和

属于国家财政扶持领域的其他形式补助。

四、成本与费用

（一）成本与费用的确认

按照《企业会计准则——基本准则》，费用是指企业在日常活动中发生的、会导致所有者权益减少的、与向所有者分配利润无关的经济利益的总流出。

费用只有在经济利益很可能流出从而导致企业资产减少或者负债增加，且经济利益的流出额能够可靠计量时才能予以确认。企业为生产产品、提供劳务等发生的可归属于产品成本、劳务成本等的费用，应当在确认产品销售收入、劳务收入等时，将已销售产品、已提供劳务的成本等计入当期损益。

企业发生的支出不产生经济利益的，或者即使能够产生经济利益，但不符合或者不再符合资产确认条件的，应当在发生时确认为费用，计入当期损益。企业发生的交易或者事项导致其承担了一项负债而又不确认为一项资产的，应当在发生时确认为费用，计入当期损益。

在项目财务分析中，为了对运营期间的总费用一目了然，故将管理费用、财务费用和营业费用这三项费用与生产成本合并为总成本费用列示。这是财务分析相对会计规定所作的不同处理，但并不因此影响利润的正确计算。

（二）成本费用的构成

1993 年财政部颁布新的财务制度，参照国际惯例将成本核算办法由原来的完全成本法改成制造成本法。所谓制造成本法是在核算产品成本时，只分配与生产经营最直接和关系密切的费用，而将与生产经营没有直接关系和关系不密切的费用计入当期损益。即直接材料费用、直接人工费用、其他直接支出和制造费用计入产品制造成本，管理费用、财务费用和销售费用则直接计入当期损益，不要求核算产品的总成本费用。

1. 直接费用

直接费用是指为生产商品和提供劳务等发生的各项费用，包括直接材料费，直接耗费的燃料、动力费，直接人工费，以及其他直接支出。

（1）直接材料费包括企业生产经营过程中实际消耗的原材料、辅助材料、备品配件、外购半成品、包装物以及其他直接材料费。

（2）直接耗费的燃料、动力费包括企业生产经营过程中实际消耗的燃料、动力费。

（3）直接人工费包括企业直接从事产品生产人员的工资、奖金、津贴和补贴，一般指生产车间工人的工资、奖金、津贴和补贴。管理部门相关人员的工资、奖金、津贴和补贴则计入管理费用。

（4）其他直接支出包括企业直接从事产品生产人员的职工福利费等。

2. 制造费用

制造费用是指企业各生产单位（分厂、车间）为组织和管理生产活动而发生的生产单位管理人员工资，职工福利费，生产单位房屋建筑物、机械设备等的折旧费，原油储量有偿使用费，油田维护费，矿山维简费（是为矿山维持简单再生产投入机制而设定的一项费用，按产量计提),租赁费(不包括融资租赁费),修理费,机物料消耗、低值易耗品,取暖费,水电费,办公费,差旅费,运输费,保险费,设计制图费,试验检验费,劳动保护费,季节性、修理期间的停工损失,以及其他制造费用。

3. 期间费用

期间费用包括管理费用、财务费用和销售费用。

1) 管理费用

管理费用是指企业行政管理部门为管理和组织经营活动而发生的各项费用,包括:公司经费,工会经费,职工教育经费,劳动保险费,待业保险费,董事会费,咨询费,审计费,资产评估费,诉讼费,排污费,绿化费,税金,土地使用费(海域使用费),土地损失补偿费,技术转让费,技术开发费,无形资产摊销,递延资产摊销,业务招待费,坏账损失,存货盘亏、毁损和报废(减盘盈)以及其他管理费用。

公司经费包括总部管理人员工资、职工福利费、差旅费、办公费、折旧费、修理费、物料消耗、低值易耗品摊销以及其他公司费用。

工会经费,是指工会依法取得并开展正常活动所需的费用。按《中华人民共和国工会法》,工会经费的主要来源是工会会员缴纳的会费和按每月全部职工工资总额的 2% 向工会拨交的经费这两项,其中 2% 的工会经费是经费的最主要来源。

职工教育经费是指企业为职工学习先进技术和提高文化水平所支付的费用,按职工工资总额的 1.5% 计提。

劳动保险费是指企业支付离退休职工的退休金(包括按照规定缴纳的离退休统筹金),价格补贴,医药费(包括企业支付离退休人员参加医疗保险的费用),职工退职金,6个月以上病假人员工资,职工死亡丧葬补助费、抚恤费,以及按照规定支付给离退休人员的各项经费。

待业保险费是指企业按照国家规定缴纳的待业保险基金(注:国务院 1993 年 4 月 12日第 110 号令发布的《国有企业职工待业保险规定》中指出,待业保险费按照全部职工工资总额的 0.6% 缴纳,最多不得超过 15%)。

董事会费是指企业最高权力机构(如董事会)及其成员为执行职能而发生的各项费用,包括差旅费、会议费等。

咨询费是指企业向有关咨询机构进行科学技术、经营管理咨询所支付的费用,包括聘请经济技术顾问、法律顾问等支付的费用。

审计费是指企业聘请中国注册会计师进行查账、验资等发生的各项费用。

资产评估费是指企业聘请资产评估机构进行资产评估等发生的各项费用。

诉讼费是指企业起诉或者应诉而发生的各项费用。

排污费是指企业按照规定缴纳的排污费用。

绿化费是指企业对厂区、矿区进行绿化而发生的零星绿化费用。

税金是指企业按照规定支付的房产税、车船使用税、土地使用税、印花税等。

土地使用费(海域使用费)是指企业使用土地(海域)而支付的费用。

土地损失补偿费是指企业在生产经营中破坏的国家不征用的土地所付出的土地损失补偿费。

技术转让费是指企业使用非专利技术而支付的费用。

技术开发费是指企业研究开发新产品、新技术、新工艺所发生的新产品设计费,工艺规程制定费,设备调试费,原材料和半成品的试验费,未纳入国家计划的中间试验费,研究人员的工资,研究设备的折旧,与新产品试制、技术研究有关的其他经费,委托其他单位进行的科研试制的费用,以及试制失败损失。

无形资产摊销是指专利权、商标权、著作权、土地使用权、非专利技术等无形资产的摊销。

递延资产摊销是指开办费和以经营租赁方式租入的固定资产的改良支出等。

业务招待费是指企业为业务经营的合理需要而支付的费用,在下列限额内据实列入管理费用:全年销售净额在1500万元(不含1500万元)以下的,其业务招待费不超过年销售净额的5‰;全年销售净额超过1500万元(含1500万元)但不足5000万元的,业务招待费不超过该部分的3‰;全年销售净额超过5000万元(含5000万元)但不足1亿元的,业务招待费不超过该部分的2‰;全年销售净额1亿元以上的,业务招待费不超过该部分的1‰。

坏账损失是指企业确定不能收回的各种应收款项。

2) 财务费用

财务费用是指企业为筹集资金而发生的各项费用,包括企业生产经营期间发生的利息支出(减利息收入)、汇兑净损失、调剂外汇手续费、金融机构手续费以及筹资发生的其他财务费用等。

3) 销售费用

销售费用是指企业在销售产品、自制半成品和提供劳务等过程中发生的各项费用以及专设销售机构的各项经费,包括应由企业负担的运输费、装卸费、包装费、保险费、委托代销手续费、广告费、展览费、租赁费(不含融资租赁费)、销售服务费用和销售部门人员工资、职工福利费、差旅费、办公费、折旧费、修理费、物料消耗、低值易耗品摊销以及其他经费。

(三) 总成本费用的估算

1. 总成本费用构成与计算式

总成本费用是指在一定时期的项目评价中为生产和销售产品或提供服务而发生的全部费用。财务分析中总成本费用的构成和计算通常由以下两种公式表示。

(1) 生产成本加期间费用法:

$$总成本费用 = 生产成本 + 期间费用 \tag{14-1}$$

其中,

$$生产成本 = 直接材料费 + 直接燃料和动力费 + 直接工资或薪酬$$
$$+ 其他直接支出 + 制造费用$$

$$期间费用 = 管理费用 + 财务费用 + 营业费用$$

(2) 生产要素估算法:

$$总成本费用 = 外购原材料、燃料及动力费 + 工资或薪酬 + 折旧费 + 摊销费$$
$$+ 修理费 + 利息支出 + 其他费用 \tag{14-2}$$

按现行会计制度,制造费用、管理费用和营业费用中均包括多项费用,且行业间不尽相同。为了估算简便,财务分析中可先对其归类后再计算,式(14-2)中的其他费用是指由这三项费用中分别扣除工资或薪酬、折旧费、摊销费、修理费以后的其余部分。

这种方法是从估算各种生产要素的费用角度汇总得到项目总成本费用,而不管其具体应归集到哪个产品上。采用这种估算方法,不必考虑项目内部各生产环节之间的成本结转,计算过程较为简单,同时也较容易计算可变成本、固定成本和增值税进项税额,便于对成本控制提供参数支持。

2. 总成本费用各分项的估算要点

下面以生产要素估算法下的总成本费用构成公式为例,分步说明总成本费用各分项的估算要点。

1) 外购原材料、燃料及动力费

外购原材料和燃料动力费的估算需要数据资料:

(1) 相关车间、部门所提出的外购原材料和燃料动力年耗用量。

(2) 选定价格体系下的预测价格,应按照入库价格计算,即到厂价格并考虑途库耗量;或者按到厂价格计算,同时把途库耗量换算到年耗用量中,即将途中正常消耗计入材料成本。

(3) 适用的增值税税率,从而估算进项税额,从而进行相关增值税的抵扣。

2) 职工薪酬

财务分析中的职工薪酬,是指企业为获得职工提供的服务而给予职工各种形式的报酬,通常包括职工工资、奖金、津贴和补贴等。按照生产要素估算法估算总成本费用时,所采用的职工人数为项目全部定员。

职工薪酬具体包括:

(1) 职工工资、奖金、津贴和补贴。

(2) 职工福利费。

(3) 医疗保险费、养老保险费、失业保险费、工伤保险费和生育保险费等社会保险费。

(4) 住房公积金。

(5) 工会经费和职工教育经费。

(6) 非货币性福利。

(7) 因解除与职工的劳动关系所给予的补偿。

(8) 其他与获得职工提供的服务相关的支出。

按照《企业会计准则》的要求,职工薪酬应当根据职工提供服务的受益对象,分别按下列情况处理:

(1) 应由生产产品、提供劳务负担的职工薪酬,计入产品成本或劳务成本。

(2) 其他职工薪酬,计入当期损益。例如,管理人员的薪酬一般计入管理费用。

在项目评价中,当采用生产要素法估算总成本费用时,其中的职工薪酬是指项目全部定员的职工薪酬。

确定职工薪酬时需考虑以下因素:

(1) 项目地点。职工薪酬水平随地域的不同会有很大差异,要注意考虑当地的经济水平和消费水平,并以此合理估计职工薪酬。

(2) 行业特点。不同行业的职工薪酬水平也可能有较大差异,确定单位职工薪酬时需考虑行业特点、行业赢利情况等。

(3) 原企业职工薪酬水平。对于依托老厂建设的项目,在确定单位职工薪酬时需要将原企业职工薪酬水平作为重要参照依据。

(4) 平均职工薪酬。根据不同项目的需要,财务分析中可参照项目全部人员年职工薪酬的平均数列示,或者按照人员类型和级别的不同,分别设定不同档次的职工薪酬进行计算。

3) 固定资产原值和折旧费

A. 固定资产与固定资产原值

固定资产是指同时具有下列特征的有形资产:

(1) 为生产商品、提供劳务、出租或经营管理而持有的;

(2) 使用寿命超过一个会计年度。使用寿命是指企业使用固定资产的预计期间,或者该固定资产所能生产产品或提供劳务的数量。

计算折旧,需要先计算固定资产原值。固定资产原值是指项目投产时(达到预定可使用状态)按规定由投资形成固定资产的部分,包括工程费用(设备购置费、安装工程费、建筑工程费)和工程建设其他费用中应计入固定资产原值的部分,也称固定资产其他费用,即除了按规定可以计入无形资产和其他资产以外的工程建设其他费用,一般包括建设单位管理费、勘察设计费、可行性研究费、环境影响评价费、场地准备及临时设施费、引进技术和引进设备其他费、工程保险费和联合试运转费等,还包括预备费和建设期利息。

固定资产同时满足下列条件,才能予以确认:

(1) 与该固定资产有关的经济利益很可能流入企业;

(2) 该固定资产的成本能够可靠计量。

按照生产要素估算法来估算总成本费用时,在折旧计算中需要的是项目全部固定资产原值。

B. 固定资产折旧

固定资产折旧是指一定时期内为弥补固定资产损耗,按照规定的固定资产折旧率提取的固定资产折旧,它反映了固定资产在当期生产中的转移价值。

按照财税制度规定,企业固定资产应当按月计提折旧,并根据用途计入相关资产的成本或者当期损益。在财务分析中,折旧费通常按年计列。按生产要素法估算总成本费用时,固定资产折旧费可直接列支于总成本费用中。符合税法的折旧费允许在所得税前列支。

固定资产的折旧方法可在税法允许的范围内由企业自行确定。一般采用直线法,包括年限平均法和工作量法。税法也允许对某些机器设备采用快速折旧法,即双倍余额递减法和年数总和法。

计算折旧的要素是固定资产原值、使用期限和固定资产净残值。

按折旧对象的不同来划分,折旧方法可分为个别折旧法、分类折旧法和综合折旧法。个别折旧法是以每一项固定资产为对象计算折旧;分类折旧法以每一类固定资产为对象计算折旧;综合折旧法则以全部固定资产为对象计算折旧,三种方法计算精确度依次降低。

固定资产的净残值等于残值减去清理费用后的余额,净残值率按照固定资产原值的 3%～5%确定,中外合资项目规定为 10%。融资性租赁的固定资产也应按以上的方法计提折旧额。

上述各种方法的计算公式如下:

(1) 平均年限法。平均年限法也称直线折旧法。平均年限法的固定资产折旧率和年折旧额计算公式为

$$年折旧率 = [(1-预计净残值率)/折旧年限] \times 100\% \tag{14-3}$$
$$年折旧额 = 固定资产原值 \times 年折旧率 \tag{14-4}$$

(2) 工作量法。工作量法又称作业量法,是以固定资产的使用状况为依据计算折旧的方法。企业专业车队的客货运汽车、某些大型设备计提折旧可采用工作量法。工作量法的固定资产折旧额的基本计算公式为

$$工作量折旧额 = [固定资产原值 \times (1-预计净残值率)]/规定的总工作量 \tag{14-5}$$

a. 按照行驶里程计算折旧的计算公式为

$$单位里程折旧额 = 原值 \times (1-预计净残值率)/总行驶里程 \tag{14-6}$$
$$年折旧额 = 单位里程折旧额 \times 年行驶里程 \tag{14-7}$$

b. 按照工作小时计算折旧的计算公式:

$$每工作小时折旧额 = 原值 \times (1-预计净残值率)/总工作小时 \tag{14-8}$$
$$年折旧额 = 每工作小时折旧额 \times 年工作小时 \tag{14-9}$$

以上各式中的净残值率按照固定资产原值的 3%～5%确定,净残值率低于 3%或者高于 5%的,由企业自主确定,并报主管财政部门备案。

(3) 加速折旧法。加速折旧法的具体方法很多,新财务制度规定,在国民经济中具有重要地位、技术进步快的电子生产企业、船舶工业企业、生产"母机"的机械企业、飞机制造企业、汽车制造企业、化工生产企业和医药生产企业以及其他经财政部批准的特殊行业的企业,其机器设备可以用双倍余额递减法或年数总和法计提折旧。

a. 双倍余额递减法。其计算公式为

$$年折旧率 = (2/折旧年限) \times 100\% \tag{14-10}$$
$$年折旧额 = 固定资产净值 \times 年折旧率 \tag{14-11}$$

此方法应注意两点:一是计提折旧时,固定资产价值中应包含残值;二是采用该法时,只要仍使用该资产,则其账面净额就不可能完全冲销。因此,在资产使用的后期,如果发现某一年用该法计算的折旧额少于平均年限法计算的折旧额时,就可以改用平均年限法计提折旧。为了操作简便起见,新财务制度规定,实行双倍余额递减法的固定资产,应在固定资产折旧年限到期前两年内,将固定资产账面净值扣除预计净残值后的净额平均摊销,即最后两年的折旧额相同。

b. 年数总和法。采用年数总和法是根据固定资产原值减去净残值后的余额,按照年折旧率计算折旧的方法。其计算公式为

$$年折旧率 = \frac{折旧年限 - 已使用年限}{折旧年限 \times (折旧年限 + 1)/2} \times 100\% \tag{14-12}$$

$$年折旧额 =（固定资产原值－预计净残值）×年折旧率 \qquad (14-13)$$

【例 14-1】 设固定资产原值为 200 万元，综合折旧年限为 5 年，净残值率为 10%，试分别按年限平均法、双倍余额递减法和年数总和法计算折旧。

【解答】

（1）按年限平均法：

$$年折旧率 =（1－10\%）/5×100\% = 18\%$$

$$各年折旧额 = 200×18\% = 36（万元）$$

（2）按双倍余额递减法：

$$年折旧率 = 2/5×100\% = 40\%$$

$$第 1 年折旧额 = 200×40\% = 80（万元）$$

$$第 2 年折旧额 =（200－80）×40\% = 48（万元）$$

$$第 3 年折旧额 =（200－80－48）×40\% = 28.8（万元）$$

$$第 4、5 年折旧额 =（200－80－48－28.8）/2 = 11.6（万元）$$

（3）按年数总和法：

$$第 1 年年折旧率 =（5－0）÷[5×(5+1)÷2]×100\% = 33.33\%$$

$$年折旧额 =（200－200×10\%）×33.33\% = 59.99（万元）$$

$$第 2 年年折旧率 =（5－1）÷[5×(5+1)÷2]×100\% = 26.67\%$$

$$年折旧额 =（200－200×10\%）×26.67\% = 48.01（万元）$$

$$第 3 年年折旧率 =（5－2）÷[5×(5+1)÷2]×100\% = 20\%$$

$$年折旧额 =（200－200×10\%）×20\% = 36（万元）$$

$$第 4 年年折旧率 =（5－3）÷[5×(5+1)÷2]×100\% = 13.33\%$$

$$年折旧额 =（200－200×10\%）×13.33\% = 23.99（万元）$$

$$第 5 年年折旧率 =（5－4）÷[5×(5+1)÷2]×100\% = 6.67\%$$

$$年折旧额 =（200－200×10\%）×6.67\% = 12.01（万元）$$

4）固定资产修理费

固定资产修理费是指为保持固定资产的正常运转和使用，充分发挥其使用效能，在运营期内对其进行必要修理以维持其正常运转所发生的费用，按其修理时间间隔的长短和修理范围的大小可以分为大修理和中小修理。

项目决策分析与评价中，修理费可直接按固定资产原值（扣除所含的建设期利息）的一定百分数估算，百分数的选取应考虑行业和项目特点。

按照生产要素估算法估算总成本费用时，计算修理费的基数应为项目全部固定资产原值（扣除所含的建设期利息）。

5）无形资产摊销费

无形资产是指企业拥有或者控制的没有实物形态的可辨认非货币性资产，包括专利权、非专利技术、商标权、著作权、土地使用权和特许权等。

无形资产应当自取得当月起在预计使用年限内分期平均摊销，计入损益。如预计使用年限超过了相关合同规定的受益年限或法律规定的有效年限，则该无形资产按合同规定受益年限（法律未规定）或法律规定使用年限（合同未规定）或合同规定与法律规定（两者均规定)受益年限中较短者作为其摊销年限进行摊销;合同、法律均未规定使用年限的,则摊销年限不应超过 10 年;不能合理估计无形资产使用年限的,不计提折旧。

6) 其他资产摊销费

其他资产摊销费是指除固定资产、无形资产和流动资产之外的其他资产,如长期待摊费用。项目决策分析与评价中可将生产准备费、开办费、样品样机购置费和农业项目的开荒费等计入其他资产。其他资产的摊销也采用年限平均法,不计残值。

7) 其他费用

其他费用包括其他制造费用、其他管理费用和其他营业费用这三项费用,是指由制造费用、管理费用和营业费用中分别扣除职工薪酬、折旧费、摊销费和修理费等以后的其余部分。

为了简化计算,项目决策分析与评价中将营业费用归为职工薪酬、折旧费、修理费和其他营业费用等几部分。其他营业费用是指由营业费用中扣除职工薪酬、折旧费和修理费后的其余部分。

项目决策分析与评价中常见的其他营业费用估算方法是按营业收入的一定量的百分数进行简易估算。

8) 利息支出

利息支出是指企业为筹集所需资金等而发生的费用,包括利息支出(减利息收入)、汇兑损失(减汇兑收益)以及相关的手续费等。在项目决策分析与评价中,一般只考虑利息支出。包括流动资金借款利息、短期借款利息和长期借款利息三部分。

(1) 流动资金借款利息。流动资金借款是指为满足项目运营期间临时性、季节性的资金需求而发生的借款。按照借款期限的不同,可分为临时流动资金贷款、短期流动资金贷款和中期流动资金贷款。

财务分析中对流动资金的借款偿还一般设定在计算期最后一年,也可在还完建设投资借款后安排,因此实质上属于长期借款。

计算公式为

$$流动资金借款利息 = 当年年初流动资金借款余额 \times 借款年利率 \quad (14\text{-}14)$$

(2) 短期借款利息。项目决策分析与评价中的短期借款是指项目运营期间为了满足资金的临时需要而发生的短期借款,短期借款的数额应在现金流量表中单列,与长期借款费用共同反映在利息支出中。计算短期借款利息所采用的利率一般可为一年期借款利率。

计算公式为

$$短期借款利息 = 当年年初短期借款余额 \times 借款年利率 \quad (14\text{-}15)$$

(3) 长期借款利息。建设投资借款一般是长期借款。建设投资借款利息是指建设投资借款在还款起始年年初(通常也是运营期初)的余额(含未支付的建设期利息)应在运营期支付的利息。国际上通行的还本付息方法主要有等额还本付息方式以及等额还本、利息照付两种,有时也可采取其他方法。

等额还本付息方式。等额还本付息方式是在指定的还款期内每年还本付息的总额相同,随着本金的偿还,每年支付的利息逐年减少,同时每年偿还的本金逐年增多。还本付息计算公式如下：

$$A = I_c \times \frac{i(1+i)^n}{(1+i)^n - 1} \tag{14-16}$$

式中，A 为每年还本付息额（等额年金）；I_c 为还款起始年年初的借款余额（含未支付的建设期利息）；i 为年利率；n 为预定的还款期；

式（14-16）等号右边的分式为资金回收系数，可以自行计算或查复利系数表。

在每年还本付息额 A 中：

每年支付利息 ＝ 年初借款余额 × 年利率 (14-17)

每年偿还本金 ＝ A － 每年支付利息 (14-18)

以后各年年初借款余额 ＝ I_c － 本年以前各年偿还的本金累计 (14-19)

等额还本、利息照付方式。等额还本、利息照付方式是在每年等额还本的同时支付逐年相应减少的利息。还本付息计算公式如下：

$$A_t = \frac{I_c}{n} + I_c \times \left(1 - \frac{t-1}{n}\right) \times i \tag{14-20}$$

式中，A_t 为第 c 年还本付息额；I_c/n 为每年偿还本金额；$\left(1 - \dfrac{t-1}{n}\right) \times i$ 为第 t 年支付利息额。

其他还本付息方式。其他还本付息方式是指由借贷双方商定的除上述两种方式之外的其他方式。

（四）经营成本

经营成本是项目决策分析与评价的现金流量分析中所采用的一个特定的概念，泛指经营活动涉及的现金流出。

其计算公式为

经营成本 ＝ 外购原材料费 ＋ 外购燃料及动力费 ＋ 工资及福利费 ＋ 修理费 ＋ 其他费用

经营成本与总成本费用的关系如下：

经营成本 ＝ 总成本费用 － 折旧费 － 摊销费 － 利息支出 (14-21)

（五）固定成本与可变成本

根据成本费用与产量之间的关系，可以将总成本费用分解为固定成本、可变成本和半固定成本。固定成本是指不随产品产量变化的各项成本费用，在一定时间内通常表现为一个固定的数值，如固定资产折旧费等。可变成本是指随产品产量增减而成正比例变化的各项成本费用，主要是和产品生产有直接关系的直接材料、直接人工、制造费用。有些成本费用属于半固定成本，如按照底薪和销售业绩确定的销售人员的工资等。

项目决策分析与评价中，一般可以根据行业特点进行简化处理。通常可变成本主要包括外购原材料、燃料及动力费和计件工资等。固定成本主要包括职工薪酬（计件工资除外）、折旧费、摊销费、修理费和其他费用等。

长期借款利息应视为固定成本，流动资金借款和短期借款利息可能部分与产品产量相关,其利息可视为半固定成本,为简化计算,一般也将其作为固定成本。

进行盈亏平衡分析时,需要将总成本费用分解为固定成本和可变成本,这是进行成本控制、决策的重要依据。

(六)维持运营的投资费用

在运营期内设备、设施等需要更新或拓展的项目,应估算项目维持运营的投资费用,并在现金流量表中将其作为现金流出,同时应调整相关报表。

(七)成本与费用估算的有关表格

在分项估算上述各成本费用科目的同时,应编制相应的成本费用估算表,包括总成本费用估算表和各分项成本费用估算表。这些报表都属于财务分析的辅助报表。按生产要素估算法的总成本费用表参考格式见表 14-2。

表 14-2 总成本费用估算表　　　　　　　　万元

项　目	年　份				
	1	2	3	...	n
1. 外购原材料费					
2. 外购燃料及动力费					
3. 工资					
4. 修理费					
5. 其他费用					
6. 经营成本					
7. 折旧费					
8. 摊销费					
9. 利息支出					
10. 总成本费用合计					
其中: 可变成本					
固定成本					

第三节　项目财务赢利能力分析

项目财务赢利能力分析是项目财务分析的重要组成部分,包括现金流量分析(动态分析)和静态分析。其中主要包括财务内部收益率、投资回收期的计算等。

一、项目投资财务净现值

项目投资财务净现值是指按设定的折现率 i_c 计算的项目计算期内各年净现金流量

的现值之和。计算公式为

$$\text{FNPV} = \sum_{t=1}^{n} (\text{CI} - \text{CO})_t (1 + i_c)^{-t} \qquad (14\text{-}22)$$

式中，CI 为现金流入；CO 为现金流出；i_c 为设定的基准利率；t 为计算期。

项目投资财务净现值是考察项目赢利能力的绝对量指标，它反映项目在满足设定折现率要求的赢利之外所能获得的超额赢利的现值。项目投资财务净现值等于或大于零，表明项目的赢利能力达到或超过了设定折现率所要求的赢利水平，该项目财务效益可以被接受。

二、项目投资财务内部收益率

项目投资财务内部收益率是指能令项目在整个计算期内各年净现金流量现值累计等于零时的折现率，它是考察项目赢利能力的相对量指标，是能够保证项目有正现金流量的最低收益率。该指标为正向指标，值越大越好。其表达式为

$$\sum_{t=1}^{n} (\text{CI} - \text{CO})_t (1 + \text{FIRR})^{-t} = 0 \qquad (14\text{-}23)$$

式中，CI 为现金流入；CO 为现金流出；FIRR 为财务内部收益率；n 为计算期；$(\text{CI} - \text{CO})_t$ 为第 t 年的净现金流量。

计算后，将得到的项目投资财务内部收益率与设定的基准参数（i_c）进行比较，当 FIRR $\geqslant i_c$ 时，即认为项目的赢利性能够满足要求，该项目财务效益可以被接受。

三、项目投资回收期

项目投资回收期是指以项目的净收益抵偿全部投资（固定资产投资、流动资金）所需要的时间，它是考察项目在财务上的投资回收能力的主要静态评价指标。投资回收期以年表示，一般从建设开始年算起。若从项目投产年算起，则应予以说明。其表达式如下：

$$\sum_{t=1}^{P_t} (\text{CI} - \text{CO})_t = 0 \qquad (14\text{-}24)$$

项目投资回收期可借助于项目的现金流量表，依据未经折现的净现金流量和累计净现金流量计算，项目现金流量表中累计净现金流量由负值变为零时的时点，即为项目的投资回收期。其计算公式如下：

$$P_t = \text{累计净现金流量开始出现正值的年份数} - 1$$
$$+ \text{上年累计净现金流量的绝对值} / \text{当年净现金流量} \qquad (14\text{-}25)$$

此公式的计算前提是假设现金在每一年度的各个时点是均匀流入或流出的。投资回收期越短，表明项目的赢利能力和抗风险能力越好。投资回收期的判别标准是基准投资回收期，其参数可根据行业平均水平或者投资者的预期要求确定。

四、项目投资利润率

项目投资利润率是指项目达到设计生产能力后的一个正常生产年份的年利润总额与

项目总投资的比率。对生产期内各年利润总额变化幅度较大的项目,应计算生产期内年平均利润总额。投资利润率的计算公式为

项目投资利润率 ＝(年利润总额或年平均利润总额／项目总投资)×100％

$$(14-26)$$

式中,

项目总投资 ＝ 固定资产投资 ＋ 建设期利息 ＋ 流动资金

在项目经济评价中,应该将投资利润率与行业平均投资利润率进行比较,以判别项目单位投资赢利能力是否达到了本行业的基准水平。

第四节 项目偿债能力和财务生存能力分析

一、项目偿债能力分析

项目偿债能力分析是通过编制相关报表,计算利息备付率、偿债备付率等比率指标,考察项目借款的偿还能力的一项分析内容。如果采用借款偿还期指标,可不再计算备付率;如果计算备付率,可不再计算借款偿还期指标。两项指标之间有一定的替代性。

(一)借款偿还期

1. 定义公式

借款偿还期的定义公式为

$$I_d = \sum_{t=1}^{P_d} R_t \tag{14-27}$$

式中,I_d 为固定资产投资国内借款本金和建设期利息之和;R_t 为第 t 年可用于还款的资金,包括未分配利润、折旧、摊销及其他还款资金。

2. 计算公式

借款偿还期的计算公式为

$$P_d = T - t + \frac{R'_T}{R_T} \tag{14-28}$$

式中,P_d 为借款偿还期;T 为借款偿还后开始出现盈余年份数;t 为开始借款年年份数(从投产年算起时,t 为投产年年份数);R'_T 为第 T 年偿还借款额;R_T 为第 T 年可用于还款的资金额。

当借款偿还期满足借款机构的相关要求时,即认为项目是有偿还能力的。

借款偿还期指标旨在计算最大偿还能力,适用于尽快还款的项目,不适用于约定了借款偿还期限的项目。对于在合同中已明确约定借款偿还期限的项目,应采用偿债备付率、利息备付率指标来计算分析项目的偿债能力。

(二)偿债备付率

偿债备付率是指项目在借款偿还期内,各年可用于还本付息的资金与当期应还本付

息金额的比值,即

$$\text{偿债备付率} = \text{可用于还本付息资金} / \text{当期应还本付息金额} \qquad (14-29)$$

式中,可用于还本付息的资金,指息税折旧摊销前利润减去所得税后的余额,包括可用于还款的折旧和摊销,以及可用于还款的利润等。

当期应还本付息金额包括当期应还贷款本金及计入成本的利息。

偿债备付率可以按年计算,也可以按整个借款期计算。偿债备付率表示可用于还本付息的资金偿还借款本息的保证倍率。偿债备付率在正常情况下应当大于1;当指标小于1时,表示当年资金来源不足以偿付当期债务,需要通过短期借款偿付已到期债务。

(三)利息备付率

利息备付率是指项目在借款偿还期内,各年可用于支付利息的税息前利润与当期应付利息费用的比值,即

$$\text{利息备付率} = \text{税息前利润} / \text{当期应付利息费用} \qquad (14-30)$$

式中,

$$\text{税息前利润} = \text{利润总额} + \text{计入总成本费用的利息费用}$$

当期应付利息是指计入总成本费用的全部利息。

利息备付率可以按年计算,也可以按整个借款期计算。利息备付率表示项目的利润偿付利息的保证倍率。对于正常运营的企业,利息备付率应大于2,否则,表示付息能力保障程度不足。

(四)资产负债率

资产负债率是反映项目各年所面临的财务风险程度及偿债能力的指标。其计算公式为

$$\text{资产负债率} = \frac{\text{负债合计}}{\text{资产合计}} \times 100\% \qquad (14-31)$$

资产负债率按年度计算,其值应不超过设定的安全值。

(五)流动比率

流动比率是反映项目各年偿付流动负债能力的指标。其计算公式为

$$\text{流动比率} = \frac{\text{流动资产总额}}{\text{流动负债总额}} \times 100\% \qquad (14-32)$$

流动比率按年度计算,其值应不小于设定的安全值,财务上通行的标准是2。

(六)速动比率

速动比率是反映项目各年快速偿付流动负债能力的指标。计算公式为

$$\text{速动比率} = \frac{\text{流动资产} - \text{存货}}{\text{流动负债}} \times 100\% \qquad (14-33)$$

速动比率按年度计算,其值应不小于设定的安全值。财务上通行的标准是1。

二、项目财务生存能力分析

项目财务生存能力分析是通过编制财务计划现金流量表,结合偿债能力分析,考察项目(企业)资金平衡和余缺等财务状况,判断其财务可持续性。项目(企业)的利润表以及资产负债表在偿债能力分析和财务生存能力分析中也起着相当重要的作用。

财务生存能力分析旨在分析考察"有项目"时(企业)在整个计算期内的资金充裕程度,分析财务运作上的可持续性,判断在财务上的生存能力,一般可根据财务计划现金流量表进行。

(一) 分析是否有足够的净现金流量维持正常运营

(1) 在项目(企业)运营期间,只有能够从各项经济活动中得到足够的净现金流量,项目才能持续生存。财务生存能力分析中应根据财务计划现金流量表,考察项目计算期内各年的经营活动、投资活动、融资活动所产生的各项现金流入和流出,计算净现金流量和累计净现金流量,计算分析项目是否有足够的净现金流以维持正常的运营。

(2) 由于借款合同的期限规定,因运营期前期的还本付息负担较重,故应特别注重运营期前期的财务生存能力分析。可以通过对多种融资方案的比选,最终选择还款压力较小的方案,以提高项目的偿债能力和财务生存能力。

(3) 拥有足够的经营净现金流量是财务上可持续的基本条件,特别是在运营初期。一个项目具有较大的经营净现金流量,说明该项目方案比较合理,实现自身资金平衡的可能性较大,不用过分依赖短期借款融资来维持运营;反之,一个项目如果不能产生足够的经营净现金流量,甚至经营净现金流量为负值,则说明维持项目正常运行会遇到财务上的困难,实现自身资金平衡的可能性小,有可能要靠短期借款融资来维持运营,有些项目可能需要政府补贴来维持其正常运营。

(二) 各年累计盈余资金不出现负值是财务上可持续的必要条件

在整个运营期间,允许个别年份的净现金流量出现负值,但不能容许任一年份的累计盈余资金出现负值。一旦出现这一情况,应适时进行短期借款融资。该短期借款融资应贯穿于以后的相关计算分析之中。较大的或较频繁的短期借款融资,有可能导致以后的累计盈余资金无法实现正值,致使项目难以持续正常运营。

三、项目相关报表

(一) 借款偿付计划表

应根据与债权人合同中商定的或预计可能的债务资金偿还条件和方式计算并编制借款偿付计划表,其简要格式参见表14-3。

表 14-3　借款偿付计划表　　　　　　　万元

年　　份	计　算　期				
	1	2	3	…	n
年初借款余额					
当年还本付息					
其中：还本					
付息					
年末借款余额					

（二）计划现金流量表

计划现金流量表是国际上通用的财务报表，用于反映计算期内各年的投资活动、融资活动和经营活动所产生的现金流入、现金流出和净现金流量，考察资金平衡和余缺情况，是表示财务状况的重要财务报表。计划现金流量表的格式见表 14-4。

表 14-4　计划现金流量表　　　　　　　万元

序　号	项　　目	计　算　期					
		1	2	3	4	…	n
1	经营活动净现金流量						
1.1	现金流入						
1.1.1	营业收入						
1.1.2	增值税销项税额						
1.1.3	补贴收入						
1.1.4	其他流入						
1.2	现金流出						
1.2.1	经营成本						
1.2.2	增值税进项税额						
1.2.3	营业税金及附加						
1.2.4	增值税						
1.2.5	所得税						
1.2.6	其他流出						
2	投资活动净现金流量						
2.1	现金流入						
2.2	现金流出						
2.2.1	建设投资						
2.2.2	维持运营投资						

序 号	项 目	计 算 期					
		1	2	3	4	…	n
2.2.3	流动资金						
2.2.4	其他流出						
3	筹资活动净现金流量						
3.1	现金流入						
3.1.1	项目资本金投入						
3.1.2	建设投资借款						
3.1.3	流动资金借款						
3.1.4	债券						
3.1.5	短期借款						
3.1.6	其他流入						
3.2	现金流出						
3.2.1	各种利息支出						
3.2.2	偿还债务本金						
3.2.3	应付利润						
3.2.4	其他流出						
4	净现金流量						
5	累计盈余资金						

（三）资产负债表

资产负债表通常按企业范围编制，企业资产负债表是国际上通用的财务报表，表中数据可由其他报表直接引入或经适当计算后列入，以反映企业某一特定日期的财务状况。编制过程中，应实现资产与负债和所有者权益两方的自然平衡。与实际企业相比，财务分析中资产负债表的科目可以适当简化，反映的是各年年末的财务状况，必要时也可以按"有项目"范围编制。其格式参见表14-5。

表14-5　资产负债表　　　　　　　　　　万元

序 号	项 目	计 算 期					
		1	2	3	4	…	n
1	资产						
1.1	流动资产总额						
1.1.1	货币资金						
1.1.2	应收账款						

序　号	项　　目	计　算　期					
		1	2	3	4	…	n
1.1.3	预付账款						
1.1.4	存货						
1.1.5	其他						
1.2	在建工程						
1.3	固定资产净值						
1.4	无形及其他资产净值						
2	负债及所有者权益						
2.1	流动负债总额						
2.1.1	短期借款						
2.1.2	应付账款						
2.1.3	预收账款						
2.1.4	其他						
2.2	建设投资借款						
2.3	流动资金借款						
2.4	负债小计						
2.5	所有者权益						
2.5.1	实收资本						
2.5.2	资本公积						
2.5.3	累计盈余公积金						
2.5.4	累计未分配利润						

第五节　不确定性分析

　　项目评价所采用的数据大部分来自估算和预测,与将来项目建设、经营中的实际值很有可能不一致,即有一定程度的不确定性。为了分析不确定因素对经济评价指标的影响,需要进行不确定性分析,即预估一些主要因素发生变化的情况下其对评价指标的影响程度,估计项目可能存在的风险,考察项目的财务可靠性。根据拟建项目的具体情况,有选择地进行敏感性分析和盈亏平衡分析。

一、敏感性分析

　　通过分析、预测项目主要不确定因素的变化对项目评价指标的影响程度,找出对评价指标影响最大的因素,即敏感因素,分析评价指标对该因素的敏感程度,并分析该因素达到临界值时项目的承受能力。一般将产品价格、产品产量（生产负荷）、主要原材料价格、建设投资、汇率等作为考察的不确定因素,将内部收益率作为要分析的评价指标。

敏感性分析有单因素敏感性分析和多因素敏感性分析两种。单因素敏感性分析是逐一对不确定因素变化的影响进行分析;多因素敏感性分析是对两个或两个以上互相独立的不确定因素同时变化的影响进行分析。在实际中,通常是两个或两个以上的不确定因素同时发生变化,但考虑到分析简便,故只进行单因素敏感性分析。敏感性分析结果用敏感性分析表和敏感性分析图表示。

（一）编制敏感性分析表和绘制敏感性分析图

敏感性分析图如图 14-1 所示。

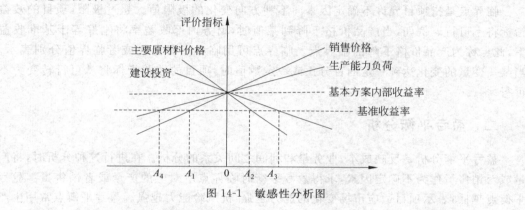

图 14-1　敏感性分析图

图中每一条斜线的斜率反映内部收益率对该不确定因素的敏感程度,斜率越大敏感度越高。一张图可以同时反映多个因素的敏感性分析结果。每条斜线与基准收益率线的相交点即所对应的不确定因素变化率。图中 A_1、A_2、A_3、A_4 等即为该因素的临界点,将不确定因素在临界点上的变化率转化为绝对值,即为不确定因素的临界值。

敏感性分析表如表 14-6 所示。

表 14-6　敏感性分析表

序号	不确定因素	变化率/%	内部收益率	敏感系数	临界点/%	临界值
0	方案原始状态					
1	产品产量					
2	产品价格					
3	主要原材料价格					
4	建设投资					
5	汇率					

表 14-6 中所列的不确定因素是可能对评价指标产生影响的因素,分析时可选用一个或多个因素。不确定因素的变化范围可自行设定,根据需要选定项目评价指标,其中最主

要的评价指标是财务内部收益率。

（二）计算敏感度系数和临界点

在单因素敏感性分析中，可用敏感度系数表示项目评价指标对不确定因素的敏感程度。其计算公式为

$$\beta = \frac{\Delta Y/Y}{\Delta X/X} \qquad (14\text{-}34)$$

式中，$\Delta X/X$ 为不确定因素 X 的变化率，用相对数表示；$\Delta Y/Y$ 为不确定因素 Y 发生 ΔX 的变化率时，评价指标 Y 的相应变化率；β 为评价指标 Y 对于不确定因素 X 的敏感度系数。

临界点是指项目允许不确定因素向不利方向变化的极限值。超过极限，项目的效益指标将不可行。例如，当产品价格下降到某值时，财务内部收益率将刚好等于基准收益率，此点称为产品价格下降的临界点。临界点可用临界点百分比或者临界值分别表示。当某一变量的变化达到一定的百分比或一定数值时，项目的效益指标将从可行转变为不可行。

二、盈亏平衡分析

盈亏平衡分析是反映成本、业务量和利润之间关系的分析。在进行这种分析时，将产量或者销售量作为不确定因素，求得盈亏平衡时临界点所对应的产量或者销售量。盈亏平衡点越低，表示项目适应市场变化的能力越强，抗风险能力越强。盈亏平衡点常用生产能力利用率或者产量表示，一般认为，当生产能力利用率低于 70% 时，抗风险能力达到要求。

盈亏平衡分析有线性盈亏平衡分析和非线性盈亏平衡分析两种。若所分析的不确定因素为产量（假设产量等于销售量），并且假定项目的销售收入与可变成本均是产量的线性函数，则这种平衡点分析可称为产量的线性盈亏平衡分析。一般情况下只作线性盈亏平衡分析，其分析的解析式如下。

用生产能力利用率表示的盈亏平衡点 BEP(%) 为

BEP(%) ＝年固定总成本 /(年销售收入 － 年可变成本 － 年销售税金及附加
　　　　　 － 年增值税)× 100%　　　　　　　　　　　　　　　　　(14-35)

用产量表示的盈亏平衡点 BEP(产量)为

BEP(产量) ＝年固定总成本 /(单位产品销售价格 － 单位产品可变成本
　　　　　　 － 单位产品销售税金及附加 － 单位产品增值税)　　　(14-36)

两者之间的换算关系为：

BEP(产量) ＝ BEP(%)× 设计生产能力　　　　　　　　　(14-37)

盈亏平衡点应按项目投产后的正常年份计算，而不能按计算期内的平均值计算。项目评价中常使用盈亏平衡分析图表示分析结果，如图 14-2 所示。

敏感性分析可以帮助我们找到关键的不确定因素，可针对这些关键影响因素提出合理建议、措施，以保证预定赢利水平的实现。但敏感性分析不能提供这些不确定因素变化

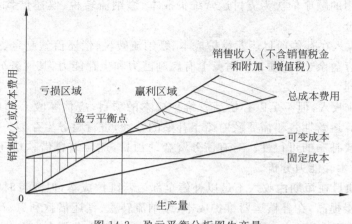

图 14-2　盈亏平衡分析图生产量

发生的可能概率。如果需要对不确定因素进行深入分析,应借助于概率分析、数理统计等高等数学方法。

第六节　非经营性项目财务分析

一、非经营性项目概述

非经营性项目是指旨在实现社会目标和环境目标,为社会公众提供产品或服务的非营利性投资项目,包括社会公益事业项目(如教育项目、医疗卫生保健项目)、环境保护与环境污染治理项目、某些公用基础设施项目(如市政项目)等。这些项目经济上的显著特点是为社会提供的服务和使用功能不收取费用或只收取少量费用,不以赢利为目的。

由于建设这类项目的主要目的是服务于社会,进行财务分析的目的不仅仅是为了作为投资决策的依据,而是通过考察项目的财务状况,以便了解是赢利还是亏损,从而采取相应措施使其能维持运营,发挥功能。另外,对很多非经营性项目的财务分析实质上是在进行方案比选,以使所选择方案能在满足项目目标的前提下,所支出的费用最少。

二、非经管性项目财务分析的特征

(一)非经营性项目财务分析视项目具体情况有所不同

1. 对没有营业收入的项目

对没有营业收入的项目,不需进行赢利能力分析。其财务分析重在考察财务的可持续性。这类项目通常需要政府提供长期补贴才能维持其正常运营。应同一般项目一样估算费用,包括投资和运营维护成本。在此基础上,推算项目运营期各年所需的政府补贴数额,并分析可能实现的方式等。

2. 对有营业收入的项目

对有营业收入的项目,财务分析应根据收入弥补支出的不同程度区别对待。通常营业收入补偿费用的顺序依次为支付运营维护成本、缴纳流转税、偿还借款利息、计提折旧和偿还借款本金。

(1) 营业收入在补偿项目运营维护成本、缴纳流转税、偿还借款利息、计提折旧、偿还借款本金后还有盈余,表明项目在财务上有赢利能力和生存能力,其财务分析内容基本上与一般项目相同。

(2) 有营业收入,但不足以补偿运营维护成本的项目,应估算收入和成本费用,通过两者差额来估算运营期各年需要政府给予补贴的数额,进行财务生存能力分析,并分析政府长期提供财政补贴的可行性。对有债务资金的项目,还应结合借款偿还要求进行偿债能力分析、财务生存能力分析。

(3) 有些项目在短期内收入不足以补偿全部运营维护成本,但随着时间的推移,通过价格水平的逐步提高,在补偿运营维护成本、缴纳流转税、偿还借款利息、计提折旧和偿还借款本金后,还可产生盈余。这类项目只需要进行偿债能力分析和财务生存能力分析,推算运营前期各年所需的财政补贴数额,分析政府在有限时间内提供财政补贴的可行性。

由于非经营性项目类别繁多、情况各异,实践中可根据项目的具体类别、具体情况进行选择,应注意符合行业本身的特点和要求。

(二) 对收费项目应合理确定提供服务的收费价格

服务收费价格是指向服务对象提供单位服务所收取的服务费用,需要分析其合理性。分析方法一般是将预测的服务收费价格与政府发布的指导价格、消费者的承受能力、支付意愿等进行对比,也可参照现有的类似项目的服务收费价格。

有时需要在维持项目正常运营的前提下,采取倒推服务收费价格的方式,同时分析考虑消费者的支付能力。

(三) 效益难以货币化的非经营性项目

对效益难以货币化表述的非经营性项目,可采用效果费用比或费用效果比来进行方案比选,具体方法可参照具体章节。与经济分析的主要不同在于分析目标较为单一,采用的是财务数据。

1. 比选要求

(1) 遵循基本的方案比选原则和方法。

(2) 在效果相同的条件下,应选取费用最小的备选方案。

(3) 在费用相同的条件下,应选取效果最大的备选方案。

(4) 费用应包含从项目投资开始到项目终结的整个期间所发生的全部费用,按费用现值或费用年值计算。

(5) 效果的计量单位应能切实度量项目目标所实现的程度,且便于计算。

(6) 备选方案效果和费用均不相同时,应比较两个备选方案之间的费用差额和效果差额,计算增量的效果费用比或费用效果比,分析获得增量效果所付出的增量费用是否值得。

2. 实践工作中常用的比选指标

在实践工作中,往往采用单位功能(效果)费用指标等指标,包括投资指标和成本指标,习惯上常采用前者。

(1) 单位功能建设投资,是指提供一个单位的使用功能或提供单位服务所需要的建设投资,如医院每张病床的投资等。其计算公式为

$$单位功能建设投资 = \frac{建设投资}{设计服务能力或设施规模} \tag{14-38}$$

(2) 单位功能运营费用,是指提供一个单位的使用功能或提供单位服务所需要的运营费用。其计算公式为

$$单位功能运营费用 = \frac{年运营费用}{设计服务能力或设施规模} \tag{14-39}$$

指标计算较简单,但是两项指标存在明显的缺陷,一是只计算了投资和成本,没有全面地进行比较;二是没有考虑整个计算期的费用,也未按资金时间价值原理计算,不能合理地反映项目的真实情况。

本章小结

财务分析是项目评估和投资决策分析过程中的重要环节和步骤,是在现行会计准则、会计制度、税收法规和价格体系下,分析、预测、计算财务效益与费用,进而编制财务报表,计算评价指标,进行财务赢利能力分析、偿债能力分析和财务生存能力分析,据以判别、评价项目的财务可行性。它是项目可行性研究的核心内容,是判断项目是否进行建设的重要依据。

在财务分析过程中,首先要对项目现金流量进行预测和估算,包括项目生命周期内的营业收入和营业成本等,然后根据这些基础数据对下列反映项目财务状况的指标进行分析:

(1) 项目财务赢利能力分析。

(2) 项目偿债能力分析。

(3) 项目生存能力分析。

但是,项目评价所采用的数据大部分来自估算和预测,与将来项目建设、经营中的实际值很有可能不一致,即有一定程度的不确定性,所以需要对项目进行不确定性分析,即预估一些主要因素发生变化的情况下其对评价指标的影响程度,估计项目可能存在的风险,考察项目的财务可靠性,主要包括敏感性分析和盈亏平衡分析。

关键词

项目现金流量　净现值　内部收益率　敏感性分析　盈亏平衡分析

第十五章 项目经济分析

经济分析，又称国民经济评价，是对投资项目进行决策分析与评价，判定其经济合理性的一项重要工作。经济分析是在财务分析的基础上，按照合理配置资源的原则，以影子价格为工具，以国家参数为标准，重点考虑项目投资所引起的投入产出边际变化对国民经济的影响，分析投资项目对国民经济的贡献程度，以评价项目的合理性，更好地促进资源（包括资金、外汇、土地、劳动力以及其他自然资源）合理配置和提高投资经济效益。本章主要介绍经济分析的概念、基本方法，以及经济效益与费用识别和估算、经济费用效益分析、经济费用效果分析以及经济参数的取值与应用。

学习目标

通过对本章的学习，能够解决以下问题：

1. 项目经济分析与项目财务分析有何异同？
2. 如何识别项目经济效益和经济费用？
3. 什么是影子价格？在项目经济分析中影子价格是怎样确定的？
4. 如何利用项目经济分析指标判断项目的可行性？
5. 怎样进行项目费用效果分析？

第一节 概 述

一、经济分析的概念及其理论基础

经济分析是按照合理配置资源的原则，站在国家整体角度上综合考虑项目的效用、费用，并且采用社会折现率、影子汇率、影子工资和货物影子价格等经济分析参数综合分析计算欲投资项目对社会经济所作贡献和经济合理性。

经济分析的理论基础是新古典经济学有关资源优化配置的理论。从经济学角度看，经济活动的目的是配置稀缺经济资源用于生产产品和提供服务，满足社会需要。当经济体系功能发挥正常，社会消费的价值达到最大时，就认为是取得了"经济效率"，即达到了帕累托最优。

经济分析主要通过如下步骤进行：

（1）经济分析采用费用效益分析方法，寻求以最小的投入获取最大的产出，使得投入产出比最大。

（2）经济分析采取"有无对比"方法识别项目的增量效益与费用，排除即使没有该项目也可能产生的费用和效益。

（3）经济分析采取影子价格估算各项效益和费用，以真实、合理地进行估算和评价。

（4）经济分析遵循效益和费用的配比及一致性原则。

（5）经济费用效益分析采用费用效益流量分析方法，采用内部收益率、净现值等经济赢利性指标进行定量的经济效益分析。经济费用效果分析对费用和效果采用不同的度量方法，计算效果费用比或费用效果比指标。

二、经济分析与财务分析的联系与区别

（一）经济分析与财务分析的联系

（1）理论方法相同。两者都使用效益与费用相比较的理论方法。

（2）遵循的原则相同。都遵循效益和费用识别的有无对比原则。

（3）主要评价指标相同。根据资金时间价值原理进行动态分析，计算内部收益率和净现值等指标。

在很多情况下，经济分析是在财务分析的基础之上进行的，利用财务分析中已经使用的数据资料，以财务分析为基础进行必要的调整计算，得到经济分析的结论。经济分析也可以独立进行，即在项目的财务分析之前就进行经济分析。

（二）经济分析与财务分析的区别

（1）两种分析的角度和基本出发点不同。财务分析是站在项目的层次上，从项目的财务主体、投资者、未来的债权人的角度，分析项目的可行性、财务效益、财务可持续性、风险及收益；经济分析则是站在国家的层次上，从全社会的角度分析评价项目对社会经济的效益和费用。

（2）项目效益和费用的含义不同。财务分析只核算项目直接发生的财务收支所产生的直接效益和费用；经济分析则从全社会的角度出发，综合考察项目的效益和费用，不仅要考虑直接的效益和费用，还要考虑间接的效益和费用，核算的范围较广。

（3）项目效益和费用的范围划分不同。从全社会的角度考虑，项目的有些收入和支出不能作为费用或效益。例如，企业向政府缴纳的大部分税金和政府给予企业的补贴、国内银行贷款利息等。

（4）财务分析与经济分析所使用的价格体系不同，财务分析使用预测的财务收支价格，经济分析则使用影子价格。影子价格是投资项目经济评价的重要参数，它是指社会处于某种最优状态下，能够反映社会劳动消耗、资源稀缺程度和最终产品需求状况的价格。影子价格是社会对货物真实价值的度量，只有在完善的市场条件下才会出现。然而这种完善的市场条件是不存在的，因此现成的影子价格也是不存在的，只有通过对现行价格的调整，才能求得它的近似值。

（5）财务分析要进行赢利能力分析、偿债能力分析和财务生存能力分析；而经济分析只有赢利性，即经济效率分析。由于评价方面不一样，决定了主要选用的评价指标也不同。

三、经济分析的意义及其作用

（一）政府审批或核准项目的重要依据

在我国新的投资体制下，国家对项目的审批和核准着重放在项目的公共性、外部性等方面，经济分析强调从资源配置效率的角度分析评价项目的外部效果，为政府审批或核准项目提供重要的参考依据。

（二）有助于实现全社会利益和企业利益的统一、协调

国家实行审批和核准的项目，应当特别强调要从社会经济的角度评价和考察，支持和发展对社会经济贡献大的产业项目，并特别注意限制和制止对社会经济贡献小甚至有负面影响的项目。正确运用经济分析方法，在项目决策中可以有效地察觉盲目建设、重复建设项目，有效地将企业利益与全社会利益有机地结合起来。

（三）正确反映项目对社会经济的净贡献，评价项目的经济合理性

财务分析主要是从企业（财务主体）的角度考察项目的效益。由于企业的利益并不总是与国家和社会的利益完全一致，所以项目的经济分析应该着重考虑以下几个方面，以便正确地反映项目的经济效率和对社会福利的净贡献：

（1）国家给予项目补贴，计入补贴收入予以核算总收入。

（2）企业向国家缴税。

（3）某些货物市场价格可能扭曲，所以引入影子价格。

（4）项目的外部效果，即经济学上的外部经济。

（四）为市场化运作的基础设施等项目提供财务方案的制订依据

对部分或完全市场化运作的基础设施等项目，可通过经济分析论证项目的经济价值，为制订财务方案提供依据。

（五）比选和优化项目（方案），为政府合理配置资源提供依据

通过影子价格的计算体系，可以反映资源真实经济价值的相关数据。为方案比选和优化提供重要的参数支持。

合理配置有限的资源（包括劳动力、土地、各种自然资源、资金等），实现可持续发展是人类经济社会发展所面临的共同问题。在有效的市场经济状态下，可通过市场这只"无形的手"调节资源的流向，实现资源的优化配置。而在非有效的市场经济中，则通常需要政府这只"有形的手"来实现资源的优化配置。但是，由于市场本身的原因及政府不恰当的干预，可能导致市场配置资源的失灵。

项目的经济分析对项目的资源配置效率,即项目的经济效益(或效果)进行分析评价,可为政府的资源配置决策提供重要的参考依据,提高资源配置的有效性、合理性。主要体现在以下两方面:

(1)对那些本身财务效益差,而经济效益好的项目予以鼓励。可以采取某些支持措施鼓励项目的建设,促进对社会资源的有效利用。比如,降低税金,进行财政补贴。

(2)对那些本身财务效益好,但经济效益差的项目进行调控。政府在审批或核准项目的过程中,对那些本身财务效益好,但经济效益差的项目可以限制建设,使有限的社会资源得到更有效的利用。

因此,应对项目的经济效益费用流量与财务现金流量存在的差别以及造成这些差别的原因进行分析,特别是一些关系国计民生的项目,如果经济分析合理,而财务分析不可行,可提出相应的财务政策方面的建议、措施,使项目具有财务上的可持续性。

四、经济分析评价参数——通用参数

(一)社会折现率

社会折现率是社会对资金时间价值的估值,具体确定时,需考虑某一国家或地区在一定时期内的投资收益水平、资金机会成本、资金供需情况等因素。我国目前的社会折现率一般取值为8%。对于永久性工程或者受益期超长的项目,例如,水利工程等大型基础设施和具有长远环境保护效益的建设项目,社会折现率可适当降低,但不应低于6%。

(二)影子汇率

影子汇率即外汇的影子价格,表示一个单位外汇折合成国内价格的实际经济值。影子汇率直接影响项目的进出口决策,其具体确定主要依据一个国家或地区一段时期内进出口结构和水平、外汇的机会成本及发展趋势、外汇供需状况等因素变化。

(三)贸易费用率

贸易费用率是一个用于计算贸易费用的参数,是反映贸易费用相对于货物影子价格的综合比率。

(四)土地影子价格

土地影子价格是指项目因使用土地而使社会为此放弃的效益,即土地的机会成本,以及社会为此而增加的资源消耗,如居民搬迁费等。

(五)影子工资

影子工资是指因项目使用劳动力而使国家和社会为此付出的代价,包括项目使用劳动力而导致这些劳动力放弃了原来的工作从而损失的利益,即劳动力的边际产出价值,以及劳动力转移所增加的社会资源耗费。

影子工资的确定需考虑劳动力的状况、结构以及就业水平等因素。从理论上和货物影子价格的计算相同,非常困难;实际中是以财务工资为基础,通过确定系数的办法进行适当调整来替代影子工资。

技术性工作的劳动力的工资报酬一般由市场供求决定,影子工资换算系数一般取值为1,即影子工资可等同于财务分析中使用的工资。

根据我国非技术劳动力就业状况,非技术劳动力的影子工资换算系数为0.25~0.8。具体可根据当地的非技术劳动力供求状况确定,非技术劳动力较为富余的地区可取较低值,不太富余的地区可取较高值,中间状况可取0.5。

五、经济分析适用范围的确定

项目是否需要进行经济分析是以市场配置资源是否有效来划分的。市场自行调节的行业项目一般不需要进行经济分析,而是通过市场竞争决定其生存,由市场竞争优胜劣汰机制促进生产力的不断发展和进步。而市场配置资源失灵的项目需要进行经济分析,这主要是因为在现实经济中,市场本身的缺陷及政府某些时候不恰当的干预可能导致市场在配置资源方面失灵,使得现有的市场价格难以反映资源的真实经济价值,需要通过经济分析反映投资项目的真实经济价值,判断投资的经济合理性,为投资决策提供依据。

市场配置资源失灵主要有以下几类项目:

(1) 产出具有公共产品特征的项目,即项目提供的产品或服务在同一时间内可以被共同消费,具有"消费的非排他性"(未花钱购买公共产品的人不能被排除在此产品或服务的消费之外)和"消费的非竞争性"特征(一人消费一种公共产品并不以牺牲其他人的消费为代价)。

(2) 涉及国家控制的战略性资源开发和关系国家经济安全的项目。这类项目往往具有公共性、外部效果等综合特征,不能完全依靠市场实现配置资源的作用。

(3) 外部效果显著的项目,即具有明显的外部经济效应的项目。

(4) 具有自然垄断特征的项目,如交通运输、电力、电信、油气开发等项目。

(5) 受到过度行政干预的项目,如特定时期的物价干预。

所以,需要进行经济分析的项目主要有以下类别:

(1) 关系国家安全、国土开发、市场不能有效配置资源的公益性项目和公共基础设施项目、保护和改善生态环境项目、重大战略性资源开发项目,如西部大开发等。

(2) 政府各类专项建设基金投资用于交通运输、农林水利等基础设施、基础产业建设项目,如青藏铁路工程。

(3) 利用国际金融组织和外国政府贷款,需要政府主权信用担保的建设项目。

(4) 企业投资建设的涉及国家经济安全,影响环境资源、公共利益,可能出现垄断,涉及整体布局等公共性问题,需要政府核准的建设项目。

(5) 法律、法规规定的其他政府性资金投资的建设项目。

第二节　经济效益和经济费用

一、识别经济效益和经济费用的原则

（一）全面识别经济效益和经济费用

凡项目对社会经济所作的贡献,均计为项目的经济效益,包括项目的直接效益和间接效益。凡社会经济为项目所付出的代价(即社会资源的耗费,或称社会成本)均计为项目的经济费用,包括直接费用和间接费用。因此,经济分析应考虑联动效果,对项目涉及的所有社会成员的有关效益和费用进行全面识别。

（二）剔除"转移支付"

经济效益与费用识别的关键之一是正确处理"转移支付"。社会成员之间发生的财务收入与支出是否属于经济分析的范畴,应从是否新增加社会资源、是否增加社会资源消耗的角度出发加以识别,将不会新增加社会资源、不增加社会资源消耗的财务收入与支出,视作社会成员之间的"转移支付",在经济分析中排除在经济效益与费用之外。

（三）遵循"有无对比"原则

判别项目的经济效益和费用,要从有无对比的角度进行分析,将"有项目"(项目实施)与"无项目"(项目不实施)的情况加以对比,以确定增量效益和增量费用。

（四）合理确定经济效益和经济费用的时间跨度

经济效益与费用识别的时间跨度应足以包含项目所产生的全部增量效益和费用,不完全受财务分析计算期的限制。要全面地分析项目的近期影响、中期影响和远期影响。

（五）以本国社会成员作为分析对象的原则

经济效益与费用的识别有一定的空间限定,应以本国社会成员作为分析对象。对于跨越国界,对本国之外的其他社会成员也产生影响的项目,应重点分析项目给本国社会成员带来的效益和费用。项目对国外社会成员所产生的效果应予以单独陈述。

二、项目产生的效益

（一）直接效益

1. 直接效益的概念

直接效益是指由项目产出物产生、在项目范围内计算的经济效益,主要表现为项目为社会生产提供物质产品、科技文化成果和各种各样的服务所产生的效益。例如,运输项目提供的运输服务,可以满足人流物流需要,节约时间,提高舒适度;医院提供的医疗服务,可以使人们增进健康、减少死亡,提高生活水平;邮电通信项目提供的邮电通信服务等;学校可以满足人们对文化、技能方面的要求等。

2. 项目直接效益的表现形式

(1)项目产出物用于满足国内新增加的需求时,项目直接效益可直接表现为国内新增需求的支付意愿。

(2)项目的产出物直接出口以及可替代进口商品,从而导致进口的减少,项目直接效益表现为国家外汇收入的增加或支出的减少。

(3)项目的产出物用于替代其他厂商的产品或服务,使被替代厂商减产或停产,从而使其他厂商耗用的社会资源减少,项目的直接效益则表现为这些资源的节省。

(4)某些行业的项目,由于其产生的效益有特殊性,在财务分析的营业收入中不可能体现出来。例如,交通运输项目产生的时间节约的效果,教育项目、医疗卫生和卫生保健项目等产生的对人力资本、生命延续或疾病预防等方面的影响效果,从经济分析角度都应该记作项目的直接经济效益,加以计算、分析。

(二)间接效益

1. 间接效益的概念

间接效益是指由项目引起,在直接效益中没有得到反映的效益。例如,项目使用劳动力,非技术劳动力经训练转变为技术劳动力。再如技术扩散的效益等。

2. 间接效益的类别

(1)乘数效益。是指项目的实施使原来闲置的资源得到利用,从而产生一系列的连锁反应,刺激某一地区或全国的经济发展。例如,房地产行业的兴起会带动各种建材行业的发展。在对经济落后地区的项目进行经济分析时可能会需要考虑这种乘数效益,特别应注意选择乘数效果大的项目作为扶贫项目。需注意,不宜连续扩展计算乘数效益。如果拟同时对该项目进行经济影响分析,该乘数效果可以在经济影响分析中加以体现。

(2)技术扩散效益。一个项目如果在技术方面具有先进性,则它的实施,可以让整个社会受益。具体体现在:通过技术人员的流动,此先进技术可以在社会上得到扩散和推广。但这类外部效果通常难于定量计算,一般只作定性说明即可。

(3)"上、下游"企业相邻效益。项目的"下游"企业是指使用项目的产出物作为原材料或半成品的企业,项目的产出物可能会对下游企业的经济效益产生影响,使其闲置的生产能力得到充分利用,或使其节约生产成本。例如,钢铁产业可满足其下游产业:汽车及配件、建筑、家电、电力设备、造船、机械等行业的发展需求。项目的"上游"企业是指为该项目提供原材料或半成品的企业,项目的实施可能会刺激这些上游企业得到发展,增加新的生产能力或是使原有生产能力得到更充分的利用。例如,房地产行业会带动相关的建材行业的发展。

三、项目费用

（一）直接费用

1. 直接费用的概念

项目直接费用是指项目使用投入物所产生的、在项目范围内计算的经济费用，一般表现为投入项目的各种物料、人工、资金、技术以及自然资源所带来的社会资源的消耗。

2. 项目直接费用的表现形式

（1）社会扩大生产规模用以满足项目对投入物的需求时，项目直接费用表现为社会扩大生产规模所增加耗用的社会资源价值。

（2）社会不能增加供给时，导致其他人被迫放弃使用这些资源来满足项目的需要，项目直接费用则表现为社会因其他人被迫放弃使用这些资源而损失的效益。

（3）项目的投入物导致进口增加或出口减少时，项目直接费用表现为国家外汇支出的增加或外汇收入的减少。

可以看出，直接费用的表现形式有多种。直接费用一般在项目的财务分析中已经得到反映，对于那些价值失真的直接费用在经济分析中应按影子价格重新计算。

（二）间接费用

间接费用是由于项目的外部性所导致的项目对外部的影响，指由项目引起而在项目的直接费用中没有得到反映的费用。例如，项目对自然环境造成的损害，项目造成的环境污染和生态破坏，是项目的一种间接费用，一般很难加以量化。可参照环境价值评估的方法加以确定。

四、经济效益与经济费用计算识别考察

（一）外部效益不能重复计算

已经计列在直接效益和费用中的，就不应再在外部效果中重复计算。如果项目产出物以影子价格计算的效益已经将部分外部效果考虑在内，就不应再计算该部分外部效果。项目的投入物影子价格大多数已合理考虑了投入物的社会成本，不应再重复计算间接的上游效益。有些间接效益能否完全归属于所评价的项目，往往需要进行仔细论证。比如，一个地区的经济发展制约因素往往不止一个，可能有能源、交通运输、通信等，不能简单地将其归于某一个项目。例如，在评价交通运输项目的时候，要考虑到其他瓶颈制约因素对当地经济发展的影响，不能把当地经济增长都归因于项目所带来的运力增加。

（二）采用调整项目范围的办法

通过将项目的外部效果变为项目以内加以计算。调整方法是将项目的范围扩大，将具有关联性的几个项目合成一个"项目群"进行经济分析，这样就可以将这几个项目之间的相互支付转化为项目内部，从而相互抵消。例如，在评价相互联系的煤矿、铁路运输和火力发电项目时，可以将这些项目合成一个大的综合能源项目，这些项目之间的相互支付

就因转为大项目内部而相互抵消,不会再重复计算。

（三）项目的外部效益往往体现在对区域经济和宏观经济的影响上,对于影响较大的项目,需要进行专门的经济影响分析,同时可以适当简化经济费用效益分析中的外部效益分析。

（四）转移支付

从社会经济角度看,项目的有些财务收入和支出,是社会经济内部成员之间的"转移支付",即接受方所获得的效益和付出方所发生的费用相等,并没有造成资源的实际增加或减少。所以,在进行经济分析时,要注意剔除掉这部分效益、费用,不计入经济效益或费用。

在经济分析中,项目的转移支付主要包括项目（企业）向政府缴纳的大部分税费（除体现资源补偿和环境补偿的税费外）、政府给予项目（企业）的各种补贴、项目向国内银行等金融机构支付的贷款利息和获得的存款利息。

第三节　经济效益和经济费用的估算

一、经济效益和经济费用的估算原则

（一）实际价值原则

对项目进行经济分析时,应对所有效益和费用采用反映资源真实价值的实际价格进行计算,并考虑相对价格变动,但不考虑通货膨胀因素的影响。

（二）机会成本原则

一个项目占用了某种资源,则这些资源就失去了用于其他项目的机会,在经济学上称之为"机会成本"。项目投入物的经济价值的计算应遵循机会成本原则,分析项目所占用资源的机会成本。机会成本应按该资源可能发挥的最优效益计算。

（三）支付意愿原则

项目产出物正面效益的计算应遵循支付意愿原则,分析社会成员为项目所产出的效益愿意支付的价值。

（四）受偿意愿原则

项目产出物负面影响的计算应遵循接受补偿意愿原则,分析社会成员为接受这种不利影响所要求补偿的价值。

二、市场定价货物的影子价格

随着我国市场经济的发展和国际贸易的增长,大部分货物已经主要由市场定价,政府不再进行管制和干预。市场价格由市场形成,可以近似地反映交付意愿或机会成本。

根据货物(广义的货物,指项目的各种投入物和产出物)的可外贸性,将货物分为可外贸货物和非外贸货物;根据货物价格机制的不同,将货物分为市场定价货物和非市场定价货物。可外贸货物通常属于市场定价货物;非外贸货物中既有市场定价货物,也有非市场定价货物。

进行项目经济分析应采用市场价格作为市场定价货物的影子价格的基础,另外加上或者减去相应的物流费用作为项目投入物或产出物的"厂门口"(进厂或出厂)影子价格。

(一)可外贸货物影子价格

项目使用或生产可外贸货物,将直接或间接影响国家对这种货物的进口或出口。包括:

(1)项目产出物直接出口、间接出口和替代进口。

(2)项目投入物直接进口、间接进口和减少出口。

原则上,对于那些对进出口有不同影响的货物,应当分别按不同情况,采取不同的影子价格定价方法。但在实践中,为了简化工作,可以只对项目投入物中直接进口的和产出物中直接出口的,采取进出口价格测定影子价格。对于其他几种情况仍按国内市场价格定价。

$$直接进口投入物的影子价格(到厂价) = 到岸价(CIF) \times 影子汇率$$
$$+ 进口费用 \qquad (15-1)$$
$$直接出口产出物的影子价格(出厂价) = 离岸价(FOB) \times 影子汇率$$
$$- 出口费用 \qquad (15-2)$$

式中,影子汇率是指外汇的影子价格,应能正确地反映国家外汇的经济价值,由国家指定的专门机构统一发布。

进口费用和出口费用是指货物进出口环节在国内所发生的各种相关费用,既包括货物的交易、储运、再包装、短距离倒运、装卸、保险、检验等物流环节上的费用支出,也包括物流环节中的损失、损耗以及资金占用的机会成本,还包括工厂与口岸之间的长途运输费用。进口费用和出口费用应采用影子价格估值,用人民币计价。

【例 15-1】 某货物 A 进口到岸价为 100 美元/吨,某货物 B 出口离岸价也为 100 美元/吨,用影子价格估算的进口费用和出口费用分别为 70 元/吨和 30 元/吨,影子汇率 1 美元=6.90 元人民币,试计算货物 A 的影子价格(到厂价)以及货物 B 的影子价格(出厂价)。

【解答】

货物 A 的影子价格为

$$100 \times 6.90 + 70 = 760(元 / 吨)$$

货物 B 的影子价格为

$$100 \times 6.90 - 30 = 660(元 / 吨)$$

(二)市场定价的非外贸货物影子价格

1. 价格完全取决于市场,且不直接进出口的项目投入物和产出物

按照非外贸货物定价,其国内市场价格作为确定影子价格的基础,并按下式换算为到厂价和出厂价:

$$投入物影子价格(到厂价) = 市场价格 + 国内运杂费 \qquad (15\text{-}3)$$
$$产出物影子价格(出厂价) = 市场价格 - 国内运杂费 \qquad (15\text{-}4)$$

2. 产出物的影子价格是否含增值税销项税额

投入物的影子价格是否含增值税进项税额(以下简称含税),应分析货物的供求情况,采取不同的处理方法。

1)项目投入物

(1)若该投入物的生产能力较富裕或较容易扩容来满足项目的需要,可通过新增供应来满足项目需求的,采用社会成本作为影子价格。这里社会成本是指社会资源的新增消耗。

对于市场定价的货物,其不含税的市场价格可以看做其社会成本。

对于价格受到管制的货物,其社会成本通过分解成本法确定。若通过新增投资增加供应的,用全部成本分解;而通过挖潜增加供应的,用可变成本分解。

(2)若该投入物供应紧张,短期内无法通过增产或扩容来满足项目投入的需要,只能排挤原有用户来满足项目的需要时,影子价格按支付意愿确定,即采用含税的市场价格。

2)项目产出物

(1)若项目产出物需求空间较大,项目的产出对市场价格影响不大,影子价格按消费者支付意愿确定,即采用含税的市场价格计算。

(2)若项目产出物用以代替原有市场供应的,即挤占了其他生产厂商的原市场份额,应该用节约的社会成本作为影子价格,这里节约的社会成本是指其他生产厂商减产、停产所带来的社会资源的节约。对于市场定价的货物,其不含税的市场价格可以看做其社会成本。

对于可能导致其他企业减产或停产,产出物质量又相同的,可以按照被替代企业的分解可变成本定价(即定位于不合理重复建设的情况)。

3)若没有可能判别出产出物是增加供给还是挤占原有供给,或投入物供应是否紧张,此时也可简化处理为:投入物的影子价格一般采用不含税的市场价格;产出物的影子价格一般采用含税的市场价格,但这种方法要慎重采用。

3. 如果项目产出物或投入物数量大到影响了其市场价格,导致"有项目"和"无项目"两种情况下价格不一致,可取两者的平均值作为确定影子价格的基础

【例15-2】 某大型国企经营石化项目生产的产品中包括市场急需的聚乙烯产品,预测的目标市场价格为7 600元/吨(含销项税),项目到目标市场运杂费为80元/吨,在进行经济分析时,聚丙烯的影子价格应如何确定?

【解答】 经过市场调查,预计在相当长的时期内,聚乙烯市场需求空间较大,项目的产出对市场价格影响不大,应该按消费者支付意愿确定影子价格,即采用含增值税销项税额的市场价格为基础确定其出厂影子价格。

该项目应该采用的聚乙烯出厂影子价格为
$$7\,600 - 80 = 7\,520(元/吨)$$

三、特殊货物的影子价格

（一）不具备市场价格的产出效果的影子价格

某些项目的产出效果没有市场价格，或市场价格不能反映其经济价值，特别是项目的外部效果往往很难用实际价格计量。对于这种情况，应遵循消费者支付意愿和（或）接受补偿意愿的原则，采取以下两种方法测算影子价格。

（1）根据消费者支付意愿的原则，通过其他相关市场信号，按照"显示偏好"的方法，通过观察消费者在一定价格条件下的购买行为，寻找揭示这些影响的隐含价值，间接估算产出效果的影子价格。

（2）按照"陈述偏好"的意愿调查方法，分析调查对象的支付意愿或接受补偿意愿，通过推断，间接估算产出效益的影子价格。

（二）政府调控价格货物的影子价格

我国尚有少部分产品或服务，如电、水和铁路运输等，不完全由市场机制决定价格，而是由政府调控价格。政府调控价格包括政府定价、指导价、最高限价、最低限价等。这些产品或者服务的价格不能完全反映其真实的经济价值。

1. 定价方法

在经济分析中，往往需要采取特殊的方法测定这些产品或服务的影子价格，具体包括成本分解法、机会成本法和消费者支付意愿法。

1）成本分解法

成本分解法是确定非外贸货物影子价格的一种重要方法，通过对某种货物的边际成本（包括原材料、燃料和动力、工资、折旧费、修理费、流动资金利息支出以及其他支出）进行分解，并用影子价格进行调整换算，从而得到该货物的分解成本。分解成本是指某种货物的生产所需要耗费的全部社会资源的价值。

2）机会成本法

机会成本是指用于拟建项目的某种资源若改用于其他替代机会，在所有其他替代机会中所能获得的最大经济效益。例如，资金是一种资源，在各种投资机会中都可使用，一个项目使用了一定量的资金，这些资金就不能再用于别的项目，它的机会成本就是所放弃的所有投资机会中可获得的最大的净效益。

3）消费者支付意愿法

支付意愿是指消费者为获得某种商品或服务所愿意付出的价格。在经济分析中，常常采用消费者支付意愿测定影子价格。

可根据具体情况选择不同的度量价格基础：

（1）在项目产出物有效增加了国内市场供应量的情况下，若其供应量不足以引起国内市场价格（指完全由供求决定的价格，下同）下降，则消费者支付意愿的度量尺度就是市场价格本身，产出物的影子价格可取市场价格。

（2）若其供应量引起了国内市场价格的下降，则消费者支付意愿等于消费者实际支付和增加的消费者剩余,即产出物的影子效益等于消费者支付意愿。

(3)在项目产出物替代国内原生产企业的部分或全部生产的情况下,其影子效益为原生产企业减产或停产向社会所释放的资源的价值,等于这部分资源的消费者支付意愿(若产品质量有所提高还应计入追加效益)。

(4)在项目投入物来自挤占对该投入物原用户供应量的情况下,其影子费用等于原用户因此而减少效益的价值,即等于原用户对这部分投入物的支付意愿。

(5)在项目投入物来自国内生产量增加的情况下,其影子费用就是增加生产所消耗资源的价值,即等于对这些资源的消费者支付意愿。

(6)项目出口产品的出口价格反映国外消费者对项目产品的支付意愿,项目进口投入物的进口价格反映国内消费者对进口投入物的支付意愿。

2. 政府调控价格的产品和服务的影子价格

1)电价

作为项目的产出物时,电力的影子价格应当按照电力对于当地经济的边际贡献测定,考虑电力在不同时期对当地实际贡献的大小。

作为项目的投入物时,电力的影子价格可以按成本分解法测定。一般情况下,应对当地的电力完全成本进行分解,再按照各要素的影子价格进行调整,以确定电价。在有些地区,若存在阶段性的电力过剩,可以按电力生产的可变成本分解定价,不用考虑相应的固定成本。

2)水价

作为项目产出物时,水的影子价格按消费者的支付意愿或者按消费者承受能力加政府补贴测定;作为项目投入物时,一般按后备水源的成本分解定价。

3)铁路运价

铁路运输作为产出物时,经济效益的计算采取专门的方法,按替代运输量运输成本的节约、诱发运输量的支付意愿以及时间节约所产生的效益等测算。

铁路运输作为项目投入时,一般情况下按完全成本分解定价。在铁路运输能力过剩的地区,可按照可变成本分解定价;在铁路运输紧张地区,应当按照被挤占用户的支付意愿定价。

四、特殊投入物影子价格的确定

项目的特殊投入物主要包括劳动力、土地和自然资源,其影子价格需要采取特定的方法确定。

(一)影子工资

影子工资是指项目因使用劳动力而使社会为此付出的代价,包括劳动力转移而引起的新增资源消耗和劳动力的机会成本。

新增资源消耗是指劳动力在本项目新就业或由原来的岗位转移到本项目而发生的经济资源消耗,包括迁移费、新增的城市交通、城市基础设施配套等相关投资和费用。

劳动力机会成本是拟建项目占用的劳动力由于在本项目使用而不能再用于其他地方

或享受闲暇时间而被迫放弃的价值,应根据项目所在地的人力资源市场、就业状况、劳动力来源、劳动力的技术熟练程度等方面分析确定。技术熟练程度要求高、稀缺的劳动力,其机会成本高;反之,机会成本低。劳动力的机会成本是影子工资的主要组成部分。

(二)土地影子价格

土地是一种特殊投入物,在我国是一种稀缺资源。项目使用了土地,就应根据机会成本或消费者支付意愿计算土地的影子价格。土地的地理位置对土地的机会成本和消费者支付意愿影响很大,因此,土地的地理位置是影响土地影子价格的关键因素。

1. 非生产性用地的土地影子价格

项目占用住宅区、休闲区等非生产性用地,对于土地交易市场较完善的,应根据市场交易价格作为土地影子价格;对于土地交易市场不完善或无市场交易价格的,应按消费者交付意愿确定土地影子价格。

2. 生产性用地的土地影子价格

项目占用生产性用地,主要指农业、林业、牧业、渔业及其他生产性用地,按照这些生产用地的机会成本及因改变原有的土地用途而发生的新增资源的消耗价值进行计算。

即

$$土地影子价格 = 土地机会成本 + 新增资源消耗价值$$

(1)土地机会成本。土地机会成本按照项目占用土地而使社会成员由此损失的该土地"最佳可行替代用途"的净效益计算。该净效益应按影子价格重新计算,并用项目计算期内各年净效益的现值表示。

土地机会成本的计算过程中,应适当考虑净效益的递增速度以及净效益计算基年距项目开工年的年数,以此确定折现期限。其成本计算公式为

$$OC = NB_0(1+g)^{T+1}[1-(1+g)^n(1+i_s)^{-n}]/(i_s-g) \tag{15-5}$$

式中,OC 为土地机会成本;n 为项目计算期;NB_0 为基年土地的最佳可行替代用途的净效益(用影子价格计算);T 为净效益计算基年距项目开工年的年数;g 为土地的最佳可行替代用途的年平均净效益增长率;i_s 为社会折现率($i_s \neq g$)。

【例 15-3】 土地机会成本计算举例。

某项目拟占用农业用地 1 500 亩,该地现行用途为种植水稻。经调查,该地的各种可行的替代用途中最大净效益为 12 000 元(采用影子价格计算的 2006 年每亩土地年净效益)。

在项目计算期 20 年内,估计该最佳可行替代用途的年净效益按平均递增 2% 的速度上升($g=2\%$)。

项目预计 2007 年开始建设,所以 $T=1$。社会折现率 $i_s=8\%$。

【解答】 首先根据每亩年净效益数据计算每亩土地的机会成本:

$$OC = 12\,000(1+2\%)^{1+1}[1-(1+2\%)^{20}(1+8\%)^{-20}]/(8\%-2\%)$$
$$= 141\,742(元)$$

然后计算占用 1 500 亩土地的机会成本为:$141\,742 \times 1\,500 = 21\,261.3$(万元)

(2)新增资源消耗。新增资源消耗应按照在"有项目"情况下土地的占用造成原有地上附属物财产的损失及其他资源耗费来计算。土地平整等开发成本通常应计入工程建设

投资中,在土地影子费用估算中不再重复计算。

(三) 自然资源影子价格

在经济分析中,各种有限的自然资源也被归类为特殊投入物。如果该资源的市场价格不能合理、有效地反映其经济价值,或者项目并未支付费用,该代价应该用表示该资源经济价值的影子价格表示。例如,矿产等不可再生资源的影子价格应当按该资源用于其他用途的机会成本计算,水和森林等可再生资源的影子价格可以按资源再生费用计算。为方便测算,自然资源影子价格也可以通过投入物替代方案的费用确定。

五、人力资本和生命价值的估算

某些项目的产出效果可能会对人力资本、生命延续、疾病预防等方面产生积极的影响,比如,医疗卫生、教育项目卫生、保健项目等会产生很多潜在的、积极的影响。应根据项目的具体情况,测算人力资本增值的价值、可能减少死亡的价值,以及减少疾病增进健康等的价值,并将量化结果列示在项目经济分析中。如果因缺乏可靠、确凿的依据而难以量化,可只针对此进行定性描述、分析。

(1) 医疗卫生项目,其效果常常表现为减少死亡、提高生活质量的价值。可根据社会成员为避免死亡而愿意支付的费用进行计算;也可采用人力资本法,通过分析人员的死亡导致的相应为社会创造收入的减少来评价死亡引起的损失,以测算生命的价值;或者通过分析不同的工种、工资的差别来间接测算人们对生命价值的支付意愿。

(2) 教育项目,其效果表现为人力资本的增值,例如,通过教育提高了人才素质,引发了工资提高。在劳动力市场发育成熟的情况下,其人力资本的增值应根据"有项目"和"无项目"两种情况下的所得税前工资的差额进行估算。例如,世界银行的一项研究成果表明,每完成一年教育可以给受教育者增加约5%的月收入。

(3) 卫生保健项目,可通过分析疾病发病率与项目影响之间的关系,测算由于发病率降低而减少的医疗费用及其他各种相关支出,以及因健康状况的改善而增加的工作收入,并综合考虑人们为避免疾病、获得健康生活而愿意付出的代价,测算其经济价值。

六、时间节约价值的估算

交通运输等项目,其效益主要表现为节约时间的经济价值,应按照有无对比的原则,分析"有项目"和"无项目"情况下的时间耗费情况,区分不同人群、货物,根据项目具体特点分别测算人们出行时间节约和货物运送时间节约的经济价值。

(一) 出行时间节约的价值

出行时间节约的价值可以按消费者为了获得这种节约所愿意支付的货币数量来度量。在项目经济费用效益分析中,应根据所节约时间的具体性质分别测算。

(1) 如果所节约的时间用于工作,时间节约的价值应为因时间节约而进行生产从而引起产出增加的价值。在完善的劳动力市场下,企业支付给劳动者的工资水平,可以看做是劳动者的边际贡献,因此可以用企业负担的所得税前工资、各项保险费用及有关的其他劳动成本来估算时间节约的价值。

(2)如果所节约的时间用于闲暇,应从受益者个人的角度,综合考虑个人家庭情况、收入水平、闲暇偏好等因素,采用意愿调查评估方法进行估算。

(二)货物时间节约的价值

货物时间节约的价值应为这种节约的受益者为了得到这种节约所愿意支付的货币数量。在项目经济费用效益分析中,应根据不同货物对运输时间的敏感程度和受益者的支付意愿,来估算货物时间节约价值。

七、环境价值的估算

环境工程项目,其效果表现为对环境质量改善的贡献,可采用相应的环境价值评估方法,估算其经济价值。

第四节　经济分析评价

在经济费用效益分析中,费用、效益被识别和估算之后,应编制经济费用效益分析报表,并根据报表计算相关的评价指标,进行经济效率分析,以此判断项目的经济合理性。

一、经济分析评价指标

(一)经济净现值

经济净现值(ENPV)是指用社会折现率将项目计算期内各年的经济净效益流量折算到项目建设期初的现值之和,是经济费用效益分析的主要指标。其计算式为

$$\text{ENPV} = \sum_{t=1}^{n} (B-C)_t (1+i_s)^{-t} \tag{15-6}$$

式中,B 为经济效益流量;C 为经济费用流量;$(B-C)_t$ 为第 t 年的经济净效益流量;n 为计算期,以年计;i_s 为社会折现率。

经济净现值是反映项目对社会经济净贡献的绝对量指标。项目的经济净现值结果等于或大于零,表示拟建项目可以得到或超过社会折现率所要求的以现值表示的社会盈余,从经济分析的角度看,该项目可以被接受。经济净现值为正向指标,值越大,表明该项目所带来的经济效益越大。

(二)经济内部收益率

经济内部收益率(EIRR)是指能使项目在计算期内各年经济净效益流量的现值累计等于零时的折现率,是经济费用效益分析的辅助指标。其可由式(15-7)表示:

$$\sum_{t=1}^{n} (B-C)_t (1+\text{EIRR})^{-t} = 0 \qquad (15-7)$$

式中，B 为经济效益流量；C 为经济费用流量；$(B-C)_t$ 为第 t 年的经济净效益流量；n 为计算期，以年计；EIRR 为经济内部收益率。

经济内部收益率是从资源配置角度反映项目经济效益的相对量指标，表示项目占用的资金所能获得的动态收益率，反映了资源配置的经济效率。项目的经济内部收益率等于或大于社会折现率时，表明项目对社会经济的净贡献达到或者超过了社会折现率的要求，有较好的经济效益。

项目经济赢利性分析有两种口径：一是项目投资；二是国内投资。前者不考虑项目的资金筹集方式，相应的分析指标有项目投资经济内部收益率和项目投资经济净现值；后者则要考虑项目投资资金的筹集方式，考虑国外借款等其他融资方式。这种口径的赢利性分析是针对国内投资的，相应的指标为国内投资经济内部收益率和国内投资经济净现值。如果项目没有国外投资或借款，项目投资指标与国内投资指标完全一致。

二、经济分析评价报表

经济费用效益分析报表主要包括"项目投资经济费用效益流量表"和"国内投资经济费用效益流量表"，见表 15-1 和表 15-2。

表 15-1 项目投资经济费用效益流量表

序　　号	项　　目	计　算　期					
		1	2	3	4	…	n
1	效益流量						
1.1	项目直接效益						
1.2	资产余值回收						
1.3	项目间接效益						
2	费用流量						
2.1	建设投资						
2.2	流动资金						
2.3	经营费用						
2.4	项目间接费用						
3	经效益流量						

计算指标：
项目投资经济净现值
项目投资经济内部收益率

表 15-2　国内投资经济费用效益流量表

序　号	项　　目	计　算　期					
		1	2	3	4	⋯	n
1	效益流量						
1.1	项目直接效益						
1.2	资产余值回收						
1.3	项目间接效益						
2	费用流量						
2.1	建设投资中国内资金						
2.2	流动资金中国内资金						
2.3	经营费用						
2.4	流至国外的资金						
2.4.1	国外借款本金偿还						
2.4.2	国外借款利息偿还						
2.4.3	外方利润						
2.4.4	其他						
2.5	项目间接费用						
3	净效益流量						

计算指标：
国内投资经济净现值
国内投资经济内部收益率

（一）项目投资经济费用效益流量表

项目投资经济费用效益流量表（表 15-1）用以综合反映项目计算期内各年按项目投资口径计算的各项经济效益、费用流量及净效益流量，并可用来计算项目投资经济净现值和经济内部收益率。

（二）国内投资经济费用效益流量表

国内投资经济费用效益流量表（表 15-2）用以综合反映项目计算期内各年按国内投资口径计算的各项经济效益与费用流量及净效益流量。表 15-2 的效益流量与表 15-1 相同，不同之处在于"费用流量"。由于要计算国内投资的经济效益，项目从国外的借款不在建设期列出，但需要在还款期费用流量中列出用于偿还国外借款本息的支出。

对于有国外资金的项目，应当编制表 15-1，并计算国内投资经济净现值和经济内部收益率。

（三）报表编制的两种途径

1. 直接法

直接法是指直接进行效益和费用流量的识别和计算，并编制经济费用效益分析报表。

（1）分析确定经济效益、费用的计算范围，包括直接效益、直接费用和间接效益、间接费用。

（2）测算各项投入物和产出物的影子价格，对各项产出效益和投入费用进行估算。

（3）根据估算的效益和费用流量，编制项目投资经济费用效益流量表和国内投资经济费用效益流量表。

（4）对能够货币量化的外部效果，尽可能货币量化，并纳入经济效益费用流量表的间接费用和间接效益；对于难以进行货币量化的产出效果，应尽可能地采用其他间接度量方法进行量化，实在难以量化的，可只进行定性描述。

2. 间接法

间接法是指在财务分析基础上调整编制经济分析报表。

1）调整内容

在财务分析基础上编制经济分析报表，主要包括效益和费用范围调整及数值调整两方面内容。

（1）效益和费用范围调整。识别财务现金流量中属于"转移支付"的内容，将其剔除。主要包括国家对项目的各种补贴、项目向国家支付的大部分税金（增值税等）、国内借款利息（包括建设期利息和生产期利息）以及流动资金中的部分构成。

经济分析效益与费用的估算，遵循实际价值原则，不考虑通货膨胀因素，因此，建设投资中包含的涨价预备费一般要从财务费用流量中剔除。

财务分析中的流动资产和流动负债包括现金、应收账款和应付账款等，但这些并不实际消耗资源，因此在经济分析中调整估算流动资金时应将其剔除。

识别项目的外部效益，分别纳入效益和费用流量。根据项目具体情况估算项目的间接效益和间接费用，纳入经济效益费用流量表。例如，一个大型运输项目的财务效益主要是获得的运输收入，但由于运输航线拉动的旅游效益、环境改善，可以使得当地的经济获得较快的发展。在经济分析中，旅游等相关产业发展获得的效益应作为该运输项目的间接效益，合理估计后纳入经济费用效益流量表。

（2）效益和费用数值调整。鉴别投入物和产出物的财务价格是否能正确反映其经济价值。如果项目的全部或部分投入和产出没有合理、有效的市场价格，那么应该采用适当的方法测算其影子价格，并重新计算相应的费用或效益流量。

投入物和产出物中涉及外汇的，需要用影子汇率代替财务分析中采用的国家外汇牌价。

对项目的外部效果应尽可能货币量化计算。

2）具体调整方法

（1）调整直接效益流量。项目的直接效益大多为营业收入。产出物需要采用影子价格的，用影子价格计算营业收入，应分析具体情况，选择适当的方法确定产出物影子价格。

出口产品用影子汇率计算外汇价值。

不同类型项目的直接效益可视具体情况采用不同方式分别估算：

交通运输项目的直接效益体现为时间节约的效果，可按时间节约价值的估算方法估算。交通运输项目还可能有运输成本节约的效益、运输质量提高的效益（包括旅客舒适度提高，交通事故减少，安全性提高）等，需结合项目的具体情况计算。

教育项目、医疗卫生和卫生保健项目等的产出效果表现为对人力资本、生命延续或疾病预防等方面的影响，可按人力资本增值的价值、可能减少死亡的价值，以及减少疾病增进健康等的价值估算方法并结合项目的具体情况计算。

水利枢纽项目的直接效益体现为防洪效益、减淤效益和发电效益等，可按照行业规定和项目具体情况分别估算。

（2）调整建设投资。将建设投资中涨价预备费从费用流量中剔除，建设投资中的劳动力按影子工资计算费用，土地费用按土地的影子价格调整，其他投入可根据情况决定是否调整。有进口用汇的应按影子汇率换算，并剔除作为转移支付的进口关税和进口环节的增值税。

（3）调整流动资金。如果财务分析中流动资金是采用扩大指标法估算的，经济分析中可仍按扩大指标法估算，但需要将计算基数调整为以影子价格计算的营业收入或经营费用，再乘以相应的系数估算。如果财务分析中流动资金是按分项详细估算法估算的，在剔除了现金、应收账款和应付账款后，剩余的存货部分要用影子价格重新分项估算。

（4）调整经营费用。对需要采用影子价格的投入物，用影子价格重新计算；对一般投资项目，人工工资可不予调整，人工工资用外币计算的，应按影子汇率调整；对经营费用中的除原材料和燃料动力费用之外的其余费用，通常可不予直接调整，但有时由于取费基数的变化导致其经济数值也会与财务数值略有不同。

（5）调整建设期利息。国内借款的建设期利息不作为费用流量，来自国外的外汇贷款利息需按影子汇率换算，用于计算国外资金流量。

（6）成本费用中的其他科目一般可不予调整。

（7）在以上各项的基础上编制项目经济费用效益流量表。

【例 15-4】 某农场拟于 2006 年年初在某河流上游植树造林 500 公顷，需要初投资 5 000 万元。预计将于 2012 年年初择伐林后将林地无偿移交地方政府。所伐树木的销售净收入为每公顷 12 万元。

由于流域水土得到保持，气候环境得以改善，预计流域内 3 万亩农田粮食作物从 2007 年起到择伐树木时止，每年将净增产 360 万千克，每公斤粮食售价 1.5 元。

财务基准收益率设定为 6%，社会折现率 10%，不存在价格扭曲现象，又无须缴纳任何税收。

（1）在考虑资金时间价值的情况下，该林场 2012 年年初所伐树木的销售净收入能否回收初始投资？（要求采用净现值予以判断）

（2）为了分析项目的经济合理性，试计算项目的经济净现值，并作出该植树造林项目是否具有经济合理性的判断（不考虑初伐以后的情况）。

【解答】　(1) 2012 年年初所伐树木的净收入为

$$12 \times 500 = 6\,000(万元)$$

按 6% 折现率计算的净现值为

$$FNPV(6\%) = -5\,000 + 6\,000 \times (1-6\%)^{-6} = -770.24(万元)$$

净现值为负,说明 2012 年年初所伐树木的销售净收入不能回收初始投资。

(2) 从经济分析角度,应将农作物增产的年净收益作为效益流量,该项目的经济效益应包括择伐树木的收入和农作物增产效益两部分。

农作物增产年净收益为

$$1.5 \times 360 = 540(万元)$$

$$\begin{aligned} FNPV = &-5\,000 + 6\,000 \times (1-10\%)^{-1} + 540 \times (1-10\%)^{-2} \\ &+ 540 \times (1-10\%)^{-3} + 540 \times (1-10\%)^{-4} \\ &+ 540 \times (1-10\%)^{-5} + 540 \times (1-10\%)^{-6} \\ =\ & 247.78(万元) \end{aligned}$$

经济净现值为正,说明该项目具有经济合理性。

【例 15-5】　某公路项目是《国家高速公路网规划》中的某高速公路上的特大控制性工程,其主体是隧道工程。该项目的关联项目(指必须与该项目配套建设的项目)为隧道北口和南口分别连接 A 城和 M 县的两侧接线高速公路。项目财务分析主体是拟建项目,经济费用效益分析的主体包括拟建项目和关联项目。

在区域公路网总体背景下,采用"四阶段"法进行了交通量预测,包括趋势交通量(指区域公路系统趋势增长进行路网分配得到的交通量)和诱增交通量。

项目的财务效益是对各种车辆的收费收入(仅指拟建项目),项目经济效益要另行估算,它们是路网范围内,采用有无对比分析得出的针对趋势交通量的运输成本节约、旅客时间节约和交通事故减少的效益这三个方面,还包括诱增交通量的效益。

项目费用流量包括建设费用和运营管理费、日常维护费和机电运营费等运营费用。财务分析时只考虑拟建项目的相应费用,而经济分析时还要包括关联项目的费用。按照惯例,经济费用在财务费用基础上调整而得,但首先进行的是经济分析,在经济分析结论符合要求的前提下再进行财务分析。

【解答】　该项目经济费用和经济效益流量如下(只列出计算期各年的合计数):

(1) 经济费用流量合计 359 835 万元。

(2) 经济效益流量合计 3 494 875 万元。

其中,运输费用节约效益 2 071 348 万元;

旅客时间节约效益 1 185 005 万元;交通事故减少效益 9 251 万元;诱增交通量效益229 271 万元。

(3) 净效益流量 3 135 036 万元。

根据各年的净效益流量计算的经济净现值为 466 973 万元($i_s = 8\%$),经济内部收益为 14.34%,采用社会折现率作为折现率计算的经济净现值大于 0;经济内部收益率大于社会折现率,项目具有经济合理性。

第五节　经济费用效果分析

费用效果分析是指通过对项目预期效果和所支付费用的比较,判断项目费用的有效性和项目经济合理性的分析方法。

效果是指该项目引起的效应或效能,表示项目目标的实现程度,往往不能或难于货币量化。费用是指社会经济为项目所付出的代价,是可以货币量化计算的。

费用效果分析是项目决策分析与评价的基本方法之一,当项目效果不能或难于货币量化时,或货币量化的效果不是项目目标的主体时,在经济分析中可采用费用效果分析方法,其结论作为项目投资决策的依据。例如,医疗卫生保健、义务教育、气象、地震预报、交通信号设施、军事设施等项目。作为一种方法,费用效果分析既可以应用于财务分析——采用财务费用流量计算,也可以应用于经济分析——采用经济费用流量计算。前者主要用于项目各个环节的方案比选、项目总体方案的初步筛选;后者除了可以用于上述方案比选、筛选以外,对于项目主体效益难以货币量化的,则取代经济费用效益分析,并作为经济分析的最终结论。

一、费用效果分析的使用要求

费用效果分析是将效果与费用采取不同的度量方法、度量单位和指标,在以货币度量费用的同时,采用某种非货币指标度量效果。

计算费用时,应包括整个计算期内发生的全部费用,可采用现值或年值表示,备选方案计算期不一致时应采用年值。分析效益时,应该合理估算各种可能产生的效益。费用效果分析遵循多方案比选原则,通过对各种方案的费用和效果进行比较,选择最好或较好的方案。对单一方案的项目,由于费用与效果采取不同的度量单位和指标,不易直接评价其合理性。

备选方案应具备的条件:

(1) 备选方案是互斥方案或可转化为互斥方案的,且不少于2个。

(2) 备选方案目标相同,且均能满足最低效果标准的要求,否则不可进行比较。

(3) 备选方案的费用可以货币量化,且资金用量不突破预算限额。

(4) 备选方案的效果应采用同一非货币单位计量。选择的计量单位应能切实度量项目目标实现的程度,且便于计算。比如,教育项目选择受教育人数度量。如果有多个效果,可借助层次分析法对项目的效果进行加权计算,将其处理成单一的综合指标后再加以计算。

(5) 备选方案应具有可比的寿命周期。

二、费用效果分析程序

在进行经济费用效果分析时,首先要选用适宜的指标。经济费用效果分析的基本指标主要有效果费用比和费用效果比。

（一）效果费用比

费用效果分析的基本指标是效果费用比（$R_{E/C}$），即单位费用所达到的效果：

$$R_{E/C} = \frac{E}{C} \tag{15-8}$$

式中，$R_{E/C}$ 为效果费用比；E 为项目效果；C 为项目费用。

（二）费用效果比

费用效果比（$R_{C/E}$）指标，即单位效果所花费的费用：

$$R_{C/E} = \frac{C}{E} \tag{15-9}$$

然后按照以下程序对其进行分析：

（1）确立项目目标，并将其转化为可量化的效果指标。

（2）拟订各种可以完成任务（达到效果）的方案。

（3）识别和计算各方案的费用与效果。

（4）计算指标，综合比较、分析各方案的优缺点。

（5）推荐最佳方案或提出优先采用的次序。

三、费用效果分析基本方法

（一）最大效果法

在费用固定的情况下，追求效果的最大化，也称固定费用法。例如，用于某一贫困地区扶贫的资金通常是事先固定的，扶贫效用最大化是通常要追求的目标，也就是采用最大效果法。

（二）最小费用法

在项目效益固定的情况下，选择能够达到效果的各种可能方案中费用最小的方案，也称固定效果法。例如，优化一个满足特定标准的教育设施项目，如一所学校，其设施要达到的标准和可以容纳的学生人数事先确定下来，可以采用最小费用法。

（三）增量分析法

当备选方案效果和费用均不固定，且分别具有较大幅度的差别时，应比较两个备选方案之间的费用差额和效果差额，比较、分析为获得增量效果所付出的增量费用是否值得，不可盲目选择效果费用比大的方案或者费用效果比小的方案。

采用增量分析法时，需事先确定基准指标，如果增量效果超过增量费用时，可以选择费用高的方案，否则选择费用低的方案。

如果项目有两个以上的备选方案进行增量分析，应按下列步骤选优：

（1）将方案费用由小到大排队。

（2）从费用最小的两个方案开始比较，通过增量分析选择优胜方案。

（3）将优胜方案与紧邻的下一个方案进行增量分析，并选出新的优胜方案。

（4）重复第三步，直至最后一个方案，最终被选定的优势方案为最优方案。

【例 15-6】 某地方政府拟实行一个 5 年免疫接种计划项目，以减少国民的死亡率。设计了 A、B、C 三个备选方案，效果为减少死亡人数，费用为方案实施的全部费用，三个方案实施期和效果预测期相同。拟通过费用效果比的计算，在政府财力许可情况下，决定采用何种方案。根据以往经验，设定基准指标为 400，即每减少死亡一人需要花费 400 元。

【解答】 （1）预测的免疫接种项目三个方案的费用和效果现值及其费用效果比见表 15-3。

表 15-3　方案费用效果比计算情况

项　　目	A 方案	B 方案	C 方案
费用/万元	8 900	10 000	8 000
效果/万人	26.5	29.4	18.5
费用效果比/(元/人)	336	340	432

（2）C 方案费用效果比明显高于基准值，不符合备选方案的条件，应予放弃。

（3）A、B 两个方案费用效果比都低于基准值，符合备选方案的条件。计算 A 和 B 两个互斥方案的增量费用效果比：

$$(10\ 000 - 8\ 900)/(29.4 - 26.5) = 379(元/人)$$

（4）由计算结果看，A 和 B 两个方案费用效果比都低于设定的基准值 400，而增量费用效果比也低于基准值 400，说明费用高的 B 方案优于 A 方案。在政府财力许可情况下可选择 B 方案；如果有资金限制，也可以选择 A 方案。

本章小结

项目经济分析，又称为国民经济评价，是项目投资决策的重要依据。项目经济分析是从国家角度，根据国民经济长远发展和社会需要，基于资源合理配置的原则，对项目的经济效益和所消耗的资源的成本进行分析预测，采用货物影子价格、影子汇率、影子工资和社会折现率等国家参数，考察项目的经济效益和经济费用，分析计算项目对国民经济和社会的净贡献，评估项目的经济合理性和宏观可行性。通过项目经济分析，把国家有限的资源用于国家最需要的投资项目，并使这些资源都能合理配置和有效利用，以取得最大的投资效益。项目经济评价主要通过以下步骤进行：

（1）对项目经济效益和经济费用进行估算。

（2）计算项目经济费用分析指标，如经济净现值、经济内部收益率等。

（3）利用费用效果分析基本方法对项目进行评价分析。

关键词

经济效益　经济费用　影子价格　经济净现值　经济内部收益率

第十六章 项目经济影响分析

　　三峡水利枢纽工程项目始建于 1992 年,主要包括一座混凝重力式大坝、泄水闸、一座堤后式水电站、一座永久性通航船闸和一架升船机。长江三峡工程计划修建时间为 17 年,按照 1993 年 5 月的价格水平,三峡工程的静态投资需要 900.9 亿元,考虑 17 年的建设期中物价上涨、贷款利息等各种因素,预计工程动态投资需要 2 039 亿元。从目前工程资金使用的状况来看,到工程最终完工时,动态投资只需要 1 800 亿元就可完成。该项目在财务上具有可行性,但更为重要的是该项目对国民经济整体和社会的影响。比如,三峡水电站年平均发电量为 840 亿千瓦时,将会源源不断地向华中和华东地区输送电力,对这两地区的经济发展提供重要的能源支持,另外,三峡水利工程对长江航运和防洪的影响也是重大的。三峡工程建成后,可使长江荆江段防洪标准达到百年一遇的水平,万吨级船队每年有半年可直航重庆市,所以在对三峡工程进行决策分析的过程中,除了要对其进行财务分析和经济分析外,还要对其进行经济影响分析。

　　经济影响分析是在完成对项目的财务分析和经济费用效益分析之后,为了进一步分析项目对区域、行业和整个宏观经济的影响程度,为重大项目的审批和核准、区域和产业发展政策的制定和调整提供依据而进行的分析。经济影响分析要求将建设项目置于整个国民经济系统中并对可能扭曲的市场价格加以矫正,以研究建设项目对国家和社会所作的贡献和有关影响。本章介绍经济影响分析的对象和任务、经济影响的传递途径以及经济影响分析方法。

学习目标

通过对本章的学习,能够解决以下问题:

1. 经济影响分析的主要内容是什么?
2. 项目经济影响分析的主要方法有哪些?
3. 项目经济安全影响分析应从哪些方面进行?
4. 经济影响分析模型都有哪些?

第一节　经济影响分析概述

一、经济影响分析的概念

　　所谓经济影响分析,就是分析项目生命周期内所发生的费用和产生的效益对区域经济发展、产业发展及宏观经济所带来的影响,为协调项目与宏观经济、区域经济、产业发展

之间的关系,促进项目的顺利实施,为提高项目的经济影响效果提出措施建议。具体分析以下内容:

(1) 宏观影响分析。该类主要是对投资规模巨大的、对国民经济有重要影响的项目进行分析,尤其是涉及国家经济安全的项目,应分析拟建项目对国家经济安全的影响及维护国家经济安全的措施。

(2) 区域影响分析。从区域经济发展的角度,对区域经济发展会产生重大影响的项目,需要从该区域产业空间布局、财政收支、市场竞争结构等角度进行分析评价。

(3) 行业影响分析。主要分析行业现状和拟建项目在行业中所处地位,并分析该项目对所在行业及相关产业发展、结构调整等的影响。

需要进行经济影响分析的项目主要有以下几种类型:

(1) 大规模区域开发项目,该类项目一般在我国国民经济中占有重要战略地位,对整个国民经济健康发展有重要意义,如西部大开发。

(2) 重大生态环境保护工程等,该类项目主要对生态和社会影响范围比较广,同时还会影响居民的正常生活,如太湖流域环境治理。

(3) 重大科技攻关项目,该类项目通常会对我国技术进步和产业升级有重要影响,进而影响相关产业的发展,如我国 2009 年成立的大型客机股份公司。

(4) 重大基础设施项目,基础设施项目一般投资规模巨大,建设工期长,对区域经济,甚至整个宏观经济都会有重要影响,如三峡工程、京沪高速铁路等。

(5) 重大资源开发项目,如油田开发、气田开发、其他矿藏资源开采,以及长距离运输通道建设等。

通过对项目进行经济影响分析,得出项目对区域经济和整个宏观经济的影响,具体包括对 GDP 增长和结构改善的作用,以及对就业、收入分配、物价等方面的影响,从而判断项目的建设能否实现所要求的目标,并分析项目潜在的市场风险、社会风险以及环境风险,同时提出具体建议,以便能够更好地利用拟建设的项目,让项目发挥最大的效用。

二、项目经济影响的过程

项目经济影响分析通常是对区域经济或整个国民经济有重大影响的项目进行分析,该类项目通常会从以下三个方面产生影响:

第一,对区域和宏观经济层面的影响。该类项目通常都是为了实现区域经济或整个国民经济重要战略目的而兴建的,因此会对区域或国民经济产生重要影响,这就要分析拟建设项目是否与区域或国家宏观经济政策协调一致,包括经济增长政策、外汇政策、财政预算政策、扶贫政策、环保政策、就业政策、收入分配政策等。

第二,对产业及部门层面的影响。项目的实施对产业及行业部门的影响,包括项目与区域产业发展政策和结构改革目标是否协调,项目在哪些领域符合(或不符合)正在实施的当地产业结构调整政策等。

第三,对个人层面的影响。项目的实施对社会成员个人的影响表现为各个方面,如个人作为生产因素对项目的人力资本投入、获得的工资收入及对个人权益的损害等,并通过个人传递到区域经济更广的层面。

项目经济影响主要通过以下方式对上述层面产生影响：

（1）价格方式。对于一些重大项目，其投入物和产出物由于数量较大，对供求关系可能产生重大影响，并对相关的产品或服务价格产生重大影响，从而产生相应的宏观及区域经济影响效果。

（2）产业链传递方式。项目的投资建设有可能对上下游产业链及价值链的构成产生重大影响，并对区域产业结构及价值链空间布局产生影响。通过产业链的整合及资源配置调整，发挥项目对区域或宏观经济影响的效果。

（3）乘数效应。通过利用投资乘数——加速作用原理和投资与经济增长理论来分析项目的实施将对有关生产要素的影响，并分析其对刺激区域和宏观经济运行格局的改变所产生的影响。

在投资经济活动中，一个经济变量发生变化将引起某其他变量的连锁反应，并对整个经济起促进或抑制作用。乘数原理是说明一定量的投资如何引起国民收入增加的理论，加速原理则是用来说明国民收入的变动如何引起投资变动的理论。例如，投资 I 发生变化，将引起产出 Y 的变化，Y 的变化又引起消费 C 和投资 I 本身的变化，C 和 I 反过来又影响 Y 的变化。

投资与经济增长理论采用描述经济增长的简化模型 $Y = i/k - n/k(d-u)$ 进行分析。该模型表明，经济增长率 Y 主要取决于五大经济变量：投资率 i、投资产出系数 k、生产性固定资产投资系数 n、折旧系数 d 和生产能力利用改进系数 u。由此可见，经济增长与投资有密切的联系。另外，对经济增长具有影响和制约的因素主要有：社会劳动生产增长率、人口自然增长率和经济管理体制三大外生因素；积累与消费的矛盾、劳动力供给状况、国际贸易状况三大内生因素。

（4）技术扩散方式。技术含量较高的项目，会推动高新技术产业化及产业技术进步，推动产业结构调整及区域或宏观经济发展，提升相关产业的竞争力。

（5）瓶颈缓解效应。一些项目的建设可能是另一些产业发展的基础条件，通过项目建设，缓解了瓶颈制约因素，并通过产业关联效应的传递，推动当地空间布局及产业结构的变化。例如，交通运输属于基础设施项目，一些重大交通基础设施项目的建设，直接改变了当地的时空格局，缓解了交通运输的瓶颈制约，促进当地产业布局的调整，带动关联产业的发展。

三、项目经济影响的类别

（一）项目对宏观经济的影响

该类影响主要是通过计算项目的建设对 GDP 的贡献，包括增加值、净产值、纯收入等指标，并分析项目对资源优化配置的贡献，最后分析项目的实施对促进和保障当地经济有序、高效运行和可持续发展的贡献。当然，还要分析项目的建设所产生的负面影响，如对生态环境的影响等。

（二）项目对就业和收入分配的影响

（1）项目产生的就业机会，包括直接就业机会、间接就业机会，以及项目建设期、运营期的就业机会。通过计算单位投资创造的就业岗位等指标，进行定量分析。

（2）项目对居民收入增长、改善居民生产生活条件、提高居民生活质量的贡献。

（3）项目的投资效果对不同实体、不同社会阶层、私营企业、公共机构等分配的影响，项目的实施对所在地区经济结构、重大利益格局的影响。

（4）重点分析对贫困地区及贫困人口收益分配情况的影响，结合社会评价提出兼顾社会公平的对策措施。

（5）项目可能产生的新生相对贫困阶层及隐性失业等负面影响。

（三）项目对财政收支平衡的影响

（1）项目需要的当地及国家直接或间接财政资金投入，包括预算拨款、资本金注入、投资补助、贷款贴息等建设性财政资金投入，经营性补贴，需要政府承担的直接或间接借款还本付息责任，以及政府部门需要对项目给予的优惠政策等。

（2）项目对当地及国家财政收入的贡献，包括可以缴纳的各种税费，政府公共部门投资收益等。

（3）项目的实施对政府部门财政收支状况的影响。

（四）项目对市场竞争结构的影响

项目对市场竞争结构的影响，重点从以下方面进行分析论证：

（1）项目的实施对培育产业市场环境、促进竞争、优化市场经济秩序、提高资源配置效率的贡献。

（2）项目的实施对地区内市场-地区外市场结构、城市市场-农村市场结构调整目标的贡献。

（3）项目的实施可能出现的垄断、破坏正常竞争秩序等风险。

（五）项目对产业布局的影响

（1）项目与区域发展战略和国家中长期发展规划的关联性及适应性。

（2）项目对当地技术进步及对三次产业结构调整的贡献。

（3）项目的产业聚集效应，项目形成的核心产业所带动的相关配套产业聚集和发展，引发产业关联或新产业群出现的可能性及应对策略。

（4）对产业技术结构（高科技产业-技术密集型产业-劳动密集型产业）、产业技术装备水平、产业投资结构（新建、更新改造、研究与发展投资）、产业产品技术结构等调整目标的贡献。

（5）项目对城市化及空间布局的影响。

（6）项目对克服经济瓶颈和均衡发展以及对增进本地区产业发展的空间区位优势的贡献。

（六）项目对外汇收支的影响

项目对外汇收支的影响，从以下方面进行分析论证：

（1）项目建设及运营过程中对外汇的需求。

（2）项目的产出可能对外汇收入的贡献。

（3）通过定性及定量分析，评价项目对削减外汇赤字、扩大外汇盈余的贡献。

第二节　项目经济影响分析方法

一、项目经济影响分析原则

项目的经济影响分析应遵循系统性原则、综合性原则、定性分析与定量分析相结合的原则。

（一）系统性原则

重大项目本身就是一个系统，从国民经济的全局来看，它又是国民经济这个大系统中的一个子系统。子系统的产生与发展，对于原有的大系统内部结构和运行机制将会带来冲击。原有的大系统会由于重大项目的加入而改变原来的运行轨迹或运行规律。按照系统协同原理，系统可以按照自身的结构与机制，使得原有的大系统能够"容忍"或"接纳"重大项目的存在。这种协调的过程，或者使重大项目与区域经济融为一体；或者重大项目适当改变自己的结构与机制，以适应区域经济大系统的运行规律。而一旦重大项目被排除在区域或宏观经济大系统之外，就意味着重大项目的失败。为了保证重大项目的建设成功和国民经济系统稳定运行，应从全局的观点，用系统论的方法来分析其可能带来的各方面的影响，尤其是对区域经济和宏观经济的影响。

（二）综合性原则

重大项目建设周期长、投资额巨大、影响面广，其在建设期和生产运营期的投入将给原有经济系统的结构（包括产业结构、投资结构、就业结构、供给结构、消费结构、价格体系和空间布局等）、状态和运行带来重大的影响。它不仅影响到经济总量，而且影响到经济结构；不仅影响到资源开发，而且影响到资源利用，以及人力、物力、财力配置；不仅对局部区域有影响，而且对国民经济整体也会产生影响。因此，分析重大项目对区域和宏观经济的影响要坚持综合性原则，进行综合分析。

（三）定量分析与定性分析相结合的原则

重大项目对区域和宏观经济的影响是广泛而深刻的，既包括实实在在的有形效果和经济效果，可以用价值型指标进行量化；也包括更多的无形效果和非经济效果，难以用价值型指标进行量化。对于前者要以定量分析为主，对于后者则必须进行定性分析或描述，或者用其他类型指标或指标体系进行描述或数量分析，以便得出可靠结论，为项目决策提供充分依据。

二、项目经济影响分析方法

项目的经济影响分析，可以采用各种指标，通过各种定性和定量分析的方法进行分析评价,但其基本方法包括客观评价法和主观评价法。

(一)客观评价法

客观评价法是指在对项目的产出及其影响后果进行客观分析的基础上,对其影响后果进行预测分析。如通过对项目关联对象的产出水平或成本费用的变动的客观量化分析,进一步对项目的区域经济影响进行量化分析计算。

(二)主观评价法

主观评价法是指以真实的或假设的市场行为所揭示的可能后果为依据,通过项目评价人员的主观判断,对项目的区域或宏观经济影响进行分析评价。这种方法建立在评价人员偏好的基础之上,是人们根据对某种后果的认知程度或所占有的信息量,对某种影响的价值进行的主观判断。

具体采用定量指标分析方法对项目进行经济影响分析。关于对区域经济和宏观经济的影响,可以借助各种指标进行分析判断。通常采用的指标包括总量指标、结构指标、国力适应性指标、就业和收入分配指标。

1. 总量指标

总量指标反映项目对国民经济总量的贡献,包括增加值、净产值、社会纯收入、财政收入等经济指标。总量指标可使用当年值、净现值总额和折现年值等。

1)增加值

增加值是指项目投产后对国民经济的净贡献,即每年形成的国内生产总值。对项目而言,按收入法计算增加值较为方便。

增加值 = 项目范围内全部劳动者报酬＋固定资产折旧＋生产税净额＋营业盈余 (16-1)

式中,劳动者报酬包括工资、奖金、津贴等;生产税净额指营业税金及附加、增值税、管理费中包括的各种税等各种上缴税费扣除政府给予的生产补贴后的净额;固定资产折旧按照有关折旧政策计提;营业盈余即经营净利润加生产补贴。

2)净产值

净产值为增加值减去固定资产折旧后的余额,用于反映新创造的价值。

3)社会纯收入

社会纯收入是净产值扣除劳动者报酬(工资及附加费等)后的余额。

在项目经济影响分析中,可以计算项目各年带来的增加值、净产值和社会纯收入,也可以将各年的数值折现成净现值总额,并根据净现值总额折算成年值。

2. 结构指标

结构指标反映项目对经济结构的影响,主要包括影响力系数及项目对三次产业的贡献率等指标。

1)影响力系数

影响力系数也称带动度系数,指重大项目所在的产业,当它增加产出满足社会需求时,每增加一个单位最终需求对国民经济各部门产出增加的影响。

影响力系数大于1,表示该产业部门增加产出对其他产业部门产出的影响程度超过社会平均水平。影响力系数越大,该产业部门对其他产业部门的带动作用越大,对经济增长的影响越大。

2)项目对三次产业的贡献率

三次产业贡献率(也称三次产业结构)可以按各产业增加值计算,反映项目增加的三次产业增加值在全部增加值(国内生产总值)中所占份额的大小及其分配比率,分析项目建设对所在地区三次产业增加值变化的贡献情况,评价拟建项目对当地产业结构的影响。

3. 国力适应性指标

1)国力适应性分析的必要性

重大项目的建设规模往往很大,需要耗费大量的人力、物力、财力、自然资源等,自然对国力(或地区经济)的承受能力提出了要求。如果重大项目需要的建设资金过多,就会影响到其他地区、其他部门的建设和发展;如果拟建项目需要占用的资源过多,就会影响其他领域的资源供应,并阻碍其发展。在这种情况下,对重大项目的国力适应性进行分析就显得尤为必要。

2)国力适应性指标

国力适应性指标用于反映国家的人力、物力和财力承担重大项目投资建设的能力,一般用项目占用资源占全部资源的百分比或财政资金投入占财政收入或支出的百分比来表示。

(1)人力。由于我国劳动力资源极其丰富,因而对国力承担能力即国力适应性的评价主要分析物力和财力。但应根据项目的具体情况,对特殊技能人才的需求、对人力资源开发和利用的需求进行分析。

(2)物力。国家物力是指国家所拥有的物质资源,包括重要产品物资及其储备量、矿产资源储备量、森林、草场以及水资源等。物力取决于国家可供追加的生产资料和消费资料的数量和构成。应分析能源、钢材、水泥和木材等重要物资能否支持项目建设,一般通过项目建设对相关物资的年度需要量占同期可供数量的比重来衡量。

(3)财力。国家财力是指一定时期内国家拥有的资金实力,用国内生产总值(或国民收入)、国家财政收入、外汇储备等指标反映,其中最主要的指标是国内生产总值(或国民收入)和国家财政收入。国内生产总值(或国民收入)水平和增长速度反映了国家当前的经济实力及其增长趋势,对重大项目的投资规模具有直接影响。财力承担能力一般通过国内生产总值(或国民收入)增长率、重大项目年度投资规模分别占国内生产总值(或国民收入)、全社会固定资产投资和国家预算内投资等数值的比重等指标来衡量。对于运用财政资金的项目,项目需要财政资金投入占财政收入的比例可以用于反映财政对项目资金需求的承受能力。

4. 就业和收入分配指标

1)就业效果指标

(1)总就业效果指标。实现社会充分就业是政府追求的宏观调控目标之一。评价重大项目的就业效果对存在大量过剩劳动力的我国尤其具有重要意义。劳动力就业效果一般采用项目单位投资带来的新增就业人数表示:

$$投资直接就业效果(人/万元) = \frac{项目新增就业人数(包括直接就业与间接就业)}{项目总投资} \quad (16-2)$$

总就业效果包括项目投资所产生的直接就业效果和由该项目所引起的间接就业效果。

（2）直接就业效果指标，用于评价项目投资所带来的直接就业机会。其计算公式为

$$投资直接就业效果(人/万元) = \frac{项目新增直接就业人数}{项目总投资} \quad (16-3)$$

（3）间接就业效果指标，用于评价项目投资所带来的间接就业机会。其计算公式为

$$投资间接就业效果(人/万元) = \frac{项目新增间接就业人数}{项目总投资} \quad (16-4)$$

2）收入分配效果指标

收入分配效果指标是指项目在生产经营过程中所产生的净产值在职工、企业、地方和国家等不同方面的分配比例情况，即

$$职工收入分配效果 = 劳动者报酬/项目净产值 \quad (16-5)$$
$$企业收入分配效果 = 企业营业盈余/项目净产值 \quad (16-6)$$
$$地方收入分配效果 = 地方税收净额/项目净产值 \quad (16-7)$$
$$国家收入分配效果 = 国家税收净额/项目净产值 \quad (16-8)$$

3）地区分配效果指标

如果拟建项目属于跨地区投资建设的项目，要进行不同地区之间分配效果的分析，用于评价项目投资建设对协调区域经济发展等方面的贡献，尤其要重点分析贫困地区所获得的项目净产值情况。

三、项目的经济安全影响分析

国家经济安全是国家的经济在不受伤害的条件下正常运行，确保本国最根本的经济利益不受伤害的态势。主要内容包括：一国经济在整体上主权独立、基础稳固、运行健康、增长稳定、发展持续；在国际经济生活中具有一定的自主性、防卫力和竞争力；不会因为某些问题的演化而使整个经济受到过大的打击和遭受过多的损失；能够避免或化解可能发生的局部或全局性的危机。

国家经济安全由国家产业安全、金融市场安全、国际收支安全、市场体系安全、国家外债安全、财政资金安全等众多子系统组成。其中，与投资项目最密切相关的是国家产业安全。项目的投资建设活动，可能会影响到相关产业的安全，进而影响到整个国家的经济安全甚至是国家安全，这种影响可能是正面的，也可能是负面的。

国家经济安全可以用反映经济状态的一系列标准和指标进行分析评价，其中包括对经济发展水平和国际竞争力的分析评价；对资源潜力及其发展能力的分析评价；对资源、人力资本利用效率的分析评价；对经济发展空间完整性的分析评价；对社会稳定和防止、解决社会冲突能力的分析评价。对于可能对国家经济安全产生影响的重大项目，要从维护国家经济安全的高度，对拟建项目的宏观经济影响进行分析评价，确保项目的投资建设

有利于维护国家利益,提高我国相关产业的国际竞争力,保证国家经济运行免受侵害。

国家经济安全影响应从产业技术安全、资源供应安全、资本控制安全、产业成长安全、市场环境安全、产业竞争力安全等方面进行分析评价。

(一) 产业技术安全评价

对项目的产业技术安全,重点从以下方面进行分析评价:

(1) 项目采用的关键技术是否受制于人,是否拥有自主知识产权。对于主要依靠国外进口的核心技术及关键部件,是否可能威胁到国家产业安全。

(2) 分析运用技术壁垒对项目法人进行保护的能力。技术壁垒指一国以维护国家安全或保护人类健康和安全、保护动植物、保护生态环境或防止欺诈行为、保证产品质量为由,采取一些强制或非强制性的技术措施,使其成为其他国家商品自由进入该国的障碍。如技术标准与法规、知识产权、检验检疫措施、环境保护和劳工标准、合格评定程序、通关程序、包装和标签等。

(3) 分析技术创新能力,包括不断完善和提高产品的各项技术、环保、卫生、安全等标准,拓宽技术标准覆盖领域,通过研究、追踪、借鉴和采用国际标准,缩小本国与国外的差距,促进企业提高产品质量和科技含量,增加低消耗、无污染、高附加值产品生产,保证国家经济、社会、环境全面协调发展的能力。

(4) 分析项目涉及的行业组织和企业在推动和参与产品技术标准制定工作方面的参与能力。

(二) 资源供应安全评价

对于大量消耗重要战略资源的项目,分析项目建设及运营的资源保证程度。对于需要采取外交、经济及军事措施以保证供应安全的项目,重点分析资源供应及其对国家经济安全可能产生的影响。重点从以下角度进行分析评价:

(1) 项目所涉及的资源对国家经济增长的制约程度,评价所在行业的经济增长对这种资源的依赖程度及资源支撑力。

(2) 对于依赖国内资源供应的项目,分析经济发展对相关资源的需求增长情况,在矿产资源开发、利用方面存在的问题,对国民经济具有重要影响的矿产资源如原油、铁矿石等的自给能力,枯竭型矿产资源的替代能力等。

(3) 重要资源特别是能源和重要原材料等战略资源过于依赖进口的,重点分析受全球供求格局和价格变化的影响,包括打破现有垄断格局、运输线路安全保障等在内的有关国际政治、外交、军事等方面可能存在的问题。

(4) 项目所涉及资源的国际市场变动情况及对我国资源供应的影响,以及可能产生的资源供应风险。

(三) 资本控制安全评价

对项目的资本控制安全,重点从以下方面进行分析评价:

(1) 考察项目的投资方案通过利用国外的资本、市场、技术和人才,对提升我国相关企业竞争力等方面的效果。

（2）项目涉及的产业链各环节中对关键产业资本的控制能力，在关键环节重点考虑对外资等其他资本的依赖程度。

（3）外资以并购等方式控制我国战略性产业的项目，分析引进外资可能对我国产业造成的风险。

（4）分析由于资本的聚积和扩张可能对我国产业造成的垄断、产生不正当竞争等风险。

（四）产业成长安全评价

对项目的产业成长安全，重点从以下方面进行分析评价：

（1）按照科学发展观的要求，分析项目所依托的产业发展在优化结构、提高质量和效益等方面的作用，确保速度、结构、质量和效益相统一。

（2）对于幼稚产业，由于在企业规模、研发能力、产品质量、服务水平等方面无法与发达国家抗衡，离不开国外的先进技术等各种资源的支持，更要寻求对外开放与产业安全之间的平衡，提升国家的自主研发创新能力，促进相关产业发展。

（3）通过实施重大项目，促进产业战略协作关系的建立。战略协作是产业间适应激烈竞争的一种自救方式，对于搭建上下游产业链之间的合理利益、维护产业安全具有重要作用。通过与上下游产业建立互利协作关系，在生产、技术、供应链、价格、合资合作、知识产权以及人才方面加强合作，确保产业成长安全，共同提高抵御风险的能力。

（4）项目实施对产业集中度的影响，包括对现有企业实施兼并、重组，形成大型企业集团，加强资本集中，实现产业规模经济效益，提高产业国际竞争力等方面的影响效果。

（五）市场环境安全评价

对项目的市场环境安全，重点从以下方面进行分析评价：

（1）调查研究国外为了保护本地市场，采用反倾销等贸易保护措施和知识产权保护、技术贸易壁垒等手段，对拟建项目相关产业发展设置障碍的情况。

（2）项目所在产业受到进口倾销等手段的损害，市场份额减少、产业受到实质损害，可能导致企业停产、倒闭，职工下岗、待业，产业发展受到阻碍，影响到社会再生产良性循环和产业安全的情况。

（3）对市场准入进行有效控制，避免无序竞争造成的资源浪费情况。分析项目投资是否符合国家相关产业政策、技术政策、环保政策、能源政策和科学发展观的要求，引导调整和优化产业结构，规范竞争秩序，限制、淘汰落后技术，鼓励优势产业和高新技术产业，科学合理地保护和支持国内产业，优化市场环境和竞争秩序的状况。

（六）产业竞争力安全评价

对项目的产业竞争力安全，重点分析项目涉及的企业、行业组织和政府部门在树立产业安全理念、提升产业国际竞争力等方面的情况，主要包括：

（1）拟建项目法人机构在管理创新、成本控制、研发能力等核心竞争力方面的素质，以及在自主知识产权和自主品牌建设方面的竞争实力、创新基础和发展能力。

（2）政府主管部门和行业组织对提升行业竞争力，特别是在贯彻可持续发展战略、市场经济法律体系建设、政府管理和基础设施等方面为企业创造外部环境的情况。

（3）行业组织在树立产业安全理念、维护国家产业经济安全、提升综合竞争能力等方面的情况。

四、经济影响分析模型

（一）定量分析模型

重大项目的区域经济和宏观经济影响分析，可将项目的总产出、总投入、资源、劳动力、进出口总额等作为区域或宏观经济的增量，通过构造各种既有科学依据又反映项目特点的经济数学模型，分别计算"有项目"与"无项目"情况下的总量指标、结构指标、国力适应性指标及收益分配效果指标，并根据有无对比的原则对项目的影响进行分析评价。

常用的经济数学模型有宏观经济计量模型、宏观经济递推优化模型、全国或地区投入产出模型、系统动力学模型和动态系统计量模型等。

1. 宏观经济计量模型

宏观经济计量模型是在一定的经济假设下，依据一定的经济理论，建立众多经济变量之间的关系式，利用变量的历史序列数据对关系方程式组成的联立方程组进行回归分析运算，确定方程式中的经济参数和其他参数数值，从而得出方程的确定形式，并在此基础上预测未来经济发展趋势，或者判定经济变量或经济参数对经济发展的影响。模型一般包括生产、收入、投资、消费、劳动力、财政、金融、价格、贸易、能源等模块，能较全面地反映现实经济结构及其数量关系。模型还应包括受拟建重大项目影响的区域经济模型，并进行联立计算求解。利用宏观经济计量模型分析重大项目对区域和宏观经济的影响，主要是考察有无该项目的两种情况下宏观经济计量模型的运算结果，从而判定项目对区域和宏观经济影响的大小和好坏。

2. 宏观经济递推优化模型

宏观经济递推优化模型是统筹考虑国家中长期战略目标和近期发展目标的协调配合，在国力约束和供需平衡条件下，以年度国民收入最大化作为目标函数的模型。具体约束条件还包括产业间投入产出均衡、年度产业产出能力、消费年增长水平、积累率上下限、非生产性和更新改造投资比例、外汇平衡能力、进口需要量等。模型通过调整投资、消费结构和状态转移方程，使产业结构趋于合理化，在国力适应性等约束条件下寻求重大项目对宏观经济的有利影响和国民经济发展的合理途径。

3. 投入产出模型

投入产出模型是指依据著名经济学家列昂惕夫创立的投入产出经济学的原理，利用大量实际经济数据，构造反映国民经济各部门之间关联关系的投入产出表，根据该表计算出各部门的投入系数（即直接消耗系数）和完全消耗系数，并进一步计算各部门的影响力系数和感应度系数,分析判断各部门对国民经济其他部门的影响或其他部门的发展对某一部门的影响,从数量上系统地揭示经济体内部的不同部门之间的相互关系。这个经济体可以是一个国家,甚至是整个世界,也可以是一个省、地区、企业或行业部门。应用投入产出模型可以分析重大项目对国民经济各部门增长和结构的影响。

4. 系统动力学模型

经济系统动力学模型可以动态地模拟经济发展的演进趋势。系统动力学建模不是建立纯数学符号的数学模型,而是借助于 DYNAMO 语言编写计算机仿真程序,再借助计算机的模拟技术定量地进行系统结构、功能与行为的模拟。模型可考虑短缺对国民经济的影响,还可以通过对比其他工程项目,分析其财力承受能力。在处理重大项目时,以不同融资方案或不同投资时机,动态地模拟国民经济发展状况,对比有无该项目情况下的经济发展状态,分析判断国家财力对重大项目的承受能力。

5. 动态系统计量模型

动态系统计量模型是专门用于模拟长远发展态势的一种模型。它按照一定的规则,把经济计量模型及系统动力学模型的构模思想和方法,以及优化搜索技术和控制思想组合为一体,使模型能够更加合理地反映系统的长期理性行为,描述系统的长期变化。模型由主导结构、时变参数和决策结构的方程以及控制结构组成,可用来分析评价重大项目对国民经济的长期影响。

(二) 多目标综合评价分析模型

对于重大项目的经济影响分析,由于重点关注项目的间接影响、对区域或宏观经济的影响,以及对就业和居民收入的影响和贡献等,因此强调要进行更深入、更广泛的费用效益分析,要求对拟建项目必须站在更高的视野和更广泛的角度进行经济分析,以全面评价其宏观及区域经济影响价值,分析这些影响最终导致的受影响地区的企业、政府、居民及其他社会组织福利增长的效果,强调通过多目标分析方法,对重大项目进行多目标分析评价,评价项目满足环境质量、经济发展、可持续性、社会公平等目标的程度,通常采用德尔菲法、矩阵分析法、层次分析法、模糊综合评价法、数据包络分析法等分析评价方法。多目标综合评价一般都要组织若干专家,包括各行业和各学科的专家学者,根据国家产业政策、当地社会发展水平和区域经济发展目标,结合拟建项目的具体情况,对项目各项指标视其对项目的重要程度赋予一定的权重,并对各个指标进行量化分析,评价拟建项目的综合影响效果。

📂 本章小结

经济影响分析,就是分析项目生命周期内发生的费用和产生的效益对区域经济发展、产业发展及宏观经济所带来的影响,为协调项目与宏观经济、区域经济、产业发展之间的关系,促进项目的顺利实施,为提高项目的经济影响效果提出措施建议。项目经济影响分析通常从以下三个方面进行:

(1) 对区域和宏观经济层面的影响。

（2）对产业及部门层面的影响。

（3）对个人层面的影响。

项目的经济影响分析应遵循系统性原则、综合性原则、定性分析与定量分析相结合的原则，采用定量指标分析方法对项目进行经济影响分析，具体包括总量指标、结构指标、国力适应性指标、就业和收入分配指标。

另外，还要对项目进行国家经济安全影响分析，即应从产业技术安全、资源供应安全、资本控制安全、产业成长安全、市场环境安全、产业竞争力安全等方面进行分析和评价。

关键词

经济影响分析　影响力系数　三次产业贡献率　国家经济安全

第十七章 项目社会评价

厦门 PX 项目 2004 年 2 月由国务院批准立项,2005 年 7 月国家环保总局审查通过了该项目的《环境影响评价报告》(以下简称"环评"),国家发改委将其纳入"十一五"PX 产业规划 7 个大型 PX 项目中,并于 2006 年 7 月核准通过项目申请报告。该项目支持翔鹭石化年产量 270 万吨的 PTA,以及翔鹭化纤年产 80 万吨的聚酯化纤,每年工业产值可望达到 800 亿元人民币,对厦门市的经济发展具有重要作用。但是 PX 是高致癌物,对胎儿有极高的致畸率,而 PX 厂距厦门市中心和鼓浪屿只有 7 千米,距离新开发的"未来海岸"居民区只有 4 千米,在对项目进行评价时没有仔细考虑到这些因素,引起市民的集体反对,最后项目不得不另行选址。所以,在项目投资决策过程中还要考虑其对社会的影响,即需要对其进行社会评价。

投资项目是在一定的社会环境条件下实施的,在其投资建设和运营过程中,会产生各种各样的社会影响。为兼顾广大人民群众的根本利益、促进社会和谐发展,在项目的投资建设和运营过程中,必须按照以人为本的要求,关注公共利益。因此,在项目决策过程中投资项目的社会评价将越来越受到重视。本章将对社会评价的概念和特点、目的和作用、内容和方法以及公众参与等进行详细介绍。

学习目标

通过对本章的学习,能够解决以下问题:

1. 项目社会评价的主要内容是什么?
2. 项目社会评价的范围是什么?
3. 如何获取社会评价信息?
4. 项目社会评价的指标都有哪些?
5. 如何进行项目利益相关者分析?
6. 怎样编写社会评价报告?

第一节　概　　述

社会评价是识别和评价投资项目的各种社会影响,分析当地社会环境对拟建项目的适应性和可接受程度。评价投资项目的社会可行性,其目的是促进利益相关者对项目投资活动的有效参与,优化项目建设实施方案,规避投资项目的社会风险。

投资项目社会评价的应用是基于贯彻和落实科学发展观的需要。新的发展观强调以人为本,强调发展是一个综合的、内在的、持续的过程,强调人的参与在发展中的重要性,这就要求在投资项目的评价中,必须充分考虑社会的、人文的因素,进行投资项目的社会评价。

投资项目社会评价要求应用社会学的一些基本理论和方法,系统地调查和收集与项目相关的社会因素和社会数据,了解项目实施过程中可能出现的社会问题,以尽量消除和减少因项目的实施所产生的社会负面影响,使项目的内容和设计符合项目所在地区的发展目标、当地具体情况和目标人口的具体发展需要;研究、分析对项目成败可能产生影响的社会因素,提出保证项目顺利实施和效果持续发挥的建议和措施,以便为项目地区的人口提供更广阔的发展机遇,提高项目实施的效果,并使项目能为项目地区的区域社会发展目标作出贡献,促进经济与社会的协调发展。

一、社会评价的内容

社会评价从以人为本的原则出发,研究内容包括项目的社会影响分析、项目与所在地区的互适性分析和社会风险分析等三个方面。

(一)社会影响分析

项目的社会影响分析在内容上可从国家、地区、社区三个层面展开,包括正面影响和负面影响。

(1)项目对所在地居民收入的影响。主要分析预测由于项目实施可能造成当地居民收入增加或者减少的范围、程度及其原因;收入分配是否公平,是否扩大贫富收入差距,并提出促进收入公平分配的措施建议。扶贫项目应着重分析项目实施后,能在多大程度上减轻当地居民的贫困和帮助多少贫困人口脱贫。

(2)项目对所在地区居民生活水平和生活质量的影响。分析预测项目实施后居民居住水平、消费水平、消费结构、人均寿命等方面的变化及其原因。

(3)项目对所在地区居民就业的影响。分析预测项目的建设、运营对当地居民就业结构和就业机会的正面与负面影响。其中,正面影响是指可能增加的就业机会和就业人数,负面影响是指可能减少原有就业机会及就业人数,以及由此引发的社会矛盾。

(4)项目对所在地区不同利益相关者的影响。分析预测项目的建设和运营使哪些人受益或受损,以及对受损群体的补偿措施和途径。兴建露天矿区、水利枢纽工程、交通运输工程、城市基础设施等一般都会引起非自愿移民,应特别加强对这项内容的分析,避免产生不必要的社会冲突。

(5)项目对所在地区弱势群体利益的影响。分析预测项目的建设和运营对当地妇女、儿童、残疾人员利益的正面或负面影响。

(6)项目对所在地区文化、教育、卫生的影响。分析预测项目的建设和运营期间是否可能引起当地文化教育水平、卫生健康程度的变化以及对当地人文环境的影响,提出减少不利影响的措施建议。公益性项目要特别加强这项内容的分析。

(7)项目对当地基础设施、社会服务容量和城市化进程等的影响。分析预测项目的建设和运营期间,是否可能增加或者占用当地的基础设施,包括道路、桥梁、供电、给排水、供汽、服务网点,以及产生的影响。

(8) 项目对所在地区少数民族风俗习惯和宗教的影响。分析预测项目建设和运营是否符合国家的民族和宗教政策,是否充分考虑了当地民族的风俗习惯、生活方式和宗教信仰,是否会引发民族矛盾、宗教纠纷,影响当地社会安定。

通过以上分析,可对项目的社会影响作出评价。编制项目社会影响分析表,如表 17-1 所示。

表 17-1　项目社会影响分析表

序号	社　会　因　素	影响的范围和程度	可能出现的后果	措施建议
1	对居民收入的影响			
2	对居民生活水平和生活质量的影响			
3	对居民就业的影响			
4	对不同利益相关者的影响			
5	对弱势群体利益的影响			
6	对地区文化、教育、卫生的影响			
7	对地区基础设施、社会服务容量和城市化进程等的影响			
8	对少数民族风俗习惯和宗教的影响			

(二) 互适性分析

互适性分析主要是分析预测项目能否为当地的社会环境、人文条件所接纳,以及当地政府、居民支持项目的程度,考察项目与当地社会环境的相互适应关系。

(1) 分析预测与项目直接相关的不同利益相关者对项目建设和运营的态度及参与程度,选择可以促使项目成功的各利益相关者的参与方式,对可能阻碍项目存在与发展的因素提出防范措施。分析内容包括:项目所在地区不同利益相关者参与项目活动的重要性,对当地人群的参与有影响的关键的社会因素,在项目社区中是否有一些群体被排斥在项目设计方案之外或在项目方案中没有发表意见的机会,找出项目地区的人群参与项目设计、准备和实施的恰当的形式和方法。

(2) 分析预测项目所在地区的社会组织对项目建设和运营的态度,可能在哪些方面、在多大程度上对项目予以支持和配合。首先,分析当地政府对项目的态度及协作支持的力度。尤其是大型项目,在后勤保障等一系列问题上更离不开社会支撑系统。应当认真考察交通、电力、通信、供水等基础设施条件以及医疗、教育等社会福利及生活条件,当地是否能够提供保障。其次,分析当地群众对项目的态度以及群众参与的程度。一个项目只有造福于人类,取信于民众,使群众以各种方式参与到项目的设计、决策、建设、运营和管理中来,才能得到群众的拥护和支持。通过分析项目的受益者及受益面的大小、受损者及其受损程度和补偿方案,寻找共赢方案。

（3）分析预测项目所在地区社会环境、文化状况能否适应项目建设和发展的需要。对于主要为发展地方经济、改善当地居民生产生活条件兴建的水利项目、交通运输项目和扶贫开发项目,应分析当地居民的教育水平能否适应项目要求的社会环境条件,能否保证实现项目的既定目标。

通过项目与所在地的互适性分析,评价当地社会对项目的适应性和可接受程度,编制社会对项目的适应性和可接受程度分析表,如表 17-2 所示。

表 17-2　社会对项目的适应性和可接受程度分析表

序号	社　会　因　素	适应程度	可能出现的问题	措施建议
1	不同利益相关者的态度			
2	当地社会组织的态度			
3	当地社会环境条件及文化状况			

（三）社会风险分析

项目的社会风险分析是对可能影响项目的各种社会因素进行识别和排序,选择影响面大、持续时间长,并容易导致较大矛盾的社会因素进行预测,分析可能出现这种风险的社会环境和条件。如大型水利枢纽工程的建设,就要分析移民安置和受损补偿问题。如果移民群众的生活得不到有效保障或生活水平大幅降低,受损补偿又不尽合理,群众的抵触情绪就会滋生,从而会直接导致项目工期的拖延,影响项目预期社会效益的实现。通过分析社会风险因素,编制项目社会风险分析表,如表 17-3 所示。

表 17-3　社会风险分析表

序号	社会风险因素	持续时间	可能出现的后果	措施建议
1	移民安置问题			
2	民族矛盾、宗教问题			
3	弱势群体支持问题			
4	受损补偿问题			

二、社会评价的特点

（一）宏观性和长期性

投资项目社会评价所依据的是社会发展目标,考察投资项目建设和运营活动对实现社会发展目标的作用和影响,分析项目的实施是促进了还是阻碍了社会发展目标的实现。社会发展目标是依据国家和地区的宏观经济与社会发展需要来制定的,包括经济增长目标、国家安全目标、人口控制目标、减少失业和贫困目标、环境保护目标等,涉及社会生活的方方面面。在进行投资项目的社会评价时,要认真考察与项目建设相关的各种可能的影响因素,无论是正面影响还是负面影响,直接影响还是间接影响。这种分析和考察应该是全面的,是从所有与项目相关的社会成员的角度进行的,因而是广泛和宏观的。因此,社会评价应高屋建瓴,着眼大局,整体把握,权衡社会影响利弊。

投资项目的社会影响具有长期性。一般经济评价只考察投资项目大约 20 年的经济效果,而社会评价通常要考虑一个国家或地区的中期和远期发展规划及要求,有些领域的影响可能涉及几十年、上百年,甚至是关乎几代人。如建设三峡工程这样的投资项目,在考察项目对生态环境、人民生活、社会发展的影响时,考察的时间跨度可能是几代人。

（二）目标的多样性和复杂性

财务分析和经济分析的目标通常比较单一,主要就是衡量企业的财务赢利能力及资源配置的经济效率,而社会评价的目标则远为多样和复杂。社会评价的目标分析是多层次的,是针对国家、地方和当地社区各层次的发展目标,以各层次的社会政策为基础展开的。通常低层次的社会目标是依据高层次的社会目标制定的,但各层次在就业、扶贫、妇女地位、文化、教育、卫生保健等方面可能存在不同情况,其要求和重点也可能各不相同。因此,社会评价需要从国家、地方、社区三个不同的层次进行分析,做到宏观分析与微观分析相结合。社会目标层次的多样性,决定了社会评价需要综合考察社会生活的各个领域与项目之间的相互关系和影响,必须分析多个社会发展目标、多种社会政策、多种社会影响和多样的人文环境因素。因此,综合考察项目的社会可行性,通常需要采用多目标综合评价的方法。

在社会评价中,社会学、人类学等多学科理论与方法的引入,使得项目中难以量化的变量能得以更好地描述、解释及预测,从而保证评价者和受影响者能够详细了解项目状况,并加以调整控制,进一步保证项目的预期目标得以实现。社会评价的应用,可以更加有效地调动人们参与项目的积极性,一方面使项目的实施得到内部的支持,另一方面也在项目实施的过程中促进了参与者自身的发展。

（三）评价标准的差异性

社会评价由于涉及的社会环境多种多样,影响因素比较复杂,社会目标多元化和社会效益本身的多样性使得难以使用统一的量纲、指标和标准计算和比较社会影响效果,因而在不同行业和不同地区的项目评价中差异明显。社会评价的各个影响因素,有的可以定量计算,如就业、收入分配等,但更多的社会因素是难以定量计算的,如项目对当地文化的影响、对当地社会稳定的影响,以及当地居民对项目的支持程度等。这些难以量化的影响因素,通常使用定性分析的方法加以研究。因此在社会评价中,通用评价指标少,专用指标多;定量指标少,定性指标多。这就要求在具体项目的社会评价中,充分发挥评价人员的主观能动性。

三、社会评价的作用

（一）有利于经济发展目标与社会发展目标协调一致,防止单纯追求项目经济效益

如果缺乏对拟建项目的社会评价,项目的社会、环境等问题未能在实施前得以解决,将会阻碍项目预期目标的实现。有些项目具有很好的经济效益,但可能造成严重的生态

环境污染,损害当地居民的利益,并引起社会矛盾,将不利于项目的顺利实施;有些项目在少数民族地区建设,没有充分了解当地的风俗习惯,导致当地居民和有关部门的不配合;有些项目由于移民安置解决不好,导致人们生活水平下降等,不利于社会经济的协调发展。实践证明,项目建设与社会发展能够协调配合,是促进经济发展目标和社会进步目标实现的基本前提,是建设和谐社会、实现以人为本的科学发展观的基本要求。

(二)有利于项目所在地区利益协调一致,减少社会矛盾和纠纷

投资项目在客观上一般都存在对所在地区的有利影响和不利影响。有利影响与所在地区利益相协调,对地区社会发展和人们生活水平起到促进和推动作用;不利影响则会给地区的局部利益或社会环境带来一定的损害。分析有利影响和不利影响的大小,判断有利影响和不利影响在项目投资效果中的分布情况,是社会评价中判断一个项目好坏的重要尺度之一。如一个水利工程项目,有利影响包括防洪防涝、发电、灌溉和水产养殖,不利影响主要就是由于库区建设而导致的人口迁移。如果库区迁移人口安置不当,致使当地人群生活水平下降,生活习惯改变,难以适应新的生活环境,可能引起移民的不满或过激行为,对当地社会稳定和项目的顺利进行都会产生不利的后果。因此,社会评价中应该始终把项目建设同当地人群的生活和发展联系起来,充分估计到项目建设可能造成的不利影响,预先采取适当的措施,把由项目建设引起的社会不利影响降至最低。

(三)有利于避免或减少项目建设和运营的社会风险,提高投资效益

项目建设和运营的社会风险是指由于在项目评价阶段忽视了社会评价工作,致使在项目的建设和运营过程中与当地社区发生种种矛盾,且矛盾长期得不到解决,导致工期拖延、投资加大、经济效益低下,偏离当初拟定的项目预期目标。这就要求评价人员在进行社会评价时,要侧重于分析项目是否适合当地人群的文化生活需要,包括文化教育、卫生健康、宗教信仰、风俗习惯等。考察当地人群的需求状况,对项目的态度如何,是支持还是反对。分析要广泛、深入、实际,并提出合理的针对性建议,以减少项目的社会风险。只有消除了项目的不利影响,避免了社会风险,使项目与当地人群的需求相一致,才能保证项目的顺利实施,持续发挥项目的投资效益。

四、社会评价的范围

(一)社会评价的项目范围

任何投资项目都与人和社会有着密切的联系,从理论上讲,投资项目的社会评价适合于各类投资项目的评价。然而,由于社会评价难度大、要求高,并且需要一定的资金和时间投入,因此并不要求任何项目都进行社会评价。一般而言,主要是针对那些使当地居民受益较大的社会公益性项目、对人们生活影响较大的基础设施项目、容易引起社会矛盾的项目以及扶贫项目进行社会评价。包括引发大规模移民征地的项目,如交通、供水、采矿和油田项目,以及具有明显社会发展目标的项目,如扶贫项目、区域性发展项目和社会服务项目(如教育、文化和公共卫生项目等)。

在项目评价中,首先需要进行初步社会评价,根据初步评价的结果,判断是否需要进行详细社会分析。需要进行详细社会分析的项目具有以下特征:

(1)项目地区的居民无法从以往的发展项目中受益或历来处于不利地位。

(2)项目地区存在比较严重的社会、经济不公平等现象。

(3)项目地区存在比较严重的社会问题。

(4)项目地区面临大规模企业结构调整,并可能引发大规模的失业。

(5)可以预见到项目会产生重大的负面影响,如非自愿移民、文物古迹的严重破坏等。

(6)项目活动会改变当地人口的行为方式和价值观念。

(7)社区参与对项目效果的可持续性和成功实施十分重要。

(8)项目评价人员对项目影响群体和目标群体的需求及项目地区发展的制约因素缺乏足够的了解。

(二)社会评价重点关注的人群范围

社会评价的中心主题是强调以人为本。人是推动发展的主体,也是发展的受益对象。人们在推动发展的同时,也受益于发展过程。从以人为本的思想出发,必然要求在社会评价中将人的因素放在中心位置予以考虑,特别是要重点关注以下弱势群体。

1. 非自愿移民

非自愿移民是指由于发展项目建设而导致的被迫移民,其涉及的因素复杂,包括社会、经济、政治、文化、宗教、环境以及技术等诸多方面。非自愿移民在没有成为移民之前,他们有可能也是发展的主流,并未被归入弱势群体或者贫困群体之列。但当他们成为非自愿移民后,将可能丧失土地资源,其劳动、生产和管理技能贬值,社会网络和社会资本发生较大改变等。一旦采取的补偿和恢复措施出现偏差,他们就可能成为新的弱势群体,需要社会评价予以重点关注。

国内外的经验表明:非自愿移民是发展项目中易受伤害的主要利益相关者之一,应该给予特别的关注。如果发展项目中的非自愿移民问题处理不当,可能产生迁移人口的次生贫困、社会不公平和其他社会风险;相反,如果处理得好,被迁移的人口可能得到改善生活环境、增加经济收入和提高生活质量的发展机遇。

成功的移民安置不仅仅需要细致的社会经济调查、科学的移民计划、合理的经济补偿和扶持政策,也需要充分了解移民过程中可能存在的各种社会影响及其风险,并且采用妥善的战略和措施,这些都需要社会评价给予足够的重视,以减少相关的风险因素和不确定因素。

2. 贫困人口

贫困人口因为贫困,所以其社会影响力明显较弱,如果不特别关注,他们的声音就可能被忽视,他们的权益有可能不被重视。如果这部分人被忽视,就谈不上是以人为本的发展。消除贫困是社会发展的一个主要目标。任何投资项目,其最终目标都是为了实现社会的发展,社会评价关注贫困人口是与项目目标相一致的。

3. 少数民族

如果项目所在区域属于少数民族地区,社会评价就必须特别考虑少数民族的特点,尤其是民族文化的特点。由于少数民族地区的社会经济发展层次通常较低,少数民族区域同时也可能就是贫困地区。保护民族文化多样性的社会发展目标也要求在社会评价中关注少数民族问题。可通过问卷调查的形式,调查当地少数民族的意愿,并针对相关问题提出具体、有效的建议和措施,以保证项目的顺利实施。

4. 女性

通常男性和女性由于在社会活动中所扮演的角色不同,在社会生活中所处地位、基本需求、对事物的看法和认识也就会有所不同。一个发展项目往往对男性和女性会产生不同的影响。比如,女性已经成为现代农业生产的主力军,从事农业生产的女性比例要高于男性,因此,土地征用对女性的影响往往比对男性的影响更为严重,所以应该给予足够的考虑。项目的设计力求满足不同性别群体的需要,不仅有助于消除项目对不同性别群体负面影响的差异,提高项目的实施效果,还能对促进社会性别平等这一长远的社会发展目标作出贡献。

五、社会评价的过程

社会评价一般包括调查社会资料、识别社会因素、论证比选方案三个步骤。

(一)调查社会资料

调查了解项目所在地区的社会环境等方面的资料,包括项目所在地区和受影响的社区基本社会经济情况,以及项目影响时限内可能的变化。具体包括人口统计资料、基础设施与服务设施状况;当地的风俗习惯、人际关系;各利益相关者对项目的反应、要求与接受程度及各利益相关者参与项目活动的可能性,如项目所在地区干部群众对参与项目活动的态度和积极性,可能参与的形式和时间,妇女参与有无特殊情况等。社会调查可采用多种调查方法,如查阅历史文献、统计资料、问卷调查、现场访问与观察、开座谈会等。

(二)识别社会因素

分析从社会调查中获得的资料,对项目涉及的各种社会因素进行分类。一般可分成三类:

(1)影响人类生活和行为的因素,如对就业、收入分配、社区发展和城市建设、居民身心健康、文化教育事业、社区福利和社会保障等的影响因素。

(2)影响社会环境变迁的因素,如对自然和生态环境、资源综合开发利用、能源节约、耕地和水资源等的影响因素,以及由此对社会环境的影响。

(3)影响社会稳定与发展的因素,如对人们风俗习惯、宗教信仰、民族团结的影响,对社区组织结构和地方管理机构的影响,对国家安全和地区发展的影响等。

从这些因素中,识别与选择影响项目实施和项目成功的主要社会因素,作为社会评价和对项目方案进行论证比选的重点。

（三）论证比选方案

对拟定的项目建设地点、技术方案和工程方案中涉及的主要社会因素进行定性、定量分析，比选推荐社会正面影响大、社会负面影响小的方案。主要内容包括以下几点。

1. 确定评价目标与评价范围

根据投资项目建设的目的、功能以及国家和地区的社会发展战略，对与项目相关的各社会因素进行分析研究，找出项目对社会环境可能产生的影响，确定社会评价的目标，并分析主要目标和次要目标。分析的范围包括项目影响涉及的空间范围和时间范围。空间范围是指项目所在的社区、县市等。有的大型项目如水利项目，影响区域可能涉及多个省市等较为广泛的地域。时间范围是指项目的寿命期或预测可能影响的年限。

2. 选择评价指标

根据评价的目标，选择适当的评价指标，包括各种效益和影响的定性指标和定量指标。所选指标不宜过多，且要便于搜集数据和进行评定。

3. 确定评价标准

在广泛调查研究和科学分析的基础上，收集项目本身及评价空间范围内社会、经济、环境等各方面的信息，并预测评价在项目建设阶段有无可能发生变化，然后确定评价的标准。

4. 制订备选方案

根据项目的建设目标、不同的建设地点、不同的资金来源、不同的技术方案等，提出若干可供选择的方案，并采取访问、座谈、实地考察等方式，了解项目影响区域范围内地方政府与群众的意见，将这些意见纳入方案比较的过程中。

5. 进行项目评价

根据调查和预测的资料，对每一个备选方案进行定量和定性评价。首先，对能够定量计算的指标，依据调查和预测资料进行测算，并根据评价标准判断其优劣。其次，对不能定量计算的社会因素进行定性分析，判断各种社会因素对项目的影响程度，揭示项目可能存在的社会风险。最后，分析判断各定性指标和定量指标对项目实施和社会发展目标的重要程度，对各指标进行排序并赋予一定的权重。对若干重要的指标，特别是不利影响的指标进行深入的分析研究，制定减轻不利影响的措施，研究存在的社会风险的性质与重要程度，提出防控风险的措施。

6. 编制社会评价报告

将对所评价项目的调查、预测、分析、比较的过程和结论，以及方案中的重要问题和有争议的问题写成一定格式的书面报告。在提出方案优劣的基础上，提出项目是否可行的结论或建议，形成项目社会评价报告，作为项目决策者的决策依据之一。

第二节　社会评价过程

社会评价过程，同时也是相关信息资料的调查、整理和分析的过程。为了进行社会评价，通常需要从特定目标人群中收集有关社会信息资料，诸如人口统计资料、收入分配、社会服务、宗教信仰、人们对项目的意见和态度等信息。项目周期不同阶段社会评价需要回答的问题不同,所需要的信息内容也会有所不同。例如,在立项阶段,社会评价应重点关注当地主要存在什么样的社会问题,以及什么类型的项目才能解决这些问题。在项目准备阶段,社会评价则应重点关注为了保证项目目标的实现,应该采取什么样的项目建设和实施方案等。在项目后评价阶段,需要重点检验项目的预期社会目标是否得以实现。因此,不同阶段的社会评价,所需要的信息资料不同。

一、社会评价信息

(一)投资项目社会评价所需信息分类

为了叙述方便,我们将信息分为如下四类:

A 类,即项目方案设计所需的一般统计信息;

B 类,即为制定项目目标及实施方案所需要的有关因果关系及动态趋势的信息;

C 类,即项目社会影响评价所需的基线信息(包括历史数据和常规信息);

D 类,即项目监督与评价所需的受项目影响人群信息。

(二)项目周期不同阶段所需要的信息

在进行投资项目社会评价时,应根据不同阶段的需要来收集不同类别的信息。按照世界银行的项目管理,其项目周期中不同阶段的社会评价投入及所需信息有如下关系,如表 17-4 所示。

表 17-4　项目周期不同阶段的社会评价投入及所需信息

项目周期不同阶段	社会评价投入	所需主要信息
项目立项	识别项目目标群体、确定项目影响范围	A 类、B 类
项目方案制订与评估阶段	设计参与机制、进行社会可行性分析	A 类、B 类
项目实施及监测评价阶段	受益者分析、社会参与	D 类
项目后评价	社会影响评价	C 类

二、社会信息获取程序和方法

(一)社会信息收集的基本程序和步骤

调查与收集社会信息必须遵循一定的基本程序。一般都要经历确定调查对象、调查方法设计、调查实施和分析总结等阶段。

1. 确定调查对象

调查对象的选定是否恰当,对社会评价工作的成效具有至关重要的影响。

2. 调查方案设计

调查方案的设计一般包括以下步骤:

（1）拟定调查提纲。确定调查项目，界定调查内涵，并确立完整的社会指标作为测量调查项目的尺度。

（2）设计调查表。按照逻辑关系和便于实际调查的顺序，设计若干具体问题，所有问题设计都要以能够收集到真实确切的资料为原则。

（3）根据调查目的、要求以及对象范围等情况，决定调查研究的方式和方法。

（4）制订工作计划，明确时间分配、人员配备、财务预算等。

3. 收集与整理资料

收集资料是一项十分艰苦复杂的工作，同时必须通过搜集资料发现新的问题，为进一步深入调查作准备。整理资料则是一种细致的工作，首先要对所取得的资料进行查验，对遗漏的资料进行必要的补充，错误的要进行修正；其次是按照事先规定的途径，将资料汇总分类并加以条理化。在收集和整理资料时，要注意以下几点：

（1）按照调查提纲和调查表的问题全面地收集资料。

（2）注意谈话技巧。要尊重被调查者，既要引导被调查者作答，又不能对问题流露出调查者自己的看法，更不能对答案作出好恶的评价。

（3）应区别对象和场合决定采用记录方式或使用录音等工具，应以不影响被访者提供资料为原则。

（4）为了克服语言和理解的差异，在被访者作答关键性的问题以后，访问者应重复答案以得到对方的确认或否定。

4. 分析总结

对收集整理的资料进行分析研究，一方面是应用统计手段进行数量分析，研究这些调查资料所表现出的各种总体数量特征；另一方面应运用比较、归纳、推理或统计等方法发现各变量之间的内在联系，揭示数量特征及含义，得出社会调查结论。

（二）社会信息获取方法

1. 个人访谈

个人访谈是社会信息收集经常采用的一个重要方法。与项目的参与者及其他一些重要信息提供者的个人访谈，有助于了解项目所涉及的生态、社会、文化、经济以及其他有关问题，理解目标人群的观点、态度以及行为模式等。

1）个人访谈的类型

个人访谈通常分为三种类型：非正式的会话式访谈、重点问题访谈及半封闭型访谈，具体介绍见表17-5。

在实际调查工作中，这三种访谈方式常常相互配合使用。一般是先进行非正式的会话式访谈，然后辅以重点问题访谈或半封闭型访谈。

2）个人访谈应该注意的问题

（1）初始印象。初始接触对于任何类型的访谈都是很重要的。访谈主持人的外表、气质和谈话的方式都应与访谈的气氛相称。访谈的语言应该通俗，尽量避免使用行话或不必要的技术术语，主持人的态度要和善，使受访者感到亲切、放松。

表 17-5　个人访谈的三种方式

类　型	要　求	优　点	缺　点
非正式的会话式访谈		1. 调查人员在谈话主题的选择上享有充分的灵活性和自由； 2. 可以涉足较宽的领域，有些内容甚至是项目负责人事先都没有预料到的	1. 费时间且不易突出重点； 2. 从不同受调查者那里得到的信息没有可比性； 3. 受调查者本人的态度和好恶影响较大
重点问题访谈	把将要涉及的重点问题用表格列出，以对谈话内容进行方向引导	1. 由于所有的调查人员都调查相同的问题，因而收集的资料具有可比性，在进行分析时，能够对不同的问题进行比较与排序； 2. 将讨论始终限定在给定的主题上，因此可以节省时间	
半封闭型访谈	需要准备一个具体问题清单	1. 收集到的信息可以较直接地回答项目社会评价所关心的问题； 2. 从不同的被调查者得到的信息具有可比性； 3. 与其他两种个人访谈形式相比，这种访谈的结果受会谈主持人的个性和沟通技巧的影响不大； 4. 与其他两种方式相比，这种访谈问题直截了当，节省时间	以这种方式收集到的信息价值的大小受问卷设计质量的影响较大

（2）提问顺序。访谈应始于一个一般性的谈话话题。从简单问题开始，逐步向越来越复杂的问题转变。先讨论当前问题，再讨论有关过去或未来的问题。

（3）提问方式。提问的方式要恰到好处，一次尽量只提一个问题，使困难的问题易于理解，抽象的问题变得具体，窘迫的问题使被调查者乐于回答。

（4）访谈引导。正确引导和控制访谈的进程，对于让被调查者充分表达自己对所提问题的认识和意见很重要。有时被调查者的谈话内容会远离谈论的主题，这时就需要访谈主持人运用适当的手法把话题移回访谈的主题。

（5）访谈立场。调查人员应当既是一个有心的听众，又是一个不偏不倚的观察者。主持人应当避免给所讨论的话题加入自己的态度和好恶。被调查人有权表达自己的观点，而调查人员应能正确引导被调查人对自己的观点进行明确的表达。

（6）访谈记录。访谈的内容应尽可能迅速、完整地被记录和整理出来。同时，调查人员应当尽可能地把自己的观点、反应和感觉系统地记录下来。

2. 问卷调查

设计出质量较高的调查问卷，并善于运用访谈技巧进行访谈，是获得正确、有用数据的重要手段。问卷的设计应该达到以下目的：阐明和提出问题；获取和记录问答。

为了能够阐明问题，问卷的设计应遵循以下原则：

（1）设计出样本内全体成员都能理解并能回答的问题，尽量避免使用不确定的、歧义性的、互相重叠和技术性过强的术语，答案应尽可能简短，而且一次只提一个问题。

（2）尽可能地避免导向性问题。导向性问题是指被调查者在回答这些问题时，似乎感觉到调查人员可能期望得到某种答案。

（3）注意问题的排序具有逻辑性和流畅性。问题的设计通常应由简单到复杂，从一般到具体，从容易到困难。

（4）对于敏感性问题，应注意其提问的时机和提出方式。通常应在调查人和被调查人之间的融洽关系基本形成之后，当谈到相关问题时相机提出。如果不宜于直接提出，则可以变换方式，间接和含蓄地提出。

采用问卷的类型不同，会各有优缺点，对问卷的数据处理要求也会有所不同：

（1）全封闭式。全封闭式调查时，问题的提出采用选择题的形式，受访者较容易回答，并且能够较快地回答。但由于选项有限，受访者可能被迫选择一个并不能真实反映或表达其想法的答案，从而对数据的真实性、科学性会产生一定的影响。

（2）半封闭式。半封闭式要求受访者用自己的语言回答所提出的问题。问题往往有一定的难度，受访者需要耗费一定的时间，不同受访者的答案可能有很大的差别，因此很难清楚地归纳出答案中所反映的趋势、态度或结论，必须在后续工作中对答案进行系统的归类、整合，这是此种方式的主要缺点。但是对于那些探索性问题，则必须采用这种方式。

3. 小组讨论

社会信息可以借助于调查者与被调查者之间的讨论和交流来获取。与个人访谈相比，小组进行集体讨论具有以下优点：

（1）能使调查者通过采取既迅速又经济的方式来收集信息。

（2）人们汇集在一起，互相受对方的感情、情绪和所关心事件的影响，可以减少个人访谈的一些窘境，使他们能够畅谈自己在个别场合所不愿过多涉及的问题。

（3）有些情况下，小组讨论收集到的信息往往比个人访谈更为精确，因为人们顾虑如果他们提供不准确的信息，就会与其他人所提供的信息相互矛盾。

按照讨论会参与的人数多少，集体讨论可以划分为两种类型：社区会议和专题讨论会。社区会议是邀请所有社区和村落人员参加的讨论会，专题讨论会则只是邀请一些细心选择的人员参加（通常由 6～10 人构成）。

1）社区会议

为了从社区会议中获取有用和可信的信息，需要注意：

（1）为了收集系统的、具有可比性的信息，并使讨论的重点突出，在会前应该准备一个讨论提纲。

（2）如果社区会议不能覆盖项目拟建地的所有社区或村庄居民，则应当从中细心地选择几个社区，以使他们能较大程度地代表目标人群的意见。

（3）社区会议举办的时间和规模是影响会议成功效果的两个重要因素。如果会议的规模过大，往往难以有效组织。如会议的参加人员超过 30 个，通常应把他们分成几个小组。

（4）社区会议可以由一个人或一个由若干人组成的小组负责，效果会更佳。组成小组的不同成员可以有不同的专业背景，这有利于提高收集信息的质量和深度。

（5）会议之后，给个别的谈话留下时间和机会是非常重要的，让每个参与者均能清晰地表达自己的观点和意见。

2）专题讨论会

专题讨论会类似于社区会议，二者的差别有以下几点：

（1）为专题讨论会准备的讨论提纲要比用于社区会议的提纲粗略得多。通常只需要一个简短的提要，提醒调查人员把握住谈话的主要话题。

（2）要从专题讨论会上得到有价值的信息，选择合适的会议参与者十分重要。最好让了解当地情况的人员推荐参加会议的人选，并选择不同背景的人员，则效果会更好。

（3）与社区会议相比，专题讨论会的地点、位次安排以及讨论时间的长短也很重要。会议地点和位次安排应尽可能使所有的会议参与人员在生理上和心理上都感到舒适。通常，讨论的时间不宜超过 2 个小时，除非大多数人意犹未尽，希望延长讨论时间。

4. 参与观察

参与观察是收集社会信息的一种有效方法，它要求通过参与到具体的社会实践活动中来，对项目的社会环境状况进行直接观察。这种方法通常与直接观察、小组讨论和问卷调查等结合使用。例如，在关于当地人群对项目反应的调查中，调查者变成项目拟建地社区中的一员，以便真正理解当地人群对拟建项目的认识和理解、对项目能够带来的利益和遭受损失的判断，以及对项目实施机构的态度和感觉。

与其他方法相比，参与观察有一些显著的优点：

（1）参与观察者可以观察到某个现象或过程各个层面的真实情况。

（2）参与观察有助于揭示行为模式、社会和经济进程，以及那些信息提供者本身也未意识到或不能加以适当描述的环境因素。

（3）参与观察有助于了解社区中贫困人口和其他容易被忽略的人群的需要、行为模式和环境条件，而这些人往往不能明确反应他们所处的困境和面临的问题。

参与观察应遵循以下规则：

（1）明确观察的主要问题。观察者在进入某个领域之前不应当有先入之见，应当以一种开放的心态进入实际观察地区，观察的结论应当纯粹地建立在实际观察所获得的经验之上。如果观察者分布于不同的社区，则他们必须使用统一的问题框架。在框架形成之前，观察者应当翻阅大量的相关文献，并与一些关键信息提供者进行个人交谈。同时应限制问题的数量，保证将最重要的问题列入观察清单中。

（2）合理安排观察的地点和日程。参与观察是一项耗时、耗财又需要技巧的活动，因此应尽量控制观察场所的数量。通常至少应选择两个场所进行观察，以使观察所得的信息具有可比性，并且可相互验证分析。

场所的选择应考虑以下因素：① 被观察的现象在所选择的场所中应能出现并且有一定的规模；②社区或组织愿意接受参与观察的人员；③观察者能够进入社区或组织的正常活动中。要重视观察时间段的选择，因为被观察事件的发生往往具有一定的时间要求，时间段选择不当将直接影响所获得信息的价值。

（3）在观察活动中，观察者在项目拟建社区应担当适当的职能。通常有三种选择：

① 观察者作为项目拟建社区的一个成员；②观察者作为一个纯粹意义上的调查者，对当地人群的日常生活以及他们对项目的反应进行观察；③介于以上二者之间的，观察

者不单纯扮演项目所在社区的普遍成员角色,而是去参与社区的一些正式或非正式的活动,这是观察者收集社会评价资料时通常所扮演的角色。

(4)观察者应避免两种偏见:一是调查人员对被观察环境的影响;二是被观察环境对调查人员的影响。应尽可能地将这两种影响降低到最大限度。

5. 文献资料的收集

1)文献资料的种类

文献调查法也叫二手资料查阅法,就是通过收集有关的各种文献资料,摘取其中对社会评价有用的信息。社会调查一般是从文献调查开始的,无论访谈还是现场观察或问卷调查等,都应先收集必要的资料和信息,以便有的放矢。

就社会评价而言,常用的文献资料包括:①社会学、经济学、人文学理论研究资料;②项目所在地和影响区域的年度国民经济与社会发展报告、财政收支报告以及地区统计年鉴;③经济普查、人口调查等资料;④地方志;⑤当地报刊、地图、电话号码簿等;⑥其他相关资料。

2)运用文献资料应注意的问题

无论是进行短期调查还是进行长期的研究,社会评价人员都希望尽可能全面地收集已有的信息和资料,但应注意资料的有效性,避免收集已经过时的资料。

第三节　项目社会评价方法

一、社会评价方法概述

(一)社会评价方法

项目涉及的社会因素、社会影响和社会风险不可能用统一的指标、量纲和判据进行评价,因此社会评价应根据项目的具体情况采用灵活的评价方法。

1. 定性分析和定量分析

项目影响的社会因素比较繁杂。有的社会因素可以采用一定的计算公式定量计算,如就业效益、收入分配效果等;而更多的社会因素则难以计量,更难以采用一定的量纲用统一的计算公式进行计算。因此,社会评价通常采用定量分析与定性分析相结合、指标评价与经验判断相结合的方法,能定量的就进行定量分析,不能定量的则进行定性分析。在评价过程中,也可先定量分析,再通过定性分析进行补充说明。

1)定量分析方法

定量分析是通过一定的数学公式或模型,在调查分析得到的原始数据的基础上,计算得出结果并结合一定的标准进行的分析评价。定量分析一般要有统一的量纲、一定的计算公式和判别标准。一般认为,定量分析比较客观科学,但是对于项目评价来说,对大量复杂的社会因素进行定量计算显然难度很大。因此,定量分析在社会评价中只作为一种辅助方法。

2)定性分析方法

定性分析主要采用文字描述为主的形式,详细说明相关的情况、性质、程度、优劣,并据以作出判断或得出结论。定性分析应尽量引用直接或间接的数据,以便更准确地说明问题的性质和影响程度,并且尽可能地对分析对象选定对比的基准,在可比的基础上按照有无对比的原则进行对比分析。

2. 初步社会评价和详细社会评价

在项目前期工作阶段,应根据项目研究的深度分别采用初步社会评价和详细社会评价的方法。

1) 初步社会评价

初步社会评价是在预可行性研究阶段进行社会评价常采用的一种简便方法。运用这一方法可大致了解拟建项目所在地区社会环境的基本状况,识别主要的影响因素,粗略地预测可能出现的情况及其对项目的影响程度。初步社会评价主要是分析现有资料和现有状况,着眼于负面社会因素的分析判断,一般以定性描述和分析为主。主要步骤如下:

(1) 识别主要社会因素。对影响项目的社会因素进行分类,可按其与项目之间的关系和预期影响程度划分为影响一般、影响较大和影响严重三级。应侧重分析评价那些影响严重的社会因素,以尽量降低、控制这些因素可能造成的风险。

(2) 确定利益相关者。对项目所在地区的受益、受损利益群体进行划分,着重对受损利益群体的情况进行分析。按受损程度,划分为受损一般、受损较大和受损严重三级,重点分析受损严重群体的人数、机构,以及他们对项目的态度和可能产生的矛盾,以尽量化解矛盾,促使工程的顺利进行。

(3) 估计接受程度。大体分析当地现有经济社会条件对拟建项目的接受程度,一般分为高、中、低三级。应侧重对接受程度低的因素进行分析,并提出使项目与当地社会环境相互适应的措施和建议。

2) 详细社会评价

详细社会评价是在可行性研究阶段广泛应用的一种评价方法。其功能是在初步社会评价的基础上,采用定量与定性分析相结合的方法,结合项目的工程技术方案,进一步研究与项目相关的社会因素和社会影响程度,进行详细论证并预测风险程度,系统地评价社会影响。主要步骤包括:

(1) 识别社会因素并排序。对社会因素按其正面影响与负面影响、持续时间长短、风险度大小、风险变化趋势(减弱或强化)进行分组排序,应着重对那些持续时间长、风险度大、可能激化的负面社会影响进行论证。

(2) 识别利益相关者并排序。对利益相关者按其直接受益或者受损、间接受益或者受损、减轻或者补偿受损措施的代价分组。在此基础上详细论证各受益群体与受损群体之间、利益相关者与项目之间的利害关系,以及可能出现的社会矛盾。

(3) 论证当地社会环境对项目的适应程度。详细分析项目建设与运营过程中可以从地方获得支持与配合的程度,按好、中、差分组。应着重研究地方利益相关者、当地政府和非政府机构的参与方式及参与意愿,并提出协调矛盾的措施。

(4) 比选优化方案。将上述各项分析的结果进行归纳,比选、推荐合理方案。

(二) 社会评价指标

为准确反映项目的社会效果,社会评价指标应把社会性指标(如教育、健康、技能开发、信息透明和社会性别等)和经济性指标(如收入增加、新增就业机会、生产率提高、收入分配等)综合在一起,作为分析项目社会影响及效果的辅助工具。

1. 社会评价指标分类

社会评价指标,按指标值的取得方式及其性质不同,可分为客观指标和主观指标;按其衡量的内容和对象不同,可分为核心指标和辅助指标。

1) 客观指标和主观指标

客观指标反映客观社会现象,适用于衡量项目带来的结构变化。例如,用客观指标衡量贫困时,使用的是官方贫困线以下的家庭数量、人均净收入或人均粮食生产量等可能从客观上获得的数字。主观指标适用于衡量对个人的影响,即他们的福利现状和期望,以及对各种影响的满意程度等。

2) 核心指标和辅助指标

核心指标是指能够直接衡量项目的社会影响,特别是衡量受项目影响人群的收入(收入来源、收入水平、储蓄、信用)和就业状况、社会服务和当地文化状况,以及项目地区的具体目标人群对项目的看法等内容的重要指标。辅助指标是特定行业的、与特定项目目标或具体情况相关的其他一般性指标。

2. 社会评价指标的特征

对于不同的项目,社会评价具体采用的指标可能不同,但所有项目的社会评价指标都具有一些共同特征:

(1) 应该是可量化计算的。

(2) 所依据的信息资料必须是可以得到的,并且能够获得可靠的信息资料。

(3) 指标数据的收集和测算应考虑成本效益因素,收集数据、分析计算这些指标所花费的代价及时间应在已确定的预算内。

(4) 指标应能用来反映随时间变化的动态趋势,并且是根据特定时间内所收集的数据进行分析测算的。

(5) 应有对弱势群体反应灵敏、能显示和衡量与弱势群体社会状况改善有关的评价指标,并且通过这些指标数据易于观察这些变化和趋势。

(6) 必须对变化反应灵敏,从而能正确反映现实。

(7) 所采用的指标必须是易于理解、便于接受的。

(8) 指标体系应具有全面性、综合性特征,既能反映正面影响,又能反映负面影响。

3. 社会评价指标体系

社会评价应以各项社会政策(如就业政策、分配政策、扶贫政策、社会福利政策和社会保障政策等)为基础,针对国家与地方各项社会发展目标的贡献与影响进行分析评价。其主要评价指标多而繁杂,在选择社会评价指标时,不同行业、不同类型的项目应有所差别。下面列出一些社会评价的具体指标,见表17-6。

表 17-6   社会评价指标举例

一 级 指 标	二 级 指 标	三 级 指 标
1. 对社会的影响	1.1　就业效果 1.2　对收入分配的影响 1.3　对社区发展和城市建设的影响 1.4　对人们身心健康的影响 1.5　对社会环境的影响 1.6　对社区福利和社会保障的影响 ……	1.1.1　安排直接就业 1.1.2　吸收间接就业 …… 1.4.1　增加社区服务设施 1.4.2　改善城市基础设施 1.4.3　扩发社区住宅面积 ……
2. 项目的互适性	2.1　当地政府对项目的态度 2.2　当地群众对项目的态度 2.3　当地社会组织对项目的态度 2.4　当地的基础设施支持条件 2.5　当地的技术支持条件 2.6　当地的文化教育水平 2.7　群众的参与积极性	2.1.1　地方政府财政支持 2.1.2　地方政府加强宣传力度 …… 2.6.1　当地科研院所众多 2.6.2　科技人员素质较高 ……
3. 项目的社会风险	3.1　对弱势群体的影响 3.2　对人们风俗习惯、宗教信仰、民族团结及文化多样性的影响 3.3　对受损群体的安置和补偿的影响	3.1.1　对妇女的影响 3.1.2　对儿童的影响 3.1.3　对老年人的影响

二、社会分析中的利益相关者分析

（一）利益相关者分析

利益相关者是指与项目有利害关系的人、群体或机构。利益相关者分析在社会评价中用于辨认项目利益相关群体，分析他们对项目的实施及实现目标的影响。利益相关者分析一般按照以下四个步骤进行。

1. 识别利益相关者

项目利益相关者一般划分为：项目受益人、项目受害人、项目受影响人；其他利益相关者，包括项目的建设单位、设计单位、咨询单位、与项目有关的政府部门与非政府组织。他们可能会对项目产生重大影响，或者对项目能否达到预定目标起着十分重要的作用。

2. 分析利益相关者的利益构成

在对项目的利益相关者进行识别之后，还需要对他们从项目实施中可能获得的利益以及可能对项目产生的影响进行分析。一般应重点分析以下问题：

（1）利益相关者对项目有什么期望？

（2）项目将为他们带来什么样的益处？

（3）项目是否会对他们产生不利影响？

（4）利益相关者拥有什么资源，以及他们是否愿意和能够动员这些资源来支持项目的建设？

（5）利益相关者有没有与项目预期目标相冲突的任何利害关系？

在许多情况下，一个项目对相关机构的影响程度可以通过分析二手数据来获得答案，而对于有些群体和当地的群众，则可能需要进行实地调查访谈，才能获到答案。

3. 分析利益相关者的影响力

利益相关者按其重要程度分为以下几类：主要利益相关者，是指项目的直接受益者或直接受到损害的人；次要利益相关者，是指与项目的方案规划设计、具体实施等相关的人员或机构，如银行机构、政府部门、非政府组织等。对其影响力及其重要程度进行分析：

（1）权利和地位的拥有程度；

（2）组织机构的级别；

（3）对战略资源的控制力；

（4）其他非正式的影响力；

（5）与其他利益相关者的权利关系；

（6）对项目取得成功的重要程度；

4. 制订参与方案

在已获得利益相关者的相关信息、明晰了不同利益群体之间的关系之后，重点关注主要利益相关者，制订主要利益相关者参与项目方案制订、实施及管理等的方案。

（二）社区基层参与评价

1. 社区基层参与评价的活动

社区基层参与评价是调查当地人的期望、态度和偏好的一种方法，是在项目设计和实施阶段对当地社会情况和利益相关者的态度进行调查，识别所存在的社会问题，促进当地社会成员参与项目实施的一种重要手段，也是沟通项目规划者、实施者和利益相关者的一种重要方式。

社区基层参与评价的过程，重点强调以下活动：

（1）通过与当地个人或家庭会面、召开小组讨论会或召开社区会议等方式，就与项目相关的问题展开讨论。

（2）使用各种辅助工具，以便让文化层次较低的社区群众参与到项目中去。

（3）对问题、偏好、财富等进行排序。

（4）采用趋势图表、日常活动表等分析有关社会经济活动的特征及其变动趋势。

2. 社区访谈

进行社区基层参与评价的基本方法就是开展各类访谈，可以在一般个人、主要知情者和特定群体之间展开。访谈的提纲或形式应根据所调查问题的不同而有所区别。通过这种方式可以发现他们对一般的或敏感性问题的独特见解，还有可能收集一些一般公众访谈所得不到的信息。访谈要想取得成功，必须要让被访者坚信他所提供的信息将会被认真对待，这取决于他对访谈者的熟悉程度和信任情况。

3. 问题排序

对问题进行排序有多种方法，经常采用问题卡片的形式对问题进行排序。进行这项活动时,参与者每人拿两张卡片,从中选出他们认为比较而言问题最为严重的那张卡片,并记下不同参与者的选择结果,最后通过比较被选择次数来进行问题排序。

4. 偏好排序

偏好排序的方法类似于问题排序,一般需要绘制一个矩阵图,纵向表示受访者,横向列示各种偏好选项,要求参与者根据自己的评价来确定相应的选项,从而得到一个比较图表,从中判断参与者对不同选项的偏好,以便更好地理解不同群体的偏好倾向。

5. 财富排序

财富排序用于分析社区内不同群体的财富状况并进行排序,用以调查当地人对财富的观点,分析不同人群在社会经济发展中所处的层次。这种排序可以为抽样调查的分层抽样提供依据,也可用于识别贫困家庭。

(三)多因素综合评价方法

1. 矩阵分析总结法

矩阵分析总结法是将社会评价的各种定量和定性分析指标列入社会评价综合表,如表 17-7 所示,并在此基础上进行综合分析和总结评价。

表 17-7 项目社会评价综合表

顺　序	社会评价指标 (定量与定性指标)	分析评价结果	简要说明(包括措施、补偿及其费用)
1			
2			
3			
4			
⋮	⋮	⋮	⋮
	总结评价		

将各项定量与定性分析的单项评价结果列于矩阵表中,使各单项指标的评价情况一目了然。由评价人员对矩阵中所列的各指标进行分析,阐明每一个指标的评价结果和它对整个项目社会可行性的影响程度。然后,将一般可行且影响较小的指标逐步排除,重点考察和分析那些对项目影响大而且存在风险的问题,权衡利弊得失,研究说明对其的补偿措施情况。最后,进行分析和归纳,指出对项目社会可行性具有关键影响的决定性因素,评价项目的社会可行性,并提出规避社会风险的对策措施。

2. 多目标加权评价法

在分析项目的社会可行性时,通常要考虑项目的多个社会因素和目标的实现,并选用多目标决策分析评价的方法,根据定量与定性分析指标的重要程度,进行指标打分和加权计算,得出综合评价的结论。

第四节　社会评价中的公众参与

一、参与式社会评价方法概述

（一）参与式评价和参与式行动

1. 参与及其必要性

参与式方法是通过一系列的方法或措施,促使项目的相关群体介入项目决策、实施、管理和利益分享等过程的一种方法。通过参与,使当地人(农村的和城市的)和外来者(专家、政府工作人员等)一起对当地的社会、经济、文化、自然资源进行分析评价,对所面临的问题和机遇进行分析,从而作出计划、制订行动方案并使方案付诸实施,对计划和行动作出监测评价,最终使当地人从项目的实施中得到收益。

参与式方法的必要性主要体现在:

(1) 通过当地人的参与,有利于通过当地人对当地情况的深刻了解,减少社会评价出现偏差的可能性。

(2) 通过当地人的参与,为社会评价专业人员提供把自己的知识与当地的经验结合在一起的机会,使获得的信息更加充分和完整。

(3) 使当地人的知识得到充分尊重,有利于帮助当地人树立信心,使项目的积极影响得到进一步发挥。

(4) 通过当地人的参与,获得他们对项目的理解和支持是项目成功的基础,同时也使项目更加适合当地实际受益者的需求。

2. 参与式评价和参与式行动

参与式方法在社会评价中的具体运用包括参与式评价和参与式行动两个方面。参与式评价主要强调乡土知识对专家知识的补充和完善,侧重于应用参与式的工具来进行数据的收集、分析和评价,以弥补专家知识的不足。参与式行动包括通过参与式方法来收集主要利益相关者的信息,特别是那些受项目消极影响的人的信息,从而根据这些信息资料制订出能够为他们所接受的项目方案,以便最大程度地优化项目实施方案,扩大项目的实施效果。参与式行动与参与式评价最主要的区别,在于其更偏重于让项目的利益相关者在决策和项目实施上发挥作用。

（二）参与的理念和作用

1. 参与式方法的基本理念

(1) 外部的支持固然重要,但当地人在一般情况下有能力认识和解决自己的问题。

(2) 每一个人,不论是当地人还是咨询专家,他们都具有自己特有的知识和技能,这些知识和技能在社会经济的发展中都应该同样地得到充分尊重和运用。

(3) 分享知识,共同决策,共同行动,共同发展。

在行为与态度上,参与式方法的应用要求尊重每个人以及每个人所拥有的知识,充分利用每个人的力量。项目评价人员不能将自己看成专家,所有的参与人员都应视为处在

完全平等的位置上。在应用参与式方法时,社会评价人员应坚持以下原则:

(1)尊重每个人。

(2)尊重每个人以及每个群体的知识。

(3)站在当地人而不是外来者的角度看问题。

(4)理解当地不同人群所面临的困难、问题及需求。

社会评价人员在应用参与式方法时应关注公平、公正、公开等问题,并重视倾听弱势群体的声音。此外,还要注意了解并理解政府的决策过程和决策机制,理解当地人的文化、生计、经济状况,以及他们面临的问题、需求和需要得到的帮助。通过相关利益群体的相互协调、共同探讨,提高有限资源的利用效率,尽量满足当地人的需求。

2. 参与式方法在社会评价中的作用

(1)通过相关群体的参与,增强人们对项目的了解和拥有感,有助于项目的成功。

(2)使社会评价人员更全面地了解到现有统计资料所无法提供的有关社会变迁、当地发展的最新情况。

(3)在决策体系中,每个人的知识是有限的,更多人的知识的贡献有助于减少决策失误。

(4)参与式工具的使用有助于提高人们参与的热情和意识。

(5)可以掌握与项目有利害关系的不同利益相关者对项目的态度,及其可能产生的正、负影响。

(6)参与式方法的运用,有助于增强项目的透明度和公平性、公正性。

(7)可以吸收更多人的智慧,优化项目方案。

(8)提高当地居民、机构对项目实施的责任感。

二、利益相关者的参与机制

制定参与机制的目的在于提高项目建设的透明度,确保项目的成功以及项目的可持续性,避免工程延期或管理方面的冲突。具体项目的情况不同,参与的途径和方法也各有不同。制定参与机制必须权衡短期和长期目标,考虑资源和时间的限制。如果利益相关者感到在决策过程中没有受到足够的重视,还要考虑到项目进度可能延期或者遭到投诉等的消极影响及其应对策略。

(一)参与机制的三个环节

1. 信息交流

信息交流属于单向信息流动,包括向各有关方面披露有关项目的信息,以及收集项目受益者或受项目影响群体的数据。如果利益相关者不能充分了解一个项目的目的和预期效果,他们就不可能真正地参与该项目。因此,信息交流在促使项目各方进行有意义的磋商以及使利益相关者真正参与项目方面具有十分重要的作用。

2. 磋商

磋商是指利益相关者之间的信息双向交流,例如,在政府和受益者或者受项目影响群体之间的信息交流。虽然决策者通常就是政府,但利益相关者可以对决策或者规划的项目提出意见。通过磋商收集到的信息和反馈意见必须在项目的规划和实施过程中有所体现，从而使磋商更加真诚、有效。社会评价中的参与机制强调信息分享机制的重要性，对于磋商机制则根据评价的要求而有所差别。如果社会评价要求评价内容中包含减轻负面影响的建议，则磋商机制就会显得非常重要。

3. 参与过程

参与是一个过程。在这个过程中，利益相关者共同设定目标、找出问题、寻找并商讨问题解决方案、对规划方案提出优化建议等。参与实际上是分享决策控制权的一个途径。共同进行评价、共同作出决策并在项目的规划和实施过程中通力合作都是参与的应有之意。

（二）公众参与的主要形式

公众参与的广度和深度往往直接影响工程项目的实施效果。正当的或适度的组织和个人的参与能推动项目的建设实施，不当的或过度的组织和个人参与会阻碍项目的顺利实施，甚至会破坏社会秩序，影响社会正常生活。

公众参与项目的主要形式从不同的侧面可以作如下分类。

1. 自主性参与和动员性参与

自主性参与和动员性参与又称主动性参与和被动性参与。自主性参与是指在项目计划和实施过程中参与者主动地、自发地进行的参与；而动员性参与则是指在项目计划和实施过程中参与者在其他参与者动员或胁迫下进行的参与。自主性参与一般更能反映参与者的参与意识和民主程度。但在实际中，自主性参与和动员性参与之间的界限并不十分明显，很多参与都是自主性参与和动员性参与的混合，如部分利益相关者不愿意参与，但经有关领导和群众的劝说动员后就有可能主动地参与，配合有关组织做好有关项目的实施工作。二者也会相互转化，最初的自主性参与在某些情况下可能被操纵为动员性参与，原来的动员性参与也可能逐渐变为主动性参与。

2. 组织化参与和个体化参与

组织化参与是指利益相关者以一定的组织形式进行的参与；个体化参与是指以个人方式进行的参与。在项目的实施过程中，组织化参与比个体化参与往往更加富有成效。首先，工程项目的建设实施，尤其是重大项目，人力、财力上的消耗很大，仅靠个人恐无力承担，每一阶段的顺利推进都离不开强有力的政府组织。其次，个人参与往往缺乏足够分量，难以引起重视。个体化参与往往只重视眼前利益，看不到影响社区全体利益相关者的整体利益；有组织的参与由于精英人物的领导，往往能看到那些影响公众长远利益、整体利益的深层次因素。因此，有组织地参与才能更好地维护和促进社会公众的共同长远利益，效果更加明显。

3. 目标性参与和手段性参与

目标性参与是指参与具有明确的目标，人们进行这类参与是为了在参与中实现相应的目标。在项目计划和实施过程中，目标性参与更多地表现为广大群众主动地服从整体利益的需要，主动地投入项目计划和实施工作中来，通过勤奋工作，把项目计划和实施工作作为自身的追求和目标。而手段性参与则不然，参与者主要把它作为实现其政治、经济及其他目标的手段,参与本身不是目的。一般来说,目标性参与反映了参与者具有更多、更强的参与意识,而对于手段性参与来说,如果假定的参与者能通过其他途径实现自己的目标,他就有可能不进行参与。但在项目计划和实施过程中,往往很难清楚地区分参与的目标性和手段性,很多参与既是目标性参与,又是手段性参与。

4. 支持性参与和非理性参与

支持性参与是指利益相关者为了表示对项目的支持和拥护而进行的参与,至少不是持反对态度的参与。非理性参与主要是指利益相关者为了表示自己的不满而进行的参与,是一种持反对态度的参与。

5. 制度化参与和非制度化参与

制度化参与是指利益相关者按照制度规定的要求所进行的参与活动,制度化参与寓于合法参与之中。非制度化参与则是指参与者不按制度规定的程序或要求而进行的参与活动。大量非制度化参与都是非法参与,但并非全部如此。制度化参与除了强调参与行为必须符合法律规定之外,同时也强调必须符合法律、制度规定的有关程序和步骤。合法参与未必完全是制度化参与。如民众越级反映情况的现象,并不违反法律,但是不符合正当程序,因此是合法参与,但同时是非制度化参与。

第五节　社会评价报告

社会评价的结果应形成社会评价报告,报告内容应能够满足进一步明确投资项目应达到的社会目标等要求,并可作为针对这些目标制订项目方案的依据。在投资项目的研究论证中,社会评价可能以独立的研究报告的形式出现,也可能以投资项目可行性研究报告或咨询评估报告等项目论证报告中的一个独立章节的形式出现。无论以什么方式出现,对社会评价报告编写的基本要求是一致的。

一、社会评价报告的编写要求

(一)社会评价报告的内容深度要求

社会评价报告是社会评价工作成果的集中体现,是社会评价承担单位向其委托单位提交的工作文件,是政府有关部门对有关建设项目进行审批、核准或备案的重要依据,其内容应该达到以下要求:

(1)社会评价报告总体上应做到内容全面,重点突出,实用性强,全面回答了有关各方所关注的涉及社会评价的各方面问题。

(2)项目背景的社会信息以及相关社会层面的项目受益人群范围应界定清楚,包括对社会经济和人口统计特征、社会组织和社会服务、文化接受程度和融合能力、受益人群参与项目相关活动的可能性等方面的阐述。

(3)解释在所选定的需要进行社会调查和评价的受影响范围及特定社会环境条件下所开展的社会评价工作的过程、目的及效果,包括为开展相关社会评价工作所采用的策略和方法。

（4）确认主要利益相关者的需求、支持项目的意愿、目标人群对项目内容的认可和接受程度等。

（5）阐明需要由拟建项目来解决的社会问题及解决方法，在需要时制订缓解负面社会影响后果的方案。如果所造成的负面社会影响后果不能由项目业主自身来解决，阐述其他可供选择的解决途径。

（6）为增强不同利益相关者参与项目的能力提出具体方案，为提高项目透明度和确保社会公平、减轻贫困和降低社会风险提出具体方案，制订必要的利益相关者参与方案，在少数民族群体将会受到负面影响时，按国际惯例制订符合少数民族特殊需求的方案。

（7）提出从营造良好的社会环境条件的角度，提升项目实施效果及其实现项目预期目标的有关建议，并提出使项目机构能够继续自我发展且符合当地可持续发展目标要求的策略和途径。

（8）对项目实施过程中的监测评估机制提出建议，通过把重点放在符合项目社会发展目标的投入、过程、产出和结果上，对项目实施过程中的监测评估体系作出制度性安排。

（二）社会评价报告的编写要求

1. 所采用的基础数据应真实可靠

基础数据是评价的基础。基础数据有错误，特别是社会经济调查的资料有错误，不管选用的分析评价指标多么正确，也难以得出正确的评价结论。因此，社会评价非常重视社会经济调查工作，要求尽可能全面地了解项目影响区域的社会经济真实情况。报告采用定量分析，或项目背景及定性分析需要引用的数据资料，应确保资料引用来源可靠，要选用最能支持和说明观点的关键指标和最新、权威的数据资料，并明确指出数据的来源渠道。对于国家及当地统计部门已经发布的数据，要求至少是上一年度的统计数据。对于统计部门尚未发布、通过其他途径获得的数据，引用时应对数据的准确性进行分析论证。

2. 分析方法的选择要合理

社会评价应在社会基础数据资料调查研究的基础上，对拟建项目预期可能的社会影响进行预测分析。应根据项目所在地区的实际情况，通过定性分析与定量分析相结合的方法，对未来可能的社会影响后果进行分析预测。

3. 结论观点明确，客观可信

结论中必须对建设项目可能造成的社会影响、所采用的减轻负面社会影响措施的可行性、合理性作出明确回答，不能模棱两可。结论必须以严谨客观的分析论证为依据，不能带有感情色彩。

4. 报告格式应规范

应强调社会评价报告的客观性、科学性、逻辑性和可读性。报告写作应合理采用图表等形式，使报告的论证分析过程直观明了，版面图文并茂，简化不必要的文字叙述。语言表达要准确、简明、朴实、严谨，行文不加夸饰和渲染。凡带有综合性、结论性的图表应放到报告正文之中，对于有参考价值的图表应放到报告的附件中，以减少正文篇幅。

二、社会评价报告的编写要点

建设项目的类型不同,对社会评价要求的差别也很大。社会评价工作在我国的开展刚刚起步,国外及有关各级组织对社会评价报告的编写要求也不尽相同,因此没有一个被普遍接受的社会评价报告编写标准格式,报告的章节设置、表达方式存在很大差别。尽管如此,对投资项目社会评价报告基本内容的要求相差不大。这里对社会评价报告编写需要重点关注的内容予以阐释,并以某水电工程移民安置行动计划社会评价报告大纲为案例,对社会评价报告格式进行示范。

(一)报告摘要

报告摘要主要阐述评价项目的由来,编制社会评价报告的依据、评价范围、主要工作过程、主要结论及建议等。

(二)建设项目概述

建设项目概述主要阐述建设项目的规模、工程技术及产品方案、原材料、燃料供应、辅助设施建设、项目建设和运营活动的社会影响范围及途径等。

(三)社会影响范围的界定

界定投资项目的社会影响范围是开展社会评价工作的基础和前提。应根据项目的具体特点及当地的社会经济情况,对社会影响范围及对象进行合理界定。重点包括以下内容:

(1)对项目的社会影响区域进行界定。社会影响区域应是可能受到项目直接或间接影响的地区。社会评价的区域范围应能涵盖所有潜在影响的社会因素,而不应受到行政区划等因素的制约。

(2)对项目影响区域内的目标群体和影响群体进行合理界定。目标群体应是项目直接瞄准的期望受益群体。项目影响群体应包括各类直接或间接受益群体,也包括可能受到潜在负面影响的群体。

(3)分析哪些社会影响是由项目直接导致的,以及项目的实施还可能产生哪些间接影响。

(4)对项目可能导致的重要影响因素进行合理界定,以便能合理地确定社会评价的内容及侧重点。

(四)社会经济调查

在社会影响范围界定的基础上,阐述对受项目影响的社会环境、经济环境及人文环境进行调查的过程、方法和主要步骤,包括召开各种研讨会,听取弱势群体的意见,以及对受影响的人口、财产、资源、社会组织结构、法律制度环境进行调查的过程。

社会经济调查应重视采用参与式方法,强调通过公众参与,广泛收集相关社会经济状况资料。

（五）利益相关者分析

在社会经济调查的基础上,进行利益相关者分析,确定主要的利益相关者,分析利益相关者的利益构成,对各利益相关者的重要性和影响力进行分析评价,并在此基础上为各利益相关者参与项目方案制订、实施管理提出相应的参与方案,以提高项目建设的透明度,避免工程延期或管理方面的冲突。通常还应结合项目的具体情况,对特定利益相关者进行重点专题分析评价。

1. 贫困人群

当项目的投资建设活动影响到贫困人口时,必须识别贫困人口所面对的社会风险,确保贫困人口能够更大程度地参与到项目的前期准备、方案设计及建设管理等过程中,使更多的贫困人口有更多的机会从项目中受益。

（1）如果扶贫是投资项目的首要目标,则项目的关键利益相关者就应该是穷人。这就要求制定相应的瞄准机制和制度来真正保证贫困人口受益。

（2）如果扶贫是项目的次要目标,应在保证主要目标实现的前提下,尽可能地使贫困人口受益。

（3）分析投资项目对贫困人口的影响类型,以便有针对性地优化项目建设实施方案,为贫困者创造更多的脱贫致富机会,降低自然、经济和社会风险对贫困人口的打击,取得持续性的扶贫效果。

2. 妇女群体

在投资项目的社会评价中,如果预期项目产生的社会影响对男性和女性可能有所区别,使得社会性别问题成为拟建项目社会评价中不可回避的重要内容时,应在社会评价及项目方案的制订和优化过程中考虑社会性别因素。

男性和女性由于存在不同的社会性别角色分工,使得他们有着不同的性别需求、兴趣和生活方式。应重点关注下列社会性别问题:

（1）设计分性别的数据收集方案并将其纳入社会调查的范围之内。

（2）进行参与式社会性别分析,收集不同性别的利益相关者对项目建设方案及目标的期望,制定需要达到的社会性别目标。

（3）聘请女性项目工作人员、妇联或支持性别敏感性工作的非政府组织代表,并评价她们的能力。

（4）在调查论证的基础上,项目组专家通过调整优化项目建设方案,制订实现社会性别目标的具体方案。

（5）制定确保目标实现的监测评价机制。

3. 少数民族群体

（1）对于受到少数民族因素影响的项目,应针对项目的具体情况,对涉及少数民族的问题进行相关社会调查:

- 考察历史,理解某个特定少数民族或文化群体的现状。
- 收集本民族的相关信息,了解该民族的特征和内涵,以便对其民族传统进行理解。
- 信息内容应具有针对性。

（2）对于涉及面较广的大型项目，应选择恰当的抽样调查方法，以便以尽可能低的成本获取具有代表性的观点和典型意见。

（3）为了甄别脆弱性的潜在来源，获取具有代表意义的典型意见和观点，对少数民族群体应该给予特别的关注，不应该按比例抽样的方式仅选择有代表性的目标群体进行协商。

4. 非自愿移民群体

在项目的投资建设中如果涉及非自愿移民问题，应重视对非自愿移民的社会风险进行分析评价。非自愿移民涉及社会、经济、政治、文化、宗教、环境以及技术等诸多方面因素，因征用土地、房屋拆除和迁移而受到影响的人群是项目的主要利益相关者。

（1）社会评价中，应结合不同项目的特点，从以下方面分析移民可能造成的社会影响：①土地资源的丧失；②劳动、生产和管理技能贬值；③社会网络和社会资本的丧失；④移民安置过程中的社会矛盾；⑤社区参与和使用公共财产途径的变化；⑥土地资源重新分配中的社会公平问题；⑦土地征用和房屋拆迁对社会性别的不同影响；⑧对文化和社会服务场所造成的影响；⑨对贫困和社会弱势群体的特殊影响。

（2）在社会影响分析的基础上，从以下方面分析移民可能导致的社会风险：①失去土地；②失业；③丧失家园；④社会边缘化；⑤发病率和死亡率的增加；⑥食物没有保障；⑦失去享有公共资源的权益；⑧社会组织结构的解体。

（六）减轻负面社会影响的措施方案及其可行性

在对利益相关者进行社会风险分析评价的基础上，应针对比较重要的风险因素，通过工程规划设计方案的调整和变更，或者采用相应的对策措施，有针对性地提出规避社会风险的措施方案。例如，对于非自愿移民的社会风险，主要通过移民安置计划的编制和实施，规避失去土地可能造成的社会风险；通过编制收入恢复计划，使受影响人群得以妥善安置、生产生活水平得以恢复和逐步提高，解决失业人群的再就业问题及家园的恢复重建问题等。

措施方案应包括损失估算、补偿标准制定、收入恢复计划、补偿措施、实施进度计划、费用预算等相关内容，并结合社会经济调查及利益相关者分析的结果，对措施方案的可行性进行分析论证。

（七）参与、磋商及协调机制

社会评价报告应结合项目的具体特点，对利益相关者参与社会经济调查、参与补偿措施方案的制定和实施、参与项目的实施管理等活动提出措施建议，对相关的沟通协调、意见反馈、申诉及纠偏机制建立提出措施方案。

（八）监测评价

社会评价重视对项目的实施效果及社会风险规避措施的监测评价。项目业主应根据项目的具体情况,建立内部监测评价的框架机制。对于存在社会风险的可能性较大的项目,还应委托外部机构和专家建立相应的外部监测评价制度。在项目前期论证的社会评价报告中,应对监测评价方案提出明确要求。

(九) 重视不同行业项目社会评价的特点

不同行业及不同类型的项目,社会评价的内容及侧重点明显不同,社会评价报告的编写必须反映项目的特点。

1. 城市交通项目

城市交通项目,在关注项目实施可能为物流和人员往来提供便捷服务,刺激经济增长,扩大提供进入市场、获取社会服务的渠道,促进就业,推动居住区的扩大、人口及居住环境改善的同时,还应关注项目建设引起的征地拆迁社会风险。由于其利益相关者基本涵盖了城市生活中各个层次的居民(社会评价所关注的主要利益相关者,是指那些受项目不利影响的群体),可能包括那些因为交通建设受到拆迁影响的人,还有那些因交通变化失去收入的人,以及可能在建后受到危害(如噪声或空气污染)的人。除此之外,主要公路穿过的社区和乡镇应该考虑确保行人的安全,特别是当地儿童的安全。社会评价应该调查造成不安全后果的种种因素,在如何更好地消除安全隐患问题上征询当地社区的意见,同时还应该在评价中提出适当的解决问题的办法。在土木工程的建设中,临时性民工在项目建设中的使用可能会对当地社区生活造成间接影响,项目规划者应该对此予以考虑。

2. 城市环境项目

城市环境项目,主要包括供水、集中供热、污水处理、固体废物收集与处理、城市环境卫生、文物保护及旧城改造等项目,在社会评价报告中应重点阐述以下内容:

(1) 分析通过解决因空气、土地或水污染带来的环境问题,对改善项目地区的环境卫生状况、提高目标人群生活质量的影响。

(2) 分析城市环境项目的建设施工可能为居民创造的非农业就业机会,对土地被征用和搬迁的农村家庭及其他受项目影响的人群就业的影响,以及对城市企业因搬迁而带来的就业压力。

(3) 可能引起的环境政策的严格执行和社会服务政策或公共产品价格政策的调整,可能导致既得利益者受损。

(4) 由于房屋拆迁而导致居民区内原有商业网络的破坏,使得那些以此为生的人群的生计出现困难。

(5) 环境收费政策的调整,使得一些处于最低生活保障线边缘的人口陷入贫困,以及由于环保政策的调整对某些行业提出新的限制而使某些人员丧失收入来源等。

(6) 地方政府、土地管理部门、拆迁机构,以及项目的计划、决策、设计和实施等机构对项目的影响程度等。

3. 能源项目

能源项目,包括水电、火电、太阳能、风力发电以及输变电线路建设等,在使项目所在地区受益的同时,也可能发生土地征用、人口迁移或引起当地市场能源价格变化等,从而引起相关的负面社会影响。在社会评价报告中,应着重阐述因能源开发所造成的潜在社会风险,制定避免、消除或减缓负面影响的措施,同时要为当地受项目影响的居民提供更多的分享项目效益的机会,为受影响的人群创造知情参与的机会,并根据他们的愿望和要求拟定项目应达到的社会目标。通过与受影响人群进行双向沟通协商(如通过社区对话、公众听证、个人专访、专题小组讨论、公民投票以及多方谈判等形式进行沟通协商),以尽可能减少项目的不利影响,使尽可能多的人群受益。

4. 农村发展项目

农村发展项目,涉及农业生产、家畜饲养、林业种植、畜牧养殖和水产品开发等,应保证目标人群即广大农民,特别是低收入和贫困农民受益,关注项目可能对农民造成的不利及负面影响,并制订减缓负面影响的方案。

5. 水利项目

水利项目,包括水利灌溉和水资源开发利用项目,其社会评价应重点关注下列问题:

(1)由于征地占地所引起的负面影响,通过制订和实施"移民行动计划"来减轻各种负面影响。

(2)对于农村水利项目,应把农民用水者参与管理作为项目发展的社会目标,通过调查项目区农民用水户情况,了解他们参与灌溉管理的需求和能力,以及他们为改善灌溉系统而承担建设成本的愿望,提出改善灌溉系统、完善参与式灌溉和排水管理等方面的对策建议。

(3)阐述贫困和弱势群体参与项目活动的机会,特别是那些居住在下游地区的群体,合理制订灌溉项目水渠走向和灌溉系统的布局情况,研究水的计量和收费方式,分析项目实施方案对相关群体的影响,研究提出减缓项目可能带来的不利影响和社会风险的对策建议。

6. 自然资源保护项目

自然资源保护项目,包括恢复坡地林木、修复草场、保护生物多样性、阻止沙化以及建立自然保护区等项目。这些项目的实施往往会对当地人口特别是贫困人口造成不利影响,使其传统食物或经济来源受到限制,如在森林里采集、狩猎和伐木等,因而影响到他们的生产生活方式。另外,自然保护区的建立还可能引起移民搬迁问题。社会评价报告应通过调查项目建设与当地人们生产生活可能出现的矛盾冲突及其原因,阐述制定包括贫困人口在内的有针对性的措施,将自然资源保护与当地的经济发展及摆脱贫困等目标有机结合起来,实现人与自然的和谐发展。

(十)附件、附图及参考文献

社会评价报告应结合项目的具体情况,在报告正文之后提供有关的附件、附图及参考文献等。附件可能包括项目建议书、可行性研究报告、项目申请报告等项目前期论证报告及其审批、核准的文件,以及社会评价调查大纲、访谈记录等。可以根据项目情况,提供有关地图、反映当地社会经济特征的图表等资料。参考文献应给出作者、文献名称、出版单位、版次、出版日期等相关信息。

本章小结

社会评价是识别和评价投资项目的各种社会影响,分析当地社会环境对拟建项目的适应性和可接受程度。评价投资项目的社会可行性,其目的是促进利益相关者对项目投资活动的有效参与,优化项目建设实施方案,规避投资项目社会风险。社会评价从以人为本的原则出发,研究内容包括项目的社会影响分析、项目与所在地区的互适性分析和社会风险分析等三个方面。

社会评价过程是相关信息资料的调查、整理和分析的过程,一般包括调查社会资料、识别社会因素、论证比选方案。社会评价应该根据项目所处的阶段获取所需要的资料。

项目社会评价方法主要有定性分析和定量分析、初步社会评价和详细社会评价。

同时,还要对项目进行利益相关者分析,即在社会评价中辨认项目利益相关群体,分析他们对项目的实施及实现目标的影响。

社会评价的结果应形成社会评价报告,报告内容应能够满足进一步明确投资项目应达到的社会目标等要求,并可作为针对这些目标制订项目方案的依据。

关键词

社会评价　社会评价指标体系　利益相关者　社会评价报告

案例四 项目评价

一、项目概述

某化学纤维厂是新建项目。

项目生产国内外市场均较紧俏的某种化纤 N 产品。这种产品是纺织品不可缺少的原料,国内市场供不应求,每年需要一定数量的进口。项目投产后可以产顶进。

主要技术和设备拟从国外引进。

厂址位于城市近郊,占用一般农田 250 亩,靠近铁路、公路、码头,交通运输方便。靠近主要原料和燃料产地,供应有保证。水、电供应可靠。

该项目主要设施包括生产主车间,与工艺生产相适应的辅助生产设施、公用工程以及有关的生产管理、生活福利等设施。

二、基础数据

该项目经济评价是在通过可行性研究,对市场需求预测、生产规模、工艺技术方案、原材料、燃料及动力的供应、建厂条件和厂址方案、公用工程和辅助设施、环境保护、工厂组织和劳动定员以及项目实施规划诸方面进行研究论证和多方案比较后,确定了最佳方案的基础上进行的。基础数据如下。

(一)生产规模和产品方案

生产规模为年产 2.3 万吨 N 产品。产品方案为棉型及毛型两种,以棉型为主。

(二)实施进度

项目拟三年建成,第四年投产,当年生产负荷达到设计能力的 70%,第五年达到90%,第六年达到 100%。生产期按 15 年计算,项目寿命期为 18 年。

(三)总投资估算及资金来源

1. 固定资产投资估算

(1)固定资产投资估算及依据。固定资产投资估算是依据 1988 年原纺织工业部颁发的《纺织工业工程建设概预算编制办法及规定》进行编制的。引进设备价格的计算参照外商公司的报价。国内配套投资在建设期内根据国家规定考虑了涨价因素,即将分年投资额按年递增率 6% 计算到建设期末。固定资产投资估算额为 42 542 万元,其中,工程费用 34 448 万元,其他费用 3 042 万元,预备费用 5 052 万元,其中外币为 3 454 万美元。外汇按国家外汇管理局当时(1992 年 6 月)公布的外汇牌价 1 美元＝5.48 元人民币计算。

（2）固定资产投资方向调节税估算，按国家规定本项目投资方向调节税税率为 5%，投资方向调节税估算值为 2 127 万元＝42 542 万元×5%。

（3）建设期利息估算为 4 319 万元，其中外汇为 469 万美元。

2. 流动资金估算

流动资金估算，是按分项详细估算法进行估算，估算总额为 7 084 万元。

总投资 ＝固定资产投资＋固定资产投资方向调节税＋建设期利息＋流动资金

　　　　＝42 542＋2 127＋4 319＋7 084

　　　　＝56 702（万元）

3. 资金来源

项目自有资金（资本金）为 16 000 万元，其余为借款，外汇全部通过中国银行向国外借款，年利率为 9%；人民币固定资产投资部分由中国建设银行贷款，年利率为 9.72%，流动资金的 70% 由中国工商银行贷款，年利率为 8.64%。投资分年使用计划按第一年 20%，第二年 55%，第三年 25% 的比例分配。

（四）工资及福利费估算

全厂定员为 1 140 人，工资及福利费按每人每年 2 800 元估算，全年工资及福利费为 320 万元（其中福利费按工资总额的 14% 计取）。

案例讨论：

1. 项目投资的财务分析主要考虑哪些指标？

2. 项目投资的国民经济评价主要考虑哪些指标？

3. 通过相关的分析，你认为本项目是否可行？

第五篇

项目投融资实务与应用

第十八章 公共事业类项目投资评价

　　南水北调工程自 20 世纪 50 年代提出后,经过几十年研究,南水北调的总体布局确定为:分别从长江上、中、下游调水,以适应西北、华北各地的发展需要,即南水北调西线工程、南水北调中线工程和南水北调东线工程。建成后与长江、淮河、黄河、海河相互连接,将构成我国水资源"四横三纵、南北调配、东西互济"的总体格局。

　　东线工程可为苏、皖、鲁、冀、津五省市净增供水量 143.3 亿米^3,其中生活、工业及航运用水 66.56 亿米^3,农业用水 76.76 亿米^3。东线工程实施后可基本解决天津市,河北黑龙港远东地区,山东鲁北、鲁西南和胶东部分城市的水资源紧缺问题,并具备向北京供水的条件,促进环渤海地带和黄淮海平原东部经济又好又快地发展,改善因缺水而恶化的环境,为京杭运河济宁至徐州段的全年通航保证了水源,使鲁西和苏北两个商品粮基地得到巩固和发展。南水北调工程是实现我国水资源优化配置的战略举措。受地理位置、调出区水资源量等条件限制,西、中、东三条调水线路各有其合理的供水范围,相互不能替代,可根据各地区经济发展需要、前期工作情况和国家财力状况等条件分步实施。

　　对受水区而言,因水量增加,为经济社会发展的需水要求提供基本保障,有利于回补地下水,可有效遏制因缺水造成的生态环境恶化,保护湿地和生物多样性。

　　东线工程调水对长江河口地区的影响将导致北方灌区土壤次生盐渍化等。

　　中线工程将产生移民问题,并将对汉江中下游水文情势产生影响等。中线工程引起汉江环境的变化,将对武汉、湖北产生难以估量的损失,其生态影响已超乎"专家"的理解范围。

　　对该类项目的评价即是本章所要讲述的主要内容——公共事业类项目投资评价。本章主要从公共事业类项目的自身特点出发,对公共事业类项目的收益和成本进行有效估算,然后利用公共事业类项目的投资评价特点对其进行评价。

学习目标

通过对本章的学习,能够解决以下问题:

1. 公共事业类项目都包括哪些项目?
2. 如何估算公共事业类项目的收益和成本?
3. 公共事业类项目投资评价方法都有哪些? 如何进行项目可行性判断?
4. 公共事业类项目国民经济评价中的效益和费用如何确定?
5. 公共事业类项目评价中应注意哪些问题?

第一节 公共事业类项目投资评价概述

一、公共事业类项目的范围和分类

公共事业类项目是指文化、教育、卫生、体育、旅游、商业和社会服务福利事业等设施项目，还应包括科研、金融、保险、娱乐业等设施项目。在此所述的公共事业类项目主要是指政府或社会福利机构兴办的，为社会生产和公共生活服务的，以创造社会效益为主的公益性建设项目。它主要是以提高社会科学文化水平和人民素质，促进国民经济和社会发展为目的，是社会第三产业中的重要组成部分。公共事业类项目是一个庞大的系统，种类较多，主要有如下几类。

（一）交通运输设施项目

交通运输设施是经济增长和社会发展的基础，它为高效率的商品流通、区域专业化协作和采用新的生产技术创造了条件。在经济发展中，对运输的需求，特别是客运需求的增长速度，往往快于国民生产总值增长的速度。在发展中国家，交通运输的投资通常占年投资总额的 15%～25%，主要包括道路、桥梁、公共汽车、地下铁道、轮渡、港口、车站和机场等设施。

（二）水利设施项目

水利设施项目主要有水库、水渠、水坝等。水利设施项目的效益主要有防洪、治涝、灌溉、城镇供水、水土保持以及船运、旅游等产生的效益；其费用包括永久性工程（主体工程、附属工程、配套工程）、临时工程等投资和运行费用。

（三）教育设施项目

教育被认为主要是为了提高政治和社会觉悟以及为现代经济生产过程提供所需要的有训练的人力的一种手段。教育对经济增长的积极作用不可忽视，世界银行研究 83 个国家的情况表明，在教育程度高的国家，人均国民生产总值增长速度比其他国家高 16%。教育项目包括教育设施、职业教育、岗位培训等各级各类普通教育和成人教育设施项目，其目的是培养和提高受教育者的知识和技能、劳动技术、文化修养和道德水平。

（四）文化设施项目

文化设施项目主要有图书馆、博物馆、美术馆、文化馆、展览馆、档案馆、科技馆、广播电台、电视台及发射中心、电影院、戏院等建设项目。其目的是通过文化交流开阔人们的视野，改善和调整人们的知识结构，陶冶人们的情操，提高文化修养，从而提高全社会的文化水平和加速社会物质文明建设。

（五）卫生设施项目

卫生设施项目主要包括医疗卫生、环境卫生、劳动卫生、营养卫生、儿童少年卫生、流行病防治以及妇女、儿童、青少年、劳动和老年保健等设施项目。其目的在于改善人们的医疗条件和生活条件，提高人们的健康水平和身体素质，从而促进社会生产力的发展。

（六）体育设施项目

体育设施项目主要有群众体育设施（含公共体育设施与单位体育设施）、运动训练设施和运动竞赛设施等，如体育馆、游泳池、射击场和训练房等建设项目。它的目的是增强劳动者体质，促进劳动者智力发展，提高劳动生产率，满足劳动者精神和文化生活需要，为人们的身心健康和全面发展创造条件。

（七）国防建设与社会安全项目

国防建设与社会安全项目主要包括军事项目、城市消防和治安系统工程项目、军队安置、法院检察院的建设等项目。

二、公共事业类项目的特点

一般来说，公共事业项目与工业投资项目一样，具有投资大、工期长、设备复杂等特点。除此之外，公共事业项目还有许多独有的特点，这些特点都应在项目的投资评价中给予充分的考虑和反映。

（一）公共事业类项目的主办单位一般是政府部门而非企业

公共事业类项目的公共性的主要表现是受益对象的社会性。即受益面往往遍及整个社会，或者是为社会产品的再生产、为逐步改善社会大众的物质文化生活创造重要条件，或者为社会劳动的再生产、为人类自身的再生产提供重要条件。这一特点决定了这类项目不可能由哪一个特定的受益单位或部门来进行投资，而只能由代表公众利益要求的政府部门来进行投资。

这里所指的政府部门，并不一定专指中央政府部门，同时也可以是地方政府部门。有些公共事业类项目是必须要由中央部门来投资的，如跨省的公路建设、涉及许多地区的水利工程、一些重要的桥梁等。当然，这类项目也可以以各地方集资的形式来兴建，但关系到经济全局的该类项目，仍然是要由中央部门承担主要责任的。此外，有些公共事业类项目主要是由地方一级政府部门承担的，如地方文教卫生、城市公用设施、地方性公路等。在我国财政经济体制下，省、市、县各级在财政上都有一定的独立性，因而地方在公共事业类项目上的投资又可分为省级的、市级的、县级的，等等。它们各自都有预算资金开支范围，独立地负责本地公共事业类项目的建设。

（二）公共事业类项目关注的是社会效益而非赢利

公共事业类项目的根本特征在于满足社会的共同需要，在于为社会提供公共服务、公共教育或者公共福利，在于为生产服务也为生活服务。它们的目的在于为社会带来了多少好处，而不是多少赢利，因而赢利并不是这类项目的根本目的，而且，实际上这类项目也很难用赢利多少来衡量其发挥的效益。因而，这些项目大部分不产生任何营业收入，少部分项目虽有营业收入,那也是很少量的。例如,建立一所学校,其目的是提高入学者的文化素质和技术水平,为社会输送合格有用的人才,而不是赚钱。

并且,这类项目的效益往往也是难以用货币来计量的。事实上,我们并不能确定这类公共事业类项目给社会上某人或某集体带来了多少利益,同时,也难以强制各个受益人用货币来支付所得到的这些效益。例如,一个每年培养 1 000 名学生的学校,每年创造的真正价值是多少呢?某医院每年治疗病人 10 万人,那它创造的真正价值又有多大呢?诸如此类,是无法具体确定的。而一般工业项目建成后每年的收益基本上是可以直接以货币来计算的。

同时,公共事业类项目的成本也并不能全部计算。这是因为,它除了包括建设期间的投资支出和建成后的经营支出等有形投入之外,还有许多无形投入。例如,建立一个大型水电站,除了有形投入外,还会导致淹地、移民,甚至环境破坏等大量难以用货币计量的社会成本。再如,建一条铁路线,就可能需要征地、拆迁,以及给附近地区带来噪声污染,等等,这些成本都是难以用货币来计量的。

(三)公共事业类项目缺少支出与资金回收之间的内在联系

公共事业类项目的投资来源以及项目受益的社会性,使得项目的投资支出与资金回收之间缺乏一种在企业中存在的成本与收入的内在联系。由于公共事业类项目并不以赢利为目的,大多数项目并不产生营业收入,少部分项目靠收费来获得一部分营业收入,但由于我国公共事业收费低廉,并不足以抵偿投资等支出。很显然,靠回收的资金并不能抵偿投资支出,投资资金回收不能作为公共事业类项目的资金来源。在我国,公共事业类项目的投资资金,主要是来自中央和地方财政收入,而由于投资并不能够得到补偿,公共事业类项目的投资资金无法顺利循环。因而,其投资资金来源与回收的联系被割断,这使得公共事业类项目的投资支出与资金回收之间缺乏一种在企业中存在的成本与收入的内在联系。

这种特点一方面容易使政府部门对公共事业类项目的投资效果缺乏足够的关心,另一方面又使得社会公众对公共事业类项目的投资缺乏一种必要的监督,从而使得公共事业类项目投资支出与所得受益之间的合理性缺乏一套实际可行的办法来评价。

(四)公共事业类项目的资金数量往往受到财政预算的约束

由于我国公共事业类项目的资金来源主要是财政拨款,而财政拨款受到财政预算的约束,因而实际上公共事业类项目的资金来源必定受到预算的约束。这与一般工业项目除可以有预算资金这个来源外,还可以有其他许多资金来源渠道的情况又有很大不同。由于受到预算约束,而预算又是由财政收支状况决定的,因而公共事业类项目的拨款与财政收支状况很有关系。当财政收支状况较好时,用于这些工程项目的投资会多些;当财政收支状况欠佳时,就有可能压缩投资或延迟供应。此外,财政收入中可用于公共事业类项目的投资,总是有一定限度的,它只能占财政支出中一个适当的比例。因此,各年可用于公共事业类项目的资金,是有一定的数量限制的。对公共事业类项目的评价就必须考虑这种数量限制的影响。

（五）公共事业类项目的投资缺乏竞争性

由于公共事业类项目并不是以赢利为目的的，所以一般生产单位并不热心这方面的投资，更不会为了赢利的目的而与政府部门在这类项目上展开竞争，这与一般工业项目又是很不同的。而政府部门的行政性及预算供给制，使得公共事业类项目的投资建设缺乏商品价值机制的约束，从而使公共事业类项目往往不能有效地利用有限的资源。由于不存在竞争，因而政府部门一般并不很关心投资以后的效果。正因为如此，在公共事业类项目的投资效率及管理等方面，都比一般工业项目存在着更为严重的问题。

公共事业类项目投资是我国整个投资中的一部分，占有相当比重。随着我国社会经济的发展，各级政府部门在公共事业类项目上的支出数额日益增大，有些项目动辄上亿元，一些拟议中的项目甚至需要数百上千亿元的投资。因此，必须加强对此类投资项目的管理，而对此类项目进行经济评价则是其中关键的一环。

三、公共事业类项目投资评价的要求

公共事业类项目投资经济评价的基本原则是：通过经济评价，要使最后筛选出来的项目方案能以最少的劳动消耗获得满足社会需要的使用价值和其他有用成果，或者用同样的劳动消耗达到能最大限度满足社会需要的使用价值和其他有用成果。这也是所有投资项目经济评价的基本要求，在这一点上，公共事业类项目与其他建设项目并无根本差别。但是，由于公共事业类项目所独有的特点，其经济评价的具体要求也显示出不同于其他投资项目经济评价的特殊性。

（一）最基本的要求是所得大于所费

尽管我们已经指出，公共事业类项目一般不以赢利为目的，要准确计算其成本与效益是困难的。但是，通过认真分析，对有些公共事业类项目，还是有可能大致将其成本与效益计算出来，特别是近来有些地方政府已经兴建收费的公共事业类项目，这样就使我们有可能大致计算其成本与效益。因此，对于那些有可能将成本与效益数量化的公共事业工程，应当尽可能地数量化，并贯彻所得大于所费这一基本要求。理由是：一方面，"所得大于所费"是人类社会生产的基本要求，也是社会扩大再生产得以进行的基本条件，任何投资活动都必须遵循这一准则，事业项目的建设也不例外；另一方面，由于大多数公共事业类项目不可能像一般工业项目一样被精确地确定其成本与效益，因而提出过高的评价要求也是不切实际的。

当然，也有人提出了更进一步的评价要求，那就是在一定的预算支出范围内，应当挑选能够产生最大净效益的那些方案，也就是说，应当使这些预算支出用于各个项目以后，其所得的总效益为最大，即以一定的代价取得最大效益。这个要求不是针对单个项目的评价，而是在对一系列项目进行排队挑选中实现的。这个要求是比基本要求更进一步，但要满足此要求，需要对整个公共事业类项目进行系统设计和整体评价，难度也就更大些。

（二）无法计量效益的项目要求成本最小

虽然有些项目通过认真分析，可以大致确定其成本与效益，但是由公共事业类项目本身的特点所决定的，有些项目的效益即使经过努力也仍然无法确定，比如，创办一所学校的效益、建立一座医院的效益，都很难计算。不过，任何公共事业类项目，其投资成本及其经营成本还是可以大致计算出来的（当然也有些成本难以确定）。在这种情况下，尽管我们无法将其成本与效益进行对比分析，但我们可以在那些能达到目标的不同方案中挑选成本最低的方案。这就是用最小的代价来实现既定投资目标的原则。

（三）从社会角度而不从企业角度进行评价

公共事业类项目是用来满足社会生产和人们生活的共同需要的，其受益者是普遍的社会个人或社会单位，而公共事业类项目本身不以赢利为目的，一般并没有什么赢利，如果仅仅从企业本身的角度去评价这类项目，那么有些成本与效益就不能被包括到评价中来。比如，飞机场的建设，造成了周围地区的噪声污染，这是一项社会成本，但是项目本身可能并不承担这一项成本。又如医院的建立，能医治许多人的疾病，拯救很多人的生命，减轻病人的痛苦，使很多人健康愉快地走上工作岗位，这应是一项很大的社会效益，但是医院却并不能直接得到这种效益。因此，公共事业类项目的评价与分析要从社会角度进行，而不应从企业角度出发。

（四）能计量的成本效益并进行动态分析

对公共事业类项目评价的这个要求与对一般工业项目的要求是一样的。这里之所以要特别列出这个要求，是因为这一点在对公共事业类项目的评价中特别容易被忽视。

在国外，当公共事业类项目的建设是以政府税收或者以项目收益作担保而举债进行的时候，项目的收支当然都应当考虑时间价值的因素，因为举债除了还本，还是要付息的。

在我国这种主要以拨款来进行公共事业类项目建设的情况下，同样也要考虑货币的时间价值问题。因为建设资金毕竟是有限的，将资金用于公共事业类项目，是以这些资金放弃了在其他方面的用途为代价的。这里也有一个机会成本的问题。此外，从严格的意义上说，只有同一时点上的成本与效益，才是最具可比性的。

（五）计算间接费用与间接效益

公共事业类项目的间接费用是指由于项目的兴建在项目直接投资者之外所发生的那些费用。公共事业类项目涉及面广、问题复杂，有许多成本并不能在项目的成本账上反映出来，如由于公共事业类项目的建设而造成的噪声污染，给居民带来生活工作的不便等不良影响。但从社会的角度来看，这些不良影响都必须算作项目的间接费用（或外部费用），它是社会为该项目的兴建所付出的代价。

公共事业类项目的间接效益是指在公共事业项目的影响下，社会间接地得到的益处。如一个水电站的直接效益是发电收益，但也可能使该地区形成一个旅游区，使该地区的生态环境得到改善，从而使社会获得旅游业和生态改善方面的益处。公共事业类项目经济效益的评价由于是从整个社会的角度来进行的,这些间接效益显然应当计入项目的效益中去。

有的公共事业类项目的成本与收益可以计算出来,而有的项目只能计算或只需计算成本,同时其效益无法计算或不必计算。与此相应,公共事业类项目经济评价也就有了"收入成本分析法"和"成本效用分析法"这两种基本方法。

第二节　公共事业类项目的收益与成本

公共事业类项目收益与成本的识别与计量,与一般生产经营项目比较,有许多不同之处。一般生产经营项目的投资是以追求利润为基本目的的,因而,其收益与成本的识别是以利润增减为原则,识别的基本方法是追踪项目的货币流动。公共事业类项目投资的基本目的是追求社会利益,而非项目利润,收益与成本是指广泛的社会收益和社会成本,而且这些收益与成本又往往由于缺乏市场价格而难以用货币计量,这都使得公共事业类项目的成本与收益的识别和计量相对复杂与困难。

一、公共事业类项目收益与成本类别

(一) 内部收益(成本)和外部收益(成本)

按照项目受益者的不同,可以将收益(成本)分为内部收益(成本)和外部收益(成本)。内部收益(成本)是由项目投资经营主体获得的收益(成本)。比如,建立水电站发电获得的电价收益是项目内部收益,而对该水电站进行维修属于内部成本。与内部收益(成本)相对应的外部收益(成本)指落在项目之外的收益与成本。例如,一个道路建设项目,完工后带来了交通事故损失减少,这就是外部收益,而其在建设中给行人带来的不便就是一种外部成本。由于公共事业类项目的特殊性决定了项目既有外部收益(成本),又有内部收益(成本),因此在评价过程中应分别识别与计量。

(二) 直接收益(成本)和间接收益(成本)

按照项目收益(成本)的形式,可分为直接收益(成本)和间接收益(成本)。

直接收益(成本)是在项目的投资经营中直接产生的收益(成本)。例如,灌溉工程可直接提供灌溉用水,增加农作物产量;水污染治理项目可直接减少污水排放量,这些都是直接收益,而这些项目的投资与运营支出都是直接成本。

间接收益(成本)又称次级收益(成本),是由直接收益(成本)引发生成的。例如,灌溉工程除具有增加农田产出的直接收益外,可能还有助于改善当地人民的营养及体质,促进当地食品加工业发展;污水治理项目除了具有改善生态环境的直接收益外,它还可能由于生态环境的改善而降低了沿河周围居民发病率,由此带来医药支出的节省和劳动收入增加的间接收益。

公共事业类项目通常能同时带来直接的和间接的收益(成本),这是公共事业类项目的一个基本属性。因此,在公共事业类项目评价中,除了要考察直接收益(成本)外,有时还需要考察间接收益(成本),特别是在间接收益(成本)较大的时候,就更是如此。

这里需要说明的是,公共事业类项目的直接收益(成本)并不一定等同于内部收益(成本),间接收益(成本)也不一定等同于外部收益(成本),尽管它们之间在有些情况下可能重合,但并非所有的项目都能重合,二者之间在概念上的差异不能混淆。例如,一个公共消防项目,它所提供的减少或消除火灾损害的服务,具有公共品的免费服务特性,由它所获得的减少财产损失和人员伤亡的收益是一种直接收益,但这种收益却不是项目的内部收益而是消防部门以外的外部收益。一般而言,间接收益(成本)包含在外部收益(成本)之内,内部收益(成本)包含在直接收益(成本)之内。因此,在对项目的成本与收益进行分类识别和计量时,或者按"直接"和"间接"的方式分类,或者按"内部"和"外部"的方式分类,而不能交叉分类,以避免收益与成本的遗漏或重复。

(三)有形收益(成本)和无形收益(成本)

有形收益(成本)是指可以采用货币计量单位(成本)或实物计量单位予以计量的收益(成本)。由于公共事业类项目评价是用经济分析方法对项目的社会经济效益状况进行评价的,所以,如果可能的话,应当尽量把项目的收益与成本予以货币化,使收益与成本具有同一经济价格量纲,可以直接比较。

无形收益(成本)是一些既不存在市场价格(难以用货币计量)又难以采用其他计量单位度量的收益(成本)。例如,建筑物的美学价值,保护古代遗产的文化价值,都是难以用货币或其他计量单位加以度量的。有的公共事业类项目,其无形收益(成本)可能并不重要,可以对其忽略不计,但是有的项目,如古代文物保护项目,无形收益很可能是其根本性收益,就不能够对其忽略不计。因此,对需要考察的无形收益与成本,如果无法货币化,也无法采用其他量纲计量,则应采用图片、音像、文字等各种形式予以描述和阐释。

二、公共事业类项目收益、成本计算原则

在对公共事业类项目的收益成本进行计算时,必须遵循以下原则。

(一)目标明确原则

目标的明确要基于考察角度的确定、收益成本界限的划分以及系统范围的明晰的基础上。公共事业类项目往往具有多个目标,目标是分层次不均衡地实现的,从而使识别变得复杂化。往往一个项目不会使各个层次的目标同时达到最优,那么首先要保证主要目标实现最优。因此,在收益、成本计算时,应根据实际情况,给目标赋以不同的权重。

(二)口径一致原则

对多方案比选时,在时间、空间范围上都应该保持一致性。

(三)非重复性原则

在收益成本计算时,应强调系统概念,严格区分内部收益(成本)和外部收益(成本),避免重复性计算。比如,从国家角度讨论高速公路项目的经济效益时,一方面计算了司机

缴纳通行费,给公路收费站带来了收益;另一方面又计算了扩大就业、工资水平提高后的收益,无疑就进行了重复计算。因为汽车的过路费本身就有一部分是作为收费站有关人员的工资发放的。

(四)增量计算原则

比较经济效果时,项目的收益与成本是相对于引入该项目时所增加的收益和成本。因此,一定要分析由项目本身所带来的收益和成本,严格剔除那些与项目无关因素的影响所产生的收益和成本。例如,在对某灌溉项目进行分析时,就应该充分考虑到,即使没有该项目,由于生产力提高,种子品种的改良,本身就会引起农作物产量的增加,这种增加并不是项目所带来的实际收益。因此,如果把农作物产量的收益,全部归功于灌溉项目的实施,就不符合实际。所以,真正该计入项目收益的应该是农作物产量提高扣除因种子改良所引起的变化,计入只因灌溉水平提高导致农作物产量的增加所带来的收益。

(五)最大限度货币化原则

最大限度地用货币单位度量收益与成本,这样便于用统一的标准衡量和进行比较。一般来说,公共事业类项目的成本普遍表现为初始投资和后来的各种费用,由明确的货币形式衡量的账面体现;而对于收益来说,由于形式多样,很多时候缺乏市场价格,不能用货币表示。对于存在不能直接用货币表示的收益,应采用适当的方法进行定性描述。

三、合理分摊多功能公共事业类项目的成本

有些项目由于具有多种功能,往往会产生投资总成本必须在所有各效能之间共同分配的问题,但在实践中又无法精确地分配这种联合成本,因此在多功能的公共事业类项目评价时,应把整体成本与整体效益作对比,这样才能得出比较合适的结论。例如,水库工程项目具有防洪、灌溉、生活供水与发展养鱼业等多种用途。对于大型多功能公共事业类项目,不仅要求评价其全部功能的总成本与总收益,而且要求评价其单项功能的成本与收益。只有当总功能的收益—成本分析结果与单项功能的收益—成本分析结果都能达到预定经济效益的评价指标时,才能认为项目在经济上是可行的。在这种分析过程中,必然会遇到项目的总投资、运行费用及受损价值的合理分摊问题,而分摊的合理与否又直接影响到单项功能经济效益能否正确评价。

(一)投资分摊方法

(1)将项目的功能按主次进行分类,主要受益部门承担投资的大部分,次要受益部门承担投资的其余部分。

(2)按受益部门获得同等收益时的最优替代方案的投资分摊。所谓最优替代方案是指各受益部门在单独投资条件下获得与综合工程提供的收益相等时的最优方案。

(3)按各受益部门对工程的利用率进行分摊。例如,各有关部门按用水量分摊水库工程的投资;按用电量分摊电站工程投资;按收入的比例分摊投资等。

（二）投资分摊合理性的检验

投资分摊得是否合理，可根据以下原则进行检验：

（1）任何一个部门或地区分摊的投资都不应大于本部门或本地区单独兴建等效最优替代工程方案的投资。

（2）各受益部门或地区分摊的投资都具有相应的收益。

（3）不论受益大小，各受益部门或地区至少应承担为该部门或地区服务的专用工程和配套工程的投资。

第三节　公共事业类项目投资评价方法

一、收入成本分析法

收入成本分析法是将项目的投资支出和经营成本与其向社会提供的效益进行全面的比较，以此来衡量投资的经济效果。该方法是将货币化的收入与成本进行比较，公式为

$$收入成本比率(B/C) = \frac{现值总收入}{现值总成本} = \frac{\sum_{t=0}^{n} B_t(1+i)^{-t}}{\sum_{t=0}^{n} C_t(1+i)^{-t}} \tag{18-1}$$

式中，B_t 为项目第 t 年的收入值（$t=0,1,2,\cdots,n$）；C_t 为项目第 t 年的成本值（$t=0,1,2,\cdots,n$）；i 为基准折现率；n 为项目的寿命期限或计算年限。

一般来说，要使所研究的项目被认为是合乎社会经济需要的，该投资项目的总（或年）收入必须超过其总（或年）成本，即收入成本的比率必须大于1。因此，运用该公式进行项目评价的准则是：如果收入成本比率 B/C 大于或等于1，则项目可以接受；如果收入成本比率 B/C 小于1，则项目不能接受。

需要注意的是，当对公共事业类项目的选择不是对一个单方案的评价，而是对多个互斥方案进行对比时，收入成本比这一指标就不再适用了。也就是说，对多个互斥方案进行选择时，不能认为收入成本比最大的方案就是最好的方案。这个时候应该采用增量收入成本比来进行计算，其计算公式如下：

$$\Delta B/\Delta C = \frac{\sum_{t=0}^{n} B_{kt}(1+i)^{-t} - \sum_{t=0}^{n} B_{jt}(1+i)^{-t}}{\sum_{t=0}^{n} C_{kt}(1+i)^{-t} - \sum_{t=0}^{n} C_{jt}(1+i)^{-i}} \tag{18-2}$$

式中，$\Delta B/\Delta C$ 为增量收入成本比；B_{kt}、C_{kt} 为第 k 种方案第 t 年的收入和成本（$t=0,1,2,\cdots,n$）；B_{jt}、C_{jt} 分别为第 j 方案第 t 年的收入和成本（$t=0,1,2,\cdots,n$）；ΔB 为增量收入现值；ΔC 为增量成本现值；其他符号与 B/C 式中的含义相同。

运用增量收入成本比判别的准则是：设 $\Delta B>0$，$\Delta C>0$，如果 $\Delta B/\Delta C>1$，则收入现值大的方案好；如果 $\Delta B/\Delta C<1$，则收入现值小的方案好。

在运用收入成本分析法时,一般按照以下程序进行:

(1) 明确分析的角度及范围。在所有项目的经济评价中,任何一种方案的收支都应从适当的角度及范围来考虑和分析,只有评价的角度及范围合适,才能得出正确的结论;反之则会得出错误的结论。通常确定合适的角度及范围最容易的方法是鉴定谁受益和谁负担费用,使收支相当。

(2) 确定各种可供选择的方案。同一项目可能有不同的实施方案,在不同的方案下,就会有不同的结果。项目的经济评价应该在各种可能的方案中通过比较作出选择。

(3) 确定项目的效益和费用。公共事业类项目的效益一般包括直接收益和间接收益。对于改善人民的经济状况、改进社会环境等内容都应考虑在内。至于收益的计量,如果市场上尚没有收费标准的,通常可通过以下两种方法确定:一种是把取得同样劳务的最小费用作为收费标准;另一种是把使用者愿意为劳务支付的数额作为该项目的收费标准。当然,在计算项目的间接收益时,还必须考虑它实现的可能性。如果不大可能实现,就不能计算在内。

关于项目费用,一般应根据各个项目的具体情况来加以具体确定,即根据项目的特点来考虑社会影响的各个方面。当然,不论这些成本费用是如何确定的,都应作出充分、合理的说明。

(4) 计算有关评价指标并作出评价。

(5) 在必要的情况下进行敏感性或非数量化的分析。

二、成本效用分析法

在公共事业类项目的经济评价中,既有可以用货币来衡量的项目,也有不可用货币来衡量的项目,在后一种情况下,收入成本分析法就无法对此类项目的投资成果进行评价了。而注意到公共事业类项目的成本一般来说都是可以计量的,因此就可以采用成本效用分析法来对无法用货币衡量效益的项目进行全面评价。所谓成本效用分析法就是将投资项目的效用与成本进行比较,用成本效用比率来评价项目投资经济效益的一种方法。这里的效用是指以物理量度表示的成果(如速度、运输能力、负荷能力等),成本效用比率的计算公式为

$$成本效用比率 = 等额年成本 \div 效用 \qquad (18-3)$$

因为效用一般有效能、质量、使用价值和受益等形式,它们各自的实物计量单位不同,不具可比性,所以评价效用的标准很难用绝对值来表示,而是采用利用率、完成概率及可靠度等相对指标来表示。用成本效用比率来表示项目的社会经济效益,是表明为获得一定效用所需花费的成本(或费用),即"效用"的单位成本。把"效用"作为成本的计算对象,获得一定效用的单位成本越低,表明项目的投资经济效益越好。因此,在多方案选优时应选择效用单位成本最低的方案,以最小的成本达到既定的目标,这是成本效用分析的基本思路。

成本效用评价一般有三种方法:

(1) 当效用相同时,选择成本低的方案为优,也就是效用固定法。它适用于对项目最低限度的效用水平有所规定的项目。

(2) 当成本相同时,选择效用高的方案为优,也就是成本固定法。它适用于项目能利

用的资源(成本)有限制的项目。

（3）当成本、效用同时增加时，选择增量效用的单位追加成本(费用)最低的方案为优。

成本效用分析法的特点在于，它不对项目的产出标价(因为无法标价)，而是直接以使用价值形态的效用去表示它们，并与项目的成本进行比较。成本效用分析法应用中的难点在于如何正确地选择效用的表示单位。因为项目的效用往往有不同的方面，且又可用不同的单位来表示同一种效用，这就可能导致作出完全不同的决策。因此，从决策的角度看，选择的效用表示单位应当是能表示出项目主要的效用特征并确实为决策者所关注的那些效用单位。

需要说明的是，成本效用分析法的应用是有条件的：各个被评价方案的效用必须有相同的性质，否则就是不可比的；实现相同性质效用的方案必须有多个，否则就无可比较；各种方案的成本与效用都是可确定的；各种方案是切实可行的，其后果也是可以预见的，这是效用分析不出现大的偏差的重要保证。

应用成本效用分析法评价项目时，一般按以下程序进行：

（1）明确拟议方案所要达到的目标。需要注意两点，即所要达到的目标是不是可由单一方案来完成，只有那些可由单一方案完成的目标，才可以用成本效用分析法加以比较，如果不能由一个方案来实现，则应将目标分解，并按分项目标方案分别进行比较；还应注意，可由同一项目方案来实现的公共事业类项目是否具有复合的多种目标，如果有，就应找出最主要的目标或者总目标，并把这个目标分解为几个合理的分目标，也就是决策中必须予以注意的那些目标。

（2）对所确定的目标提出更具体的要求，并说明哪些方面是项目的实质性要求。在进行这一步时，应该尽量选用那些可以计量的要求，以便在目标和具体要求之间建立量的关系，这样做易于被人理解。并且，所提出的要求应当具有高度的综合性，可以集中地概括目标的实质。

（3）形成完成目标要求的各种可行方案，以作出比较。这一步的一般要求是，拟议的方案对成本与效益应能予以大致确定。

（4）建立一套与目标要求相配合的评价计量指标，用这些指标来度量项目达到效用目标的程度。在选用这样的指标时，要注意指标反映目标要求的能力，不能有重要指标的遗漏。

（5）确定采用费用固定法还是效用固定法来对项目进行分析。这要看具体情况来定，如果能利用的资源(费用，指财力、人力、设备及材料等)是有限制的，那么分析比较时可用费用固定法，即根据方案的效用大小来评比优劣。如果必须满足最低限度的效用水平是规定了的，就可用效用固定法，即根据各方案的成本的高低来评比优劣。如果在这两方面都没有特别的规定，则可根据费用与效用这两者中哪一个更易固定，就用哪一种方法。另外，如果所分析的项目具有多种目标要求，应尽可能选用效用固定法来评价，这样可避开效用的计量比较问题。

（6）确定各方案达到上述计量指标的水平。在采用费用固定法的情况下，对于各方案不同层次的效用属性应进行加权并计算得分，以便比较在相同属性下哪一个方案得到的效用最好。这项工作，可根据不同层次效用属性的重要性通过加权来完成。

（7）对各方案进行对比分析。如果采用效用固定法，那么当效用相同时，只要比较费用的大小，若效用在程度上有差别，那么可用费用效用比率来对比；如果采用费用固定法，那么当各方案费用相同时，只要比较效用的大小，若费用不同，那么也要使用费用效用比率指标来比较。

对于那些效用指标难以确定、效用难以加权记分的项目，可以用列表法比较各个方案。表的横栏从左到右按各效用目标的重要性排列，表的直栏从上到下按各方案满足最主要目标的程度排列，进而加以对比分析。

（8）进行敏感性分析。

（9）作出结论，并对分析过程加以说明。

第四节　公共事业类项目的国民经济评价

一、公共事业类项目国民经济评价的含义

公共事业类项目的国民经济评价是按照资源合理配置的原则，从国家整体角度和社会需要出发，采用影子价格、影子汇率、影子工资、社会折现率等经济评价参数（或称国家参数），计算和分析国民经济为公共事业类项目所付出的代价（费用）及公共事业类项目对国民经济所作出的贡献（效益），以此评价公共事业类项目在经济上的合理性。

国民经济评价是经济评价的重要组成部分之一，也是公共事业类项目评价的关键。鉴于公共事业类项目的特殊性质，此类项目的经济评价要以国民经济评价为主，财务评价为辅。

二、公共事业类项目国民经济评价中效益的确定

公共事业类项目的国民经济效益是指项目对国民经济所作的贡献，也就是指项目的投资建设和项目投产后对国民经济提供的所有经济效益。一般来说，公共事业类项目的国民效益包括直接效益和间接效益。下面将按照项目所属的不同行业来详细介绍国民经济评价中效益的确定方法。

（1）城市供水、供气部门项目为其他产业部门提供生产用水、生产用煤气等产生的效益。水、煤气是社会产品再生产的重要因素。城市供水、供气等基础性投资为其他产业部门提供生产用水和生产用煤气，保证和影响着其他产业部门的生产和发展。也就是说，当某一地区供水、供气能力不能满足其生产需要并开始制约生产的增长时，供水、供气投资项目的投产就能使该地区这些产业部门提高生产产量，从而带来效益。

（2）交通运输投资项目带来的在运输过程中发生的运输时间、运输费用的节约，拥挤程度的缓解，运输质量的提高，运输收入的增加等形成的效益。交通运输投资项目主要包括铁路、水运、公路、民航、管道等基础设施项目。其特点是不生产实物产品，而是为社会提供运输服务。其经济评价一般采用有无对比法："有项目"是指所研究的运输系统为满足某种要求而拟建的项目在实施后将要发生的情况；"无项目"是指不实施拟建项目，现在的运输系统在计算期内将要发生的情况。

运输项目的间接效益和间接费用应根据"有项目"和"无项目"对比的原则进行确定。

需要注意的是,其外部效果是指计算一次性相关效果,不可重复计算或漏算。例如,道路的拓宽能为其他部门的物资运输和居民带来方便,节约运输时间,增加运输量等;桥梁的建造能为江河两岸运输提供方便,其间接效益就可表现为比原有的运输方式节约的有关费用和增加的收入;航空运输的间接效益收入则体现为因其速度快捷而带来的时间节约所产生的经济效益;港口的兴建则可以通过改善航道条件、增加港口码头泊位、减少货物周转时间和费用而带来间接效益。铁路建设的间接效益则体现在:一方面它可以节约时间,提高运输效率,增加运输能力;另一方面又能将经济发达地区与落后地区联结起来,带动欠发达地区的经济发展。

(3)城市基础设施项目的投资建设为城市职工、居民节约生产、生活时间而带来的效益。城市基础设施项目的投资兴建,可使城市居民节约劳动时间和生活必需时间。城市基础设施投资项目的建设,为城市居民提供了更为方便快捷的交通条件,从而可以节约他们在上下班路途中花费的时间及生活必需时间,使城市居民有更多的时间用于学习科学知识、从事生产活动及娱乐,从而在增加社会财富积累的同时,还能不断提高城市居民和职工的文化素质,丰富他们的精神文化生活,间接地为提高劳动生产率创造条件。

此外,城市交通运输设施的不断改善,也能为居民提供乘车的舒适感,使居民和职工在其工作过程中保持良好的精神状态和充沛的体力,从而提高职工和居民的工作效率。

(4)为农田提供灌溉用水而使农作物增产以及增加农作物的加工收入而获得的效益。大型水利工程投资项目的直接收益是以收费的方式通过发电、提供农田灌溉用水等取得的,除此之外,还可通过使旱地变成水浇地、使每亩农作物产量提高以增加农产品收入,以及由此带来的农产品加工收入的增加等获取间接效益。

(5)减少事故灾害等损失而带来的效益。公共项目中的防洪、防风、消防、防震等防灾工程设施,沿江沿河建造的水坝、堤防等工程,保护农田和城镇安全的防护林等,都可减少灾害给城乡居民带来的生命和财产损失,从而可视为给居民带来了效益。

三、公共事业类项目国民经济评价中费用的确定

公共事业类项目的费用是指国民经济为项目所付出的代价,通常也可以分为直接费用和间接费用。

所谓直接费用是指由项目使用投入物所产生,并在项目范围内用影子价格计算的经济费用。一般有:其他部门为供应本项目投入物而扩大生产规模所耗用的资源费用;减少对其他项目投入物的供应而放弃的效益;增加进口(或减少出口)所耗用(或减收)的外汇等。

所谓间接费用是指由项目引起的而在直接费用中未得到反映的那部分费用。例如,项目产生的环境污染及造成的生态平衡破坏所需治理的费用;为新建投资项目的服务配套、附属工程所需的投资支出和其他费用;为新建项目配套的邮政、水、电、气、道路、港口码头等公用基础设施的投资支出和费用;商业、教育、文化、卫生、住宅和公共建筑等生活福利设施的投资费用。如果这些设施是专门和全部为本项目服务的,则应作为项目的组成部分,其所有费用都应包括在项目的总费用之内;如果这些设施不是全部为本项目服务的,而是同时为多个项目提供服务,则应根据本项目所享受的服务量的大小、程度来进行分摊,并把这部分费用计入项目的总费用中。

四、公益性项目国民经济分析

公益性项目的国民经济分析主要是对项目的国民经济赢利能力和外汇效果进行分析,主要采用经济内部收益率和经济净现值等指标,也可根据项目的特点,根据具体情况的需要适当增加国民经济评价中的有关指标的计算。

第五节　公共事业类项目评价中应注意的几个问题

一、合理确定公共事业类项目评价考察的角度

在对公共事业类项目进行评价之前,必须确定考察对象的范围。它是项目进行经济评价的前提,考察的范围不同,所处的角度不同,那么所得出的评价结果也截然不同。对公共事业类项目经济评价时采用的角度,通常有以下几种观点:①得到收益或受到损失的个人;②特定的政府机构;③城市、乡镇等地域;④省等地区;⑤整个国家。

从经济评价的角度来看,第一种观点显然是不能苟同的,但其所描述的问题却是客观存在,并在实际应用中发生了影响和作用,比如,一条孤立的公路的建立,遥远地带的水域扩建或公共设施理想选址等方案被莫名其妙地否决,这往往是由决策者本人或团体意见所决定的,而他们出于自身的收益或损失而左右方案的选取。这种对项目评价的个人主观意志是评价的公正性所不容的。评价者必须从公共利益出发,抛开个人的狭隘利益,这样才能确保投资的成功。

后面的四种观点也应该引起评价者的关注。第二种观点是从特定的政府机构的角度出发进行经济评价,这类似于企业经济评价的角度。也就是说,仅仅将特定机构的收益和损失纳入考虑范围,这种思路也许违背了公共事业的初衷,但在一些特殊情况下也可能不完全错误。比如,一个公司为了减少因废弃物排放而遭受罚款的成本,决定对废弃物排放进行净化。有很多种方法可以实现这一目标。企业从自身角度出发,对净化的各技术方案进行比选,这种思路是合理的。因为每个方案都为了达到一个共同目标,即减小污染,因此从企业角度考虑最经济的方案,同时也是公共利益最大化的方案。

第三种观点,出于城市乡镇的考虑,往往是人们普遍接受的观点,但公共项目的外溢性导致了很多成本、收益不再局限于城市的边界之内。比如,当地政府的投资所用的经费来源于国家税收的一部分,通过税收进行转移支付,于是这种负担不再由部分人或部分地方承担,而是由整个国家的国民共同负担。其实对于第四种观点同样也是这样。很多成本并不是由各省自己所承担的,而是间接地由国家承担。所以,上述两种观点也不是公共事业类项目评价的正确角度。

因此,公共事业类项目应该以国家的角度来进行方案选择。

二、正确估算投资项目的社会效益与成本费用

(1) 要分析投资项目提供的直接效益与间接效益、直接成本与间接成本。直接效益

是指从投资活动中直接实现的产品和劳务价值。间接效益是指由于投资活动而促使社会增加的产品和劳务价值。同时考虑由于投资活动而引起的直接和间接的效益以及直接和间接的成本，这是公共事业类项目经济评价的一个基本特点。通常项目应以直接效益与直接成本的分析结果作为方案取舍的依据，必要时参考间接效益与间接成本的分析结果。

（2）要区分可用货币计量的社会效益和不可用货币计量的社会效益。为了正确估算工程项目的成本与效益，需要分清可用货币计量的社会效益和不能用货币计量的社会效益。对于不可用货币计量的社会效益，应尽可能选用一定的效用指标加以表示。对于无法以效用指标表示的社会效益，则应进行定性分析并作恰当的文字说明。

（3）要正确确定工程投资项目所提供的收益价值与可能引起的损失价值，并且要从项目的收益价值中减去损失价值，得到投资项目的净收益。

（4）要明确投资项目成本费用的计算范围。成本费用是指政府为工程项目支付的研究开发费、投资额和日常运行费扣减政府从该项目所获营业服务收入后的净额。

（5）要将公共事业类项目效益与非公共事业项目效益加以分解。公共事业类项目提供的效益有时与非公共事业项目提供的效益融为一体，故在评价公共事业类项目的效益时，要进行分解。例如，农业增产是建设水利灌溉工程项目和实施其他农业技术措施共同作用的效果，在评价水利灌溉工程项目效益时，应将农业增产的总效益进行合理分解，不应将其全部收益都算作水利灌溉工程项目的效益。

（6）评价时要选用合理的价格。当现行价格明显不合理时，应采用其他价格（如调整价格）作为计价依据。

三、合理确定公共事业类项目的投资贴现率

公共事业类项目一般具有寿命长、见效迟、后期效益大等特点，由此构成的现金流量将会使公共事业投资项目的经济效益对投资贴现率的敏感性更加显著。因此，合理确定投资贴现率对于正确评价公共事业类项目的经济效益具有十分重要的意义。

一般来说，贴现率的确定与投资项目的资金来源有关。但应当如何来确定公共事业类项目的投资贴现率呢？目前这还是一个有争议的问题。通常，公共事业类项目的投资贴现率有三种选择：

（1）以借款或债券利率作为投资贴现率。政府为借款或发行债券支付的利率（即借贷资金的成本率）与借款期限长短、物价的变动、国家的经济状况以及金融信誉等直接相关。通常在通货膨胀严重、国家金融信誉不好、借款期长的情况下，取得借款需要支付较高的利率。因此，投资贴现率也需适时加以调整。

（2）以公共事业投资的机会成本作为投资贴现率。机会成本是指投资者若将资金投资于非公共事业项目可能获得的赢利率，这个赢利率就是公共事业投资的机会成本，可用作公共事业投资项目经济评价的投资贴现率。

（3）将借款利率与投资机会成本综合起来确定投资贴现率。例如，假设政府以发行国库券形式向工矿企业和个人借款，承诺支付利率为8％，而购买国库券的企业和个人是放弃了平均赢利率为12％的其他投资机会而购买债券的。从企业和个人角度看，在上述条件下，放弃其他投资机会来购买政府债券并不吃亏，因为购买债券实得利率为8％，而

其他投资机会虽然赢利水平为 12%,但扣除 50% 的所得税后实际可获得的赢利率为 6%。但从政府的角度看,用国库券筹集资金,不仅要支付国库券利率 8%,而且由于企业和个人放弃了平均赢利率为 12% 的其他投资机会,政府也相应地牺牲了相当赢利水平 50% 的所得税收入,即 6%。因此,综合上述两个因素,政府用于公共事业投资的实际资金成本率应该是 14%。

从国外情况看,政府投资承办项目的利率趋向于相等或略低于长期政府公债的利率。我国政府投资的贴现率也应等于或略低于长期政府公债的利率,但应高于一般的借款利率。因为在资源相对稀缺的条件下,这笔投资不用于公共事业类项目而投入企业,将会获得较高的报酬。同时,如果投资贴现率较低,则有可能使投资满足于低效益的项目而放弃选择效益更好的项目。另外,在政府的投资活动中,出现的风险和不确定程度远比企业要大,投资决策必须考虑风险报酬。

四、正确确定公共事业类项目投资对社会发生的各种无形影响

公共事业类项目投资的立足点是国民经济效益与社会效益的提高。而公共事业类项目投资除了产生有形影响外,还将产生各种无形的、不可计量的影响,如对自然生态环境的影响、对投资环境的影响、对政治生活的影响、对文化观念的影响等。然而,这些方面也是项目效益的重要表现,但由于这些无形影响难以定量化,往往会影响项目评价的客观公正性,因此在公共事业类项目经济评价时需要特别注意这一问题。

本章小结

公共事业类项目是指文化、教育、卫生、体育、旅游、商业和社会服务福利事业等设施项目,还包括科研、金融、保险、娱乐业等设施项目。在此所述的公共事业类项目主要是指政府或社会福利机构兴办的,为社会生产和公共生活服务的,以创造社会效益为主的公益性建设项目。

公共事业类项目不是以追求利润为基本目的,而是要追求社会利益的最大化,收益与成本是指广泛的社会收益和社会成本,而且这些收益与成本又往往由于缺乏市场价格而难以用货币计量,这都使得公共事业类项目的成本与收益的识别和计量相对复杂与困难。

公共事业类项目主要采用以下两种投资评价方法:收入成本分析法和成本效用分析法。

公共事业类项目以项目的经济分析和经济影响分析为主,同时还需要考虑项目的财务可行性。

关键词

社会收益　社会成本　成本效用比率　公共事业类项目的收益　公共事业类项目的成本

第十九章 房地产类项目投资评价

SOHO 现代城是 SOHO 中国的第一个项目。它位于北京中央商务区,中国国际贸易中心的东面。该项目总建筑面积为 48 万平方米,拥有 48 家店铺,283 套办公室,1 897 套公寓。1997 年,SOHO 中国预见到中小公司的迅速崛起以及它们对居住和工作空间混合的需求越来越大,便首次向市场推出"小型办公,居家办公"(SOHO)这一概念,给业主提供了灵活多功能的空间。该项目于 1998 年正式销售,其销售总额约 40 亿元人民币,并且连续两年(1999 年,2000 年)获得北京市房地产单体项目的销售冠军。SOHO 现代城于 2001 年完工。在本案例中显示着房地产项目巨大的投资空间,一个好的房地产项目能够产生很高的效益,如案例中所述,SOHO 销售额一直位居第一。

房地产项目投资评价即是本章所要讲述的主要内容。房地产项目投资评价主要是对住宅投资、土地投资、写字楼投资、酒店投资等进行可行性研究,在分析评价中既要应用项目投资决策的共性,如项目净现值、投资回收期、项目的不确定分析等,同时还要兼具房地产的个性,如投资与消费共有等,对房地产项目进行投资评价。

学习目标

通过对本章的学习,能够解决以下问题:

1. 房地产类项目投资的范围是什么?
2. 房地产类项目投资有哪些特点?
3. 如何对房地产类项目进行成本费用估算?
4. 房地产类项目投资评价方法有哪些?具体怎样应用?
5. 如何对房地产类项目进行不确定性分析?

第一节 房地产类项目投资的范围和分类

一、房地产类项目投资的概念

房地产类项目投资就是将一定的资金投入到房地产开发经营和中介服务等活动中,以期望未来获得更大收益的投资行为。作为投资活动的一种,房地产投资与其他投资方式相比,既具有投资的共性,也具有投资的个性,它兼具消费和投资两种功能。由于房地产投资未来的收益尚未发生,会有较大的不确定性,因此房地产投资还具有较大的风险。

二、房地产类项目投资的范围

一般而言,房地产投资开发的范围包括未开发的土地、出租性住宅、出售性住宅、办公楼宇、商场(购物中心等)、酒楼、旅店、工业厂房、仓储性物业、娱乐场所及设施、休闲场所及设施等。

(一)未开发的土地

作为房地产投资对象的土地有两类:一是旧城区(投资和开发);二是新城区开发。旧城区投资属房地产的二次开发,是为了防止城市老化,房屋陈旧、破损或基础设施改造而进行的投资建设。旧城区开发的主要经济活动有拆迁安置和改造建设两个方面。拆迁是对原有建筑物、构筑物的拆除与搬迁,安置是对原住户、用户及单位的安置;改造建设主要是对旧城区原有基础设施及部分公共服务设施的改造及新建筑物的建设。旧城区开发不仅因为旧城区低价高,要付出更多的投资,而且因为原有住户或用户的安置,原有基础设施的改造会大大增加开发成本。

新城区开发指的是城市郊区新征土地的投资开发,其主要经济活动是征用农村集体所有土地,并进行土地改造和基础设施建设。新城区开发的土地需要拆迁安置的负担并不高,地价也相对便宜,因而新城区开发的投资成本相对较低。

(二)住宅

住宅历来是房地产投资的主要对象。随着城市化及城镇化的进展及居民对改进居住条件的强烈愿望,在今后相当长时间内,住宅将始终是房地产投资的首选对象。住宅投资可分两类,即出租性住宅和销售性住宅。出租性住宅是指那些由开发商经营,将住宅的使用权分期出租给住户的住宅;销售性住宅是指那些通过一次性付款或分期付款,将住宅产权让渡给住户的住宅。住宅投资成败的关键是市场定位是否准确、配套设施是否完善、价格定位是否合理、营销力度是否到位等。

(三)办公楼宇

办公楼宇通常被称为写字楼。随着城市经济的发展,将吸引大量的企业来开设办事处或分公司,从而需要大量办公场所,这就使办公楼宇成为一些城市房地产投资热点的关键。然而,写字楼投资的风险较大,主要因为办公楼宇一般是租赁性经营,租赁效益的高低不仅取决于楼宇自身的环境条件和装修条件,还取决于物业管理水平和楼宇的使用率的高低。此外,写字楼市场与宏观经济环境及区域经济环境关系最为密切,受经济景气循环状况影响较大。

(四)商场、酒楼和旅店

商场、酒楼和旅店的投资回报率最高,通常是房地产投资的热点,但由于这类物业无明确的租约保证,无固定的消费对象,竞争往往比较激烈,投资风险很大。这类投资对象经营收益的高低不仅取决于自身的环境条件、经营策略,还取决于区域经济发展状况。商业、旅游及经济情况的波动将直接影响消费需求水平,进而影响收益。

(五)工业厂房和仓储性物业

工业厂房和仓储性物业的投资风险比较高。其原因为:一是工业厂房和仓储性物业的需求受经济状况的影响大,特别是其中的区域经济因素;二是工业厂房和仓储性物业可以是多用途的,也可能是单一用途的。尤其是为某特定的制造业设计的,其投资风险非常高。

(六)休闲性物业

休闲性物业是指那些具有娱乐、休闲性的房地产项目,如健身中心、游乐场、剧院、电影院、养老院、保健医院以及各种俱乐部性质的网球场、高尔夫球场等。

三、房地产类项目投资的分类

房地产类项目投资按不同的方法可以划分为不同的投资类型,它们之间既有相互联系又各有其基本特点。

(一)按房地产经济内容不同划分

1. 土地开发投资

土地开发投资首先需要依法取得土地,如通过政府有偿出让或在土地二级市场有偿转让取得,然后进行土地平整和基础设施建设,将土地开发成为具有"三通一平"或"七通一平"等建设条件的商品地产,再进行有偿转让或出租。

2. 房屋开发投资

房屋开发投资是指在已开发好的土地上进行的房屋以及市政公用和生活服务房屋开发建设的投资,包括住宅房屋开发投资和非住宅房屋开发投资。目前,房屋开发投资由土地征用费及拆迁补偿费、前期工程费、房屋建筑安装工程费、公共配套设施费、基础设施建设费、开发管理费和投资借款利息支出等构成。

3. 房地产经营投资

房地产经营投资是指用于房地产出租、出售、信托、互换等中介服务的投资,包括经租房产支出、修缮工程支出、经营管理支出和经营业务支出等。经租房产支出是房产经营单位为了进行房屋的出租经营,必须先花费的一笔购买房屋的资金。修缮工程支出是房产经营单位进行房屋修缮工程施工时耗用的人力、物力和财力的货币表现。经营管理支出是房产经营单位从事房屋经营管理支出的各种费用,包括工作人员工资及附加费、办公费、差旅交通费、固定资产使用费以及利息支出等。经营业务支出是房屋经营单位从事房屋经营活动等有关业务所支出的各种业务费用,如房产税、设备购置费、附属单位经费等支出。

4. 房地产中介服务投资

房地产中介服务投资是指用于房地产咨询、估价、经纪等中介服务的投资。

5. 房地产管理和服务投资

房地产管理和服务投资是指用于房地产管理、维修和保养等服务的投资。随着近些年资产管理概念的兴起，投资者逐渐意识到良好的房地产管理是提高投资回报率的重要因素。房地产管理资金一般源于物业维修基金、物业管理服务费以及物业管理公司的经营性收入等几个途径。

（二）按房地产投资的形式划分

1. 房地产直接投资

房地产直接投资是指投资者直接参与房地产开发或购买房地产的过程，参与有关的管理工作，包括从购地开始的开发投资和物业建成后的置业投资两种形式。

1）房地产开发投资

房地产开发投资是指投资者从购买土地使用权开始，经过项目策划、规划设计和施工建设等过程获得房地产商品，然后将其推向市场，转让给新的投资者或使用者，并通过转让过程收回投资资金、实现开发商收益目的的投资活动。房地产开发投资者将建成后的房地产用于出租或经营时，短期开发投资就转变成了长期置业投资。

2）房地产置业投资

房地产置业投资是购置物业以满足自身生活居住或生产经营需要，并在不愿意持有该物业时可以获取转售收益的一种投资活动。置业投资的对象可以是开发后新建成的物业，也可以是房地产市场上的二手货。这类投资的目的一般有两个：一是满足自身生活居住或生产经营的需要；二是作为投资将购入的物业出租给最终的使用者，获取较为稳定的经常性收入。置业投资一般从长期投资的角度出发，可获得保值、增值、收益和消费四个方面的利益。

2. 房地产间接投资

房地产间接投资是指将资金投入到与房地产相关的证券市场的行为。房地产的间接投资者不需直接参与有关投资管理工作。具体投资形式包括购买房地产开发投资企业的债券、股票，购买房地产投资信托基金和房地产抵押贷款证券等。

1）购买住房抵押贷款证券

所谓抵押贷款证券化，就是把金融机构所持有的个人住房抵押贷款转化为抵押贷款证券，然后通过证券融通资金，购买证券的投资者也就成为房地产的间接投资者。主要的做法是将银行所持有的个人住房抵押贷款汇集组成抵押贷款集合，每个集合内贷款的期限、计息方式和还款条件大体一致，通过政府、银行、保险公司或担保公司等担保，转化为信用等级较高的证券出售给投资者。

2）购买房地产开发投资企业的债券、股票

由于融资成本往往是一个巨大的数字，许多大型房地产投资企业为了降低融资成本，就希望在资本市场上购买房地产开发投资企业的债券、股票，通过直接融资，以支持其房地产投资开发计划。例如，深圳万科、北京华远集团等通过公司上市，解决了房地产开发所需的资本金投资投入问题。比如，购买深圳万科股票或其他房地产企业债券的投资者，也就分享了部分房地产投资收益，成为间接的房地产投资者。

3）投资于房地产投资信托基金

房地产投资信托基金是美国国会于 1960 年根据共同基金的模式创立的一种特定房地产证券化模式的代名词，是目前美国使用最多，也是最为普及的商业房地产证券化形式。商业房地产证券化是将对房地产物业的投资转化为对代表该物业的证券的投资，即从占有多少物业的面积转化为占有多少比例的权益。如果这种权益单元有人投资，能够交易，那么这就实现了该房地产的证券化。房地产证券化可以通过将传统的按单位、按面积分割出售的房地产，改为按价值单元分割来实现。

房地产投资信托基金的出现，使得投资者可以把资金投入到由职业投资经理管理的房地产投资组合中，该公司将其收入现金流的主要部分分配给投资者，而本身仅起到一个投资代理的作用。投资者将资金投入房地产投资信托基金有很多优越性，比如，可以以相对较少的投资持有多元化的房地产股组合，可以获得稳定的分红潜力，投资者有机会得到资金增值，并能够较为容易地将持有的房地产投资信托基金的股份转换为现金等。

（三）按房地产投资的物业类型划分

1. 商业房地产投资

商业房地产投资在房地产投资中所占比重最大，其投资回报率也最高，往往是房地产投资的重要目标，如宾馆饭店类投资、写字楼投资、超市或购物中心等商业用房投资等。商业房地产投资对其所在区位条件要求很高，因为区位条件关系到城市土地级差地租所能产生的超额利润及其增值潜力，是商业房地产投资者获利的首要条件。投资者为了在市中心找到一个较好的位置，往往不惜投入大量资金争取在竞争中取胜。因此，商业房地产投资成本一般要高于其他物业房地产投资成本。但是，为了获取高额商业利润，尽管商业房地产投资成本高、风险大，但仍是投资者青睐的热点投资项目。

2. 工业房地产投资

由于工业房适用性差、技术性强，工业房地产对投资者的吸引力小于商业房地产。工业用房屋的形式需要服从其生产工艺，市场狭窄，同时，一旦科技水平提高，往往会造成原有厂房的不适应甚至废弃，所以，工业房地产投资对投资者的吸引力远小于商业房地产投资。但是，工业房地产投资对所处的位置只要求交通方便，水、电、煤等能源动力供应充足，并不一定要靠近市中心，因此，工业房地产的投资成本也远低于商业房地产。

3. 住宅房地产投资

对住宅的需求是随着社会经济的发展和人口的增长而不断增加的，对特定住宅的需求还取决于其区位和环境等因素。投资地点和投资时机的选择是住宅投资成败的关键。住宅投资的收益是房屋的租金和增值，但需要支付一定的维修和管理费用。住宅投资的流动性较好，出售或租赁经营管理较为方便，一般既适合于大规模投资，也适合于购买一套或几套住宅的小额投资。需要指出的是，由于住宅涉及千千万万普通居民的日常生活，所以在国外，一般对于住宅投资在政策上有诸多的限制，由于目前住房总体上仍处于供不应求的状态，住房短缺问题仍是一个亟待解决的经济、社会问题，所以，目前乃至今后一段时间内，我国住宅投资仍然是房地产投资的热点之一。

第二节　房地产类项目投资的特点

房地产投资的对象是房地产,包括房地产投资和地产投资两个部分。当然,单独的土地投资仍可以叫房地产投资。由于房地产本身固有的物理及经济特征,房地产投资也表现出与其他投资不同的特点。

一、房地产投资项目所处的地区必须对房地产开发商、职业投资者和消费者都具有吸引力

该地区能使开发商通过开发投资获取适当的开发利润,使投资者能获取合理、稳定的收益,使消费者能方便地享受生活。房地产售价和租金的高低,在很大程度上取决于项目所处地区的增值潜力,而不仅仅是看当前物业收益的高低。

二、房地产投资对象的固定性和不可移动性

这使得投资者往往不愿投资于那些难以改变用途的特殊物业或专用物业等,由于这样的物业适应性、替代性差,用途更改困难,因此一旦该行业面临不景气局面时,将会使投资者遭受损失。而诸如商场、写字楼、一般工业厂房等常常可以被各类公司租用,即使行业不景气,也不会对这些物业的投资效益造成较大的影响。

三、房地产投资额度大、开发周期长,因此投资者需要大量的资金垫付

没有雄厚的资金实力或一定的筹资能力,就不能投资房地产。房地产投资项目的投资规模往往非常大,庞大的资金需要量,完全靠自有资金周转是不可能的。因此,筹集资金就成为房地产投资的重要经济活动。

另外,房地产项目的开发少则数月,多则数年,开发周期长,资金占用期长。投资者把资金投入房地产市场,往往需要经过土地投资、综合开发、建筑施工和房地产交易等多个环节,才能获得利润。一般来说,完成这样一次完整的过程需要1~5年的时间;若靠楼宇出租资金来收回投资,则需要更长的时间。所以,要承受这么长时间的资金压力和市场风险,对投资者资金实力的要求是很高的。

四、房地产投资的不确定性因素多、风险大

房地产投资开发的每一个阶段都存在着许多不确定因素,存在着诸多风险。由于市场上各种不确定因素的作用,使投资可能会朝着与投资者愿望相反的方向发展,最后出现投资者不愿意看到的结果——损失。不管是乐观的投资者还是谨慎的投资者,都不愿意接受这样的结果。没有一个投资者是为了损失而投资的。然而市场上各种影响投资的不确定因素是客观存在的,投资风险具有客观性,这决定了投资过程的复杂多变、难以把握,从而使投资的结果也难以确定。

五、房地产投资的保值与增值性

我们知道,通货膨胀是一种经常性的经济现象。人们为了在今后相当长的时间内避免由于通货膨胀给自己带来损失,需要寻求某种保值的方法。通常可供选择的保值方法主要有三种:选择购买金融资产,如股票、债券等;购置固定资产,如不动产和其他实物;选择储蓄。对于前两种形式,风险较大,可行性也较差。在此情况下,人们认为选择购买实物保值,如购买耐用消费品中的珠宝、贵金属以及房地产等是使货币保值的较好方法。比如,2003年,上海由于股市低迷,房地产市场火暴,不少人从股市转向房市,找到了新的投资渠道——"炒房",而且也分短线、中线、长线三种方式。从长远来看,随着社会的发展,经济的繁荣,人们对土地的需求会与日俱增,房地产的价格总体上也会呈现出不断上升的趋势,所以,房地产是最能保值而又最重要的实物形式。同时,房地产投资也是一种避免通货膨胀损失的最好的保值方法。

另外,由于土地资源具有不可再生性、稀缺性及房地产的耐用性和使用上的广泛性,而且随着经济的发展和人民生活水平的提高,人们对房地产需求的迫切性和增长性也日益提高,使得房地产在相当时期内成为供不应求的商品,房地产价格根据市场经济规律不断上升。这一特定的条件决定了房地产的增值性和保值性,因而房地产投资成为可以抵御通货膨胀冲击、可以保值和增值的最引人注目的投资方式。尽管由于经济周期的作用及经济环境的影响,暂时的、短期的波动在所难免,但从长期看,房地产投资的保值与增值特性是十分明显的。

当然,房地产投资也有风险性,但与其他投资方式,如股票、债权投资等相比,其风险相对要小得多。

第三节   房地产类项目的投资费用估算

投资估算是指在整个投资决策过程中依据现有的资料和一定的方法,对建设项目投资数额进行的估计,是项目决策的重要依据之一。投资估算要有准确性,如果误差太大,必将导致决策的失误。因此,准确、全面地进行建设项目的投资估算、是项目可行性研究乃至整个项目投资决策阶段的重要任务。

一、建设项目投资构成与估算

(一)建设项目构成

根据资本保全原则,当项目建成投入经营时,固定资产投资、投资方向调节税和建设期利息形成固定资产、无形资产与递延资产三部分。

固定资产是指使用期限超过一年,单位价值在规定标准以上,并且在使用过程中保持原有形态的资产,包括房屋及建筑物、机器设备、运输设备、工具和器具等。一般为了简化计算,预备费用和建设期利息可全部计入固定资产原值。

无形资产是指能长期使用但没有实物形态的资产,包括专利权、商标权、土地使用权、非专利技术和商誉等。

递延资产是指不能全部计入当年损益,应当在以后年度内分期摊销的各项费用,主要是指开办费,包括筹建期间的人员工资、办公费、培训费、差旅费和注册登记费等。

(二)建设项目投资估算方法

在建设项目总投资的构成中,通常把其中的建筑安装工程费用、设备、工器具购置费用、其他费用以及预备费中的基本预备费部分,合称为静态投资部分(有些书中也称其为概算投资),而将建设期贷款利息、固定资产投资方向调节税以及预备费中的涨价预备费部分,合称为动态投资部分。

1. 静态投资部分估算

静态投资部分估算是建设项目投资估算的基础,应全面进行分析,既要避免少算漏项,又要防止高估冒算。由于不同的研究阶段所具有的条件和掌握的资料不同,估算的方法和准确程度也不相同。目前常用的有以下几种方法。

1)生产能力指数法

这种方法是根据已建成的、性质类似的工程或装置的实际投资额和生产能力之比,按拟建项目的生产能力,推算出拟建项目的投资。一般来说,生产能力增加 1 倍,投资不会也增加一倍,往往是小于 1 的倍数。根据行业的不同,可以找到这种指数关系,写成公式为

$$I_2 = I_1 \times \frac{C_2}{C_1} \times f \tag{19-1}$$

式中,I_1、I_2 分别为已建和拟建工程或装置的投资额;C_1、C_2 分别为已建和拟建工程或装置的生产能力;e 为投资/生产能力指数,$0 < e \leqslant 1$;f 为不同时期、不同地点的定额、单价、费用变更等的综合调整系数。

2)按设备费用的推算法

这种方法是以拟建项目或装置的设备购置费为基数,根据已建成的同类项目或装置的建筑工程、安装工程及其他费用占设备购置费的百分比,推算出整个工程的投资费用。其公式为

$$I = E(1 + f_1 P_1 + f_2 P_2 + f_3 P_3) \tag{19-2}$$

式中,I 为拟建工程的投资额;E 为拟建工程的设备购置费;P_1、P_2、P_3 分别为建筑工程、安装工程、其他费用占设备费用的百分比;f_1、f_2、f_4 为相应的调整系数。

3)造价指标估算法

对于建筑工程,可以按每平方米建筑面积的造价指标来估算投资,也可以再细分每平方米的土建工程、水电工程、暖气通风和室内装饰工程的造价。汇总出建筑工程的造价,另外再估算其他费用及预备费,即可求得投资额。

2. 动态投资部分的估算

动态投资部分主要包括建设期价格变动可能增加的投资额、建设期利息和固定资产投资方向调节税等三部分内容。如果是涉外项目,还应该计算汇率的影响。动态投资不得作为各种取费的基数。

1) 价格变动可能增加的投资额

对于价格变动可能增加的投资额,即价差预备费的估算按国家或部门(行业)的具体规定执行。一般按下式计算:

$$V = \sum_{t=1}^{n} K_t [(1-i)^t - 1] \tag{19-3}$$

式中,V 为价差预备费;K_t 为年度投资使用计划额;t 为年价格变动率;n 为建设期年份数。

式(19-3)中的年度投资使用计划 K_t 可由建设项目资金使用计划表中得出,年价格变动率可根据工程造价指数信息的累积分析得出。

2) 建设期利息

对建设期利息进行估算时,应按借款条件的不同分别计算。对国内外借款,无论实际按年、季、月计息,均可简化为按年计息,即将名义年利率按计息时间折算成有效年利率。计算公式为

$$有效年利率 = \left(1 + \frac{r}{m}\right)^m - 1 \tag{19-4}$$

式中,r 为名义年利率;m 为每年计息次数。

为简化利息的计算,假定借款发生当年均在年中启用,按半年计息,其后年份按全年计息;还款当年按年末偿还,按全年计息。每年应计利息的近似计算公式如下:

建设期每年应计利息=(年初借款额累计+0.5×本年借款额)×有效年利率 (19-5)

3) 固定资产投资方向调节税

固定资产投资方向调节税开征目的在于贯彻国家的产业政策,控制投资规模,引导投资方向,调整投资结构,促进国民经济持续、快速、健康地发展。

对投资方向调节税进行估算时,计税基数是年度固定资产投资计划数。按不同的单位工程投资额乘以相应的税率,即可求出建设期内每年应交纳的投资方向调节税。

3. 流动资金的估算

这里指的流动资金是指项目建成投产后,为保证正常生产所必需的周转资金。流动资金的估算方法有以下两种。

1) 扩大指标估算法

一般可参照同类生产企业流动资金占销售收入、经营成本、固定资产投资的比例,以及单位产量占用流动资金的比率来确定。譬如,百货、零售商店、流动资金可按年销售收入的10%~15%估算;机械制造项目可按年经营成本的15%~20%考虑;钢铁联合企业可按固定资产投资的8%~10%估算等。

2) 分项详细估算法

采用扩大指标估算法得到的估算结果准确度不高。随着项目投资决策研究的深入,必要时应进行分项详细估算。其计算公式为

流动资金 = 流动资产 − 流动负债

流动资产 = 应收账款 + 存货 + 现金

流动负债 = 应付账款

流动资金本年增加额 = 本年流动资金 − 上年流动资金 (19-6)

流动资金一般应在投产前开始筹措。为简化计算,规定流动资金在投产第一年开始按生产负荷进行安排,其借款部分按全年计算利息。流动资金利息应计入财务费用,项目计算期末回收全部流动资金。

二、房地产项目投资与成本费用估算

房地产项目从市场调研、方案策划、可行性研究到项目竣工投入使用,需要投入大量的资金。在项目的前期阶段,为了对项目进行经济效益评价并作出投资决策,必须对项目的投资与成本费用进行尽可能准确的估算。由于房地产项目的投资过程本身就是房地产商品的生产过程,因而其投资估算与成本费用估算不可截然分开,而应合二为一。房地产开发项目投资与成本费用估算的范围包括土地购置成本、土地开发成本、建安工程造价、管理费用、销售费用、财务费用及有关开发期间的税费等全部投资。

房地产项目各项费用的构成复杂,变化因素多,不确定性大,尤其是依建设项目的类型不同而有其自身的特点,因此不同类型的建设项目,其投资和费用的构成有一定的差异。对于一般房地产开发项目而言,其投资及成本费用由开发成本和开发费用两大部分构成。

(一) 开发成本

1. 房地产项目的开发成本

房地产项目的开发成本一般包括如下几项:

(1) 土地使用权出让金。

(2) 土地征用及拆迁安置补偿。

(3) 前期工程费:①规划设计费;②项目可行性研究费;③地质勘察测绘费;④"三通一平"费。

(4) 建安工程费:①土建工程费;②设备及安装工程费。

(5) 基础设施费。

(6) 公共配套设施费。

(7) 不可预见费。

(8) 开发期间税费。

2. 房地产项目的开发费用

房地产项目的开发费用一般包括如下三项:

(1) 管理费用。

(2) 销售费用。

(3) 财务费用。

3. 房地产开发项目投资成本费用估算

房地产开发项目投资成本费用估算包括以下几个方面:

(1) 土地使用权出让金。

(2) 土地征用及拆迁安置补偿费。

(3) 前期工程费。前期工程费主要包括开发项目的前期规划、设计、可行性研究、水文地质勘测以及"三通一平"等土地开发工程费支出。

（4）建安工程费。

（5）基础设施费。基础设施费又称为红线内外工程费，是指建筑物 2 米以外和小区规划红线以内的各种管线和道路工程，包括供水、供电、道路、绿化、供气、排污、排洪、电信、环卫等工程费用。

（6）公共配套设施建设费。

（7）开发期间税费。开发项目投资估算应考虑项目在开发过程中所负担的各种税金和地方政府或有关部门征收的费用。在一些大中城市，这部分税费已成为开发建设项目投资构成中占较大比重的费用。各项税费应当根据当地有关法规标准估算。

（8）不可预见费。不可预见费包括备用金（不含工料价格上涨备用金）、不可预见的基础工程或其他附加工程增加的费用、不可预见的自然灾害增加的费用。它依据项目的复杂程度和前述各项费用估算的准确程度，以上述（1）～（6）项费用之和为基数，按 3%～5%计算。

（二）开发费用

开发费用是指与房地产开发项目有关的管理费用、销售费用和财务费用。

1. 管理费用

管理费用是指企业行政管理部门为管理和组织经营活动而发生的各种费用。管理费用可以项目前述开发成本构成中的 1～6 项之和为基数，取一个百分比计算。这个百分数一般为 3%左右。

2. 销售费用

销售费用是指开发建设项目在销售产品过程中发生的各项费用以及专设销售机构或委托销售代理的各项费用，主要包括如下三项：

（1）广告宣传及市场推广费，为销售收入的 2%～3%。

（2）销售代理费，为销售收入的 1.5%～2%。

（3）其他销售费用，为销售收入的 0.5%～1%。

以上各项合计，销售费用占到销售收入的 4%～6%。

3. 财务费用

财务费用是指为筹集资金而发生的各项费用，主要为借款利息和其他财务费用（汇兑损失等）。借款利息主要包括长期借款利息和流动资金借款利息。

三、房地产项目经营税费

房地产项目经营税费实际上包含两大部分，即房地产项目开发期间的税费和房地产项目经营期间的税费。房地产项目经营期间的税费，对于房地产投资项目而言，主要是指其在销售与交易阶段发生的税费。它们不参与投资与成本费用的构成，只是作为销售收入的扣减，这些税费主要包括如下三大部分。

（1）与转让房地产有关的税费，主要包括营业税、城市维护建设税、教育费附加、教育专项基金、交易印花税和交易管理费等。

（2）土地增值税，是指以转让房地产取得的增值额为征税对象征收的一种税，其实质是对土地收益的课税。

（3）企业所得税，是指对在我国境内实行独立经济核算的企业或组织的生产、经营所得和其他所得征收的一种税。

四、投资估算指标

反映房地产项目财务赢利能力的指标包括静态指标（投资利润率、投资利税率、资本利润率等）和动态指标（财务内部收益率、财务净现值等）；反映房地产项目清偿能力的指标包括投资回收期、借款偿还期、资产负债率、流动比率和速动比率等。

房地产投资项目财务评价指标主要包括两大类：一类是考察房地产投资项目赢利水平的分析指标；另一类是用来考察房地产项目计算期内各年财务状况及偿债能力的分析指标。

（一）财务基准收益率

房地产投资项目财务评价时所采用的折现率是房地产行业财务基准收益率。房地产行业财务基准收益率是房地产项目评价财务内部收益率指标的基准判据，也是计算房地产项目财务净现值指标的折现率。房地产行业财务基准收益率代表房地产行业内投资资金应当获得的最低财务赢利水平，代表房地产行业内投资资金的边际收益率。

房地产行业财务基准收益率是房地产投资项目财务评价非常重要的参数。其值的选取的正确与否，对于房地产项目经济分析的结果影响非常大。

房地产行业财务基准收益率的实质是在现行的财税制度、价格、汇率等条件下，对于房地产行业典型的房地产建设项目，当此房地产项目的投资、收益、成本等因素被认为是最低可以接受的赢利水平时，此房地产项目的实际收益率（即内部收益率）即为该房地产行业的财务基准收益率。

在确定房地产行业基准收益率时，要注意到同一房地产行业中不同类别的房地产项目，一般基准收益率是不同的。从目前的情况看，我国房地产投资的收益率为 15% ～ 20%。但其中商业房地产的收益率要高些，居住、工业等房地产投资收益率要低些。

（二）基准投资回收期

基准投资回收期是房地产投资项目财务评价投资回收期指标的基准判据。在房地产项目财务评价中，要求房地产项目的投资回收期小于或等于基准投资回收期，否则，表示房地产项目未满足房地产行业房地产项目投资的赢利性和风险性要求。

（三）平均投资利润率和平均投资利税率

房地产行业平均投资利润率和平均投资利税率，是衡量房地产项目的投资利润率和投资利税率是否达到或者超过本行业平均水平的评判参数，只作为房地产项目财务评价的参考依据，也只作为房地产项目投资利润率和投资利税率是否达到本行业最低要求的判据。

第四节   房地产类项目投资评价方法

一、投资经济效益及其评价

投资经济效益是指项目投资这一经济活动的经济效益,即项目投资经济活动中投入产出的对比关系。投资活动的直接目的,就在于依靠投入的资源和劳动来换取未来的收益。因而,投资效益的高低,便成为评价项目投资成败的关键,成为衡量项目投资方案好坏的重要内容。项目投资经济效益评价,也构成了项目前期策划中可行性研究的重要内容。

项目投资效益评价应当是全面的、综合的评价。既要考虑其综合经济效益,也要考虑其综合社会效益;既要站在投资者的立场研究项目投资带来的利益,也要关注项目建设对宏观国民经济发展的影响;既要分析项目的直接经济利益,也要研究项目所带来的间接经济利益。

二、房地产项目投资经济效益的静态评价

房地产项目投资经济效益的静态评价是不考虑资金时间价值的评价方法。因其计算简单、方便,在项目的机会研究阶段、初步可行性研究阶段,以及建设期较短的小型项目评价上有广泛的应用。在房地产投资项目经济效益评价中,有以下几种常用的静态评价方法。

(一)投资利润率

投资利润率是指项目达到设计生产能力后的一个正常生产年份的年利润总额与项目总投资的比率,它是考察项目单位投资赢利能力的静态指标。对生产期内各年的利润总额变化幅度较大的项目,应计算生产期年平均利润总额与项目总投资的比率。其计算公式为

$$投资利润率 = \frac{项目年利润总额或年平均利润总额}{项目总投资} \qquad (19\text{-}7)$$

项目投资利润率越高,表明项目经济效益越好,否则表明效益欠佳或亏损。在利用投资利润率进行评估时,首先要确定一个利润率标准(如 20%),当投资方案的投资利润率高于此标准时则接受该投资方案,否则就拒绝该投资方案。如果要从多个可接受的互斥方案中进行选择,应该选投资利润率最高的方案。

【例 19-1】   某项目的总投资为 500 万元,其年平均销售利润为 146 万元,则该项目的投资利润率是多少?

该项目的投资利润率为

$$146/500 \times 100\% = 29.2\%$$

如果确定的投资利润率标准为 20%,则可接受该投资方案。

投资利润率对于快速评估一个寿命期较短的项目方案的投资经济效果是有用的指

标;当项目不具备综合分析所需的详细资料时,或在建设项目制定的早期阶段或研究过程对其进行初步评估,也是一个有实用意义的指标。该指标特别适用于工艺简单而生产情况变化不大的项目方案的选择和项目投资经济效果的最终评价。

投资利润率法主要有以下优点:

(1) 经济意义易于理解,净利润是会计人员较为熟悉的概念。

(2) 使用简单、方便。

(3) 考虑了投资寿命期内所有年份的收益情况。

其主要缺点在于:

(1) 没有考虑资金的时间价值。

(2) 由于净利润只是会计上通用的概念,与现金流量有较大差异,因此投资利润率并不能真正反映投资报酬率的高低。

(二)投资回收期

投资者通常期望所投入的资金能够在较短的时间内足额收回。用于衡量投资项目初始投资回收速度的评估指标称为投资回收期,它是指以项目的净收益抵偿全部初始投资所需要的时间。投资回收期一般以年表示,从建设开始年算起,其表达式为

$$\sum_{t=0}^{P_t} (CI - CO)_t = 0 \tag{19-8}$$

式中,P_t 为投资回收期;CI 为现金流入量;CO 为现金流出量;$(CI-CO)_t$ 为 t 年的净现金流量。

投资回收期可根据现金流量表(全部投资)中累计净现金流量计算求得。其计算公式为

$$P_t = \left[\begin{matrix} 累计净现金流量开 \\ 始出现正值的年份数 \end{matrix} \right] - 1 + \left[\frac{上年累计净现金流量的绝对值}{当年净现金流量} \right] \tag{19-9}$$

求出的投资回收期 P_t 与行业的基准投资回收期 P_c 比较,当 $P_t \leqslant P_c$ 时,表明项目投资能在规定的时间内收回,经济效果好。

【例 19-2】 甲、乙两方案前 5 年的净现金流量如表 19-1 所示,求这两个方案的投资回收期,并利用投资回收期指标对这两个方案进行评估。

表 19-1　甲、乙两方案各年的净现金流量　　　　　　　　万元

年　　份		0	1	2	3	4	5
甲方案	净现金流量	−1 000	400	400	400	400	400
	累计净现金流量	−1 000	−600	−200	200	600	1 000
乙方案	净现金流量	−1 000	200	300	300	400	600
	累计净现金流量	−1 000	−800	−500	−200	200	800

从甲方案计算所得为:

$$P_{t甲} = 3 - 1 + \frac{200}{400} = 2.5 (年)$$

由于甲方案各年净现金流量为年值形式,亦可简化计算为

$$P_{t\text{甲}} = \frac{1\,000}{400} = 2.5(年)$$

从乙方案计算所得为

$$P_{t\text{乙}} = 4 - 1 + \frac{200}{400} = 3.5(年)$$

如果行业的基准投资回收期为 4 年,则甲乙两方案都可以接受。如甲乙两方案互斥,由于甲方案的投资回收期短于乙方案,则应选择甲方案。

投资回收期法的主要优点在于:

(1) 使用简单、方便。主要体现在三个方面,①评估指标计算较为简单;②采用该方法只需要确定投资项目前几年的净现金流量,而不必确定投资项目寿命期所有年份各年的净现金流量;③不用确定贴现率。

(2) 投资回收期的经济意义易于理解。

(3) 在一定意义上考虑了投资风险因素,因为通常投资回收期越短则投资风险越小。

正是由于投资回收期法具有以上优点,所以对小投资项目评估时,经常采用该方法,即使在对大型项目评估时,也经常将此法与其他动态指标结合使用。

投资回收期法的主要缺点有:

(1) 没有考虑资金的时间价值,这一点体现在将不同年份的现金流量直接相加。

(2) 不考虑投资回收期以外各年的净现金流量,所以不利于对投资项目进行整体评估。

(3) 投资回收期标准的确定主要依赖决策者对风险的态度。

三、房地产项目投资经济效益的动态评价

动态评价分析法是考虑资金时间价值的分析方法。也就是说,在动态分析方法中,不仅要考虑投资、收入、成本这些现金流量绝对值的大小,还要综合考虑它们的发生时间。动态指标比较全面地反映开发项目投资活动有效期的经济效益,使评估更加符合实际,常用的动态评估指标有净现值、内部收益率、投资回收期等。

(一)净现值法

净现值法是指开发项目在投资活动有效期内的净现金流量,按预先规定的贴现率或基准收益率,折算到开发项目实施开始的基准年的代数和。用净现值评估开发项目投资效益的方法,称为净现值法。其计算公式为

$$\text{NPV} = \sum_{t=0}^{n} (\text{CI} - \text{CO})_t (1 + i_c)^{-t} \tag{19-10}$$

式中,NPV 为净现值;n 为开发项目投资活动有效期;i_c 为设定贴现率或基准收益率。

在利用净现值评估项目时,若 NPV>0,表示开发项目方案的收益率不仅可以达到基准收益率或贴现率所预定的投资收益水平,而且尚有盈余;若 NPV<0,则说明方案的收益率达不到基准收益率或贴现率预定的投资收益水平;若 NPV=0,则表示开发项目方案

的收益率恰好等于基准收益率或贴现率所预定的投资收益水平。所以,只有 NPV ≥ 0 时,该方案在经济上才是可取的;反之则不可取。举例如下。

【例 19-3】 甲、乙两个互斥投资方案各年的净现金流量如表 19-2 所示,已知基准收益率为 10%。

表 19-2 甲、乙两方案各年的净现金流量   万元

年 份	0	1	2	3	4	5
甲方案净现金流量	−1 000	300	300	300	300	300
乙方案净现金流量	−1 000	100	200	300	400	500

试用净现值法判断甲、乙两方案的可行性,如果都可行,应该选择哪一个?

甲方案的净现值为

$$\text{NPV}_{甲} = \frac{300}{(1+10\%)} + \frac{300}{(1+10\%)^2} + \frac{300}{(1+10\%)^3}$$
$$+ \frac{300}{(1+10\%)^4} + \frac{300}{(1+10\%)^5} - 1\,000$$
$$= 137.24(万元)$$

乙方案的净现值为

$$\text{NPV}_{乙} = \frac{100}{(1+10\%)} + \frac{200}{(1+10\%)^2} + \frac{300}{(1+10\%)^3}$$
$$+ \frac{400}{(1+10\%)^4} + \frac{500}{(1+10\%)^5} - 1\,000$$
$$= 65.26(万元)$$

由于甲、乙两方案的净现值都大于零,因此这两个方案都可以接受。但甲方案的净现值大于乙方案的净现值,根据净现值法知甲方案优于乙方案,因此应该选择甲方案。

由此可以看出,净现值法的基本思想是投入与产出相对比,只有当后者大于前者时,投资才是有益的。为了便于考虑资金的时间价值,将不同时点上发生的现金流量统一折算为同一时点(项目实施的开始时点),未来各年净现金流量的现值之和就是进行投资的"产出",而初始投资就是"投入"。

【例 19-4】 甲、乙两个投资方案所需初始投资都是 1 000 万元,若基准收益率为 10%,甲乙两个投资方案各年的净现金流量如表 19-3 所示。

表 19-3 甲、乙两方案各年的净现金流量   万元

年 份	0	1	2	3
甲方案净现金流量	−1 000	400	400	407
乙方案净现金流量	−1 000	300	300	300

甲方案的净现值为

$$\text{NPV}_{甲} = \frac{400}{(1+10\%)} + \frac{400}{(1+10\%)^2} + \frac{407}{(1+10\%)^3} - 1\,000 = 0$$

乙方案的净现值为

$$\text{NPV}_Z = 300 \times (P/F,10\%,3) - 1\,000 = 300 \times 2.486\,9 - 1\,000$$
$$= -253.93(\text{万元})$$

甲方案的净现值等于零,恰好满足所预定的投资收益水平,该方案可以接受;乙方案的净现值出现负值,说明投资该项目不能获得预期的投资效益,反而导致亏本,故该方案不能被接受。

不难看出,净现值法主要具有以下优点:

(1) 净现值的计算考虑了资金的时间价值。

(2) 净现值能明确反映出从事一项房地产投资会使企业获利(或亏本)的数额大小。

基于此,净现值法被普遍认为是投资评估方法中最好的一个,并被广泛使用。

但它也有不足之处:

(1) 净现值的计算依赖于贴现率数值的大小,贴现率越大则所计算出来的净现值越小,而贴现率的大小主要由筹资成本所决定。也就是说,一项投资机会的获利能力大小并不能由净现值指标直接反映出来,一项获利很高的投资机会可能由于筹资成本较高而使得该项目的净现值较低。

(2) 净现值指标不能反映投资效率的高低。一项投资规模大、投资利润率低的项目可能具有较大的净现值;而一项投资规模较小、投资利润率较高的项目可能具有较小的净现值。

(二) 内部收益率

所谓内部收益率(IRR),是指方案计算期内可以使各年现金流量的净现值累计等于零的贴现率。根据等值的概念,也可以认为,内部收益率是指在方案寿命期内使现金流量的净将来值或净年值为零的贴现率。故内部收益率可定义为:使得投资方案各年现金流入量的总现值与各年现金流出量的总现值相等的贴现率。它反映了项目所占用资金的赢利率,是考察项目赢利能力的主要动态指标。

为了与资本的利率 i 加以区别,可以用 r 表示方案的内部收益率。其计算公式如下:

$$\text{NPV} = \sum_{t=0}^{n} (\text{CI} - \text{CO})_t (1+r)^{-t} = 0 \tag{19-11}$$

应用净现值等于零求内部收益率时,可以将净现值 NPV 看做是关于 r 的一元高次幂函数。先假定一个值,如果求得的 NPV 为正,说明 r 值假定得太小,应再假定一个较大的值计算净现值;若求得的净现值为负,则应减小 r 值以使净现值接近于零,当两次假定的 r 值,使净现值由正变负或由负变正时,则在两者之间必定存在着使净现值等于零的 r 值,该值即为欲求的该方案的内部收益率。

在评估时,将求出的全部投资或自有资金(投资者的实际出资)的内部收益率(IRR)与行业的基准收益率或设定的贴现率(i_c)比较,当 IRR$\geq i_c$ 时,即认为其赢利能力已满足最低要求,该方案是可以接受的。

(三) 净现值法与内部收益率法的比较

这两种方法的区别主要表现在:

（1）经济意义不同，净现值表示从事一项投资会使资金增加或减少的现值，而内部收益率则表示投资项目的内在利润率。

（2）计算净现值需要首先确定贴现率大小，而内部收益率的计算则不需要。

（3）在对多个互斥项目排序时，有时会得出不同的结论。

（四）动态投资回收期

动态投资回收期是考虑了资金时间价值的回收期。

假设初始投资额为 C，每期期末的净现金流量分别为 $R_1, R_2, \cdots, R_n$，则动态投资回收期即为满足下式的 N 值：

$$\sum_{t=1}^{N-1} \frac{R_t}{(1+i)^t} < C \leqslant \sum_{t=1}^{N} \frac{R_t}{(1+i)^t} \tag{19-12}$$

如果 $R_1 = R_2 = \cdots = R_n = R$，则动态投资回收期可由下式求得：

$$R(P/A, i, N-1) < C \leqslant R(P/A, i, N) \tag{19-13}$$

【例 19-5】 投资新建某办公楼，初始投资为 2 亿元，预计此后每年的净现金流量为 5 000 万元。若 $i = 10\%$，则动态投资回收期为满足下式的 N 值：

$$5\,000(P/A, 10\%, N-1) < 20\,000 \leqslant 5\,000(P/A, 10\%, N)$$
$$(P/A, 10\%, N-1) < 4 \leqslant (P/A, 10\%, N)$$
$$(P/A, 10\%, 5) = 3.790\,8$$
$$(P/A, 10\%, 6) = 4.355\,3$$
$$3.790\,8 < 4 \leqslant 4.355\,3$$

即该项目动态投资回收期为 6 年。也可以通过插值法求出更准确的投资回收期：

$$P_t = 5 + \frac{4 - 3.790\,8}{4.355\,3 - 3.790\,8} = 5 + 0.37 = 5.37（年）$$

在评估中，求出的动态投资回收期 P_t 同样与行业的基准投资回收期 P_c 比较，当 $P_t \leqslant P_c$ 时，表明项目投资能在规定的时间内收回。

四、房地产项目投资经济效益的不确定性分析

在房地产投资项目的经济效益评价分析中，引用了大量的技术经济数据，如销售单价、成本、收益、贷款、利率、工期等。由于这些数据都是分析人员根据资料对未来的可能性作出的某种估计，所以分析中就带有某种不确定性因素。另外，分析者掌握的信息是有限的，并且许多非物质的成本和效益的分析评价，是靠分析人员个人主观的判断，而主观判断总是因人而异、难以确定的，这些同样是分析中的不确定性因素。不确定性分析就是借助于盈亏平衡分析、敏感性分析、概率分析等数学方法来回答投资者所关心的上述问题，使投资者对拟投资项目的投资效益可靠程度有更进一步的了解。

（一）盈亏平衡分析

盈亏平衡分析又称量本利分析，是通过对业务量、成本和利润相互关系的分析，判断企业对市场需求变化适应能力的一种不确定性分析方法，它是技术经济分析中经济临界

点的分析方法在项目规模分析中的应用。

在房地产投资项目的经济分析中,借助于盈亏平衡分析,并辅之以边际利润和边际利润率等分析与评价指标,可对项目投资规模、赢利能力及风险程度进行更深入的探讨。盈亏平衡分析一般按如下步骤进行。

1. 固定成本与变动成本的分离

房地产项目的开发与经营成本与其他商品经营成本一样,按成本额与工程数量(或销售数量)的关系可分为固定成本和变动成本两类。固定成本是指在一定范围内不随工程数量或销售数量而变化的相对稳定的成本,如土地取得成本。变动成本则是指那些随着工程量或销售量的变化而变化的成本,如建材消耗。固定成本与变动成本的分离是项目盈亏平衡分析首先要解决的问题。

2. 盈亏平衡时的产销量

使用损益计算利润时,利润等于一定时间段的销售收入减去销售税金与销售收入相配比的成本。

$$E = PQ(1-r) - C_vQ - F \qquad (19\text{-}14)$$

式中,E 为利润;P 为单位售价;Q 为销量;C_v 为单位变动成本;F 为固定成本;r 为销售税率。

处于盈亏平衡时的产销量,就是盈亏平衡点,又称保本点,即项目的收支平衡点。对于单一产品盈亏平衡点的销售量,E 等于零时的 Q 就为盈亏临界点的销售量。

盈亏平衡图的形式如图 19-1 所示。

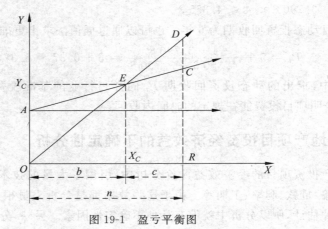

图 19-1 盈亏平衡图

图 19-1 中,X 轴表示销售数量,Y 轴表示成本和收入;E 点为盈亏平衡点,所对应的销量为 X_C,所对应的销售收入和总成本为 Y_C,其中,AOE 区域为亏损区,CDE 区域为赢利区。C、D 所对应的销量为 R,是预期销量。

3. 边际利润与边际利润率

边际利润损益方程式为

$$M = PQ(1-r) - C_vQ \quad 或 \quad M = Qm$$

表示边际利润在净收入中所占的比率的边际利润率:

$$m' = \frac{M}{PQ(1-r)}$$

利润为

$$E = PQ(1-r)m' - F \tag{19-15}$$

式中，M 为边际利润，是销售收入扣除销售税金和变动成本以后的差额；m 为单位边际利润。

边际利润可用来补偿固定成本并带来投资利润。如果 $M=F$，则项目盈亏平衡，处于保本状态；如果 $M>F$，项目赢利，赢利程度则由边际利润率来描述。边际利润率反映了销售收入扣除固定成本与变动成本后，单位销售收入创造利润额的大小。

盈亏平衡分析在应用时受到以下条件的约束：开发建设项目的建筑面积能全部销售出去；固定成本在建设期内不发生变化；变动成本是建筑面积的正线性函数；销售收入与建筑面积呈线性关系，平均单价不变。所以，盈亏平衡分析是一种静态分析，不能判断最佳方案。

（二）敏感性分析

敏感性分析又称敏感度分析，是研究投资效益预测中某些不确定因素对预测结果的影响及其影响程度的分析。敏感性分析就是借助于某些指标如成本、单价、税率等随变量的变动而变化的计算分析，协助决策者查找对项目投资效益影响最大、最敏感的因素；确定这些因素的最佳波动范围、最乐观及最悲观的边界条件，掌握效益指标随某些变量变化而变动的规律；寻找引起这些变化的原因，从而帮助决策者制定相应对策，使项目经济效益达到最优的理想程度。

1. 敏感性分析步骤

一般来讲，房地产开发项目的敏感性分析按以下步骤进行：

（1）确定分析指标。分析指标的选定，是项目投资敏感性分析首先要解决的问题。敏感性分析是为了使投资效益评价更合理化。不同阶段的项目投资分析对分析结果的精度有不同的要求，采用的指标也不尽相同。如在机会研究阶段，多采用投资收益率、静态投资回收期之类较简单的指标；而在详细研究阶段，则多采用净现值、内部收益率等计算较复杂的指标。值得注意的是，衡量项目投资经济效益的指标较多，分析计算的工作量大，不可能每种指标都分析到，一般只能针对最重要的或最敏感的因素选一种或数种进行分析。

（2）确定因素及因素变化范围。用于进行敏感性分析的因素主要是那些预计在可能的变化范围内对项目经济效益有强烈影响的因素，以及在进行效益评价时，采用的不准确、没把握的数据因素。在众多的因素中，最基本的是时间，时间的拖延就意味着金钱的流失，更重要的是，时间越长，其他因素的不确定性越大，风险也越大。长达数年的漫长开发周期中，许多因素是不可能在项目投资开始前就准确估计的，然而，可以依据历史资料和对未来的估计，对这些因素的变化趋势和变化程度大致确定一个范围。

（3）计算因素波动所引起的分析指标的变化。首先应将某一因素的变化设定若干级的变动数量和变化幅度，然后分别计算在其他因素不变的条件下，相应的经济指标的变化。对每一因素均重复这些计算,并将计算结果列成表或图形,便得到了用于显示经济指标对因素变化敏感程度的数据资料。

(4) 确定敏感因素和敏感程度。根据上述计算结果,可以查明每种因素的变化对经济指标的影响及其影响程度。那些有微小变化即会严重影响项目经济效益的因素就是该项目的敏感因素。

2. 敏感性分析的应用要点及其局限性

敏感性分析能够指明因素变动对项目投资经济效果的影响及其影响程度,有助于研究项目投资的风险程度,帮助投资者鉴别敏感性因素并制定相应措施以减少风险,从而提高投资决策的可靠性。但是,敏感性分析只能从某个侧面辅助决策,同时敏感性分析需要的数据资料多,计算工作量大,因此大多数采用电子计算机计算。

(三) 概率分析

概率分析是一种同时考虑事件的发生概率及其影响程度,用所谓期望值指标来评估风险程度以进行效益评定的分析方法。

在不确定分析中,不仅不确定因素发生的变化幅度会影响经济指标的波动,而且这些不确定因素发生变化的概率同样也会影响经济指标的波动,投资者应加以关注。概率分析是通过经济评价指标的期望值来判断项目的经济效益的。所谓期望值即数学期望,是指同时考虑经济指标取值大小及取值概率的一种量度,它等于项目不确定因素变动所引起的经济指标损益值与其发生概率之积的代数和。

概率分析一般按以下步骤进行:

(1) 据市场调查资料选择作为随机变量 x_i 的不确定因素,并具体分析该随机变量的各种可能取值。

(2) 建立评价指标与随机变量间的函数关系,并计算在随机变量各种取值情况下的评价指标值。

(3) 由历史统计资料确定随机变量各种取值的发生概率。

(4) 计算项目经济指标的期望值。

(5) 对计算结果进行综合性的评价与判断。

本章小结

房地产类项目投资就是将一定的资金投入房地产开发经营和中介服务等活动中,以期望未来获得更大收益的投资行为。房地产类项目投资既具有投资的共性,同时兼具消费和投资两种功能的个性,但是房地产类项目投资的收益尚未发生,未来有较大的不确定性,因此房地产投资还具有较大的风险。

房地产开发项目投资与成本费用估算的范围包括土地购置成本、土地开发成本、建安工程造价、管理费用、销售费用、财务费用及有关开发期间的税费等全部投资。

房地产类项目投资经济评价主要有静态评价方法和动态评价方法。静态评价主要分析项目投资利润率和投资回收期。在动态分析方法中,不仅要考虑投资、收入、成本这些现金流量绝对值的大小,还要综合考虑它们的发生时间。动态指标比较全面地反映开发项目投资活动有效期的经济效益,使评估更加符合实际。常用的动态评估指标有净现值、内部收益率、投资回收期等。

另外,房地产类项目引用了大量的技术经济数据,这些都是分析人员根据资料对未来的可能性作出的某种估计,所以分析中就带有某种不确定性因素,这就要对房地产类项目进行不确定性分析。

关键词

财务基准收益率 房地产投资经济效益静态指标 房地产投资经济效益动态指标盈亏平衡分析

第二十章 中外合资经营项目投资评价

位于沿海城市的某中外合资经营企业，拟引进国外先进技术和关键设备，生产目前国内外市场均较紧俏的一种化工产品，出口和内销各半。中方投资者为当地一家老厂，原材料基本上由当地解决。合资企业与老厂仅一墙之隔，水、电、汽由老厂供应，按国内价格收费。合资企业的市场预测、原材料、生产工艺、公用工程、组织管理和进度计划等研究工作已基本完成。在此基础上运用项目投资决策的知识判断项目能否可行，这就是本章所要讨论的主要内容。中外合资经营项目由中方和外方共同出资、共担风险的项目，在对其进行评价时要关注涉外法律、国民经济的要求、外汇收支等方面，在具体分析时主要应用项目评价的主要方法，对其进行财务分析和经济分析。

学习目标

通过对本章的学习，能够解决以下问题：

1. 中外合资经营项目经济评价有哪些特点？
2. 如何对中外合资经营项目进行财务评价？
3. 如何对中外合资经营项目进行国民经济评价？
4. 如何对中外合资经营项目进行不确定性分析？

第一节　中外合资经营项目概述

一、中外合资经营项目的概念

中外合资经营项目（以下简称合资项目）是指一个或数个外国公司、企业和其他经济组织或个人投资者，经中国政府批准，按照中国的有关法律、法规和平等互利的原则，在中国境内同中国的公司、企业或其他经济组织组成的具有中国法人地位的企业，中外双方共同投资建设、共同经营、共负盈亏、共担风险，并按入股投资比例共同分享收益的投资项目。

中外合资经营项目主要采用两种方式。

（一）合作经营

这是一种契约式的经营方式。合作经营企业的投资构成、经营管理、利益分配等没有固定的比例关系，均由合作双方协商决定。

（二）合资经营

这是一种股权式的经营方式。合营的各方按一定的比例出资,共同经营,按出资比例分配所获利润。本章主要以合资经营企业为例,说明如何对中外合资经营项目进行投资评价。

中外合资经营是我国利用外资发展经济的一种重要形式,也是我国多种经济形式中的一种,对我国经济发展有很多积极的意义。一方面,它吸收外资,可以弥补国内资金不足,增加了建设投资,有利于促进我国经济快速发展;另一方面,它有利于我国引进国外的新技术设备和先进的管理经验,有助于加快技术现代化进程和提高我国企业的管理水平。此外,它也可以利用外商销售渠道,开拓产品销售的国际市场。

二、中外合资经营项目的特点

与国内投资项目以及一般工业项目相比,中外合资经营项目具有它自身显著的特点。

（一）特殊的经济性质

中外合资经营项目的经济性质,取决于合资各方的经济成分。一般而言,中方合资者为公有制(包括全民所有制和集体所有制)企业,其性质属于社会主义,此时合营项目属于社会主义性质;外方合资者可能是社会主义公有制企业,也可能是资本主义私有制企业,此时的合资项目的性质则是国家资本主义。所谓国家资本主义,就是指国家能控制和规定其活动范围的资本主义。从我国目前的情况来看,我国境内举办的中外合资经营项目绝大部分是由外国私人资本与我国公有企业合资,它们属于社会主义条件下的国家资本主义的经济性质。

（二）多元化的项目目标

开办中外合资项目,成立中外合资经营企业,是我国利用外资的重要手段。就中方而言,采用中外合资项目的方式利用外资,具有多元化的目标。

1. 弥补建设资金的不足

我国是发展中的社会主义国家,资金短缺是制约我国经济建设和发展的重要因素。举办中外合资项目,是弥补建设资金不足的重要途径。与外商合办项目,中方只要拿出相对较少的投资就可以形成较大的生产能力,中外双方可以在共同投资的基础上实现双赢。

2. 开拓国际市场

我国是外汇短缺的国家,开拓国际市场、增加外汇收入是我国举办合资项目的重要目标。与发达资本主义国家相比,我国经济还比较落后,不少产品很难打入国际市场,而来我国参与合资的外方投资者大都是跨国公司,既有雄厚的技术力量,又有广泛的销售途径。利用合资合作方的这些优势,可以扩大我国产品出口份额,增加外汇收入。

3. 替代进口

替代进口是许多发展中国家普遍采取的一项经济发展政策。替代进口是指用国内生产的产品代替进口产品。替代进口一般分为两种情况:一种是国内已经生产或能够生产的产品,但不能满足国内市场的需求,需要大量进口,为了减少进口,举办中外合资项目生产此类产品,以满足国内市场需求;另一种是有些产品由于国内制造技术不过关,需要从国外进口,为了减少进口,举办中外合资项目,利用外国的先进技术生产此类产品,满足国内市场需求。实行替代进口政策,是节约外汇支出和保护、发展民族工业的重要手段。

4. 引进先进技术设备和管理经验

相比于发达国家,我国的现代化工业起步晚,技术与管理水平相对落后。通过举办合资项目吸引外商投资,可以用较小的代价引进国外的先进技术设备和管理经验,有助于提高我国生产力水平,为社会主义现代化建设服务。

(三)多样化的管理方法

举办中外合资项目,一般要涉及两个以上的中外经济组织。而且外方投资者可能只有一个,也可能有多个,既可能来自一个国家或地区,也可能来自多个国家和地区,各投资者原来采用或熟悉的管理程序方法乃至习惯难免不完全一致,因此,不同的合资经营项目的经营方法具有各自不同的特色。

(四)特定的投资约束条件

我国对中外合资经营项目在投资范围和投资资格方面有着特殊的要求。

在投资范围方面,为了使利用外资项目与我国国民经济发展计划紧密结合,国家根据产业政策和部门(行业)发展规模,规定了允许设立合营项目的行业,这些行业主要有:

(1)能源开发,建筑材料工业,化学工业,冶金工业;

(2)机器制造及仪器仪表工业,海上石油开采设备的制造业;

(3)电子工业,计算机工业,通信设备的制造业;

(4)轻工业,纺织工业,食品工业,医药和医疗器械工业,包装工业;

(5)农业、牧业、养殖业;

(6)旅游业、服务业、房地产业等第三产业。

在投资资格方面,外商投资者必须是信誉可靠,具有足够的资金或可查考的企业。因此,在开办合资企业时,应审查外方所在国政府主管部门颁发的营业执照副本和资产负债表;同时,外方合营者要有合作的诚意,保证和第三者的关系不影响或不涉及合资企业的利益。中方合营者必须是中国的公司、企业或其他经济组织,即应是具有独立资产,实行独立结算,经合法机关批准成立,并办理注册登记手续,持有工商营业执照,能独立承担民事责任的经济实体。

三、中外合资经营企业的特点

中外合资经营企业可以是生产型的,也可以是非生产型的,相比于一般工业企业,它们都具有下列共同的特点。

(一)中外合资经营企业的组织形式是股权式有限责任公司

中外合资经营企业的合资各方,可以用货币出资,也可以用建筑物、厂房、机器设备或其他物料、工业产权、专有技术、场地使用权等作价出资,并按我国法律共同经营、共同管理、共担风险、共负盈亏。有限责任公司是《中华人民共和国中外合资经营企业法》中明确规定的中外合资经营企业的唯一组织形式。有限责任是指合资各方以其出资额作为股本,确定各方在注册资产中的比例,合资经营企业各方的责任以各自认缴的出资额为限,按注册资本的比例分享利润、分担亏损及风险。也即,对于超出该企业注册资本总额部分的债务、合资各方没有责任替合资企业偿还,合资企业的债权人不可就超出其注册资本部分的债务追索合资各方。

(二)中外合资经营企业是中国的独立法人

中外合资经营企业是在中国境内依法成立的中国法人,它是合资各方共同经营管理的独立经济实体,可以在我国法律、法规和合资经营企业协议、合同、章程规定的范围内自主经营、自我管理,并独立地向中国政府缴纳工商统一税、企业所得税等税金。因此,中外合资企业应遵守中国的法律、法令和有关条例规定;同时,中国政府也要依法保护外国合营者按照中国政府批准的协议、合同、章程在合资经营企业中的投资、应分得的利润以及其他合法权益。

(三)中外合资经营企业有明确的经营目标和合营期限

根据我国经济发展需要,遵照双方平等互利的原则,在符合我国有关规定的前提下,合营各方共同协商确定合资企业的经营目的、经营范围、生产规模和合营期限。既要使合资双方获得应有的经济利益,又能促进我国国民经济的发展,使合资企业成为我国国民经济的有机组成部分。

(四)中外合资经营企业的注册资本中对出资比例和出资方式有明确的要求

出资比例包含两方面的要求,一方面是中外双方合营者的投资比例,按中外合资经营企业法规定,中外合资经营企业的注册资本中,外方出资比例不得低于 25%;另一方面是注册资本与合资企业投资总额的比例,注册资本与投资总额的比例遵循国家中外合资企业法的规定,不得低于 1/3。合营双方可以用货币出资,也可以用建筑物、厂房、机器设备或其他实物、工业产权、专有技术、土地使用权等作价出资。

(五)中外合资经营企业在合营期内不得减少注册资本

在合营期内,合资各方只能按出资比例分配税后利润,而属于注册资本数额的固定资产所提取的折旧费,不能作为利润进行分配,必须留在企业内使用。只有在合营期满并进行清算时,折旧费才可以按出资比例分配给合资各方。这样做的目的是为了保证合营企业出现风险时合资各方兑现其有限责任,因此注册资本不得以任何方式抽走,必须保留在合营企业内。

(六)中外合资经营企业的清算方式

合营企业在合营期满或提前终止合同时,均要进行清算。合资企业以其全部资产对其债务承担责任。对于企业的剩余资产,合资各方按其出资比例进行分配,但合营协议、合同、章程另有规定者除外。

四、中外合资经营项目经济评价的特点

中外合资经营企业的特点决定了对其进行经济评价时有其自己的特点,在投资与成本、收入及分配、评价指标的计算等方面,都不同于一般工业项目。

(一)要符合国民经济的要求

《中外合资经营项目经济评价方法》中规定:"中外合资经营项目在合营各方共同确认的可行性研究报告中均需进行财务评价,包括基本方案的财务分析和不确定性分析。中方合营者向国内领导部门报送可行性研究报告时,尚需报送项目的国民经济评价(单独成册)。"为符合我国审批机构的要求,在中外合资经营项目的经济评价中,不仅要进行财务评价,考核项目本身的财务获利性能力、偿债能力和生存能力;而且还要求对项目进行国民经济评价,从国家角度考察项目的财务状况,即要对中外合资各方进行公平合理的分析,并注重对中方合资者的利益分析,判断合资项目对我国国民经济的净贡献是否能符合要求,进而作出最终决策。

(二)要符合涉外经济法规

合资经营项目的经济评价,不仅要符合国内的一般经济法规和财税规定,还要符合涉外法规,特别是要符合有关合资项目的经济法规和各经济特区的一些特殊规定。这些法规和规定,是兴办合资企业的立足点,是合营者各方谈判、签约的依据,也是项目评估的依据。因此,与国内项目投资评价相比,合资项目评价在基础数据的测定、基本报表的编制等方面,还必须符合有关涉外经济法规的一些特殊要求。

(三)要公平合理地对合营各方进行利益分配

中外合资项目是合营各方按照平等互利原则合资兴办的,合资项目的投资效益是合营各方的共同利益,是合营各方共同关心的问题。在实现共同利益的前提下,合营各方也关心利益分配是否符合平等互利原则。因此,在合营项目评估中,除了要考察项目全部投资的整体财务经济效益外,对中方投资和外资方的利益也要单独进行计算和分析,以利于中外合营各方利益分配的比较。

(四)要重视外汇收支平衡问题

国内项目的外汇平衡问题,只是对有外贸任务的项目,设计产品的出口创汇或替代进口的节汇问题。如果出现外汇收支的不平衡,一般都是由国家有关部门或其他机构从外部协商加以解决。

外汇收支平衡是合资项目成立的重要条件。相比较于国内项目,中外合资项目的外汇平衡问题主要是指项目本身的外汇平衡。因此,在基础数据的估算时,涉及外汇收支的,要用外汇与人民币同时列示,还要单独编制外汇流量表和外汇收支平衡表。通过编制外汇收支平衡表,可以反映项目的外汇平衡能力,据以确定合资项目产品的出口计划和价

格水平,实现项目外汇收支平衡。当出现外汇收支不平衡时,主要在项目内部采取收支平衡方法来自求平衡。

(五)必须编制资产负债表

中外合资经营项目必须要求编制企业的资产负债表,而目前对于国内项目的财务评价则不要求编制。资产负债表能综合反映中外合资项目各年末的资产、负债和资本的增减变化情况及相互间的对应关系,用以检查企业资产、资金结构是否合理,企业借款与自有资金的比例关系,企业各年末尚有多少借款、多少资金的情况,以及企业具有多大的偿还贷款能力。依据该表可以计算各年的负债与资金比率、流动比率和速动比率等财务比率指标。依据合资项目的资产负债表,贷款银行及债主就能及时掌握流动资金应付账款情况,有利于资金的周转。

第二节 中外合资经营项目的财务评价

财务评价是中外合资项目投资评价的重要组成部分,对合资项目进行财务评价是考察项目赢利性、借款偿还、外汇平衡等财务状况以及中外合营各方的赢利水平的一种重要方法。它是从企业的角度,根据国家现行的财税制度和有关经济法规,以及现行价格体系,对合资项目进行财务效益分析,考察项目的赢利性、借款偿还和外汇平衡等财务状况,以及中外合营各方的赢利水平,据以确定合资项目的财务可行性。同时,财务评价在配合中外合营各方的合同、章程谈判,促进合营各方在平等互利的基础上的经济合作等方面也具有重要作用。

一、财务评价的基本数据

(一)投资估算

合资项目的投资总额,是按合资企业合同、章程规定的生产规模所需投入的建设投资、生产流动资金和建设期利息的总和。合资企业借款在建设期的利息(即资本化利息)应计入工程建设投资成本,作为固定资产原值的一部分。

1. 建设投资的估算

合资项目的建设投资可采用概算指标法进行估算,但其估算的内容分类与国内工业项目不同,大致可分为四类:

(1)固定资产投资,包括建筑工程、机器设备及安装等费用;

(2)无形资产投资,即指工业产权、专有技术、专利权、商标权、场地使用权和其他特许权等;

(3)开办费,指项目筹办期间所发生的一切费用,如前期咨询费、人员培训费、招标评标费用、筹建人员工资及管理费用等;

(4)预备费,弥补投资估算不足的风险和物价变动因素的费用,约占建设投资的10%。

　　合资项目在投资范围方面与国内项目的不同之处,在于对厂外工程、基础设施和生活福利设施的投资处理问题。如果外国合营者不同意出资建设,则由中方单独承担这部分投资,但不将其列入合资项目投资总额之内。而这部分投资的回收可通过提高水电费和场地使用费或其他使用费和服务费等取费标准来补偿,也可通过提高合资项目中中方职工工资总额来补偿。如果通过协商,外国合营者同意承担这部分投资,则可纳入合资项目的固定资产或列入其他无形资产投资来解决。

　　建设投资包括生产期的更新投资,可由企业自有资金、折旧和发展基金支付。

　　固定资产投资全部形成固定资产价值并通过折旧方式回收;而无形资产投资与开办费可通过摊销方式回收。

　　融资性租赁的资产不包括在建设投资中,可允许计入总成本制造费用中的租赁费,但不能超过设备折旧费,超过部分留待租赁期满后摊入。租赁的固定资产,在租赁期内所有权归出租方,不能作为投资股本。

2. 流动资金的估算

　　合资项目的流动资金要求采用详细法,按流动资金估算表进行详细估算,即按照费用项目和周转次数相结合的方法,与成本估算相结合。估算的基本公式是

$$流动资金 = 流动资产需用额 - 流动负债需用额 \tag{20-1}$$

$$流动资产需用额(不合银行存款) = 应收账款 + 存货 + 现金 \tag{20-2}$$

$$流动资产 = 流动资产需用额 + 银行存款 \tag{20-3}$$

$$流动负债需用额 = 应付账款 \tag{20-4}$$

（二）成本费用

　　按照国际会计惯例和我国《中外合资经营企业会计制度》的规定,合资企业的产品成本计算范围与计算方法和国营企业不同,因此合资项目的成本估算应按"会计制度"的有关规定计算。

　　合资项目总成本主要由产品生产成本、企业的销售费用、管理费和财务费四项构成,估算公式为

$$总成本费用 = 生产成本 + 管理费用 + 财务费用 + 销售费用 \tag{20-5}$$

式中,生产成本是指生产过程中发生的各项生产费用,包括直接材料、直接人工、制造费用,以及燃料动力、外部加工费与专用工具等项目。直接材料是指构成产品实体或有助于产品形成的各项原材料和外购半成品。直接人工是指制造产品的生产工人的工资。制造费用是指车间和工厂管理部门为组织与管理生产所发生的各项费用,包括折旧费、修理费和其他制造费用(含物料消耗、劳动保护费、水电费、办公费、差旅费、运输费和保险费等)。

　　管理费用是指企业行政管理部门为管理和组织经营活动而发生的各项费用。它包括办公费、折旧费、修理费、差旅费、董事会费、咨询费、审计费、诉讼费,劳动保险费、待业保险费、排污费、绿化费、税金、土地损失补偿费、土地使用费、技术转让费、管理人员工资、广告宣传费、招投标费、无形资产摊销、开办费摊销、业务招待费以及其他管理费等。另外,按国家规定提取的职工福利费、职工教育费、工会经费等亦列入管理费用。

　　财务费用是指企业生产经营期间的理财活动发生的费用,包括利息支出、汇兑损失、

金融机构手续费等。

销售费用是指企业销售过程中发生的应由企业负担的各项费用,包括运输费、装卸费、包装费、保险费、代销手续费、广告费、租赁费、销售服务费、销售人员工资、差旅费、办公费、折旧费、修理费、物料消耗、低值易耗品摊销以及其他费用。

经营成本系指总成本扣减折旧费、摊销费和借款利息后的支出。固定资产折旧一般采用直线折旧法,残值按固定资产原值的10%计取。各类固定资产折旧年限规定有所不同,具体来说,房屋、建筑物最短年限为20年;火车、轮船、机器设备和其他生产设备最短年限为10年;飞机、火车、轮船以外的其他运输工具最短年限为4年;电子设备折旧年限为3年。摊销费是把无形资产投资和开办费按规定的使用期限进行摊销。无形资产摊销,可按合资各方商定的使用期限摊销,无规定的可按10年摊销;其他费用(如开办费)摊销,每年不得超过20%。借款利息是指以合资项目名义借款的利息,包括流动资金借款利息支出和生产期支付的建设借款利息支出。而合营各方筹措注册资本所发生的利息只能由各自分得的利润支付,不能计入成本。

合资项目职工的实得工资,应按项目所在地区同行业的国有企业职工实得工资的1.2～1.5倍确定。其中,中方职工工资可高于同地区国内同类项目,具体数额应由中外合资双方商定。关于外籍人员工资可按国际惯例,他们的工资应包括基本工资、20%的附加费和15%的海外津贴,此外还要支付给他们安家费、差旅费及住房津贴与探亲费等,具体数额应由合营双方商定。

(三) 销售收入

销售收入等于销售数量与产品销售单价的乘积。

销售数量是在市场预测的基础上确定的。项目评估中根据市场需求及生产能力来合理安排投产后的逐年生产量,然后假定销售量等于生产量。

产品价格要在做好充分的市场调查和预测的基础上,参考国内外同类产品的成交价确定。合营企业虽然有权对其产品自行定价,但也绝不能因此而人为地抬高价格,夸大效益,必须充分考虑到消费者的支付意愿。计划出口产品的售价可参照国际市场价格自行确定;对于内销产品,企业虽可参照国际市场价格自行定价,但还需接受国家物价管理部门的协调;对于已从主管部门取得进口替代意向的产品,原则上不应高于国际市场价格;外方包销的产品在中方不熟悉国际市场行情时,可按产品成本加一定利润定价。

对于由合营企业负责销售的或由合营各方分别负责销售的产品,均需与合营各方商定产品的价格和产品生产数量。在确定销售价格时,应明确交货地点和方式,并注意对销售费用中运输保险费用的计算应与成本估算时的口径相一致。

(四) 税金

中外合资经营企业是在中国境内依法成立的中国法人,在我国法律、法规和合资经营企业协议、合同、章程规定的范围内,企业有权自主进行经营管理,并且应独立地向我国政府有关部门缴纳税金。应缴纳的税金包括工商统一税、进口和出口关税、房产税、车船使用税、企业所得税和附征地方所得税等。当合资企业的外方投资者将其从企业分得的利润汇出境外时,还应按汇出额缴纳所得税,即称汇出所得税(或简称汇出税)。

(五)三项基金

合资企业在缴纳所得税后,从税后利润中应提取所谓三项基金,即企业的储备基金、职工奖励及福利基金和发展基金。储备基金主要用于补偿企业以后年度的重大损失及其他经营亏损;职工奖励及福利基金主要用于职工的非经常奖金和集体福利开支;发展基金用于购买固定资产、增加流动资金等。

三项基金提取的基数是税后利润。当年无利润,当年不得提取;过去有亏损,应在弥补亏损之后提取。三项基金的提取比例一共约为15%,三者可以平均提取,也可以有所侧重。职工奖励及福利基金可以在合营期自始至终提取;发展基金可以灵活一些,按企业发展需要而定;储备基金可在提取到注册资本的一定比例时,停止提取。

(六)利润

合资企业有关利润的计算及分配如下:

$$利润总额 = 销售收入 - 销售税金 - 总成本费用 \tag{20-6}$$

$$可供分配利润 = 利润总额 - 所得税 - 三项基金 \tag{20-7}$$

可供分配利润一部分作为未分配利润留在企业,另一部分则作为合营各方的股利进行分配。未分配利润中的一部分用作还贷,另一部分才确实留在企业,增加自有资金。股利的分配按投资比例来进行。

二、财务评价的基本报表

中外合资项目的财务评价应该具有现金流量表、利润表、财务平衡表、资产负债表和外汇平衡表等财务基本报表。

(一)财务现金流量表

中外合资项目的财务评价要从全部投资、自有资金、中方合营者、外方合营者四个不同的方面进行,分析项目的赢利能力和清偿能力。在这些财务现金流量表中,为了便于进行国民经济评价和汇率变化的敏感性分析,应将人民币和外汇分别列出。

1. 全部投资财务现金流量表

将全部投资视为自有资金,以全部投资作为计算基础,计算全部投资的内部收益率、财务净现值和投资回收期等财务评价指标,反映项目全部投资的获利能力。其中,

$$现金收入 = 销售收入 + 回收固定资产余值 + 回收流动资金 + 其他收入 \tag{20-8}$$

$$现金流出 = 建设投资 + 流动资金 + 经营成本 + 工商统一税$$
$$+ 所得税 + 奖励和福利基金 + 其他支出 \tag{20-9}$$

2. 自有资金财务现金流量表

自有资金财务现金流量表反映了合资项目在使用借款的条件下,偿还项目借款本息后自有资金的赢利能力。自有资金财务内部收益率和投资回收期优于合资各方设定的目标值是项目可行的必要条件。

合资项目自有资金现金流量表的现金流入与全部投资现金流量表相同,而其现金流出有较大区别,主要包括三大部分的内容:

(1) 保留全部建设投资和流动资金中的自有资金部分。

(2) 增加建设投资与流动资金的借款本金偿还。

(3) 增加建设投资与流动资金的借款利息偿还。其余的现金流出与全部投资相同。

3. 中方合营者财务现金流量表

这是站在中方投资者的角度来反映中方投入资本的赢利能力,用来计算中方投资的财务内部收益率、净现值等指标。然后可以与外方投资者或本行业的财务基准收益率作比较,寻求双方平等互利的投资方案和判断是否适合参加该项目投资。

合资项目中中方投资者的财务现金流量表中,现金流入部分应体现中方合营者的所得部分,就是指合营期满的中方资产清理分配所得、中方股利、租赁收入和用于再投资的利税等。

$$资产清理分配所得 = (回收固定资产余值 + 回收流动资金$$
$$+ 回收偿还借款后余留的折旧、储备基金和发展基金)$$
$$\times 中方注册资本比例 \tag{20-10}$$
$$用于再投资的利税 = 用于再投资的未分配利润 + 因再投资的退税 \tag{20-11}$$
$$现金流出 = 中方建设投资 + 中方流动资金 + 租出的固定资产$$
$$+ 补偿所得税差额 + 其他 \tag{20-12}$$

4. 外方合营者财务现金流量表

外方投资财务现金流量表,反映外方投入资本的赢利能力,用以计算外方投资的财务内部收益率、净现值等指标,同自己设定的目标收益率及中方的财务内部收益率相比较,据以判断是否参加投资。

外方投资现金流入的项目与中方投资者的现金流入基本相同,只是反映外方投资者的资产清理分配所得和外方股利等所得部分;而现金流出中的各项是指外方合营者的支出部分,其中应增加股利的汇出税,而不需包括补缴所得税差额。

(二) 利润表

利润表反映合资项目税金交纳、利润分配及资金余缺情况。

合资项目的利润表要计算所得税后利润、三项基金和利润分配,这是与国内建设项目的不同之处。其中,

$$税后利润 = 年销售收入 - 总成本 - 工商统一税 - 所得税 \tag{20-13}$$
$$可分配利润 = 税后利润 - 三项基金 \tag{20-14}$$

可分配利润有三方面的用途:一部分可用于偿还建设投资借款本金的不足额;另一部分可作为未分配利润,留存合营企业发展新产品;其余部分可根据中外各方股本(注册资本)的比例分配股利。

(三) 财务平衡表

合资项目合营者在与银行正式签订借款和偿还合同之前,可通过编制财务平衡表来

安排资金的合理使用。例如,对股利和未分配利润,按照项目的特定需要进行合理配置和安排使用。在偿还建设投资成本后,还可用折旧和摊销费偿还流动资金的借款本金。因此,财务平衡表是中外投资者制定各方可接受的还款方式的重要工具。

合资项目的财务平衡表与国内项目一样,是由资金来源与资金运用两部分组成。在资金来源部分,要充分反映投资的各种来源渠道和筹措计划,主要包括建设投资与流动资金的借款、自有资金(股本)、利润、折旧与摊销费,以及资金的回收;在资金运用部分,应反映投资使用计划、借款偿还的过程和时间,以及全部投资回收的时间,主要包括建设投资与流动资金的支出、借款的偿还、股利的分配、所得税,奖励和福利基金以及盈余资金等。

该表在计算时要体现国家现行财税制度的规定,应清楚地反映项目对合资各方和对国家的财务贡献。它能综合反映项目的资金筹措与使用,销售收入,税金、利润分配及资金余缺情况,为选择资金筹措方案和编制资产负债表提供依据。

(四)资产负债表

合资项目必须编制资产负债表。它能综合反映项目计算期内各年末的资产、负债和所有者权益的增减变化及其对应关系,可以用来考察项目资产、负债、所有者权益的结构是否合理,计算资产负债率、流动比率和速动比率,进行清偿能力分析。

资产负债表的内容包括资产与负债和资本合计两大部分。

$$资产 = 流动资产需用额 + 银行存款 + 固定资产净值$$
$$+ 无形资产及其他资产净值 \qquad (20\text{-}15)$$
$$负债 = 流动负债 + 建设投资借款 \qquad (20\text{-}16)$$
$$资本 = 中方投资 + 外方投资 + 储备基金 + 发展基金 + 未分配利润 \qquad (20\text{-}17)$$

(五)外汇平衡表

对合资项目来说,外汇必须平衡。合资项目的外汇平衡表可表明合资项目本身的外汇平衡情况。如果外汇流入(来源)大于或等于外汇流出(运用),说明合资项目内部就能达到外汇平衡,还能获得外汇收益;否则需要重新调整外汇的来源和支出,也就是应调整合资项目产品的外销和内销比例,以求外汇平衡和外汇赢利。

如果在财务平衡表中,人民币和外币能分开列示,就可同时起到外汇平衡表的作用,这样就没有必要重新编制外汇平衡表了。

三、主要的财务评价指标

中外合资项目的财务评价主要有三方面的评价指标,一是反映赢利能力的指标;二是反映返本能力的指标;三是反映财务状况的指标。其中,反映返本能力的指标,可通过财务平衡表直接分析或计算投资回收期进行分析得到,其方法与国内建设项目相同,而另两类财务评价指标则有其特殊性。

(一)反映赢利能力的主要指标

中外合资项目的赢利性指标主要有财务净现值及财务净现值率、财务内部收益率等动态指标。这几个指标的计算方法与国内项目的计算方法是相同的。不同的是,需要从全部投资、项目自有资金、中方合营者、外方合营者几个不同的角度来反映赢利能力。它们分别以全部投资的财务现金流量表、自有资金的财务现金流量表、中方合营者的财务现金流量表和外方合营者的财务现金流量表为基础进行计算。其中,计算财务净现值或净现值率使用的设定折现率,可取部门或行业制定的基准收益率,也可将项目借款的综合平均利率加上风险系数作为设定的折现率。要特别注意比较中外各方的获利水平,如财务内部收益率、财务净现值率指标的中外各方的对照比较,以判断采用合营方式是否有利。

(二) 反映财务状况的主要指标

反映合资项目的财务状况,主要依据资产负债表的数据计算以下几个指标。

1. 资本负债率

资本负债率即合资项目的负债与资本的比值。它是反映合资项目所面临的财务风险程度的重要指标,也反映了债权人与合营者在供应项目资金中的相对关系。资本负债率的计算公式为

$$资本负债率 = \frac{负债合计}{资本合计} \tag{20-18}$$

资本负债率以多大为宜,不同的行业有不同的要求。一般来说,借款利率低于项目的财务内部收益率时,较大的负债比例可以使项目的经营获得更多的资本收益。但是,过度的举债将会使企业承受较大的财务风险,特别是借款利率高于其财务内部收率时,将会使合资项目的资本收益蒙受损失。因此,资本负债率一定要控制在一个适当的范围内。

2. 流动比率

流动比率即合资项目流动资产与流动负债的比值。它是反映偿付项目流动负债能力的重要指标。其计算公式为

$$流动比率 = \frac{流动资产}{流动负债} \tag{20-19}$$

一般认为,流动资产与流动负债的比率保持在 2 : 1 的水平比较适宜,如果流动比率过低,说明流动负债过大,项目有可能面临难以偿还到期账单、票据的困难局面;如果流动比率过高,说明流动负债较少,项目偿付流动负债的负担较轻,但未能充分发挥流动负债的应有作用,影响资本收益。

3. 速动比率

速动比率即速动资产与流动负债的比值。它是反映项目快速偿付流动负债能力的重要指标。其计算公式为

$$速动比率 = \frac{速动资产}{流动负债} \tag{20-20}$$

式中,速动资产是指扣除存货后的流动资产,即速动资产 = 流动资产 - 存货。存货的数据需从流动资金测算表中取得。

一般认为,速动资产与流动负债保持 1 : 1 的比率较为适宜。速动资产主要包括应收账款和现金,可用于快速偿付流动负债。若速动资产大大低于流动负债,偿付到期应付账款时有可能遇到财务困难;若速动资产大大高于流动负债,偿付到期应付账款一般不会有

什么问题,但流动资产过多地占用在应收账款和现金上面,未能充分发挥流动资金在生产中的作用。

第三节　中外合资经营项目的国民经济评价

中外合资项目的评价,在合营各方共同确认的可行性研究报告中,一般只进行财务评价。但中方合营者向国内领导部门报送的可行性研究报告中应同时包括财务评价和国民经济评价。其审查评估也需要进行财务和经济两种评价。

中外合资项目的国民经济评价,是从国民经济的角度考察利用外资项目的效益和费用,运用影子价格、影子工资、影子汇率和社会折现率计算分析利用外资项目对国民经济的贡献,评价其经济上的合理性。认真搞好利用外资项目的国民经济评价,为利用外资项目的投资决策和审查报批提供科学的依据,对我们更好地利用外资,促进国民经济发展和国际经济合作,有着十分重要的意义。

由于利用外资与引进技术项目具有一系列特殊的外部效益目标,这些外部效益目标也正是这类项目所应实现的国家目标,因此在进行合资项目国民经济评价时,应重视外部效益目标的分析评价。这样,合资项目的国民经济评价可分为两个层次:第一个层次是根据国家统一颁布的社会折现率、影子汇率、影子工资率、贸易费用率等经济参数,以及重要投入物与产出物的影子价格,来计算项目中方(国内)投资者对国民经济效益增量目标的净贡献;第二个层次可通过某些实用的方法,分析评价项目对特殊的外部效益目标的贡献,这些特殊目标不一定是经济目标,有可能是政治目标、社会目标、环境保护与生态目标等,这就要涉及一定时期内我国的经济政策和经济科技社会发展战略。这些目标的衡量分析尽可能用定量分析方法,亦可用定性描述。例如,引进先进技术实现部门(行业)的技术进步对我国国民经济效益增长的贡献,可采用生产函数方法对技术进步效益进行衡量。

一般情况下,合资项目的国民经济评价必须通过上述两个层次的评价才可行,如果产生不一致的情况时,则需具体分析区别对待。例如,合资项目单纯是为了利用外资来弥补本国资金的不足,尤其是利用商业银行和国际金融市场借款的项目,则应侧重于第一层次的国民经济评价结果,作为项目取舍的主要依据;又如,合资项目的宗旨是为了实现我国国民经济与社会发展战略中某些特殊目标,则应以第二层次的国民经济评价结论作为项目取舍的依据。

合资项目国民经济评价中,效益与费用的划分在原则上与国内项目相同,采用的国家参数也基本相同。本节主要介绍一下合资项目国民经济评价的一般步骤及其与国内项目不同的方法。

一、基本数据的调整

合资项目国民经济评价采用的国家参数是:社会折现率为 12%;影子汇率采用5.8 元人民币/美元;中方人员的影子工资是同行业国内项目名义工资的 1.5 倍;贸易费用率为 6%。

（一）投资总额的调整

投资总额的调整主要是调整建筑工程费和土地费用。建筑工程费可用转换系数进行调整（对于房屋建筑为1.13,对于矿井为1.2),亦可对建筑工程中的钢材、木材、水泥进行调价计算;土地费用按照机会成本和土地开发费进行测算;国内配套设备费用可采用影子价格或价格换算系数进行调整;而进口设备则应按影子汇率折算,并将税金（关税、工商统一税等)从建设投资中扣除;流动资金按影子价格调整,应与成本调整口径一致。

（二）投入物价格和经营成本的调整

投入物调价与国内项目相同,划分投入物类型,分别按不同类型的调价原则和计价方法进行调整,采用影子汇率进行折算。经营成本中应扣除国内借款利息和折旧、摊销费,中方人员的工资按影子工资换算。

（三）产品价格和销售收入调价

外销产品价格按影子价格调整,而内销产品的价格也可参照国际市场价格调整,这样销售收入可能会有增减。

（四）外部效果

应根据项目的性质特点及其在我国经济发展中的地位作用,具体分析和计算,尽量突出项目的特点和作用,并尽可能将外部效果定量化。

二、国民经济评价基本报表

合资项目国民经济评价的基本报表主要是国内投资经济现金流量表、财务现金流量表以及全部投资经济现金流量表。

（一）国内投资经济现金流量表

国内投资经济现金流量表,以国内投资的效益和费用为计算基础,反映项目对中方国民经济效益的贡献（净效益),而外方合营者的各项收入在该表中均被视为流出。国内投资是指中方合营者投资和国内银行贷款之和。据此。现金流量表的内容为

现金流入 ＝ 产品销售收入 ＋ 回收固定资产余值 ＋ 回收流动资金
　　　　　 ＋ 国内租赁收入 ＋ 项目外部效果 ＋ 其他　　　　　　（20-21）
现金流出 ＝ 国内建设投资 ＋ 国内流动资金 ＋ 经营成本 ＋ 外方合营者收入
　　　　　 ＋ 国内企业以租赁方式借出的资产 ＋ 国外借款本息偿还
　　　　　 ＋ 项目外部费用 ＋ 其他　　　　　　　　　　　　　（20-22）

（二）全部投资经济现金流量表

全部投资经济现金流量表,假设全部投资均由国内提供、计算相应的经济内部收益率、经济净现值等动态指标,观察不使用外国合营者资金时的经济赢利水平,以与国内同

类项目相比较。全部投资的经济现金流量表中,其流出流入的内容与国内项目相同。全部投资经济现金流量表的内容为

$$现金流入 = 销售收入 + 回收固定资产余值 + 回收流动资金 + 外部效益 + 其他 \quad (20-23)$$

$$现金流出 = 建设投资 + 流动资金 + 经营成本 + 外部费用 + 其他 \quad (20-24)$$

(三)国内投资财务现金流量表

国内投资的财务现金流量表,是从国家的角度,分别列出国家收入、地方收入和中方合营者收入,汇总后作为国内投资的现金流入,用以考察合资项目对国内各方所得的财务效益与财政收支情况,有利于协调国家、地方和中方合营者之间的利益分配,便于各方作出投资决策。财务现金流量表(国内投资)采用的是未经调整的财务基本数据。其内容为

$$现金流入 = 国家收入 + 地方收入 + 中方合营者收入 \quad (20-25)$$

式中,

$$国家收入 = 工商统一税 + 所得税 + 汇出税 + 其他税收$$
$$+ 国内贷款本息回收 \quad (20-26)$$

$$地方收入 = 地方所得税 + 土地使用费 + 车船使用税 + 房产税 \quad (20-27)$$

地方收入中的土地使用费为场地使用权的投资额减扣当地开发费。由地方用于基础设施的投资,既是地方建设又为本项目服务。

中方合营者收入来自中方合营者现金流量表,并扣除了应补缴的所得税(转移给国家收入)。

$$现金流出 = 中方股本 + 国内银行贷款 + 租赁给合资项目的资产 \quad (20-28)$$

三、国民经济主要评价指标

合资项目国民经济评价主要使用经济内部收益率指标。根据项目的特点和实际需要,也可以计算经济净现值、经济净现值率等动态指标。在项目初选阶段,还可以使用国内投资净效益率和全部投资净效益率等静态指标。

(一)静态评价指标

国内项目国民经济评价的主要静态评价指标是投资净效益率。对于合资项目,需要从全部投资和国内投资两种角度考察其投资净效益率。国内投资净效益率反映项目投产后每一单位国内投资每年对国民经济所作出的净贡献;全部投资净效益率则反映项目投产后合资项目全部投资的每一单位投资对国民经济的净贡献。这两个指标的计算公式如下:

$$国内投资净效益率 = \frac{S + B_E - C' - D - C_E - R_F}{I'} \quad (20-29)$$

$$全部投资净效益率 = \frac{S + B_E - C' - D - C_E}{I} \quad (20-30)$$

式中,S 为年销售收入;C' 为年经营成本;B_E 为年项目外部效益;C_E 为年项目外部费用;D 为年折旧;R_F 为年支付给外方合营者的股利、技术提成费、国内借款本息、清算所得等;I' 为国内投资(包括建设投资和流动资金);I 为全部投资。

以上所需要的数据来源于经济现金流量表，折旧费和摊销费也是调价后的数据，计算以上两个投资净效益率时，S、C'、D、B_E、C_E 和 R_F 几项数据均应取项目达产后正常生产年份的数值。如果各年数值波动较大，则可计算其年平均值用于公式。

（二）动态评价指标

合资项目国民经济评价中的动态指标，主要有以下三个：经济净现值、经济净现值率和经济内部收益率。三个指标需从全部投资和国内投资两个角度进行计算和评价。从全部投资角度计算时，依据全部投资的经济现金流量表；从国内投资角度计算时，则以国内投资的经济现金流量表为基础。不管从哪个角度，三个指标的计算方法、基准参数及评价方法均与国内项目相同。

第四节　中外合资经营项目的不确定性分析

由于中外合资经营项目的财务评价和不确定性分析是中外合资各方都确认的，因此，不确定性分析是在财务评价的基础上进行的。中外合资项目的不确定性分析，其概念和方法与国内项目相同。而由于合资项目在投资、经营成本和销售收入等方面涉及外汇收支，汇率的变化不仅对合资项目的投资效益影响很大，对中外合营各方的利益也有很大影响。因此，在合资项目的不确定性分析中，有必要侧重进行外汇风险的分析。

一、盈亏平衡分析

中外合资项目在投产后的正常生产年份生产能力达到了设计生产能力，而且没有任何减免税金和费用支出的正常情况下，用生产能力利用率来表示合资项目的盈亏平衡点，可按下式计算：

$$生产能力利用率的盈亏平衡点 = \frac{固定成本}{销售收入 - 变动成本 - 销售税金} \quad (20\text{-}31)$$

该指标表明合资项目达到生产经营盈亏平衡时的最低生产能力利用率。如果高于它，企业就获得赢利；而低于该利用率，企业会产生亏损，故亦称它为收支平衡点（或收支临界点）。

二、敏感性分析

这是预测对合资项目经济效益有重要影响的主要因素发生变化后，项目经济评价指标受影响的敏感程度。可能发生变化的主要因素有建设投资、销售价格、经营成本、汇率等。可针对全部投资内部收益率、净现值和投资回收期等效果指标，分析这些因素（单因素、双因素或多因素）的变化对合资项目赢利性的影响，从中选择出敏感性因素，并采取对策措施，力图降低投资风险。

三、外汇风险分析

在浮动汇率制度下，汇率将会不断变化。因汇率变化而蒙受损失的可能性称为外汇风险。合资项目自投资开始到项目结束,始终要有外汇收支,因此,当合营期内汇率发生变化时,不仅会对合资项目的经济效益产生影响,而且也给合资经营各方的利益带来外汇风险。

(一)合资项目经营效益的外汇风险分析

合资项目在经营期限内的经营效益受汇率的影响,主要涉及项目的经营性外汇收支。经营性外汇收支是指合资项目投产后,销售收入中因产品出口而获得的外汇收入,以及经营成本中因原材料进口、交付外方人员工资等发生的外汇支出。合资项目经营性外汇收支的情况不同,汇率变化对投资效益的影响也有所不同。

对于经营性外汇收支基本平衡的合资项目,汇率的变化对投资或经营效益的影响不大。因汇率变化将会对销售收入和经营成本产生相反的影响,两方面的影响互相抵消,总体经营效益仍保持不变。例如,汇率上升了,经营成本中的外汇支出部分的人民币金额增大,同时,销售收入中的外汇收入部分的人民币金额也相应增加。因其外汇收支基本平衡,经营成本和销售收入亦按同等程度增加,基本上不影响经营效益的数量。

对于经营性外汇收支存在着逆、顺差的合资项目,汇率的变化对项目的投资或经营效益将会产生较大影响。其中,经营性外汇收入小于其外汇支出的合资项目,存在着经营性外汇净支出,当汇率上升时,会使项目的经营效益下降,当汇率下降时,会使项目的经营效益提高;经营性外汇收入大于其外汇支出的合资项目,存在着经营性外汇净收入,当汇率变化时将发生与上述情况相反的结果。因此,在合资项目经营性外汇收支有逆差的情况下,汇率上升的可能性就是项目面临的外汇风险;而在经营性外汇收支有顺差的情况下,汇率下降的可能性则是项目面临的外汇风险。

合资项目经营效益的外汇风险分析,可采用盈亏平衡分析和敏感性分析方法。使用盈亏平衡分析方法时,要计算项目的汇率保本点,即在其他条件不变的前提下,汇率变化到何种程度,项目仍可保本,然后用保本汇率与现行汇率相比较,计算汇率的安全上升(或下降)幅度,以此判断项目承受外汇风险的能力。使用敏感性分析方法时,要测算汇率的变化比率与项目净现值或内部收益率变化比率之间的关系,以判断汇率的变化是否为项目的敏感性因素,判断项目可能面临的外汇风险程度。

合资项目经营效益的外汇风险分析,对于国内投资但原材料和产品有进出口的涉外项目也是适用的。

(二)合资项目合营各方利益的外汇风险分析

对于合资项目,除了整个项目的经营效益可能存在着外汇风险外,合营各方还会在各自利益方面存着外汇风险。

汇率变化对中方、外方合营者利益的影响是比较复杂的,它不仅与项目的经营效益有关,而且与结算货币有关。但就汇率变化对中外方合营者的相对利益而言,其影响是比较简单明了的。中方、外方合营者的相对利益,就是按出资比例分得股利,当分股利时的汇率与出资时的汇率不同时,中方、外方合营者的相对利益就会发生变化。一般来说,汇率上升时,中方的相对利益增加而外方的相对利益减少,汇率下降时则会出现相反的情况。这是因为,中方以人民币出资,而外方以外汇金额入股,当汇率上升时,相当于提高了外方的出资比例，仍按原来确定的比例分配利益，显然外方的利益受损；相反，当汇率下降时，相当于提高了中方的出资比例，仍按原定出资比例分配，中方就要吃亏。

如果考虑到汇率的变化对项目经营效益的影响，则汇率变化对中方、外方合营者绝对利益的影响就会有多种不同的情况。例如，经营性外汇收入大于其支出的合资项目，当汇率上升时，项目的经营效益就会提高。如果汇率上升的百分数与可分配利润增加的百分数相等，则外方的实际得利不变，而中方的人民币收入因汇率上升而有所增加；如果汇率上升的百分数高于可分配利润增加的百分数，这时虽然整个项目的经营效益有所提高，但外方的实际收入还有所降低，这是因为虽然分配到的人民币金额增加，但因汇率上升幅度更大，折成外汇时，实际收入反而减少；如果汇率上升的百分数低于可分配利润增加的百分数，这时外方的实际收入有所提高，这是因为汇率上升造成的收入相对损失由利润分配增加额弥补还有剩余。在以上三种情况下，中方、外方合营者的绝对利益呈现出几种不同的情况，但就相对利益而言，对外方都是不利的。相反，在汇率下跌时，中方的相对利益都会受到损失。对于经营性外汇收入小于其支出的合资项目，以上各种情况就会出现各种相反的结果。

综上所述，汇率的变化对合资项目的经营效益以及合营各方的利益都有明显的影响。为了减少汇率风险，了解和分析汇率变化的原因，并对汇率的变化作出适当估计和判断是很有必要的。只有这样，才能制定出防范和降低外汇风险的具体措施，以维护合资项目的整体利益和维护中方的经济利益。

本章小结

中外合资经营企业的特点决定了在对其进行经济评价时有其自己的特点，在投资与成本、收入及分配、评价指标的计算等方面，都不同于一般工业项目。在分析时要考虑国民经济的要求、涉外经济法规、利益分配问题以及外汇收支平衡等问题。

中外合资经营项目主要包括合作经营和合资经营两种，在对该类项目进行评价时，不仅要考虑国民经济的要求，还要考虑涉外法规的要求以及外汇收支平衡。在对中外合资经营项目进行评价时，主要进行以下三个步骤：

（1）财务评价，主要对其赢利能力和财务状况进行评价，是中外合资项目投资评价的重要组成部分，对合资项目进行财务评价是考察项目赢利性、借款偿还、外汇平衡等财务状况以及中外合营各方的赢利水平的一种重要方法。

（2）国民经济评价，包括静态评价和动态评价，是从国民经济的角度考察利用外资项目的效益和费用，运用影子价格、影子工资、影子汇率和社会折现率计算分析利用外资项目对国民经济的贡献，评价其经济上的合理性。

（3）不确定性分析，包括盈亏平衡分析、敏感性分析和外汇风险分析。

关键词

中外合资经营项目　外汇风险分析

案例五 铁路项目评价

一、项目背景及目标

(一)项目和项目区

GZSB 铁路项目位于 GZ 省西部的贫困山区。该项目将建成 128.5 千米的铁路,包括 15 个火车站、118 座桥梁和 72 个涵洞。工程建设于 1998 年下半年开始,2002 年年底完工。

铁路穿越三个县区,即 ZS 区、PX 特区和 LPS 地区所辖的 SC 县。项目所在区域居民绝大多数为农村人口。人口数量从 1996 年的 200 万人增长到 2000 年的 280 万人。该地区 1996 年的农村人均收入为 546 元,仅为全国农村人均收入的 28.3%。在项目建设开始之前,PX、SC 和 LZ 属于贫困县。

项目所在地区有几个煤矿,煤炭储量丰富。交通设施的缺乏限制了煤炭和其他资源的开发。该项目预计有助于将煤炭运输到 GZ 能源匮乏的地区和邻近省份。根据设想,这将促进相关产业的发展、增加就业和创收机会,并有助于扶贫。

这条新铁路与 GZ 至 KM、NN 至 KM 的铁路以及正在建设的 NJ 至 KM 的铁路段相连,这些铁路将构成中国大西南的一个骨干铁路网。

项目由下列几个部分构成:①铁路路轨铺设,相关道路和其他设施建设;②GSRC 铁路公司的机构建设,包括管理信息系统和财务系统;③受影响居民的移民搬迁问题;④环境保护和采取减轻环境影响的措施;⑤相关的咨询服务。

(二)项目目标定位

GZSB 铁路项目的主要目标是给项目所在地区提供必要的交通运输设施,促进经济增长,创造条件减少地方贫困。扶贫是项目的第二个目标。为了达到扶贫的目的,应当为贫困人口提供新的就业机会,增加其经济收入,为他们提供接受基础教育、使用公共卫生和通信设施、享受农业延伸服务和使用金融服务的渠道。贫困人口的生活环境应该得到改善,92 000 人或者说项目所在地区人口的 40% 应该脱贫。项目为该地区扶贫制定了周密的短期和长期目标。

短期目标:在铁路建设期间,为 5 500 个贫困家庭或者 45% 的铁路工人在相关的服务行业提供长期的就业机会。项目预计还将为生活在贫困线以下的工人创造 3 600 个工作机会,向那些非熟练工人提供培训。

长期目标:为部分贫困人口提供长期就业机会,如铁路设施维护、煤矿采煤方面的非农业就业机会,促进就业,改善交通运输,促进经济和社会发展。

二、项目准备和设计中的社会评价

GZSB 铁路项目的社会评价是根据亚洲开发银行的准则和建议进行的，1997 年完成了社会经济调查和社会分析，1998 年完成移民搬迁计划的社会分析。从项目实施开始（1998 年），定期提交有关搬迁移民、扶贫和少数民族问题的监测报告。

GZSB 铁路项目社会分析主要包括以下目的：提供关于受项目影响者的社会经济状况，确定项目对项目所在地区所有人口造成的影响，其中包括少数民族群体以及其他弱势群体。根据扶贫的标准，界定项目受益的目标群体。项目将为目标群体提供就业机会、增加收入和提供接受其他服务的渠道。

1997 年进行的社会经济抽样调查覆盖了 80 多千米铁路沿线地区所分布的 6 个村/镇，125 户人家，即覆盖了受项目影响家庭总数的 20%。数据显示了在移民搬迁之前这些受影响人口的生活水平和其他方面的情况。所采用的指标包括：家庭规模和构成（男性/女性）及户主性别；教育水平和目前就学情况（男性/女性）；得到医疗卫生服务、安全饮用水、电力、电话和邮政通信的途径；户口情况（农村/城市户口）和户主民族状况；家庭所有有收入成员（分性别）的收入来源（农业、矿业/工业、其他），包括就业的类型和地点（专职、兼职或季节工）；矿业/工业工人所在工作单位的登记类型（国有企业、乡镇企业和村办企业、家庭企业、私人企业、其他性质）；每个家庭成员上月得到的收入情况；离开家乡到其他地方找工作的家庭成员数量（地点、就业状况、收入、性别）；上月家庭主要支出（食品、医疗健康、教育等）；从事农业生产劳动的耕地数量；生产和销售的主要农产品的价值和数量；主要的家庭支出（食品、医疗健康、教育和耐用消费品）；拥有的耐用消费品数量和类型（收音机、电视机、录音机）；乘火车旅行和用火车运输货物的费用开支。

社会经济监测涉及 GZSB 铁路项目的下列进展情况：①土地征用；②征用土地赔偿；③建筑物和财产损失赔偿；④受影响居民的搬迁；⑤道路和其他设施的开发；⑥受影响群体和原住地居民的关系；⑦特定群体恢复收入计划的实施情况。效益监测和评估强调能够证明不利影响是否已经被减轻，居民的收入水平是否已经恢复到土地被征用之前的水平，其中尤其要关注就业形势和贫困水平的变化，以及与煤炭开发相关的环境保护政策的实施。

案例讨论：

1. 如何识别公共事业类项目的收益？
2. 如何识别公共事业类项目的成本？
3. 根据公共事业类项目投资评价的特点，对该项铁路投资进行社会评价分析。

案例六 房地产项目评价

一、市场分析和需求预测

根据《××市统计年鉴(1998)》显示,缺房户共8 000户,其中人均居住面积在4平方米以下的住房困难户3 000户,随着城市人口的增长,今后每年还将新增一定数量的住房困难户,因此,距党中央提出的到2000年城镇居民每户拥有一套经济实用住房,从而使城镇居民达到小康居住水平的要求差距还很大。

从全市商品房市场来看,1998年全市商品房竣工面积19.24万平方米,实际销售14.66万平方米,预售1.89万平方米,空置4.97万平方米,实际销售总金额达到9 831万元,总体情况比较理想。随着国家扩大内需、鼓励消费、减免和降低房地产开发各项收费等各项配套政策的逐步出台与完善,经济形势将得到回升,人们消费预期也将得到提升。因此,商品房和商业办公用房销售前景良好。

据1997年调查资料显示,项目附近的事业单位和企业缺房户约有千余房,虽然有些企业先后集资建了一些住房,但远远满足不了该区职工家庭的需求。随着该市住房制度改革的深入,房改政策已深入人心,各企事业单位房改力度的加强,以及全省城镇停止住房实物分配政策的实施,必然会带动房地产市场的兴旺。

二、建设指导思想

根据建设部有关城市建设的法规及××市总体规划,小区规划设计旨在创造一个舒适、方便、安全、优美的居住环境,并按照"统一规划、分期实施、配套建设、充分利用土地"的原则,综合提高经济效益和社会效益。

三、案例背景资料

某房地产公司打算开发一小区,该住宅小区位于某市区北部,西面与区政府和某医院相临,北靠建设路,中部偏东有学院路自南向北纵向穿越,将小区分为两部分。区内临建设路处现为建设路小学、银行等单位,周边还有一公园。该地块南北长300米,东西宽约180米,呈矩形,自然地势南高北低,平均海拔高达71.50米左右,最大高差约0.3米,地势较为平坦。根据该市总体规划,该小区占地8.78公顷,总建设面积15.7万平方米,其中,一期工程建设面积3.4万平方米已经竣工发售。××北小区项目属二期工程,建筑面积12.3万平方米,拟建六层条式楼多栋,建筑面积3.1万平方米,占地5 683平方米;少量营业用房,建筑面积1 320平方米,占地726平方米;楼群中部布置3栋26层点式楼,建筑面积9.1万平方米,占地3 850平方米。

小区住宅以六层条式为主,适当点缀点式住宅,条式住宅布局采用周边式布置,三两栋为一组,组合成若干个半公共空间,既塑造了建筑的立面效果,又方便了小区的管理。依据小区道路的布局,小区分为四个组团,即南部的两个居住组团、北部的公建组团和学院路东的组团。以南部两个居住组团形成小区的基本居住单元。小区的主要入口有三个,分别面向建设路、东风路和学院路。在学院路的主要入口处设置新置新村标志,增强小区的识别性。同时,小区的平面布局综合考虑了日照、通风、防灾、消防等要求,日照间距为1∶1.2。

为了创造一个接近自然、环境优美的居住环境,小区绿地按照集中和分散相结合布置,除小区中心绿地外,在零星地块见缝插绿地进行建设,利用道路与景观调节小区气候,方便居民,美化环境,使人们步入小区后,有一种步移景移、赏心悦目的美好心情。植物栽培以常绿植物为主,配以四季花卉、水池、亭子、花架、座凳等园林小品,形成景色宜人、生机盎然的园林景观。

四、实施进度计划及计算期

计划2000年10月开始施工,建设工期为3年,项目计算期为6年。

五、用款计划

用款计划见表20-1。

表 20-1 用款计划表

项　　目	金额/万元	用款份额/%		
		1	2	3
土地费用	420	100		
前期工程费	28	100		
基础设施建设费	10	100		
建筑安装工程费	9 917	10	33	57
公共配套设施建设费	96	63	33	4
开发间接费				
管理费用	99	33	33	33
销售费用	99	17	50	32
开发期税费	367	41	33	26
其他费用	183	55	33	12
不可预见费	449	33	33	3

六、投资估算

该项目总投资为 12 391 万元,其中土地费用 420 万元,前期工程费 28 万元,基础设施建设费 10 万元,建筑安装工程费 9 917 万元,公共配套设施建设费 96 万元,管理费用和销售费用各 99 万元(按建筑工程工程费的 1‰计),开发期税费 367 万元,其他费用 183 万元,不可预见费 449 万元及财务费用 772 万元。详见表 20-2。

表 20-2　项目总投资估算表　　　　　　　　　　　　　万元

序　号	项　目	总投资	估算说明
1	开发建设总投资	12 391	
1.1	土地费用	420	
1.2	前期工程费	28	
1.3	基础设施建设费	10	
1.4	建筑安装工程费	9 917	
1.5	公共配套设施建设费	96	
1.6	开发间接费		
1.7	管理费用	99	
1.8	销售费用	99	
1.9	开发期税费	367	
1.10	其他费用	183	
1.11	不可预见费	449	
1.12	财务费用	722	
2	经营资金		
3	项目总投资	12 391	
3.1	开发产品成本		
3.2	固定资产投资	12 391	
3.3	经营资金		

项目总投资 12 391 万元。其中项目资本金 3 000 万元,分两年等额投入;商业银行贷款 3 891 万元,三年的贷款比例分别为 12.4%、35.6%和 52%;不足部分拟由预售房款解决。详见表 20-3。

表 20-3　投资使用计划与资金筹措表　　　　　　　　万元

序号	项　目	合计	1	2	3	4	5	6
1	总投资	12 391	1 983	3 824	6 119	233	155	78
	自营资产投资							
1.1	自营资产投资借款建设期利息							
1.2	自营资产投资方向调节税							
1.3	经营资金							
1.4	开发产品投资	12 391	1 983	3 824	6 119	233	155	78
1.5	其中:不含财务费用	11 669	1 968	3 754	5 947			
	财务费用	722	14	70	172	233	155	78
2	资金筹措	12 391	1 983	3 824	6 119	233	155	78
2.1	资本金							
2.2	预售收入	3 000	1 500	1 500				
2.3	预租收入	5 501		941	4 094			
2.4	其他收入							
2.5	其他							
2.6	借款							
2.6.1	固定资产投资长期借款	3 891	483	1 383	2 025	233	155	78
	自营资产投资人民币借款	3 891	483	1 383	2 025			
	自营资产投资外币借款							
	房地产投资人民币借款							
2.6.2	自营资产投资建设期利息借款	3 891	483	1 383	2 025			
2.6.3	经营资金人民币借款							

七、贷款条件

年利率 5.85%,按单利计息,宽限期 3 年,3 年等额还本。

八、税费率

税费率见表 20-4。

表 20-4　税费率表

税费项目	税费率/%	税费项目	税费率/%
营业税	5	公益金	5
城市维护建设税	7	法定盈余公积金	10
教育费附加	3	任意盈余公积金	0
企业所得税	33	不可预见费	4
房产税（按租金）	12	土地增值税	30、40、50 超率累进

九、销售与出租计划

×××小区项目高层、多层住宅和部分营业用房计划在 4 年内全部出售。住宅楼从项目开工第 2 年开始预售，分期付款，按 20％、70％和 10％分 3 年付清。出租房第 4 年开始出租，出租率第 4 年为 80％，以后各年均为 100％。各类房屋销售计划见表 20-5。

表 20-5　房屋销售计划表　　　　　　　　　　　%

类　　型	年　　　份			
	2	3	4	5
高层楼房	40	40	20	
多层楼房	30	30	30	10
营业用房	30	30	40	

根据××市近期相同房地产项目的售（租）价和居民购买力的预测，计划××小区高层住宅售价 1 800 元/米²，多层住宅售价 1 250 元/米²，营业用房一半出售，售价 3 500 元/米²。售房加权平均价为 1 670 元/米²。营业用房另一半出租，租价 1 000 元/(年·米²)，建设期出租房不预租。

案例讨论：

请根据上述背景资料，结合房地产项目的特点对该项目进行投资评价。

1. 房地产类项目投资主要包括哪些内容？

2. 房地产类项目投资成本费用主要包括哪些内容？

3. 结合背景资料分析上述房地产项目是否具有可行性？

参 考 文 献

1. 卢家仪，卢有杰. 1998. 项目融资. 北京：清华大学出版社
2. 叶苏东. 2008. 项目融资理论与案例. 北京：清华大学出版社，北京交通大学出版社
3. 戴大双. 2005. 项目融资. 北京：机械工业出版社
4. M. Fouzul Kabir Khan, Robert J. Parra. 2005. 大项目融资. 北京：清华大学出版社
5. 赵国杰. 2003. 投资项目可行性研究. 天津：天津大学出版社
6. 会计准则研究组. 2007. 最新企业会计准则讲解与操作指南. 大连：东北财经大学出版社
7. 全国注册咨询工程师（投资）资格考试参考教材编写委员会. 2007. 项目决策分析与评价. 北京：中国计划出版社
8. 张启振，张阿芬，吴振奋. 2004. 投资项目评估. 厦门：厦门大学出版社
9. Gvaham D. Vinter. 1998. Project Finance：A Legal Guide(2th). London：Sweet & Maxwell
10. Clifford Chance 法律公司. 1997. 项目融资. 龚辉宏译. 北京：华夏出版社
11. Peter K. Nevitt, Frank Fabozzi. 1955. Project Financing(6th). Euro Money Publication PLC
12. Stephen Syrecc. 1991. Foreword. Project Finance Yearbook 1991/1992. Euro Money Publication PLC
13. Frank K. Reilly, Edgar A. Norton. 2009. 投资学. 北京：清华大学出版社
14. Frank J. Fabozzi. 1999. Investment Management. With Contributions from T. Daniel Coggin, Bruce Collins, John Ritchie, Jr.
15. 夏恩君. 2008. 项目投资决策分析：方法与技术. 北京：经济科学出版社
16. 中国国际工程咨询公司. 2004. 中国投资项目社会评价指南. 北京：中国计划出版社
17. 王勇，陈延辉. 2008. 项目可行性研究与评估——典型案例精解. 北京：中国建筑工业出版社
18. 张少杰，李北伟. 2006. 项目评估. 北京：高等教育出版社
19. 邓向荣. 2001. 投资经济学. 天津：天津大学出版社
20. 武春友，张米尔. 2004. 技术经济学. 大连：大连理工大学出版社
21. 李延喜. 2004. 动态现金流量与企业价值评估. 大连：大连理工大学出版社
22. 斯蒂芬·A. 德沃克斯. 2004. 全面项目控制：项目经理人整合项目规划、评估与跟踪的工作指南. 北京：人民邮电出版社
23. 李晓蓉. 2005. 投资项目评估. 南京：南京大学出版社
24. 周立新. 2004. 物流项目管理. 上海：同济大学出版社
25. 于守法. 2002. 投资项目可行性研究方法与案例应用手册（上、中、下册）. 北京：地震出版社
26. 王华. 2008. 建设项目评估. 北京：北京大学出版社
27. 陈琳，潘蜀健. 2004. 房地产项目投资. 北京：中国建筑工业出版社
28. 骈永富，阎俊爱. 2003. 房地产投资分析与决策. 北京：中国物价出版社
29. 蒋先玲. 2005. 房地产投资教程. 北京：对外经济贸易大学出版社
30. 范如国. 2004. 房地产投资与管理. 武汉：武汉大学出版社

教学支持说明

▶▶ 课件申请

尊敬的老师：

您好！感谢您选用清华大学出版社的教材！为更好地服务教学，我们为采用本书作为教材的老师提供教学辅助资源。鉴于部分资源仅提供给授课教师使用，请您直接手机扫描下方二维码实时申请教学资源。

任课教师扫描二维码
可获取教学辅助资源

▶▶ 样书申请

为方便教师选用教材，我们为您提供免费赠送样书服务。授课教师扫描下方二维码即可获取清华大学出版社教材电子书目。在线填写个人信息，经审核认证后即可获取所选教材。我们会第一时间为您寄送样书。

任课教师扫描二维码
可获取教材电子书目

 清华大学出版社

E-mail: tupfuwu@163.com
电话：8610-62770175-4506/4340
地址：北京市海淀区双清路学研大厦B座509室

网址：http://www.tup.com.cn/
传真：8610-62775511
邮编：100084